XUEJI YUWEN

XIN KECHENG BEIJING XIA

YUWEN JIAOXUE DE XIN SHIJIE

学记语文

新课程背景下

语文教学的新视界

向爱平 著

语文出版社

· 北京 ·

图书在版编目（CIP）数据

学记语文 ：新课程背景下语文教学的新视界 / 向爱
平著. -- 北京 ：语文出版社，2012.12（2019.4重印）
ISBN 978-7-80241-651-2

Ⅰ．①学… Ⅱ．①向… Ⅲ．①小学语文课－教学研究
Ⅳ．①G623.202

中国版本图书馆CIP数据核字(2012)第285471号

责任编辑	光明明
装帧设计	李建章
出　版	语文出版社
地　址	北京市东城区朝阳门内南小街51号　　100010
电子信箱	ywcbsywp@163.com
排　版	语文出版社照排室
印刷装订	北京天宇万达印刷有限公司
发　行	语文出版社　新华书店经销
规　格	787mm×1092mm
开　本	1 / 16
印　张	23.75
字　数	438千字
版　次	2013年1月第1版
印　次	2019年4月第3次印刷
印　数	8,001－13,000
定　价	40.00元

📞 010-65253954(咨询) 010-65251033(购书) 010-65250075(印装质量)

代序
让教研生命活出独特与精彩

段宗平

在当代中国语文教学改革大潮中，风格流派可谓众多。

当我读完向爱平的专著《学记语文——新课程背景下语文教学的新视界》后，便有了这样的认识：向爱平的"学记语文"无疑给语文教学注入了一脉新的血液，打开了语文教学改革的又一扇窗户。

这里，我想具体谈谈向爱平和他的"学记语文"。

第一，"学记语文"是对我国古代传统教育经验的传承与创新。《学记》是中国教育史上极为重要的文献之一，蕴涵着古代教育家们的教学艺术理想境界，显示了深刻的认识和卓越的远见。而我们的语文教学必须扎根于中国的土地上，展示其中国语文教学的特点。因此探索、发掘和研究我国古代语文教学的理论遗产，从中吸取素养、古为今用，是当代语文教学工作者一项光荣而艰巨的任务和义不容辞的职责。向爱平一直坚守语文教学与研究的民族性，他尊重古代教育的传统经验和理论，正视这种历史积淀对语文教学的影响，将《学记》与语文教学联姻，开展研究与探索，推陈出新，提出了"学记语文"思想，为提高语文教学效率寻找到了一个新的、比较有效的突破口。

第二，"学记语文"是对当代语文课程改革所进行的有益探索。语文新课程改革10年以来，语文学习的目标与内容、语文教师的教学行为等都发生了重大变化。古人道："虑天下者，常图其所难而忽其所易，备其所可畏而遗其所不疑。"（方孝孺，《深虑论》）作为语文教学工作者，我们必须正视语文课程改革中所遇到的种种问题，进一步深入研究，寻求策略。向爱平的"学记语文"随着新课程改革而生，他遵循现代语文课程的基本原理，结合我国当前语文新课程改革的特点，以尊重学生的主体地位为基本前提，以重视学生的语文学习实践为出发点，以促进教师和学生健康、主动、和谐的发展为目标，通过改善语文教学关系、创新语文教学方式、夯实语文学习过程、改革语文评价手段等途径，构建出了具有"以学为重，为学而教；以学定教，随学而导；记用相行，内外相辅；和谐共生，教学相长"等鲜明特色的语文教学新体系，让语文教学充满生命活力。这种探索无疑是难能可贵的。

第三，"学记语文"为当前语文教研方式的变革与创新提供了借鉴。作为教研员，为了促进当地小学语文教师的教学思想与行为变革，向爱平和他的语文教师团队以"学记语文"为核心，从提出研究目标到细化研究内容，到制订研究策略，到开展研究实践，到加强研究管理，在探索中思考，在思考中前行，一步一个脚印。他们的探索最有价值之处，不在于论证"学记语文"的必要性和有效性，而在于努力将这种思想追求转化为一种扎实的、生动活泼的语文教改实践。该项研究能被评为湖北省 2011 年教研创新"优秀项目"，并荣获全国小语会 2012 年优秀成果一等奖，证明他们的研究之路走得实在而富有特色。

更为重要的是，向爱平对"学记语文"的探索历程，自始至终贯穿着他对语文教育事业的热爱，对教研生命的自觉与自主。他自主地选择了"生态"——从服装老板到民办教师，从语文教师到语文教研员；自主地选择了"活法"——穷且益坚，不堕青云之志，铁了心要做一个有思想、有行动、有成果、有影响的语文教研员；也证明了他这样选择的效果——带出了富有活力的青年教师团队，创造出了一片语文教学的新天地。

一句话，向爱平在生命历程的重要时刻始终保持着激情，这种激情让他具有旺盛的生命活力。正是这样的生命活力，让他和老师、孩子们一起，活出了生命的独特与精彩。

2012 年 9 月 6 日

（段宗平，著名特级教师。中国教育学会小学语文专业委员会常务理事，副秘书长。湖北省小学语文专业委员会理事长，湖北省教研室小学语文教研员。）

目　　录

第一章
学记语文的研究背景

第一节　对语文教学效率的观察与思考

一、一次调研检测引发的语文教学效率观察

2006 年，是全国新课程改革的第六个年头。为了解全省小学语文新课程改革的情况，湖北省教育厅组织力量，在省内部分课改实验区（共 9 个县市、52623 人参与）进行了小学语文学科的教学质量调研测试。

笔者亲自参与了试题的命制、测试和质量分析。在命题的过程中，专家组注意落实好四个原则。一是基础性原则。按照《全日制义务教育语文课程标准（实验稿）》（以下简称"课标"或"课程标准"）的基本要求，重点考查基本知识、基本能力、基本方法、基本习惯和基本态度。二是整体性和重点性原则。既着眼于从知识与能力、过程与方法、情感态度与价值观几个维度进行测试评价，又突出重点，抓住关键，以点带面，全面考查学生的语文素养。三是发展性和开放性原则。测试既是了解学生现有语文学习水平、发展状况的平台，又是激发学生学好语文、促进学生进一步发展的过程，同时也是对教师改进教学、深化语文课程改革的引导。四是人文性原则。采用学生喜闻乐见的题型，选择适合学生学习水平的内容，尊重不同地区学生的学习和生活实际。

科学命制好每道试题。比如，在阅读试题的命制上，首先在选文上注意了精短、有趣，能激发学生的阅读兴趣，同时也考虑了文章的思想价值和教育价值，故选《窗下的风铃》一文。其次，在命题上照应了课程标准对本年级阅读训练的要求，提供 5 个小题：一是让学生从文中找出四个带"提手旁"的字，并分别组词语，主要引导学生在阅读中识字和积累词语；二是考查学生是否能

用找近义词的方法理解词语，积累文中优美的句子；三是给文中画横线的句子加上标点，考查学生正确使用标点符号的能力；四是通过填写词语的方式检测学生对文章内容的感悟和理解能力，题型虽然简单，但是学生填写并不容易，必须以读懂文章内容为基本前提，思维容量较大；五是用读、说、写相结合的形式，写一写自己想对文中的狗熊大叔说的话，这是对阅读的拓展延伸，既可以检测学生对文章感悟、理解的情况，又能引导学生在阅读中进一步获得个性化的体验，考查学生阅读创新能力，还能测试学生从阅读中所获得的思想认识程度，可谓"一箭多雕"。

又如习作部分。根据课程标准的要求，从"写实"和"写想象"两个方面，编制两道习作题目由学生任意选做，体现了让学生自由作文、不拘形式地表达的思想，学生作文的自由度较大。写实的作文，紧密联系学生的生活实际，让学生有话可说；写想象的作文，给学生提供一幅图画，引发学生的想象。在具体要求上，只提有话可写、有具体内容、语句通顺、学过的汉字和标点符号要会用等。

总之，我们所命制的试题注意尊重不同地区学生的学习和生活实际，注意面向全体学生，注意体现新课程改革的理念，试题形式灵活多样，知识覆盖面广，突出重点，贴近生活，广度、深度皆宜。同时，测试内容的设置注意趣味化、生活化、情景化，体现开放性、灵活性和人文性，激励所有学生在答题过程中尽显自己的语文才能，发挥创造力，发展个性，充分体验到自己语文学习的进步和成就。

在检测过后，我们抽取了部分学生的答卷，同时综合了各地的抽样分析报告以及相关的数据，对学生的答题情况进行了具体分析。

比如阅读。满分 20 分，最高得 20 分，最低为 0 分，全省平均分 12.56。主要问题有：第 1 小题写了字没组词；第 2 小题写出的词语根本与"好主意"意思无关或写成"坏主意"，其中第②题写成了词语、短语，部分同学写成了小松鼠开始做第一个风铃挂在窗外那一句——"小松鼠把风铃挂在窗外，嗬，风吹过，空易拉罐'叮当叮当'发出清脆悦耳的声音"；第 3 小题没打引号，"真好玩"后面打句号；第 4 小题"＿＿＿的狗熊大叔"填得不对，与短文内容无关；第 5 小题有的学生句不达意，错别字较多。

再如作文。满分 25 分，最高得 25 分，最低为 0 分，全省平均分 18.38。失分有以下几种情况：一是不会审题，把一篇作文写成了两篇作文；二是选材不准确，写的内容与作文题目不符；三是内容不具体；四是语病多、错别字多。

综观整体情况，全省综合及格率为 88.13%，优良率为 50.44%，平均分为 76.64。这些数据和学生的卷面呈现说明，全省的小学语文课程改革，在广大教师的共同努力下，取得了比较好的成绩，小学生语文学习的整体水平发展良好。

比如，在阅读能力方面，学生的阅读能力有了明显的提高，尤其是学生个性化阅读初步显现。课标中明确提出要注重学生个性化阅读，命题时我们关注了这一问题，如阅读第5小题："读了短文，你想对狗熊大叔说什么呢？写一写吧。"对于这样开放的问题，只有读懂文章的内容，才能进行创造性的表达。学生的答案是丰富多彩的，有的劝告狗熊大叔要爱护环境，有的要狗熊大叔虚心向小松鼠学习，多动脑筋，有的给狗熊大叔提得到风铃的建议……从学生的答案中，我们看到了学生对生活的热爱，对生命的关注，感受到了孩子们积极向上的情感。这说明随着课堂教学的改革，教师在阅读教学中已经开始重视学生个性化的阅读，并加以正确引导，使学生在独立阅读的过程中能够较为准确地理解内容，并从不同的角度体会感情，和教材进行对话。

在习作方面，学生已具备一定的写作能力，在作文中表现出了较好的语文综合素养。如在想象力方面，从学生丰富多彩的作文中我们能够感受到孩子独特、新颖的想象。比如有的学生在想象作文中创编出这样的内容："牵牛花生病了，是太阳公公和小猴子的热情支持与鼓励，使牵牛花最终战胜了病魔，开出了美丽的花朵，装点了我们的生活。"有的学生甚至结合2008年北京奥运会，写自己最爱做的事情是给奥运会的吉祥物福娃设计美丽的时装。在语言表达方面，多数孩子语言表达流畅，能够将自己想说的话用文字表达清楚；更有部分学生表述比较生动，语句富有变化，表达方式有创意。比如："天上有困难可以找太阳公公，地上有困难可以找小猴子，他们是乐于助人的小能手。"在立意方面，我们从文章当中可以很清晰地捕捉到孩子们的心理趋向、不同的价值观及张扬的个性。其中，积极向上者居多。有倡导坚持到底就是胜利的，有倡导友善相处、相互合作的，有认识到自己的不足争取进步的，还有呼吁环境保护的……甚至有思想认识相当深刻的：认为把长远目标分成几个近期目标，这样就可以多次品尝到成功的喜悦，进而以这种成就感激励自己实现长远目标。更可贵的是学生都能注意表现自己觉得新奇、有趣或印象最深、使自己最受感动的内容，个性得到了充分彰显。

但是，在看到成绩的同时，我们也发现了存在的问题。

首先是基础知识部分中的问题。一是书写不规范。第一题写字，要求学生照着写汉字和句子，这些字学生都会写，可是全省得分率只为81.07%，某地区仅为69.63%，远远低于全省的平均水平。这样的得分率出乎我们的意料。虽然绝大部分学生能够把字写正确，但是由于"横不平，竖不直"，再加上结构安排不合理，所以字写得不规范、不漂亮，出现了不应该的丢分现象。二是拼音掌握得不扎实。"给汉字选择正确的读音"这一题，在所有基础题中的得分率是最低的，仅为 73.93%。反映出来的问题说明，我们的语文教学在引导学生说好普通话方面，还显得相当薄弱。三是部分生字掌握得不牢固。在"看拼音，写词语"这道题上，学生写错的字比较多，有的学生因为拼读错误而写错，这说明识字教学在培养学生识字能力上还显得不扎实。四是对课文句子的理解、积累不到位。仿写句子的通过率不高，全省仅为 77.83%。从学生卷面表现来看，一些学生不会填词、写比喻句，不能够发现规律，这说明在语文"双基"训练上存在缺憾，主要是因为教师在教学中没有引导学生发现规律，掌握方法，轻视了"过程与方法"的训练。五是语言的积累仍显薄弱。"填写古诗或名言"一题，全省得分率为 72.27%，问题主要出现在写珍惜时间的名言上。许多学生不会写，有的干脆写自己的话，说明教师在引导学生积累方面不够，学生的积累并不丰富；从另一层面上看，也反映出学生的阅读量不大的问题。

其次，是阅读方面的问题。在所有试题中，阅读的得分率是最低的，有的地区在部分题目上低于 60%。问题主要出现在第 2 题和第 4 题，学生理解语言的能力不强，对文章的感悟、理解不准确，暴露出教师在阅读教学中对于阅读的过程和方法引导重视不够，学生的阅读能力还没有得到较好的培养。

再次，是作文中的问题。一是审题不明，没有明确作文要求。少数学生不能读懂作文要求。二是少数学生语文基础知识不扎实。有的学生错字率较高，对于学过的字不能正确运用、规范书写。三是不能正确使用标点符号。新课标在本学段的语文教学目标中明确指出，学生在理解语句的过程中应体会句号与逗号的不同用法，了解冒号、引号的一般用法，而通过本次作文我们发现一些学生不能根据表达的需要正确使用标点符号，有的学生甚至于通篇习作无一处标点符号。四是部分学生还达不到本年段习作的基本要求，如习作内容不充实（三言两语、极其简单地完成习作）、语言表达不清晰、语句不够通顺、有明显的语病、不会修改习作中明显错误的语句等。五是从评分中可以看出同班级学生之间习作水平参差不齐。每个班级基本都有一、二、三类文，班与班之间习作水平也存在较大的差距，有的班级整体习作水平较高，三类文几乎没有，有的班级则不同，优秀习作不多。六是课标中明确指出"要密切关注学生作文的价值取向问题"，从学生的习作中发现个别学生的习作内容反映出不健康、有一定暴力倾向的思想。

最后，从学生的试卷中，我们也发现一些学生还没有养成良好的学习习惯，缺乏认真学习的态度，缺乏自信和克服困难的勇气，这反映出我们的语文教学对学生"情感、态度和价值观"方面的培养不足。

上述调研检测与质量分析，引发了笔者对语文教学效率的观察与思考。

纵观整个语文教学的发展历程，对语文课堂教学效率的讨论由来已久。

"教学效率"犹如悬挂在语文教学头上的达摩克利斯之剑，随时都有掉落下来的危险。从事语文教学实践与研究的人们，被头上的利剑逼迫着，为提高语文课堂的教学效率，执著地努力着。

21世纪初所进行的新课程改革，就是为提高课堂教学效率所作出的重大举措。转眼，语文新课程改革已走过了十多年。十多年来，语文课堂教学改革取得了十分明显的成绩。但是人们也同时发现，课堂教学效率不高的问题依旧存在。于是，"有效性"的问题又被提了出来。

二、语文教学效率不高的原因探析

语文是一门基础学科，承担着提高学生语文素养的重任。提高语文课堂教学效率，是提高语文教育质量的根本途径。那么，影响语文教学效率的因素有哪些？

有人认为，造成语文教学效率不高的原因有来自社会的影响。一是在我国文化转型期，一些人的思想观念、价值取向发生动摇，母语的地位日益衰落。二是科技的发展、媒体的发达，对语文教学产生了负面作用。中国四大古典文学名著均已拍成电视连续剧，学生看得津津有味，许多人再也不愿意读那厚厚的原著了。因为故事情节已经知道，谁还愿意"吃剩饭"？三是庸俗文学的"抢滩"。一些不负责任的作家"用器官写作"，他们的作品不可避免地进入校园，极大地抢占了学生课外阅读文学名著的时间。

有人从教育环境角度出发，一是认为语文高考的试题难度过大，很难把握，挫伤了学生学习语文的积极性。二是认为评价不公。语文高考原始分并不低，平均90分左右基本有保证，可换算成标准分，就是垫底儿的了。这严重挫伤了学生学习语文的积极性，再学分数也高不了，不如把工夫用在其他学科上，见效快。

还有人从家庭环境角度进行了分析。家长认为从学生各科学习投入的时间来看，语文是一个高投入、低产出的学科，因此无形之中把投入重点放在了其他学科上。更令人担忧的是，由于地域、经济和文化条件的限制，农村学生的家长对孩子早期教育不够，尤其是对语言表达能力培养不够，影响了孩子语文能力的发展。

上述种种，均是从语文学科的外部环境所作的分析。如果从语文学科内部考察，影响语文教学效率的因素又是什么呢？

有专家认为，语文教学效率不高有很多方面的原因。有教学内容方面的，教学方法方面的，教学评价方面的，教师素质方面的，等等。而其中深层次的、起着决定性作用的原因，是对语文学科的性质认识不清，学科性质在教学中未能得到准确、全面的体现。①。

笔者认为，分析造成语文教学效率不高的因素时，不能只重"教"的结果，而更应该关注"学"的过程；不能简单地进行线性分析，而应该进行多维度的考察。除了考察语文学科外部环境的影响外，作为语文教育工作者，我们更应该站在教育学的高度，从学科自身寻找原因，这样才能真正促进学科教学的变革。

请看下面的一个教学片段：

一位教师教《卖木雕的少年》一课时，请学生自由读课文，一边读一边思考课文主要讲了一件什么事。学生汇报时，出现了一个小插曲。有一个学生没有概括主要内容，而是提出了自己的问题："老师，我认为这个卖木雕的少年真傻，为什么不要钱呢？"老师愣了一下，说："这位同学先坐下，哪位同学接着说一说课文主要讲了一件什么事情。"提问的学生很不情愿地坐下了。接下来的教学似乎很顺利了，老师根据自己的教学进度，紧接着进入下一个环节的教学……

在组织教师们讨论时，老师们一般认为这节课有以下问题：教师没有预料到可能发生的情况；教师控制和驾驭课堂的能力欠缺；处理教学的能力不够；教师不尊重学生，唯课文至上；教师的行为是不负责任的。

很明显，老师们总在教师的身上寻找原因，而且十分关注教师的教学技能。笔者认为，这一教学现象实际反映了目前语文教学中的一个关键问题，即对学习主体的认识问题：我们从学生的角度思考了吗？

《义务教育语文课程标准（2011年版）》指出，学生是语文学习的主人。这一基本理念的提出，是基于对生命的尊重。语文教育应该基于人的生命特性，尊重生命主体，为其创设生动、活泼的语文学习环境，提供丰富的语文学习条件，以促进生命全面、和谐、生动、健康的发展。然而，反观时下的语文教学，不难发现，由于各方面的原因，我们的教师还没有很好地履行呵护生命的职责。面对眼前的学生，我们给予了更多的束缚。当我们束缚学生的时候，也就自然捆住了自己的手脚，语文之"累"接踵而至。

因此，从这个意义上讲，笔者认为，造成语文教学效率不高的根本原因，在于对人的轻视，对语文学习生命主体的不尊重。

① 崔峦：《求是·崇实·鼎新——崔峦小学语文教育文集》，人民教育出版社2005年版，第5页。

三、语文课堂教学效率的种种缺失

那么，新课程改革背景下的语文课堂教学效率究竟存在哪些问题呢？

笔者认为，我们的语文教师在观念转变与行为落实上存在着比较大的落差，也就是观念落实在教学实践中的状况不容乐观。具体表现在：

一是质效思想的缺失。在课堂教学中，教师缺乏质效意识，对一堂课究竟要做些什么、要达成怎样的目标、要具有怎样的效果，没有理性的构想与假设。教学中随意性较大，脚踩西瓜皮，滑到哪里是哪里，从而导致课堂质效不高，少、慢、差、费现象严重。

二是教学关系的缺失。在课堂教学中，存在着严重忽视学生生命活动状态的现象。教师主宰着课堂，学生的情感发展、学习需求、思想变化等，似乎都与教师没有多大的关系。这样的课堂教学关系无疑使教师和学生成了两条道路上的马车，难以交融，难以协调发展。

三是教学方式的缺失。长期以来，小学语文课堂教学所采用的课堂教学方式多为"先教后学"。在这种传统的教学方式下，老师"为教而教"，学生"遵教而学"。学生的主体地位没有得到真正突出，学生在课堂上总是"主"不起来，学习的主动性和创造性没能得到充分发挥。课堂上缺乏生动、活泼的学习过程，相当一部分学生对最应该有兴趣的课堂却不感兴趣，对学习没有积极性和主动性，从而导致学生的语文素养不能得到真正提高。

四是学科性质的缺失。语文学科功能削弱，有的教师在教学中关注了语文课程的人文性，而淡化了工具性，工具性与人文性在教学中不能比较好地统一起来。

五是教学目标的缺失。首先表现在目标不明，指向单一。有的教师不能依据"三维"确定教学目标，在教学上只注意传授基本知识，忽视了过程与方法，忽视了情感、态度与价值观。其次，表现在对教学目标所有权的处理上。"目标"好像是教师的"专利"，教师心中有，学生心中无，只能是"老师叫干啥就干啥"，学习也就丧失了主动权。

六是教材功能的缺失。不能把握教材，教材没有用足。比如新课标实验教材十分注意整合，把语文学习与学生的生活实际联系起来，强化了"导学"的功能，但教师在教学中只关注了知识，没有关注学生的语文学习生活，没有关注学习过程与方法，从而削弱了教材的功能，教材的作用没有得到充分的发挥。

七是教学内容的缺失。有的教师在课堂上贪多求全，四面出击，在 40 分钟内想尽情展示自己对新课标的领悟，结果导致课堂杂乱无章，学生不知所云；有的则主次混淆，本末倒置，认为学习方式的变革就是唱唱跳跳、形式多样，动辄就是讨论、商量，结果课堂像走马灯一样热闹，实际却没有什么效果。

八是语文训练的缺失。在课程改革的初期，曾经有人提出语文教学要"规避"训练。然而，改革的实践证明，语文训练不仅不能"规避"，反而应该加强。我们要摒弃的是机械的训练、"应试"的训练，要研究的是科学的训练。但是，目前语文课堂上的训练严重不足，主要包括技能、实践能力、思维的训练不足，还有情感、态度、价值观的训练不足，更有学生的质疑和创造能力的训练不足，等等。

九是教学评价的缺失。在评价主体上，重视教师评价，缺少学生、家长和社会人士的评价；在评价内容上，重视知识评价，缺少能力、情感和习惯等方面的评价；在评价方法上，重教师口头评价，缺少师生之间的交流、观察和行为激励；在评价时机的把握上，重视教师预设，缺少对学生生成状态的巧妙点评。

十是课程资源的缺失。表现为：整合肤浅，有的课堂上缺乏对学生探究、创新意识的有意引导，讨论的问题仍旧是课后思考题或教师提出的问题，学生缺乏自主发现；对学科整合抓不住切入点，任由思绪驰骋，挤占了语文学习的时间；喜新厌旧，否定传统，在课堂上，常见多媒体，少见挂图，常见教师贴字，少见教师板书，多见"讨论式""互动式"，难以看见传统的、简洁的学习方式……

语文课堂教学效率的种种"缺失"之痛，时刻折磨着我们。每一个从事语文教学与研究的人，都有解除语文"病痛"的责任和义务，为提高语文教学效率寻找"良方"。

笔者就是这个队伍的一员。

第二节　学记语文的产生

在中小学语文新课程改革时期，当人们大谈西方教育思潮的时候，却忘了我国早就存在的一部教育专著，它就是《学记》①。

我们许多的教师熟悉夸美纽斯，熟悉建构主义，但是不了解《学记》。

---

① 《学记》的作者存在争议。据郭沫若考证，作者为孟子的学生乐正克。

在中国的古代文化经典中，有"四书五经"① 之说。《礼记》是"五经"中的一部。"四书"里有两部出自《礼记》，它们是《大学》和《中庸》。在《礼记》中还有非常重要的一部书，它就是《学记》。《学记》大约写于公元前的战国末年，它总结和概括了先秦儒家的教育经验和理论，在人类历史上，第一次比较系统地阐述了一些重要的教育理论问题。它是中国教育史上最早，也是人类教育史上最早的极为重要的教育文献②。它虽然距今 2000 多年，但是在笔者看来，《学记》包含着现代教学论的核心思想，它对教育的作用、学校制度和学校管理以及教育原则、教学原则、教学方法、师生关系、教师成长乃至教育评价等各方面都作了系统论述，对今天的教育仍富有十分重要的现实意义。作为当代语文教师，我们与其热捧欧美教育学理论，不如静下心来认真研读一下"国学"《学记》。

在中国当代语文教学改革发展过程中，对《学记》与语文教学改革的联系的研究并不多见。笔者在此方面做了一些资料的收集和整理。

有研究者把《学记》与语文教育环境的优化结合起来，认为《学记》在对教育环境的论述中，提出"安学"之说，体现了我国古代教育对优化教育环境的重视。理想的学习环境，必须使学生"安学"。学生能否"安学"，关键在于对学习主体"心"的知晓、尊重、顺应与开发，教师要知其心，悦其心，做到师生间的亲密和谐③。

有人认为，《学记》蕴涵着我国古代教育家们的语文教学艺术理想境界，且显示了其深刻的见识和卓越的远见。而我国当代语文教学的根必须扎在中国的土地上，展示中国语文教学的特点。因此，探索、发掘和研究我国古代语文教学的理论遗产，从中吸取素养、古为今用，是当代语文教学工作者一项光荣而艰巨的任务和义不容辞的职责。语文教师必须尊重我国古代语文教育的传统经验和理论，正视这种历史积淀对我国当代语文教学的影响，挖掘《学记》中蕴涵的古代教育家们语文教学艺术理想境界，提高自己的教学艺术，促进语文

---

① "四书五经"是"四书"和"五经"的合称，是中国儒家的经典书籍。"四书"指的是《论语》《孟子》《大学》和《中庸》，而"五经"指的是《诗经》《尚书》《礼记》《周易》和《春秋》，简称为"诗、书、礼、易、春秋"。在之前，还有一本《乐经》，与上述五部著作合称"诗、书、礼、乐、易、春秋"，也被称作"六经"。《乐经》后来亡佚，就只剩下了五经。南宋以后，"四书五经"成为儒学的基本书目，儒生的必读之书。
② 许多学者研究教育教学理论，往往不自觉地坚持"欧洲中心论"，似乎教育科学的研究只源于欧洲。苏联恩·阿·康斯坦丁诺夫等写作的《教育史》中，就明确地把古罗马教育家昆体良的《论演说家的教育》定为"教育史上，……密切联系学校实践的最早的著作之一"。但昆体良的论著实际上比我国的《学记》要晚 300 多年。被推为"现代教育之父"的夸美纽斯的《大教学论》比《学记》要晚 1800 多年。所以，笔者认为，《学记》是教育史上最早的教育论著。
③ 宁皖平：《从〈学记〉看语文教育环境的优化》，载《经济与社会发展》2004 年第 6 期。

教育事业的蓬勃发展①。

有教师从《学记》所阐述的教学相长、循序渐进、藏息相辅、长善救失等科学而朴素的教学原则出发，反思今天的语文教育，指出只有少一点功利，准确定位，客观公正，耐心细致地促成师生的共同成长，语文才能焕发出新的生命②。

还有教师从《学记》的相关论述中得到启示，指出语文教学要从刻板、僵化的教学模式中走出来，把学习的主动权交给学生，让学生在思考、分析、实践中自觉地接受新知，探索疑难、规律，充分调动课堂中教师与学生、学生与学生以及学生自我反思等多向交流方式，彻底改变"注入式"教学中那种学生完全处于被动受教地位的状况，可以优化我们的课堂教学结构③。

…………

整体观之，关于《学记》与语文教学改革的研究不多，研究的内容也比较琐碎，自成一家的几乎没有。

笔者认为，可以把《学记》与当代小学语文教学联系起来进行系统研究，故提出"学记语文"的概念，并认为这样的研究是一件非常有意义的事情。之所以这样认识，是因为：

第一，当前在提高语文教学的有效性方面，还存在着一些突出的问题。笔者希望运用《学记》相关的教育思想，为提高语文教学效率寻找到比较有效的突破口。

第二，是缘于《学记》教育思想对语文教学改革的诸多启示，为语文教学改革打开了一扇新的窗口，使笔者看到了语文教学改革的新风景。

第三，在当前新课程改革的过程中，西方教育思潮大量涌入，使众多的小学语文教师盲目追捧，我们的语文教学与研究正在失去特有的民族性。笔者认为这是一种可怕的遗失。课程改革固然要接受国外先进的教育思想，但同时更要重视本民族教育理论的学习与研究。何况，在今天许多教师看来比较新鲜的教育名词、教育思想，在中国许多"国学"经典中可以找到。《学记》就是其中之一。

第四，语文教学改革需要"百花齐放，百家争鸣"。当今的中国小学语文教学改革已经涌现出了众多的流派和许多个性鲜明的教育大家，笔者将《学记》与语文教学联姻，开展研究与探索，还有意于给小学语文教学改革输入一脉新的血液，期待产生一种新的撞击，进而促进小学语文教学新的变革。

① 邹定滔：《简谈〈学记〉的语文教学艺术理想境界》，载《广西师范大学学报》（哲学社会科学版）2000年第1期。

② 谢巧靖：《论〈学记〉的教学原则对当今语文教育的启示》，载《中学教学参考》2009年第25期。

③ 陆冬林：《谈〈学记〉对优化语文课堂教学结构的启示》，载《中学文科》（教研版）2008年第10期。

第五，笔者一直从事小学语文的教学与研究，先后做过 11 年的小学语文教师和 17 年的小学语文教研员。今天，依然勤奋地躬耕于小学语文教研员和教学岗位上。在笔者的身后，有一支素质过硬的语文教师队伍，他们是笔者从事研究与探索的中坚力量，是笔者最有力的支持者。因此，笔者所开展的研究不是个体研究，而是大众参与的区域性研究。

基于上述思考，怀着一份坚定的信念，笔者率领着自己的语文教师团队开始了学记语文的跋涉历程。

第二章
学记语文的理论建构

第一节　学记语文的概念与研究假设

一、学记语文概念的界定

笔者认为，界定学记语文这一概念，必须考察概念形成的心理学基础，必须考虑到这一概念的演变过程，还必须分析概念的内在结构。下面，笔者从这三个方面对学记语文的概念进行解释和界定。

首先，我们来简单考察一下学记语文这一概念形成的心理学基础。心理学指出，概念（concept）是指某类事物的概括。由于有了概念，人类的思维才更为抽象，才能摆脱事物中零散的、细枝末节的干扰。因此，概念是思维最基本的单位。概念不是与生俱来的，它必须经过人的后天学习而获得。概念形成（concept formation）是指个体掌握概念本质属性的过程，在这一过程中，往往会受到过去经验、事物发展环境与变化、实践过程、概念系统、思维方法等方面的影响。因此，一种概念的形成并不是一蹴而就的，而是反复学习、实践与思考的结果。①

学记语文就是笔者遵循教育学、心理学发展规律，经过大量的学习、实践、思考与研究而形成的科学概括。正如前文所述，将我国古代教育经典《学记》与现当代语文教学联系起来研究，已经不乏其人。但是，由于研究视点较多，各自为政，缺乏系统性，对当今的语文教学带来的影响比较小。笔者从事语文教学与研究多年，从接触《学记》之日起，便试图把《学记》与自己所

---

　① 黄希庭：《心理学导论（第二版）》，人民教育出版社 2007 年版，第 389—392 页。

从事的语文教学结合起来。带着这一想法，笔者加入了《学记》与现代语文教学研究的队伍。

最初笔者的研究，也是限于《学记》对语文教学改革的种种启示上。在实践中，笔者发现，《学记》是2000多年前儒家教育思想的概括和总结，《学记》的内容有些有事实根据，有些也是理想，有点像黑塞的教育小说《玻璃球游戏》中的"卡斯塔里"①。可以说，《学记》是一篇有思想的文献，它对历史有总结，对现实有批判。如果过于推崇它的经典性，反而会遮掩它十分鲜明的封建礼教色彩。它对于今天的语文教学改革，有着一定的历史局限性。语文教学要继承《学记》中进步的教育思想，但更要吸收当今先进的教育教学理念，对其有所发展和创新。于是，笔者将《学记》的书名号去掉。"山重水复疑无路，柳暗花明又一村。"笔者的视野一下子宽阔起来，研究的内容走出了原来《学记》的限制，变成了"学记语文"的研究。

学记语文并不是"学记"与"语文"两个名词的拼凑组合，也不是经典《学记》与现代语文的简单联姻。"学记语文"是一个具有特定意义的概念。它的意义表现在：

学记语文中的"学记"，扩展了经典《学记》的内涵。有人认为，在古代"学"字就是"教"字，"学"和"教"是一个字。郭店竹简《老子》"圣人处无为之事，行不言之教"，"教"写成上"爻"下"子"，也就是"学"，所以《学记》就是"教记"。《经典释文》引郑玄注："《学记》者，以其记人学教之义。"也是学、教连言，就是教育的两方面②。这样看来，经典《学记》就是从教与学两个方面来讲述有关教育思想的，其核心意思在"学"字上，而"记"则表现为一种古代的文体。

"学记语文"中的"学记"则在《学记》原始的意义上扩展开来。其"学"，一为学习者（学习主体），二为语文学习活动，即指学习主体所进行的语文学习活动；其"记"，据"记录"和"记载"之意，引申为语文学习过程中的语言积累、理解和运用活动。"学"与"记"综合起来，即是指学习者在语文学习过程中开展的积累、理解与运用之类的活动。"学记"与"语文"结合成"学记语文"这一新概念，基本上可以理解为，是指以学生为语文学习主体，以语言积累、理解和运用实践为核心的语文学习活动的语文教学。很明显，这里的"学记"不再取经典《学记》书名之意，而"学记语文"则是在继承《学记》精髓、将其融进现代教育思想基础上的一种新的教育理念的抽象概括。

---

① 赫尔曼·黑塞（Hermann Hesse，1877—1962）德国作家，获诺贝尔文学奖。《玻璃球游戏》是其一部比较著名的教育小说，"卡斯塔里"是小说虚构的一个出现在未来世界的宗教性教育团体。
② 张文江：《〈学记〉讲记》，载《文景》2007年第1期。

二、学记语文研究的基本假设

应该指出的是，学记语文在理论与实践层面上并不只是简单地表现为一种概念化的东西，从语文教学的维度上来看，它还具有一定的复杂性。它必须接受《学记》进步思想的指导，必须遵循现代语文课程的基本原理，同时更应具有自己丰富的内涵和鲜明的个性，是普遍性和特殊性的统一体。因此，从这个角度看，学记语文还应是一种语文教育理念，一种语文教学思想，对于它的研究应该具有一定的丰富性。

基于以上理解，笔者提出了学记语文研究的基本假设：

学记语文研究在继承与发扬我国儒家教育经典《学记》进步教育思想和教学经验的基础上，遵循现代语文课程的基本原理，结合我国当前语文新课程改革的特点，推陈出新，以尊重学生的主体地位为基本前提，以重视学生的语文学习实践为出发点，以促进教师和学生生命健康、主动、和谐的发展为目标，通过改善语文教学关系、创新语文教学方式、夯实语文学习过程、改革语文评价手段等途径，努力构建具有"以学为重，为学而教；以学定教，随学而导；记用相行，内外相辅；和谐共生，教学相长"等鲜明特色的新语文教学体系，让语文教学充满生命活力。

从上面的假设中可以看出，学记语文作为一种存在，它的理想状态是整体的、主体主动的、以学为主的、语言实践扎实的、充满生命活力的、师生和谐共生的。

第一，学记语文是整体的语文改革。

学记语文不是对语文教学某个方面的修修补补，而是把影响学生语文素养形成与发展的相关因素综合考虑进来，进行整体改革，从更新教学观念，到改善教学关系，到改革教学内容，到改革课堂教学方式，到强化语文实践活动，到优化教学语文环境，到改革考查办法，到革新语文教研方式，到语文教师的专业成长，等等，力求开创出一个新的小学语文教学改革局面。

第二，学记语文是主体主动的语文。

学记语文把尊重学生的主体地位作为一切语文教学活动的基本前提。也就是，将学生看作一个完整的生命体，是一个有生命、有思想、有感情、有创造力的多方面、多层次的整合体，尊重生命的特有品质，强调学生精神生命的主动发展，注重生命主体自主、能动地投入语文学习生活。

第三，学记语文是以学为主的语文。

学记语文把学生的语文学习活动放在首位，无论是在教学关系的确立、教学目标的制订、教学内容的选择、教学方式的变革上，还是在教学过程的引导、教学评价的定位、教学效果的追求上，都围绕着学生的"学"展开，做到"以学为重，为学而教，以学定教，随学而导"。

第四，学记语文是发展语言实践能力的语文。

学记语文正确处理好语文课程基本性质，关注学生语文素养的提高。而在学生的语文素养中，语言素养是最基本的素养之一。学生语言素养的形成，离不开丰富、扎实的语言实践活动。有人说语文实践包括听、说、读、写各个方面，但归根到底，就是语言的积累和语言的运用。无论听说还是读写，都不可能脱离语言的积累和运用而展开。致力于发展语言实践能力，体现了学记语文对语文课程本质的理解和尊重。

第五，学记语文是充满生命活力的语文。

由于学记语文以尊重生命为基本前提，便把生命置于一定的高度。学记语文把教师和学生都看作完整的生命体。在学习活动中，师生之间不再表现为语文知识的授受关系，而呈现为一种生命的交往关系。在生命交往状态下的语文教学，有对生命的关爱，有对心灵的尊重，有无限的真诚，有情感的碰撞，有飞扬的激情，有智慧的启迪，有人格的成长。一句话，是充满生命活力的语文。

第六，学记语文是师生和谐共生的语文。

学记语文关注的不仅是学生，还关注教师，追求师生和谐共生的理想境界。语文课堂是人的课堂，不是知识的课堂；不仅有知识的运作，更为重要的是生命交往。教师与学生都应该是课堂的主人，互为依靠，互相影响，共同成长。

以上就是笔者对学记语文研究的理论假设。这些假设为我们后来的学记语文研究与实践的展开提供了良好的开端。

第二节　学记语文的核心理念

一、对理念的一般性认识

理念，从本质上说是事物在人的头脑中的客观反映，是人通过对事物对象的认识形成的一种观念或者思想。它一般具有以下特征：

理念首先是一种存在，思想性是理念最基本的特征。理念不是对事物表面现象的一般描述，而是反映了人的价值取向对事物内在关系积极思维的成果。

理念的思想性主要体现在如下几个方面：第一，它反映了思想者的一种价值观，即它是一种价值判断；第二，它是对世界的一种复杂认识，具有概括性。

其次，理念具有实践性。理念的实践性源于两方面：一方面，人的观念是以一种思维的形式对应于实践这一客观存在的，但实际上它又是以对应的实践为自己的存在前提；另一方面，理念是其对实践这一客观世界的反映，但是作为一种人的高级思维，它是社会的产物而非自然的产物，因此，理念对实践的反映又是能动的，在一定条件下它能够反过来对实践的发展进程起作用，甚至起重大的作用，理念的正确与否也在这种对实践的反作用中获得检验。非常明显，理念与实践之间存在一种普遍的联系，双方既对立又处在一个统一体中。这种统一性就是它具有实践性，即来源于实践又指导实践。

再次，理念具有发展性。辩证唯物主义观认为，一定的事物只有在一定的条件下才能产生，在一定条件下得到发展，又在一定条件下趋于灭亡。这就是说世界上每个事物和现象的存在都是有条件的，是受着周围具体的、历史的条件所制约的。人的理念也是社会历史条件的产物，随社会的发展变化而发展变化。因为，我们是在社会条件下进行认知的，有什么样的社会条件，就会产生什么样的认知。譬如一位语文教师的教育价值观，就表现出了强烈的发展性这一特征。它不仅要受社会影响、学校影响、家庭影响，还要受到学科影响、其他教育因素影响，而且因影响会不断发生变化，对语文教育教学实践也就会提出新的、更多的、更高的要求。正是由于理念具有发展性特征，其实践性才有现实意义。

最后，理念的特征还表现为前瞻性。理念不等同于现实。但由于它具有指导实践并为实践设定努力方向和奋斗目标的作用，因此，理念可以视为将来的现实。从这个意义上讲，理念最大限度地表现为人对未来现实的一种追求。

任何一种教育改革与实践，都必须有支撑自己的理念。而理念的确立，均不能违背上述思想性、实践性、发展性和前瞻性等重要特征，学记语文核心理念的确立同样也不例外。

二、学记语文的核心理念

在学记语文研究的假设中，笔者构想了一种教学体系，即努力构建具有"以学为重，为学而教；以学定教，随学而导；记用相行，内外相辅；和谐共生，教学相长"等鲜明特色的新语文教学体系，让语文教学成为充满生命活力的精彩生活。这里，"以学为重，为学而教；以学定教，随学而导；记用相行，内外相辅；和谐共生，教学相长"，就是学记语文的核心理念。下面一一分述之。

（一） 以学为重，为学而教

基本含义：

在教学关系上，不是以教师为主宰，而是以学生为主体，以教师为主导；不是以教师的"教"为重点，为教而教，而是以学生的"学"为重点，为学生的学习而教。

讨论与分析：

教学关系是一切教学活动的基本前提，可以说，有什么样的教学关系，就会有什么样的教学效果。因此，长期以来，教育界普遍重视对教学关系的研究。教学，应该以教师为中心，还是应该以学生为中心？这一直是有历史以来中外教育界争论不休的老问题。

坚持"教师中心论"者认为，教学的主体是教师，教师是一切教学活动的中心。德国教育家赫尔巴特主张教师是教学的主体。苏联教育家凯洛夫强调教师在教学中具有"决定作用"，在我国古代也有"师者，传道授业解惑者也"之说。

坚持"学生中心论"者认为，教学的主体是学生，学生是一切教学活动的重心。在我国古代，教学的重心放在学生上，比如从《学记》的许多论述中，我们都可以看到"以学生为主"的思想。美国实用主义教育学派杜威就极力主张"儿童中心论"。皮亚杰认为应该把儿童看成一个"独立的变量"，反对把儿童看成一个"依赖的变量"。在皮亚杰看来，儿童不只受教于成人，而且自己也进行独立的学习。儿童是主动的学习者，真正的学习并不是由教师传授给儿童，而是出自于儿童本身[1]。

教育界关于"教师中心论"和"学生中心论"的争论，也深深地影响着我国的语文教学。20 世纪 50 年代，我国受凯洛夫影响，形成了老师讲、学生听的传统，盛极一时的"红领巾教学法"对今天的语文阅读教学还有着较大的影响。20 世纪 70 年代末，布鲁姆、赞可夫等人的教育思想相继引入我国，我国语文界叶圣陶、吕叔湘等语文教育专家的教育思想开始受到重视，语文教学界提出了"发展智力，培养能力"的口号，开始重新思考教师与学生的关系与地位问题。20 世纪 80 年代，钱梦龙提出"主体—主导论"，认为应以"学生为主体，教师为主导"，语文界关于教学关系的认识逐渐形成共识。

教学，其本质是学生在教师有目的、有计划的指导下，通过学习教材，掌握人类已有的知识经验并获得智能、情感、意志、品德和个性等方面发展的过程。在这个发展过程中，教师居于指导的地位，学生居于主体的地位。"以教师为主导，以学生为主体"的思想，辩证地揭示了教师和学生在教学这个系统

---

[1] 皮亚杰：《皮亚杰教育论著选》，人民教育出版社 1990 年版，第 5 页。

中各自特殊的地位。

始于 21 世纪初的语文课程改革，在教学关系的处理上遵循了"主体—主导论"。《义务教育语文课程标准（2011 版）》指出："学生是语文学习的主人。""教师是学习活动的组织者和引导者。"十分明确地指出了在语文教学中教师与学生应该保持的教学关系。

但是，在语文教学实践中，关于教学关系的处理依旧存在着一些问题。正如前文所述，一种是教师在课堂教学中存在着严重忽视学生生命活动状态的现象，教师主宰着课堂，学生的情感发展、学生的学习需求、学生的思想变化等等，似乎都与教师没有多大的关系。在这样的课堂上，"学生是语文学习的主人"实际成为一纸空谈。另一种是在对教学关系的认识上教师知道教学中要以学生为主体，但是在教学的实际操作中，教师往往又不自觉地忽视了学生的主体存在，使学生的主体地位随着教学的进程而逐渐丧失了。这种情况，在目前的语文教学中相当具有代表性。

学记语文提出"以学为重，为学而教"的理念，反映了学记语文对教学关系的认识与定位。

首先，"以学为重"，即以学生为重，以学生的学习为重，强调"不是以教师为主宰，而是以学生为主体"。《学记》从不同角度、不同层面重视了学生的主体性，学生的"学"始终贯穿全文。从题目"学记"之"学"开始，就已经将着眼点放在了"学"上，紧接着提出"人不学，不知道"，强调了学的重要性，后文所做的关于教者和学者的论述都在努力实现使学生学，使学生学好，最后实现培养有"大德"、具"大道"、能"大信"和识"大时"之人的教学宗旨。十分明显，《学记》在对教学关系的认识上是突出学生主体地位的，强调了"学"在教学活动中的重要性。学记语文秉承《学记》的理念，在认真分析中西方关于教学关系的认识理论和反思目前语文教学现状的基础上，明确地提出"以学生为主体"的观点。

以学生为主体，让学生成为语文学习的主人，必须满足如下几个条件：

第一，必须把学生当作具有生命活力的人。生命活力的起点在于，必须认识每一位学生都是一个独立的生命体，而不是教学活动中单一的认知者。这些"生命体"在教学活动中不是"沉睡着"，而是在觉醒状态之下的"生命态"。这种"生命态"一方面表现为生理机能的积极活动，另一方面表现为心理状态的健康发展。有了"生命态"，就意味着学生生命进入课堂学习的全程中。进入学习全程的"生命态"，充满了多种多样的"生命欲"，如求知欲、表现欲、交流欲、成就欲等。这些"生命欲"，在教学活动中，应当得到合理的满足。一个学生的"生命欲"与所有学生的"生命欲"融为一体，就汇成了十分强大的"生命流"。这种"生命流"犹如一条流淌的河流，或浪花飞溅，或平静如镜，必然爆发出强大的力量，也就形成了课堂的生命活力。因此，具有生命活力的课堂，必然是学生生命积极参与的课堂，必然呈现出一种积极的生命状态。

第二，必须辩证地认识教师的地位和作用。以学生为主体，不是否定教师的地位和作用。必须认识到，在学生生命成长的过程中，教师起着重要的作用。其一，教师也是具有生命活力的人，教师不能把自己看作灌输知识的"传送器"，在课堂教学进程中和学生一样，也有"生命态""生命欲"。课堂上，教师与学生是用生命影响生命，用生命启发生命，用生命带动生命。在课堂的"生命流"里，也有教师生命一份子。如果没有教师生命积极参与，课堂的生命活力是不能充分得到激发的。其二，教师必须认识到自己不是课堂的主宰。正如钱梦龙所说："要培养学生的主体意识，教师首先必须在自己的意识深处真正把学生置于主体的地位；教师的这种主体意识必然对师生双方在教学过程中的行为都将发生潜在的影响。这种意识上的'一念之转'，作为'主体化教学'的起步，必须重视。"① 这就要求教师必须转变角色，从"传道、授业、解惑"的单一角色，变成教学中学生的"引路人"，学生成长中的"促进者"，生活上的"辅导员"，心理上的"保健医生"，学生个性发展的"挖掘者"。必须从"教书匠"的角色中挣脱出来，成为"生命型"的教师。以"生命态"置身于教育情境，以"生命态"审视已有的教育理论和教育实际问题，以"生命态"不断地发现问题、解决问题、提高教育教学质量。甚至连评价一堂课的好坏，也已经不在于教师教了什么，而要看学生身上留下了什么；不再追求教师的表演给学生留下了或多或少的印象，而要追求是否给学生留下自主学习所产生的深刻体验；不是让教师用手中的绳索把充满灵气的孩子驯服成温顺老实、循规蹈矩的小黄牛，而是要教师用心去牵引出学生个性更丰富的一面，完成人格的塑造。

其次，"为学而教"强调"不是以教师的'教'为重点，而是以学生的'学'为重点"；不是为"教"而教，而是为"学"而教。《学记》也强调了"学"的重要性："虽有嘉肴，弗食不知其旨也；虽有至道，弗学不知其善也。"要真正做到"为学而教"，必须注意以下几点：

第一，要重视学生的学习实践。学生的语文素养是老师教出来的吗？不一定是。举个例子，体操教练教运动员一个动作要领，教练一说运动员就可以完成吗？不会，要真正掌握动作要领，运动员就必须苦练。语文学习也是同样的，教师教给学生某种学习方法，学生不经过实践就不能掌握方法要领。因此，我们说没有学生的实践，就没有学生真正的认识和创造活动。曾经有人

---

① 钱梦龙：《论"学生为主体"》，载《语文学习》1988 年第 8 期。

说，语文教学要"规避"训练。我们不赞成这样的观点。语文素养的形成，一定要有必要的训练。训练是学生实践的途径之一，但不能代表实践的全部。叶圣陶先生一贯重视"历练"。语文教学要训练，重要的是讲究训练的手段和方法，追求科学的训练。语文的实践必须是科学的实践。

第二，要辩证地认识教师的"教"。我们强调学生的学习实践，不是完全否定教师的"教"。相反，学生的学习实践，在某种程度上必须依赖于教师的"教"。问题是，我们怎样看待这个"教"字。其一，教师有"教"的义务。学生不知道的地方，如果通过一番自我探究还不能解决问题，那么教师就得"教"，此是"传道"，此是"授业"，此是"解惑"。这叫"教为必须"。其二，教师要有"教"的目标。叶圣陶先生有一句名言："教是为了达到不需要教。"这里，"不需要教"就是我们"教"的目标。其三，教师要有"教"的艺术。《学记》关于"教"有记述："道而弗牵；强而弗抑；开而弗达。道而弗牵则和；强而弗抑则易；开而弗达则思。"引导学生而不牵着学生走；鞭策学生而不推着学生走；启发学生而不代替学生得出结论。引导学生而不牵着学生走，师生关系才会融洽；鞭策学生而不推着学生走，学生学习起来才会感到愉快；启发学生而不代替学生得出结论，学生才能独立思考。这就是"教"的艺术。如果我们把"教"看成"灌输"，那么"教"就成了十分严重的课堂负担，教师累，学生也累。在这样的"教"中，学生的主体地位完全消失，疲于应付，课堂自然毫无效果可言。

问题是，在现今的课堂上，我们老师们太注重"教"了，为"教"而"教"。重"教"必然导致教师把自己看得重，把学生看得轻；把讲授看得重，把实践看得轻。因此，学记语文提出"以学为重，为学而教"的理念，是对当前语文教学关系的进一步"反正"。

（二）以学定教，随学而导

基本含义：

在教学方式的处理上，不是用教师的"教"代替学生的"学"，而是依据学情制定教学；在教学过程的处理上，不是先"教"后"学"，而是随着学生的学习状况灵活诱导。

讨论与分析：

"以学"的含义是"为了学生""基于学生"；"定教"是定教学的目标、内容、方法和策略；"随学而导"是随着学生的学习进程，根据学生的兴趣、状态、心理发展规律等调整教学，并做出教学内容和教学方法的选择，它强调给学生创造一个相对自由的学习情境，而不是先行做出"命令他们做什么的规范"。

学记语文之所以倡导"以学定教，随学而导"，是因为：

其一，教师"教"的观念根深蒂固，用教师的"教"代替学生的"学"

的现象还普遍存在。教学观念的转变，虽然我们"唱"了好多年，但对一些教师来说，似乎还是有些"纸上谈兵""光打雷，不下雨"。在教学中仍旧以"教"为中心，学生虽有自主、合作学习，但有搞形式、走过场之嫌，没有真正体现学生是学习的主人。由此观之，在我们的脑海里应来一场转变教学观念的革命，彻底地转变教学观念，真正地树立起新的教学观，即树立以生为本，真正落实学生是学习的主体、是实现自己潜能的主人的教学观，真正地树立起学生"自主、合作、探究"的有效学习观。

其二，"以学定教，随学而导"体现了教学的本质规律。构建运用符合教学规律的教学模式，充分内化和发挥以学生为主体、以教师为主导的作用，让每一个学生都能充分地"动"起来，自主学习新知，自主发现问题、提出问题和解决问题。在此基础上，教师对学生在自学中尚未解决的问题作适时的引导、点拨，以实现有效地、高效地运用课堂教学时间，从而避免教学的微效劳动和无效劳动，提高课堂教学的质量和效益。

其三，"以学定教，随学而导"符合学生的学习规律和心理发展规律。语文学习不是一个静态的过程，而是不断生成的，是与学生生活和身心发展紧密联系的。语文学习是学生生活的一部分，是随着学生的学习生活不断发展、不断丰富、不断变化的，学生的学习规律和心理发展规律是语文学习的基点。我们知道，每个学生都有他独特的气质，拥有与成人不同的世界。"儿童的世界是一个具有他们个人兴趣的人的世界，而不是一个事实和规律的世界。儿童世界的主要特征，不是什么与外界事物相符合这个意义上的真理，而是感情和同情……"① 学生不是按固定的眼光或所谓科学、客观的标准去看待事物，不是按习惯性的常规或"理论框架"来分析事物合不合理、对与不对，而是按自身的感受与需要直言不讳地表达事物可爱不可爱以及自己喜欢不喜欢。既然学生是与成人不同的，那么，在语文教学中让"以学定教"成为教学的根本原则就是必然的。因此，语文教学要根据学生的发展规律及学习特点计划教师的教学活动。

其四，"以学定教，随学而导"能使课堂教学在有限的时间里取得最大的教学效果。我们可以把"以教代学"和"以学定教"的课堂作个比较，请看表2.1（表见下页）：

---

① 杜威：《学校与生活》，人民教育出版社1994年版，第116页。

序号	以教代学	以学定教
1	以教师为主	以学生为主
2	学生被动地学	学生主动地学
3	"他主"学习	自主学习
4	枯燥地学习	有兴趣地学习
5	外力强制地学	内力迸发地学
6	预设性地学	生成性地学
7	死记硬背地学	融会贯通地学
8	模仿地学	创造地学
9	应付地、痛苦地学	享受成功幸福地学
10	追求应试成绩	追求自我发展
11	教师负担重	教师负担轻

表 2.1

通过上面的比较，我们可以清楚地看到，"以学定教"对学生综合素质的发展是大有益处的。学生在自主的学习中，不仅语文学科知识能够得到主动建构，而且自学能力、合作能力和探究能力也得到了培养。这正是我们语文课堂教学所追求的教学效果。

要做到"以学定教，随学而导"，必须注意：

第一，教师要彻底转变观念。要求教师以学生为主体，一切从学生出发，把学生作为教学的出发点，把学生的发展作为教学的终极追求。要做到前文所述的"以学为重，为学而教"。

第二，要以学生的学习实践为核心设计和展开教学。具体来说：

一是要注意"换位思考"。在教学中，可以通过换位思考的方式来确定学习目标。如教学一篇课文，教师首先要考虑的不是自己该怎样教的问题，而是考虑学生从这篇课文里应该得到什么，考虑学生该怎样得到自己想要的东西。这样，教师把自己置于学生的位置，就能让教学更加贴近学生，就能让学生最快地走进教学。

二是要根据学生的原有知识、经验来确定教学内容。学生是学习的主人，教师作为学生学习的组织者、引导者和合作者，应及时关注学生学习的起点。以往在教学中，教师们往往认为，天天和学生在一起，毫无疑问对学生是了解的。其实不然，仅凭自己的主观感觉和经验推断学生的发展需要，会造成主观认识与客观现实的差距，从而导致教育教学活动的低效甚至无效。比如在阅读教学中就有一个值得思考的问题：教学一篇课文时，教师往往要引导学生概括课文的主要内容，但是，学生从三年级（有的甚至从二年级就开始训练了）一直概括到小学毕业，其整体把握文章内容的能力还是不强，这是为什么？通过观察和研究，我们发现了两个方面的原因：一，一些教师很少关注学生的阅读经历和阅读经验，尤其是高一年级的老师很少考查学生在低一年级的学习水平；二，一些教师只关注了学生概括的结果，忽略了学生的思维过程和思维方法。因此，要使教学切实促进学生发展，必须以学生的原有知识、经验和学生发展的真实需要为起点来确定教学内容。

三是要根据学生的兴趣点来调整教学顺序。皮亚杰说过："儿童是有主动性的人，他的活动受兴趣和需要的支配，一切有成效的活动都须有某种兴趣做先决条件。"兴趣是学生学习最好的老师，学生只有对学习有兴趣，才能取得好的效果。学生是学习的主人，教师是学习活动的引导者和组织者。根据这一理念，在课堂教学中，我们应该放手让学生充分、自主地参与到学习中，演好学习的"主角"，在课堂上抓住适当的时机，选择学生最感兴趣的那个点作为线索，根据学生的现实表现及时调整教学顺序，使学生在最惬意的活动中，最主动地投入学习，真正做到"随学而导"，大大提高教学的效率。

四是要根据学生的思维状态来调节教学过程。课堂教学是一个动态生成的过程，具有极强的现场性。再好的预设，也无法预知课堂教学中的全部细节。正像文喆先生在《关于教学设计的若干思考》一文中指出的那样："教师不是工程师（他要按图纸施工），也不是电视导演（他们一般要按分镜头剧本去工作），而是节目策划，是与学生共同创造未来的人，创造是没有蓝图的，策划只抓大方向、大轮廓。"所以，教师不仅需要课前的精心预设，面对富有价值的生成资源，还要独具慧眼，及时捕捉动态生成资源并将其纳入课堂临场预设范畴之中，根据需要调整教学，甚至改变预设目标，重新设置开放的、适应学生需要的教学流程。正如叶澜教授所说："课堂应是向未知方向挺进的旅程，随时都有可能发现意外的通道和美丽的图案，而不是一切都必须遵循固定线路而没有激情的行程。"作为教师理应尊重并珍视鲜活、灵动的课堂生成，把它作为推进课堂进程的重要资源。课堂上的"教学灵感"——现场生成往往来自于学生活动，它与充分尊重学生的主体性是分不开的。面对课堂现场中超越预设、鲜活丰富的即时生成，要尽量把发展的空间让给学生。由于受到年龄和知识水平的限制，学生生成的富有创意但陈述不清的信息资源，教师应采用语言补充、直观辅助、重点强调等方式让全班学生清晰地感受这一生成性资源的优势所在。

五是要根据学生的认知规律来确定教学方法。18世纪法国启蒙主义教育家卢梭在他的著作《爱弥儿》中阐述过这样的观点：对儿童进行教育必须遵循自然的要求，顺应人的自然的本性，反对成人不顾儿童特点，按照传统与偏见强制儿童接受所谓的教育，干涉或限制儿童的自由发展。在教学中更是如此，教师要注意以学生的认知状态和发展规律确定教学方法，结合课堂具体情境和学生兴趣即兴发挥，也可根据学生的需要因势利导。学生的学习是一个主动建构的过程，不必将知识作为"绝对的客观真理"强加给学生。学生在学习过程中，不给他们过多的干预，而给他们更多的自主，让他们根据认知规律选择的方法来学习，对他们感兴趣的问题进行研究，就会保持高昂的学习热情，学习天性就会喷发出来。

综上，"以学定教，随学而导"受《学记》"道而弗牵，强而弗抑，开而弗达"思想的启示，注意充分调动学生学习的积极性、主动性，大大引发了学生潜在的学习动因。在此基础上，教师根据学生的学习实践，因势利导，巧妙点拨，不仅能很好地完成教学任务，而且会取得出人意料的教学效果，这样才能赋予教学真正的意义。值得说明的是，要能真正做到"以学定教，随学而导"，教师的基本功要强，备课要认真，学生、课标、教材要烂熟于心，尽量把可能出现的情况预设到，才能收放自如，运筹帷幄。只有精心设计每一节课，只有读懂教材、学生、自己、课堂，研究学生的需求，以学定教，让每堂课都给学生留下惊喜，我们的语文课堂才会精彩，才会高效，教学质量才会不断提高。

（三）记用相行，内外相辅

基本含义：

在语文教学内容的处理上，注重语言的习得与积累、生成与运用并重，强调语言素养的培养；在语文教学途径上，提倡课内与课外的语文实践活动结合。

讨论与分析：

所谓"记用相行"，"记"即习得与积累，"用"即生成与运用。"记用相行"是指语文教学要重视语言的习得与生成、积累与运用，强化学生语言能力的培养。而"内外相辅"则指出了语文实践的途径，不仅在课内，还要在课外进行，课堂内外，相辅相成。

《义务教育语文课程标准（2011年版）》指出："语文课程致力于培养学生的语言文字运用能力，提升学生的综合素养，为学好其他课程打下基础。"并进一步强调："语文教学要注重语言的积累、感悟和运用，注重基本技能训练，给学生打下扎实的语文基础。"对语言的积累和运用能力是学生最基本的语文素养之一，是学生"可持续"发展的基础。语文教学必须重视这些基本素养的培养，必须坚定不移地走发展语言之路。怎样培养学生的语言文字运用能力？学记语文认为，要注重语言的习得与生成实践。

那么，什么是语言的习得与生成？

习得语言和生成语言是两种比较复杂的心理活动。苏联著名语言心理学家维果茨基认为，儿童最初的语言是纯粹社会性的，儿童自我中心语言不是从内部个人语言转化为社会语言，而是从外部社会语言转化为内部个人语言；随着儿童的发展，自我中心语言逐步转化为内部个人语言，这种内部语言便开始为儿童的思维服务，越来越成为思维与交际的工具。①

儿童不可能生来就会说话，因为其个体内部的语言集合几乎是空白的。随着年龄的增长，他们与社会群体不断接触，语言的活动量增加了，对各种社会性的语言有了充分的感知，使个体内部的语言集合逐渐丰富起来，这就是语言的"习得"。很明显，这种习得语言的过程，就是"从外部社会性语言转化到内部个人语言"的过程，具有"纯粹社会性"的品质。随着儿童的发展，当他们习得的语言不能满足交际的需要时，就会创造新的语言，这就是生成语言。生成语言的过程就是"自我中心语言转化为内部个人语言"的过程，具有"个性化"的特征。因此，在儿童个体内部的语言集合中，既有习得的语言，又有生成的语言，它们共同为儿童的思维服务，成为思维与交际的工具。

值得说明的是，习得语言和生成语言是相辅相成、互相转化的。习得语言是基础，生成语言是发展和提高。儿童一旦习得了某些"语言原型"，就能依据这些"语言原型"生成许多新的语言，而生成的新的语言又成为被习得的"语言原型"。如此循环，儿童的语言能力正是在这种不断的"习得"与"生成"过程中发展和提高的。

为什么把语言的习得与生成训练作为语文教学的主要任务呢？

我们知道，语文教学的主要内容是通过对富于语言创造力的优秀作品的学习，掌握丰富的语言，传承精神遗产，促进人的成长与发展。其中，"掌握丰富的语言"作为语文教学的主要任务，历来为人们所重视。什么叫"掌握丰富的语言"？就是要注重对规范化语言的积累、感悟和运用。而习得语言和生成语言的过程，正是积累、感悟和运用语言的过程。首先，从习得语言的角度来看，儿童习得语言的途径是多样的，既有自我习得，又有教化习得。而教化习得则是儿童习得规范化语言的重要途径，即教学中教师要通过有规律的语言学习，使学生对课文中有一定结构特色的语言进行充分的感知、记忆，在其心理上潜移默化地形成"语言原型"。随着"语言原型"的增加，便形成了丰富的语言积累。其次，从生成语言的角度来看，学生生成语言一般要经过"拙""通""巧""朴"四个层次。所谓"拙"，是生成语言的最初层次，词不达意是该层次最明显的特征，如"到黄昏，爸爸妈妈陆陆续续地回来了"；所谓"通"，是生成语言的第二层次，即语言清晰达意，条理通顺，无废字；第三层次是"巧"，即生成的语言在流利畅达之余，还文辞灵动巧妙，耐人寻味；

① （苏联）列夫·谢苗诺维奇·维果茨基：《语言与思维》，浙江教育出版社1997年版。

"朴"是生成语言的最高层次，即语言平易，于淡中见浓，平中见奇。语文教学的重要任务就是要通过训练，使学生的语言生成随着其生命的发展，逐渐由单一走向丰富，由低级走向高级。

小学是儿童接受正规母语教育的初始阶段，又是人的一生中学习语言的最好时光。小学中获得的语言基础知识、基本技能，是人后续学习、终身学习的最起码的学力要求。如果我们的教学没能让一个人在小学阶段接受最扎实的、最丰富的、最富有创造性的习得语言和生成语言的训练，并以此作为安身立命之本，那么，语言素养的提高、人的发展等等，将是不可想象的。

怎样在教学中关注语言的习得与生成训练，做到"记用相行"？

第一，在训练内容上，教师要善于挖掘富有特色的"语言原型"。善于发现和挖掘课文中富有特色的"语言原型"，是习得语言和生成语言训练的基本前提。语文教材中的课文均为优秀的语言作品，其中不乏一些极富特色和表现力的语言形式，它们是一座座"语言原型"的"富矿"。教师要善于发现并挖掘出来，引导学生认真感悟、品味，进而"习得"语言。从低年级到高年级，随着学生年龄的增长和语言能力的发展，课文中的"语言原型"也由简单走向复杂，由低级走向高级，由单一变得丰富起来。值得说明的是，对于一些富有特色的"语言原型"，教材编者特别将其编入课后"思考·练习"中，这实际上为教师发现和挖掘课文中的"语言原型"提供了帮助。教师应该认真体会编者的意图，树立起敏锐的"语言原型"意识。

第二，在训练过程中，教师要善于丰富学生的语言实践活动。学生习得语言和生成语言的能力是在其丰富的语言实践活动中形成的。因此，教师要善于把学生置身于丰富多彩的语言实践中，让学生充分感知各种结构的"语言原型"，领略各种语言形式，同时指导学生运用各种语言形式进行语言的生成表达训练。

要激发学生参与语言实践活动的兴趣。当学生的身心系统处于平静或沉睡的状态时，精神和语言元素就缺乏活力。没有活跃的心理状态，语言实践活动就不可能生动活泼地得以开展。教师要充分激活学生的身心系统，诱发学生参与语言实践的兴趣，使语言实践成为学生的内在需求。如一位老师在《猴王出世》的教学中，首先在课前的交流中以平易近人的教态，缩短了师生之间的差距，促进了师生间心灵的对话。其次，老师用灵活多变的激励性评价和富有启发性的语言，给学生注入"兴奋剂"，让学生的心理积淀迅速膨化、运动。她说："同学们，一蹦，蹦出了一个石猴；一跳，跳出了一位猴王。这猴王的形象已经活灵活现地留在了我们的脑海里。那么，吴承恩先生是怎样用语言把他写出来的呢？请同学们自由地、放声地读读第一自然段，感受感受。"最后，老师让学生在语言的研究与发现中享受到成功的乐趣。请看：

师：同学们，往下读，更有意思了！（出示句子："夜宿石崖之下，朝游峰洞之中。"）自己读读看，你又发现了什么？

生：（欣喜地）它们就像诗一样，对得非常整齐。

师：对对子！你们经常诵读古诗文，一定有感觉，我们来对一对。夜对——

生：朝。

师：宿对——

生：游。

师：石崖之下对——

生：峰洞之中。

师：谁能读出这样的石猴？

生：（带着古诗文的韵味读）夜宿石崖之下，朝游峰洞之中。（众笑、掌声。）

师：你们真是太厉害了！让我们一起来读。（师生一起读，其乐融融。）

在整个课堂中，我们看到学生对语言的研究兴趣一直都很浓厚，学习效果也非常明显。

此外，还要引导学生发现语言规律，促进语言的习得与生成，重视运用。儿童对语言的认知是从无到有、由低级到高级、由简单到复杂的，习得语言与生成语言的训练应遵循这一规律。在训练过程中，教师要帮助学生树立敏锐的语言习得与生成意识，教给学生方法，引导学生发现规律，注意运用。请接着看《猴王出世》的教学片段：

师：同学们，作者写的是活泼的石猴，用的语言也非常短促、跳跃、有节奏。反过来说，就是这样的语言，让我们读到一只顽皮可爱、活泼跳跃的石猴。内容与语言高度融合，就叫作经典。下面，就请同学们自己研读第二个问题，读——（课件出示问题）

生：（齐读）课文是怎样写"石猴成为猴王的"？

师：请你抓住一两个关键的句子进行研读。用心体会语言的秘密，并做上记号，待会儿我们进行交流。

（学生自主研读，讨论。）

师：我看同学们都有收获，谁愿意和大家交流一下。不要怕出丑，要勇敢！

生：我找到这一句："'哪一个有本事的，钻进去寻个源头出来，不伤身体者，我等即拜他为王。'连呼了三声，忽见丛杂中跳出一个石猴，应声高叫道：

'我进去！我进去！'他瞑目蹲身，将身一纵，径跳入瀑布泉中，忽睁睛抬头观看，那里边却无水无波，明明朗朗的一架桥梁。"首先，我感觉到吴承恩在写这里的时候，是用了拟人的手法。猴子不会说人语，但是他把这种手法用到了猴子的身上，使猴子活灵活现。再加上"他瞑目蹲身，将身一纵，径跳入瀑布泉中"，"纵"字把石猴的动作写得十分生动。

师：我要拜你为师。你姓什么？

生：周。

师：周老师，请坐。

…………

师：刚才他说得非常好。我建议大家再读读猴子的语言，读读猴子说的话，你们发现什么了吗？

生：猴子非常自信，感觉自己对这件事非常有把握。

生：好像无所不能，我进去，我就能出来，我就是个猴王了。

师：从字上看，他写得非常——？

生：非常有活力。好像是我能进去，就一定能出来。

师：换一种写法，能有这样的感觉吗？变成"我进去吧"，读读。

生1：感觉到十分勉强。

生2：犹豫不决。

生3：被逼进去的。

师：再读课文里面的句子。

生：（读）连呼了三声，忽见丛杂中跳出一个石猴，应声高叫道："我进去！我进去！"他瞑目蹲身，将身一纵，径跳入瀑布泉中。

师：难怪有一位大师说，一流作品和二流作品之间的区别，往往只相差几个字。同学们，像这样描写石猴的语言——短促、重复，文中还有很多。大家再读一读，再感受感受。

（学生自由读课文，寻找，发现，感受。）

在上述教学中，老师在前一阶段引导学生感受语言的基础上，及时总结规律："用的语言也非常短促、跳跃、有节奏。"然后放手让学生自由读，研究语言，习得语言。接着抓住学生习得的语言，利用删改方法，让学生在反复的朗读中进行比较，在感悟语意、语情的同时，感知语言结构，加深对这一语言特色的认识，直至占有了这一语言形式。

第三，训练途径、形式和方法要灵活多变，重视课内外结合。习得语言和生成语言的训练，不仅要重视课内，还要重视课外，要广辟训练途径。一是课外阅读，在阅读材料的选择上，不但要注意内容的思想性，而且要注意语言形式和风格的多样性，使学生在与不同风格、不同形式的语言的接触中，习得丰富的"语言原型"。二是关注学生的作文和口语交际活动。既关注书面语言，又关注口头语言，鼓励学生多用习得的语言形式进行表达。三是注意选择训练形式和方法。习得语言不是机械地背诵，生成语言也不是机械地模仿写话。习得语言与生成语言往往与对语言的理解、感悟和运用联系在一起。因而，朗读、品味、摘抄、记忆等都是十分重要的训练形式。形式和方法的运用应依"情"而变，灵活多样。

值得注意的是，要做到"记用相行"还必须融习得积累语言和生成运用语言训练为一个整体。在前文的讨论中，我们已经知道，习得积累语言和生成运用语言是相辅相成、互相转化的。因此，在训练中二者虽然有时各有侧重，但是不能截然分开。一般来说，生成语言的训练往往依赖于习得的"语言原型"，但是不能绝对等同于"语言原型"，二者应融为一体。此外，要创造性地开展生成语言的训练。生成语言是在原有"语言原型"的基础上的再创造活动，具有明显的创造性特征。让学生运用已获得的语言结构进行新的语言表达，要鼓励学生在继承的基础上创新，可以"出格"，进而生成真正属于自己的、具有鲜明个性的语言。

总之，学记语文坚持突出语文课程本色，坚定不移地走发展语言之路，强调语文实践活动，力求通过"内外相辅"的途径，收到"记用相行"的语言训练效果，进而达到促进学生语言素养的目标。

（四）和谐共生，教学相长

基本含义：

在语文教学效率上，追求教师与学生的共同成长。

讨论与分析：

关于语文教学效率的讨论，历来是人们特别关注的一个问题。在仔细分析诸家的观点之后，笔者发现有两种倾向：一是从课堂教学的角度展开讨论，而且讨论多拘泥于阅读教学，认为阅读教学的效率不高导致了语文教学效率的低下；二是单方面从学生学习的角度展开讨论，认为学生的学习质量不高就是语文教学效率的低下。

这些讨论固然有一定的道理。但是，我们认为语文教学效率的相关因素是很多的。因此，笔者从质效思想的缺失、教学关系的缺失、教学方式的缺失、学科性质的缺失、教学目标的缺失、教材功能的缺失、教学内容的缺失、语文训练的缺失、教学评价的缺失、课程资源的缺失等十个方面讨论了语文教学效率低下的种种表现。

如果从生命发展的角度来看，影响语文教学效率的核心在于"人"，它不仅包括学生，还包括教师。语文教学效率的高低，取决于语文学习实践中的

"人"的生命活动质量。《义务教育语文课程标准（2011 年版）》在"教学建议"中就明确指出："学生是语文学习的主体，教师是学习活动的组织者和引导者。语文教学应在师生平等对话的过程中进行。"

如前文所述，语文课堂是"人"的课堂，不是知识的课堂；不只有知识的运作，更为重要的是生命交往。教师与学生都应该是课堂的主人，互为依靠，互相影响，共同成长。在这样的一种追求中，教师尊重学生的人格，尊重学生的感情，爱护他们的自尊心，有礼貌地对待他们。当教师以平等的身份、真实的感情，既爱学生又尊重学生时，学生就会向教师敞开心扉。正如苏联合作教育学派专家阿莫纳什维利所说："孩子们都是以诚对诚的，以诚待之，他则报之以诚！"① 这种"以诚对诚"的关系，其实就是一种尊重、民主、和谐的师生合作关系。在这种合作关系中，学生会产生一种轻松感、愉悦感、幸福感。这不仅有利于学生获得语文素养，提高学习水平，实现生命的沟通，同时也将极大地激发教师和学生的主动性和创造性，使师生都获得充分发展。

正因为如此，学记语文在语文教学效率上，关注的不仅是学生，还关注教师，更加追求师生和谐共生、教学相长的理想境界。

怎样做到教师与学生的和谐共生？我们将在后面的章节中予以阐述。

第三节　学记语文的理论基点

学记语文的构建自然离不开《学记》中相关理论基础的支撑。除此之外，学记语文遵循了语文课程的性质和基本特点。从教学理念的角度而言，学记语文还汲取了生命教育学说中的生命观，借鉴了杜威等人的探究教学理念，继承了建构主义的教学观，同时也从对话理论学者所倡导的教学主张中获得了一些启示，现分述之。

一、学记语文基于《学记》给当今语文教学的启示
（一）关于母语教育作用的启示

关于教育的作用。《学记》指出："发虑宪，求善良，足以馊闻，不足以动众；就贤体远，足以动众，未足以化民。君子如欲化民成俗，其必由学乎。"

---

　① 况平和：《合作教育学与沙塔洛夫教育学》，载《外国教育资料》1989 年第 1 期。

"玉不琢，不成器；人不学，不知道。是故古之王者，建国君民，教学为先。"《学记》把教育的社会作用概括为"建国君民""化民成俗"，一方面强调通过教育培养国家需要的德才兼备的统治人才，积极推行德政；另一方面强调通过教育形成统一的社会道德风尚，形成良好的社会习俗，使社会安定，民富国丰。这段论述，鲜明地揭示了教育是立国之本的理论问题。《学记》要求明智的统治者要站在治理国家、统治人民、实现"王道"的高度上，把教育摆在首位，优先发展教育。这一论述成为后世儒家学者在论述教育作用时经典性的引言，对中国封建社会的教育产生过重要影响。

《学记》对教育的社会作用的阐述，使笔者自然想到了当今中国母语教育地位与作用的问题。语言不仅是人们交际的工具，它也包含着使用这种语言文字的人群认识世界的特殊方式，是文化的组成部分和文化发展的重要标志。汉字历史悠久，是中华文化的显著标志，汉语是中华民族的母语。诗经、楚辞、汉赋、唐诗、宋词、元曲以及古今典范的文言文、白话文作品，创造了汉语言文字的辉煌，也成为中华文化的优秀代表。从这些精美的语言表达中人们感受到了中华文化的无穷魅力，从而加深了对民族优秀文化传统的认同。因此，学习母语的过程，不仅是掌握语文知识的过程，更是了解民族文化、接受民族文化传统熏陶的过程。

然而，当今国人对待母语的态度以及拥有母语的能力是怎样的呢？就母语的社会地位来讲，社会上普遍存在着外语热、汉语冷的现象。2010 年 1 月，上海六所知名高校组织自主招生时，有四所学校不考语文而考英语，在社会上引起热议。高校考什么、不考什么是高校自己的事，但做出不考语文而考英语这一决策反映出决策者对母语的定位。高校的招生考试势必影响中小学母语教育。在中小学教育中，母语不被人们重视，语文教学效率不高，也与人们对待母语的态度有关。但是，与国人对待母语的态度相比，世界上很多国家对汉语的需求，已经从学术、教学领域的研究层面，走到了民间及政府应用层面，学汉语的外国人超过数千万。近些年，参加"汉语水平考试"的海外考生每年都大幅增长。汉语，正在成为世界了解中国的"金钥匙"，正在成为世界的强势语言，正在成为世界最优秀的语言文字。

就国人的母语能力来看，情况更是不容乐观。汉语能力下降，语言文字社会应用出现混乱，言而无物、表达能力不强，缺乏与人交际沟通的能力，提笔忘字、书写能力下降，此类现象比比皆是。据调查，在当代大学生中，很多人不了解先秦、魏晋南北朝。母语权、母语文化权和母语的尊严所面临的形势的确令人担忧。

综上，重视汉语汉字的学习、使用应该成为我们的民族传统；提高汉语言文字的应用能力，应该成为民族文化建设和传承的重要基础性环节；在任何学习阶段，都应当将掌握和运用汉语的能力作为基础素质和能力，对此应提出要求，进行考查。在 2010 年春天的"两会"上，曾经有代表指出："一个不重视母语教育、母语能力培养和提高的国家，不可能成为人力资源强国，也成就不了文化的辉煌。在国家经济强势发展的今天，更应在文化、教育方面有所建树，以提高国家的综合实力。"① "希望国家发改委能将汉语、汉字应用能力的考核作为国家考试项目予以立项。"② 目的就在于"建国君民""化民成俗"，端正国人对母语的态度，提高国人的母语能力。若能如此，我们的中小学语文教学将会拥有一个更好的提高教学效率的外部环境。

（二）关于语文学习主体的启示

《学记》阐述的是先秦儒家教育思想，受当时"民本思想"的影响，从题目"学记"之"学"开始，便从不同角度、不同层面突出和强调了学生的主体地位。虽然通篇论"学"，但是在"学"的背后是一个大写的"人"字。比如在分析教育没有成效的原因时，《学记》有这样一段论述："今之教者，呻其占毕，多其讯言，及其数进而不顾其安。使人不由其诚，教人不尽其材。其施之也悖，其求之也佛。夫然，故隐其学而疾其师，苦其难而不知其益也，虽终其业，其去之必速。教之不刑，其此之由乎！"意思是说，教师只知道朗读课文，大量灌输，只顾赶进度，不管学生能不能接受。他们不考虑学生的内心的要求，不能使学生的才智得到充分的发展。他们进行教学的办法不合理，提出的要求也不符合实际。以致学生厌恶学习，怨恨师长，只感到学习的困苦，不知道学习的好处。即使勉强结业，很快就忘得一干二净了。这就是教育没有成效的原因。其实，这就是对教学中无视学生的主体地位的尖锐批评。因此，笔者认为，没有对"人"的理解和尊重，也就没有《学记》。今天，我们的语文教学要以促进学生的发展为基本目标，首先就必须充分尊重学生的主体地位。

"人不学，不知道。"人虽然是万物之灵，但是不学习，就不会明白做人的道理。《学记》尊重学生的主体地位，把学生当成一个完整的生命体，当成具有主观能动性的人。正因为人有主观能动性，才使人在学习中得到发展，用学习来促进生命富有意义的成长。而作为语文教师，要"时观而弗语，存其心也"，即常常观察学生，但是并不轻易发言，等到适当的时候再加以指导，要使学生自动自发，也正如《论语·述而》中所言："不愤不启，不悱不发。"

《学记》告诫我们，尊重学生的主体地位，必须承认学生具有差异性和独特性。它指出："学者有四失，教者必知之。人之学也，或失则多，或失则寡，或失则易，或失则止。此四者心之莫同也。"每一个学生都是独一无二的，都

---

① 两会代表谢红语。
② 全国政协委员、民盟朝阳市主委高炜语。

有一个独特的心灵世界。作为教师，要"必知之"，要了解每个学生的个性发展需要，并尽可能地满足这种需要，使每个学生的个性、爱好、才能都得到充分的发展。

尊重学生的主体地位，要给予学生充分的发展空间。《学记》认为"未卜禘，不视学，游其志也"，教师要多给学生一些权力，让他们自己去选择；多给一些机会，让他们自己去把握；多给学生一些条件，让他们自己去创造。一句话，教师要高扬生命主体的价值，让每一个学生都能感受到生命积极存在的状态，谱写生命美妙的乐章。

《学记》还指出："教必有正业，退息必有居学。不学操缦，不能安弦；不学博依，不能安诗；不学杂服，不能安礼；不兴其艺，不能乐学；故君子之于学也，藏焉，修焉，息焉，游焉。"活动是生命成长的重要渠道，尊重学生的主体地位，我们还要关注学生的生命实践活动。教师要多给学生创造一些空间，包括课内的空间和课外的空间，积极开展丰富多彩的语文实践活动，让他们在活动中成长，在体验中成熟。

此外，《学记》还启发我们，尊重学生的主体地位，要关注学生的心灵发展和情感体验。因为"学者有四失"，也因为"心之莫同"，所以教师要"知其心，然后能救其失也"。教师只有真正做到知其心，了解学生心理上的个别差异和不同的学生所具有的不同的学习态度和倾向，才能在教学过程中充分实现学生的主体地位，才能为学生的持续发展做好铺垫。

（三）关于语文教学原则的启示

《学记》在具体分析教育、教学的成功与失败的经验教训的基础上，从启发诱导和学思结合的指导思想出发，提出了一系列有益的教学原则和教学方法。这也是《学记》中占篇幅最大、字数最多、最有价值的部分，是《学记》精华之所在，也是我们最应该研究与学习的内容。

《学记》提出的教学原则有：

第一，启发诱导的原则。

《学记》指出："君子之教，喻也：道而弗牵，强而弗抑，开而弗达。道而弗牵则和，强而弗抑则易，开而弗达则思。和、易、以思，可谓善喻矣。"

所谓"喻"，就是启发诱导的意思。《学记》认为教师教学要善于启发诱导。如何启发诱导？《学记》提出了三点要求：一是"道而弗牵"，在教学过程中，教师要引导学生而不要牵着学生走；二是"强而弗抑"，激励学生而不要压抑学生；三是"开而弗达"，指点学生而不要代替学生作出结论。这些要求说明，教师在教学中起的是引路人的作用。引路人就要善于指引，善于鼓舞，善于启发学生沿着正确的道路去走，不应拖着学生，压抑学生，更不要代替学生走路。

紧接着，《学记》又阐述了这样做的好处："道而弗牵则和"，引导学生而不牵着学生走，师生关系才会融洽；"强而弗抑则易"，激励学生而不推着学生走，学生就有勇气克服学习上的困难，顺利地进行教学；"开而弗达则思"，启发学生而不代替学生作出结论，学生才能独立思考，发展智力。总之，只有做了"道""强""开"的工作，才能达到"和""易""思"的要求。

可以看出，《学记》在启发教学上不仅发挥了孔子"不愤不启，不悱不发"的思想，还进一步提出了"不是等待而是要促进学生思考"的主张。

第二，藏息相辅的原则。

《学记》指出："大学之教也，时教必有正业，退息必有居学。不学操缦，不能安弦；不学博依，不能安诗；不学杂服，不能安礼。不兴其艺，不能乐学。故君子之于学也，藏焉修焉，息焉游焉。夫然，故安其学而亲其师，乐其友而信其道，是以虽离师辅而不反也。"

"时教必有正业"，是在规定的时间传授正课，也就是课内学习；"退息必有居学"，课外应有休息、游戏和作业。《学记》认为，正课固然重要，课外活动也必不可少。因为课外各种有益的活动，不仅可以成为辅助正课的一种手段，而且可以引起学生对正课的兴趣，加深对正课的理解。如果课外不学"操缦"（杂曲）、"博依"（歌咏）和"杂服"（洒扫）等技艺，课内就学不好"弦"（即乐）、"诗"和"礼"。因此，必须要求学生做到课内课外相结合，劳和逸相结合。同时举例说善于学的人，学习的时候，就努力学习；休息的时候，就尽兴地搞课外活动。"藏焉修焉，息焉游焉。"这样使学生能够"安其学而亲其师，乐其友而信其道"。

在苏联现代教育家苏霍姆林斯基实验的学校里，十分重视课外活动。在仅有六百多学生的学校里，课外活动小组就有一百二十多个。学生每天都有足够的时间参与多种多样的课外活动。这所学校为苏联培养了不少出色的人才。这个事实充分说明"藏息相辅"教学原则的正确性和重要性。《学记》能在两千年前，就强调课外活动的重要性，的确难能可贵。

第三，教学相长的原则。

《学记》指出："虽有嘉肴，弗食不知其旨也；虽有至道，弗学不知其善也。是故学然后知不足，教然后知困。知不足，然后能自反也；知困，然后能自强也。故曰：教学相长。《兑命》曰：'学学半'，其此之谓乎！"

首先，《学记》强调了"学"的重要性。"学"在于"做"，在于实践。"虽有嘉肴，弗食不知其旨也；虽有至道，弗学不知其善也。"纵有美妙的佳肴，如不亲自品尝，就不知晓其中的滋味；高深精妙的道理不学习，就不知道其中的好处。只有通过"学"，通过实践，才能"知不足"。学习与实践是教学相长的唯一途径。

其次，《学记》从"教"与"学"的角度出发，阐述了"教"与"学"相辅相成、互相促进的道理。"教然后知困……知困，然后能自强也。"教师"教"的过程也就是"学"的过程，通过"教"发现自己知识的不足，从而督促自己再努力学习提高。许多语文教师几乎都有这种体会。开始时认为自己教课没有问题，但一到上课，就感到有些地方讲不清楚，更不能深入浅出，这时才体会到自己还很不够，需要虚心学习，这就是"教然后知困"。也只有"知困"了，才会再强迫自己去"学"。

总之，人们只有经过学习实践，才会发现自己的知识水平不够，也才会推动自己更勤奋地学习；只有通过教学实践，才会发现自己的困惑之处，也才会促使自己进一步提高。"教"与"学"是不断深入、不断发展的同一过程的两个方面，"教"因"学"而益深，"学"因"教"而日进。这就叫作"教学相长"。

也有人从教师与学生的关系出发，对这段话进行了理解。认为：学生的学习，虽然必须依赖于教师的引导，但教师的作用仅仅占了一半，必须靠学生自己的努力和思考。教师虽然以教人为主，但遇到困难的时候还需要补修学业以求精进，所以教师也是教人、学习各占其半。学生如果完全依赖教师课堂的教授，不肯自己运用思考，努力钻研，教师如果抱着故步自封的态度，自以为是，不肯再去进修以求得新知识，那么，他们都犯了教学上的大忌，与教学相长的原则是不相符的。

第四，豫时孙摩的原则。

《学纪》在总结"教之所由兴"和"教之所由废"的重要规律时，指出："大学之法，禁于未发之谓豫，当其可之谓时，不陵节而施之谓孙，相观而善之谓摩。此四者，教之所由兴也。发然后禁，则扞格而不胜；时过然后学，则勤苦而难成；杂施而不孙，则坏乱而不修；独学而无友，则孤陋而寡闻。燕朋逆其师，燕辟废其学。此六者，教之所由废也。"这里，被称为"大学之法"的"豫""时""孙""摩"，就是使教学成功的四个基本原则。

"禁于未发之谓豫"。"豫"，就是预防性原则，在学生不良行为发生前就加以防范。"发然后禁，则扞格而不胜"，如果不良行为发生之后再去禁止，积习已深就难以矫正。所以，这个原则要求教师在教学上首先要有预见性。我们今天所提倡的"教学预设"，实际上就是对"禁于未发之谓豫"的继承与发展。

"当其可之谓时"。"时"，是及时施教原则。要抓住最佳的时机，及时施教，因势利导，就会取得良好的教育效果。否则，"时过然后学，则勤苦而难成"。

"不陵节而施之谓孙"。"孙"，是循序渐进原则。"不陵节"就是教学不要超越学生的实际情况，不要教小的、钝的学生太多太深的知识，超越他们的接受能力，使学生"吃不了"；也不要对大的、有才能的学生，教得太浅太少，使他们"吃不饱"。要求要在"节"的限度以内，做到"教不陵节"，"学不躐等"，循序、量力地进行教学。教学必须遵循一定的顺序（"孙"），根据学生的年龄特征和接受水平妥善地安排教学进度。否则，"杂施而不孙"，不按顺序教学，就会使教学陷于混乱而难以收到效果。

"相观而善之谓摩"。"摩"，即学习观摩原则。学友间相互观摩，相互学习，取长补短，就能共同进步。否则，"独学而无友，则孤陋而寡闻。"现代教学论所提出的小组合作学习理论与此一脉相承。值得指出的是，《学记》并不是简单地认为学友间的任何交往都会互进有益、获得"相观而善"的好处。相反它提醒人们："燕朋逆其师，燕辟废其学。"如果结交的是些不好的朋友，整天言不及义，那就会使人忘却老师的教训，忘却学习，荒废学业。所以，为了自己的长进，应注意结交好朋友，不要交坏朋友。这可以说是孔子"三人行，必有我师焉""择其善者而从之""益者三友，损者三友"等思想的发展。《学记》在该问题上的可贵之处，是首先看到交往的有益作用，加以肯定和提倡，但没有一叶障目。这不能不说是《学记》的又一难能可贵之处。

第五，长善救失的原则。

《学记》指出："学者有四失，教者必知之。人之学也，或失则多，或失则寡，或失则易，或失则止。此四者，心之莫同也。知其心，然后能救其失也。教也者，长善而救其失者也。"

《学记》对长善救失原则的论述，是积极的、辩证的。它认为由于学生"心性"不同，"心之莫同也"，在学习上表现出四种不同类型的缺点："或失则多，或失则寡，或失则易，或失则止。"揭示了产生四种缺点的原因，提出了积极的、辩证的教学方法。一方面，由于学生个性的差异，学习的情况也不相同。教师要了解学生的个性特征，"知其心"，"尽其材"，然后才能"救其失"。另一方面，对学生的缺点要全面分析，既要看到坏的方面，也要看到好的因素。《学记》虽然没有具体说明要发扬的是什么，但古人的注解中有过这样的解释："多寡易止，虽各有失，而多者便于博，寡者易以专，易者勇于行，止者安其序，亦各有善焉。救其失则善长矣。"意思是说，"或失则多"，学习中贪多务得是坏事，但也有其好的一面，就是有引向渊博的因素；"或失则寡"，学得过窄，孤陋寡闻是坏事，但也有其好的一面，就是也含有变为专深的可能；"或失则易"，轻率勇为是坏事，但也有其好的一面，就是包含有勇于进取的因素；"或失则止"，畏难而退是坏事，但也有其好的一面，就是有安分守己、导向扎实的可能。学生这些不正确的学习态度，归纳起来，"不是失之太过，就是失之不及"。

就"多""寡""易""止"本身来说，是四种"失"。但就它们所包含的"渊博""专深""进取""扎实"的因素而言，又可以说是优点。好与坏，得与失是辩证的、统一的。所以，教师一定要全面地看问题，不但要看到事物的正面，也要看到它的反面，要有"两点论"。这样，就可以针对不同的对象，根据他们"至学"的"难易"，资质的"美恶"，培养积极因素，克服消极因素，依靠优点，克服缺点，扬长避短，长善救失。这就是"教也者，长善而救其失者也"。《学记》对这个原则的阐述，既包含重视正面教育的意义，又包含因材施教的思想，是极其可贵的。

《学记》所提出的五大教学原则，对于我们今天的语文教学改革，启示是极为深刻的。语文教学需要我们"长善而救其失"；需要我们"善喻"；需要我们做到"道而弗牵，强而弗抑，开而弗达"；需要我们重视引导学生"相观而善"，合作探究；需要我们"禁于未发"，重视课前预设；需要我们"不陵节而施"，循序渐进；需要我们在学生的学习过程中"当其可之"，启发诱导；需要我们"藏息相辅"，坚定不移地走"课内打基础，课外求发展"之路；需要我们在与学生的互动学习中，"教"因"学"而益深，"学"因"教"而日进，达到"教学相长"的美好境界。不难看出，今天新课程改革所提出的相关理念，早在2000多年前《学记》就提出过，只不过有着一定的阶级局限性。今天我们持有的态度不应该是置之不理，而是要去其糟粕，吸收精华。

（四）关于语文教学方法的启示

《学记》在分析教育没有成效的原因时，实际上也对"灌输式教学"进行了严厉批判。它明确反对教学中无视学生存在、无视学生主体地位的做法。在论及教学原则的过程中，对教学方法也作了相关的阐述。

一是精讲罕喻。《学记》指出："善歌者使人继其声；善教者使人继其志。其言也，约而达，微而臧，罕譬而喻，可谓继志矣。"优秀的歌手能使听众自然而然地跟着他唱；同样，优秀的教师也要能使学生自觉自愿地跟着他学。怎样才能让学生自觉自愿地跟着老师学？奥妙就在"精讲罕喻"。

第一，要"约而达"。就是说教师讲课要扼要，将主要意思充分表达出来，不要啰唆，更不要含糊不清，做到简洁透彻、言简意赅。

第二，要"微而臧"。教师讲解要有重点，既要扼要，又要精辟；既要把教材的精华讲出来，又不要平铺直叙，平均使用力量。要做到"尝一脟肉，而知一镬之味，一鼎之调"[①]。

第三，要"罕譬而喻"。意思是举例不在多，却要能说明问题。教学少不了举例，"举事以类义，援古以证今"。要是例子典型，有代表性，用得恰到好处，就能化抽象为形象，化深奥为浅显，开导阻塞，启发思维。"例不在多而在精"。"例子多了，就会喧宾夺主，淹没论点，学生只注意事例，不注意理论了"，就不能起到"喻"的作用。

---

① 引自《吕氏春秋·察今》。

此外，《学记》在重视"罕喻"的同时，主张教学中多运用"比物丑类"，用同类事物相比较，使学生能触类旁通，举一反三。这样不仅由此及彼，因理推论，巩固消化运用已学知识，还能使学生扩展知识，发展能力。

"精讲罕喻"，对当前的语文教学尤其具有重要的指导意义。在语文课堂教学中，有的教师"满堂讲"；有的教师处理课文"胡子眉毛一把抓"；有的教师举例不当，事例不能说明问题；有的教师用例太多，淹没了论点；有的教师举例过滥，使人眼花缭乱……这种种不良做法，都可以从中获得有益的启示。

二是设问诱答。教学中不可能离开问题。怎样"设问"？《学记》曰："善问者如攻坚木；先其易者而后其节目；及其久也，相说以解。不善问者反此。"善于发问的人，提出问题时，如同砍伐坚硬的木材；先从容易砍的地方砍起，随后才砍木材的关节；久而久之，关节随手就可以砍开了。不善发问的人恰恰与此相反。《学记》认为提问应由易到难，从容易的问题入手，易的解决了，难的也就容易解决。它认为一个善问的人应当像匠人攻伐坚木那样，"先其易者而后其节目"。当然，也不排斥在某种情况下，是需要单刀直入，就难点提问的。但一般来说，应按"先易后难，先简后繁"的顺序为宜。

怎样"诱答"？《学记》认为："善待问者如撞钟：叩之以小者则小鸣，叩之以大者则大鸣，待其从容，然后尽其声，不善答问者反此。"善于答问的人，对待学生发问如同对待撞钟一样；撞得轻就响得小，撞得重就响得大；从容地撞，从容地响。不善答问的人恰恰与此相反。

《学记》给予我们的启示表现在两个方面。一是对待问题的态度要"待其从容"。提问题要"从容"，回答问题也要"从容"，这样才能把道理说透。好像撞钟一样，只有"从容"地撞，才能"尽其声"，"待其从容，然后尽其声"。这个形象而贴切的比喻，对于语文课堂教学中问题讨论富有极为深刻的意义。二是教师回答学生提的问题，要大小得当。如果学生问的问题小而浅，教师就不要小题大做，旁征博引。如果学生提的问题大而深，教师就要深入地进行分析，作出正确的回答。此外，"力不能问，然后语之。语之而不知，虽舍之可也"。当学生没有能力提出问题的时候，才可以直接讲给他听。如果讲了不懂，就不必讲下去了。学生回答老师的提问也是一样，大小适宜，做到"叩之以小者则小鸣，叩之以大者则大鸣"。

三是练习精当。对待练习的问题，《学记》说："良冶之子，必学为裘；良弓之子，必学为箕；始驾马者反之，车在马前。君子察于此三者，可以有志于学矣。"这段话的意思是："优秀的冶金工匠的儿子，一定先学会用皮子镶嵌成衣（知道怎么成'形'）；优秀的弓匠的儿子，一定先学会用柳条编织成箕（知道竹木之'性'）；小马学驾车与我们习见的情况相反，它是跟在车子后面的（知其所由）。人们懂得这三层道理，就懂得怎样治学了。"

从上述的三个比喻中，可以分析出两层意思。一是在练习中，范例是很重要的。"良冶""良弓""大马"就是起耳濡目染的示范作用。二是练习应循序渐进，从易到难，从基础入手，养成习惯。正如古人所说："操千曲而后晓声，观千剑而后识器。"①

综观《学记》对教学方法的论述，不仅体现了教学原则中的精神，还处处贯彻了启发诱导的指导思想，反对注入式、填鸭式的做法，这是非常可贵的，我们应该善于吸取并付诸语文教学实践。

（五）关于语文教师专业成长的启示

关于教师的专业成长与发展，《学记》多处有所论述：

"君子知至学之难易而知其美恶，然后能博喻。能博喻然后能为师。能为师然后能为长，能为长然后能为君，教师也者所以学为君也。是故择师不可不慎也。记曰：'三王四代唯其师'，其此之谓乎！"意思是说，教师知道学生的程度有深浅、资质有好坏之分，然后才能多方诱导。只有善于多方诱导的人才能当教师。能当教师才能当官长，能当官长才能当君王，所以教师是一种可以从他那里学习统治权术的人。可见选择师资是不可不慎重的。古书上说"从前三王四代的时候最重视师资的选择"，就是这个道理。这里，一是强调了教师的地位与作用，虽然带着一定的封建主义色彩，但是它说明了教师在人的成长过程中的地位与重要作用；二是作为教师要能"博喻"，要博采众长，否则就不能为师，就会在人们的"慎重""择师"中被淘汰出局。

《学记》还指出："记问之学，不足以为人师，必也听语乎。"单凭一点死记硬背得来的学问，是没有资格当教师的。教师要注意积累，而积累的途径不单是死记硬背，不光是从书本中来，还要"必也听语乎"，注意和学生交往和交流，在实践中观察、思考和总结。这与其提出的"教学相长"的原则是互相照应的，并与今天所倡导的教师"在反思中提高、在反思中成长"不谋而合。

《学记》还阐明了作为教师要做的另外一件事情："君子既知教之所由兴，又知教之所由废，然后可以为师也。"教师只有懂得了教育成功的因素，同时又懂得了教育失败的原因，然后才能胜任教师的工作。怎样知道教育成功与失败的因素？用今天的话来讲，就是要研究。因此，作为教师，所做的工作不仅仅是"教"，还要去"研"。这里，《学记》给教师成长指出了一条重要的途径，那就是教师要在研究中成长和提高。

综上所述，《学记》作为 2000 多年前的儒家教育名典，是一部值得当今语文教师认真研读的教育理论著作。笔者联系目前的语文教学，从五个方面进行了粗浅的解读。这种解读也给了笔者深深的启发。也正是因为有了一些启发，

---

① 刘勰：《文心雕龙·知音》。

才有了现在的学记语文。

二、学记语文基于义务教育阶段语文课程的性质和基本特点

义务教育阶段语文课程的性质和基本特点是什么？《义务教育语文课程标准（2011年版）》明确指出：

语文课程是一门学习语言文字运用的综合性、实践性课程。义务教育阶段的语文课程，应使学生初步学会运用祖国语言文字进行交流沟通，吸收古今中外优秀文化，提高思想文化修养，促进自身精神成长。工具性与人文性的统一，是语文课程的基本特点。

在这段文字的表述中，我们要特别关注的问题是，语文课程是一门怎样的课程？

首先，它是一门"综合性"和"实践性"的课程。语文课程涵盖着许多方面的内容，比如政治的、科学的、审美的、人文的、情感的、道德的、文化的、文学的、心理的……其"综合性"显而易见。语文课程实施的主要途径就是语文实践；没有实践，就不会有语文素养的发展和提高。那么，语文实践应该是怎样的实践呢？是"学习语言文字运用"的实践，也就是说，语文课程的主体活动应该是"学习语言文字运用"的实践活动。总而言之，在语文课程众多的内容中，"学习语言文字运用"是核心内容，而"学习语言文字运用"离不开实践。这里，就特别强调了语文学习"实践"的重要性。这是对目前语文教学中教师只重自己的"教"而忽视学生"学"的一个重要的矫正。

其次，它是"工具性"和"人文性"统一的课程。关于"工具性"，即通过学习语言文字运用的实践，掌握语言这门工具。但是，语文教育只是为了让学生掌握语言这门工具吗？不是的，还必须"使学生初步学会运用祖国语言文字进行交流沟通，吸收古今中外优秀文化，提高思想文化修养，促进自身精神成长"，即促进人文的发展与提高。也就是说，人文的活动是在语言学习的实践中同时进行的，这就是"统一"。

这里涉及对"人文性"的理解。什么是"人文性"？在《〈义务教育语文课程标准（2011年版）〉解读》一书中有如下的阐述①：

"人文"一词主要有两方面的含义：一方面是指社会、文化对人的化育作用，另一方面是指人对事物、环境等选择与创造的能动作用。语文课程的人文

---

① 《〈义务教育语文课程标准（2011年版）〉解读》，高等教育出版社2012年版，第96—100页。

性表现是，使学生自觉接受中华民族以及全人类优秀文化的"影响""化育"，增强文化意识和规范意识，提高思想文化品位，遵循社会文明的准则和语言文字运用的规范，包括书写和表达的规范；也要允许甚至鼓励学生对语文学习的内容和方式有所选择，对语言的运用有自己的感受和体验，提倡个性化的阅读、书写和表达。语文教育对于学生，一方面要求文明化、社会化和规范化，另一方面又要促进学生情感、态度、趣味、个性、潜能和创新精神的健康发展。

可以看出，语文课程的人文性，并不是单纯使学生接受人文教育，或者受到人文精神的熏陶，还包括学生在语文学习活动中所开展的人文活动，即对活动主体——人的尊重。

那么，学记语文是否遵循了语文课程上述基本特点呢？笔者的回答是肯定的。

第一，学记语文突出了语文课程"学习语言文字运用"这一核心内容。学记语文中"记用相行"的理念，从"习得"与"生成"两个方面强调了语言能力的发展。一是重视语言的积累。学习语言文字的运用首先靠积累，没有积累哪有运用？二是重视语言的运用。在积累语言的过程中，生成新的语言，本身就关注了语言的运用。这就从根本上体现了语文课程"工具性"的精神，即使学生基本掌握语言文字的工具，初步具备正确运用汉语言文字的能力。

第二，学记语文突出了语文课程"实践性"的要求。学记语文把"实践"当作学生语文学习的主要途径和手段：一是"以学为重，为学而教"，从教学思想上确立了"学"为主体的思想，重视从学生"学"的实践出发，开展教学活动；二是"以学定教，随学而导"，在教学行为和教学过程中，重视"因学而变"，在实践中指导实践，在实践中改变实践；三是"内外相辅"，重视课内与课外的结合，拓宽学生的语言实践的宽度和广度。

第三，学记语文突出了语文课程工具性和人文性的统一。一是在实践中学习语言，掌握语言工具；二是重视人文的发展。在人文的发展中，尤其突出生命关怀，关注学生在语文实践活动中的主观能动性。比如，体现在学习材料和表达交流话题的选择上，选择最"有营养"（文质兼美）的作品和最值得学生"咀嚼"的话题来组织教学；体现在学习目标的把握上，使学生在学习语文材料或运用语言文字表达交流的过程中，受到优秀文化的熏陶感染，掌握运用语言文字的规范，展现自己的独特感受和体验，发挥或发展自己的创造才能；体现在学习方式方法的选择上，在"接受"有关的知识、思想、文化和学习方法的同时，可以让学生选择适合自己的方法，展开自主、探究的学习。

综上所述，学记语文不仅遵循了语文课程中工具性与人文性统一的特点，还表现出了对于语文课程工具价值最大化与人文价值最大化相统一的追求。这正好符合当下语文课程建设的价值取向和战略取向。

三、学记语文基于生命教育学说中关于生命发展的基本规律

学记语文立足于人的精神生命，更多地关注于对生命的点化、润泽与提升。如尼采所说："通过风格，生命得到了辩护。拥有风格的生命是一种力量，这种力量不再需要证明。"柏格森指出："对于有意识的生命来说，要存在就是要变化，要变化就是要成熟，而要成熟，就是要连续不断地进行无尽的自我创造。"①

面对人的精神生命，学记语文做到了：

第一，尊重个体生命的独特性、差异性，促进生命体个性的成长。每一个生命体都有自己的风格，都有自己存在的价值与意义。任何教育行为与活动，都应立足于此，严格遵循差异性原则，因材施教，让每一个独特的生命在教育中绽放，让每一个个性的灵魂在教育中觉醒。多彩是生命的本色，也应是教育的本色。生命拒绝单一、呆板，教育也不例外。学记语文立足于个性化的生命，用丰富多彩的语文生活，满足生命体的个性发展，造就个性的生命存在，其实也是在重塑教育自身，让语文教学回归多彩，回归本色。

第二，为学生提供充足的机会与空间，让每一个生命体充分释放创造的潜能，主动建构自己的生命。人的发展充满了可能性和创造性。让可能变为现实，让创造力在生命成长的过程中不断涌动，这是人的精神生命的追求，也是生命教育的旨趣。学记语文在教学中强调，调动各种资源，为学生的语言能力发展营造一个宽松且充满选择、挑战的语言学习环境，让每个学生在这样的环境中，自己去选择、决断、行动、评价、再行动，这是一个发挥创造性的过程，也是一个自我发现、自我建构的过程。学记语文也一再强调，教师作为语文学习的引导者和组织者，在学生的语言实践过程中，应有所为，也应有所不为。在激发学生创造性的过程中，教师就应有所为：为学生提供充分的学习语言实践机会与空间，引导学生自主、主动地去探索，去创造。教师也要有所不为：在具体的语言学习实践探索过程中，放开手脚，让学生们独立去发现问题，研究问题，解决问题。事实上，在学生的语言学习实践中，探索的过程远较探索的结果更为重要，更有价值。面对学生的创造本性，学记语文中的教师只扮演规划者、指导者的角色，而构建创造性的生命，最终还要依赖于个体生命的主动发展、自我创造、建构。

第三，解除外在的束缚，让学生的语言实践获得自由。自由是生命的特质之一。"对于自由人来说，学习中不能有任何奴役的成分。规定的锻炼对身体

---

① 柏格森：《创造进化论》，肖聿译，华夏出版社2000年版，第13页。

无害，但强制的学习是不能记在心里的，所以，要避免强制。"① 也就是说，自由的个体生命，能够在保有其天性的基础上，自主、能动地发展自己。若教育活动能够顺应生命的自由本性，赋予个体充分选择的自由与权利，那么，个体生命的内在能动性便得以激发和调动，进而积极、主动地发展自己。这种发展，动力来自内部，更为强劲，也更为持久。反之，若教育逆生命的自由本性而动，教育活动中充满了对个体生命的强制与奴役，个体生命的内在主动性、能动性便被束缚。教与学是隔离的，学习与生命成长是隔离的，教育成为一种外在的活动，个体生命自然也无法获得健康、主动、持久的发展。

学记语文尊重学生个体的生命特质，促成学生的生命成长。在不损害学生天性的基础上，给予学生更多自由选择的权利与机会，通过各种语言实践活动，激发学生的主观能动性，释放生命内在的能量，让每个学生最终都能自由地展现自己，自主地发展自己。具体来说，学记语文实现了三个"解放"：

其一，解放儿童，是让儿童成为学习的主人。这是学习语言实践得以实施的基本前提。语言实践必须消解教师的权威人格，强调儿童的主动参与；只有儿童积极主动地参与了，语言实践才能真正地展开。

其二，解放儿童，是对儿童充满信任与希望。这是学习语言实践得以开展的动力之源。离开了教师对学生的热切期盼，学生的语言实践就无可避免地退化成家长式的闹剧。

其三，解放儿童，是允许儿童追求创新，进行创造，以儿童的亲历实践为本质特征，表现为儿童整个的生命活动（即想、说、看、做、自由发展），这是学生语言实践获得实际意义的有效途径。

总之，学记语文致力于为学生精神生命的发展提供应有的补给与丰厚的滋养，最终促成学生完整人格的形成与发展。这正是语文课程人文价值的最大需求。

四、学记语文基于杜威等人的探究教学理念

学记语文凸显学习过程的探究性与自主性，有利于语言学习中问题意识的形成，有利于学生解决问题能力的提高。

学记语文一改以往教学改革中重"教"轻"学"的做法，将教学的重点放在学生的"学"上，即如何自主探究、合作学习，这与杜威等人所倡导的探究教学理念是吻合的。

---

① 转引自（英）劳伦斯：《现代教育的起源和发展》，纪晓林译，北京语言学院出版社1992年版，第8页。

杜威认为，探究在本质上就是思维或反思维，与思维过程的五步走相对应，教学可分为以下五个阶段①：第一，学习者要有一种"经验的真实情境"，即学生有兴趣的一些活动；第二，在这种"情境"里面，要有促使学生去思考的"真实的问题"；第三，学生须有相当的知识，进行必要的观察，用来对付这种问题；第四，学习者必须具有解决这种问题的种种设想，并将这些设想整理排列，使其秩序井然，有条不紊；第五，学习者把设想的办法付诸实施，检验这种方法的可靠性。

无独有偶，萨其曼也提出，探究重在过程和方法的训练，要使学生明白一切知识都是尝试性的，如果想教学生发现具有某种意义的范型和规则，就必须教他们积极地、有计划地、有目的地树立假设的方法、验证的方法、解释结果的方法②。与此同时，萨其曼还指出，在课堂上开展探究学习必须满足三个条件：第一，有一个集中学生注意的焦点，最好是一个能引起学生惊异的事件或现象；第二，学生享有探索的自由；第三，有一个丰富的容易引起反应的环境。

与此同时，施瓦布在"怎样开展探究"这一问题上则为教师提出如下建议③：第一，可利用实验手册或教科书等材料提出问题和描述解决问题的调查研究方法，从而让学生发现他们尚不知道的各种关系；第二，可利用教学材料提出问题，但解决方法和答案留给学生自己决定；第三，可让学生在没有课本或实验提供问题的情况下，直接面对现象，提出问题，搜集证据，并根据自己的调查研究作出科学解释。

在学记语文中，有五个不可或缺的教学要素：

一是学习目标。学习目标具有十分强烈的激励作用，它能激发学生的学习动机，同时给师生的教学活动提出价值期待；在教学过程中，学习目标成为教学进程的"航标灯"，始终引领着师生的教学活动；在教学结束时，学习目标又成为师生进行教学反思的重要标准之一，目标的"达成度"成为课堂评价的重要依据。

二是学习方法。学记语文始终坚持：教给学生方法性知识比教给学生经验性知识更为重要。因此，无论在什么学习活动中，教学行为都注意从方法入手。在教学中，教师根据学生已经生成的学习经验，结合新的学习内容和实际生活，和学生讨论学习方法，这就让学生掌握了主动学习的"利器"。学生拥有这一"利器"，就能在学习过程中不断地结合生活实际提出问题、解决问题、发现新知。

三是学习步骤。学记语文重视对学生学习过程的设计，即给学生一个基本

---

①②③ 赵健：《学习共同体——关于学习的社会文化分析》，华东师范大学2005届博士研究生学位论文。

的学习步骤。这些学习步骤通常以"学案"的方式加以呈现。有了"学案"的指引，学生们开始有针对性地收集资料，然后在综合分析资料的基础上提出自己的问题解决假设，最后集思广益，确定最佳的预设解决途径。这一学习的过程，不仅拓宽了学生们的知识面，更为重要的是，在选择最佳解决方案的过程中他们将慢慢学会综合分析、横向比较等研究方法，进而逐步提高自己解决问题的能力。

四是学习指导。在学记语文中，教师扮演的角色自始至终都是引导者，积极做到"随学而导"。在学习活动开始前，导目标，导方法；在学习活动中，导思维，导交流；在学习结束时，导总结，导收获，导延伸。

五是学习交流。在学生自我探究的基础上，展开学习交流，发表自己的探究成果。

可见，学记语文强调目标的设置，强调方法的引领，强调学习情境的创设，强调学生在问题解决过程中的自主探究与创造性思维，这些都与杜威等人的探究教学理念相契合，特别有利于学生问题意识及科学思维素养的培养，有利于学生问题解决能力及语言运用能力的提高。

五、学记语文基于建构主义的基本教学理念

学记语文强调知识与能力生成的建构性，有利于学生能动性、创造性的激发与调动，有利于学生合作精神的培养与提升。

建构主义理论认为，知识的习得不只是外部信息的累积，还包括个体内部认知结构的重建，即学习者在一定的情境下借助他人的帮助，利用必要的学习材料，通过改造和重组已有的知识经验，从而建立起新的认知结构。因此，建构主义主张：第一，学习是双向建构的过程，即在个体新旧经验之间双向的、反复的相互作用中的知识再创造过程；第二，学习具有社会性，应在合作的方式下进行。

此外，建构主义者还对学习的表征做过如下概括：第一，学习目标——深层理解；第二，学习的内部过程——通过思维构造实现意义建构；第三，学习的控制——自我监控与反思性学习；第四，学习的社会性——充分的沟通、合作、互补和支持；第五，学习的物理情境——学习应尽可能发生于真实的学习任务之中，运用多种技术建构学习。

在学记语文的实施过程中，目标的设置、方法的引领、步骤设计、学习交流等，无不渗透着学生对已有知识经验的改造与重组，对新知的自我建构。更为重要的是，所有这些行为大多是以小组合作的形式进行，以小组内的协商、分工、各抒己见、集思广益以及小组间的相互质疑、批判、借鉴、吸纳等形式

展开，充分调动了学生的能动性与创造性，实现了学习主体间以及师生间的对话与交流，有利于自我建构能力与合作能力的提高。

比如，语文教材中所选文章大多是经过历史筛选的名篇杰作，这些优秀作品之所以具有穿越时空的恒久生命力，是因为作者展示了他们对社会和人生广阔性与丰富性的体验与认识。面对这些内容，学记语文强调，教师不能简单按照自己或课本中的逻辑来对学生的理解做出非对即错的评价，追求教参上的"标准答案"，强制学生达到与自己对课本相同的理解，而应尊重学生对作品的独特感悟，允许他们从不同的角度解读课文，并引发学生对问题的进一步思考，以发挥学生的主动性、积极性。此外，教师要注意加强学生之间的交流，让学生学会相互接纳、分享，变竞争性关系为更富建设性的合作关系。学生的个人见解固然丰富多彩，却难免失之偏颇，通过彼此之间的合作、交流，思想发生碰撞，有利于达到对所学内容深刻而全面的认识和理解。

总之，建构主义的学习观与教学观强调学习的情境性、探究性、合作性、社会性等，强调个体对已有知识经验的改造与重组，强调生生、师生间的动态交流。事实上，正是基于以上观点，学记语文倡导在学习过程中，尊重学生的主体性，凸显学习过程的探究性，强调知识生成的建构性，并强化学习组织的合作性。

六、学记语文基于对话理论启示下的基本教育主张

学记语文强调教学活动是在对话中进行的，用对话促进教师与学生之间的生命交往。因此，学记语文也接受了对话理论的指导。

对话理论源远流长，在中国文化和西方文化的早期，都有先哲推崇和主张通过"对话"来探究真理和知识。在我国古代，教育家孔子就曾用对话的方式进行教学。

首先，对话理论认为，人类只有依托语言的交流才能做到有意义的存在。人类情感的表达、理性的思考乃至任何一种形式的存在都必须以语言或话语的不断沟通为基础。"对话交际才是语言的生命真正所在之处"，"一切莫不归结于对话式的对立，这是一切的中心。一切都是手段，对话才是目的。单一的声音，什么也归结不了，什么也解决不了。两个声音才是生命的最低条件，生存的最低条件。"人总是以与他人"共在"的方式生存着，每个人的生命都与他人的生命密切关联。人的生命历程就是一个以自己的生命与对方的生命相遇、对接、融合的过程。生命寻求表达，寻求走向他者的积极对话。对话是生命的内在诉求。生命渴望表达、叙述，进入怡然的对话之境。只要生命有延续，生命的对话便会持续不断地发生。一句话，对话在人类生活中是以必然的方式存在的。

其次，对话理论认为，对话应该建立在平等的基础上。被称为现代"对话"概念之父的马丁·布伯认为"存在"并非"我"自身所具有，而是发生于"我"与"你"之间。他指出，个体"我"不应当把他者视为客体而形成"我—他"关系，而是应当建构平等的"我—你"关系，使人与世界、与他人之间构成平等的相遇，这种"我—你"关系和敞开心怀便被称之为"对话"。

再次，对话理论认为，理解是对话得以发生的关键要素。在巴赫金的对话理论中，对话主要是通过语言来进行的，那么对话中每个人思想的转换、精神的扩展与丰富，都需要以理解语言所表达的意义为前提。

最后，对话理论认为，对话是以创造性为最高境界的。英国的物理学家、思想家戴维·伯姆认为："对话仿佛是一种流淌于人们之间的意义溪流，它使所有对话者都能够参与和分享这一意义之溪，并因此能够在群体中萌生新的理解和共识。"对话追求的不是单方面的胜利，而是"一赢俱赢"，"在对话中，人人都是胜者"。要开展这种对话很难，其关键在于要破除潜隐于我们思维假定背后的种种束缚，而当我们在对话中获得那种具有高度内聚力的精神能量时，它也许能够引领我们超越单纯为解决社会问题而进行对话的范畴。它甚至能够重新改变个体，乃至改变人与宇宙的关系。

引导对话从哲学理论向教育和教育观转变的，首推当代巴西教育家保罗·弗莱雷。弗莱雷认为，传统的教育是"储存式的教育"。"学生是保管人，教师是储户。教师不是去交流，而是发表公报，让学生耐心地接受、记忆和重复储存材料"，"归根结底，在这种（最多是）误导的制度下，倒是人们自己因为缺乏创造力，缺乏改革精神，缺乏知识而被淘汰出局"。而在对话的理念下，教育则"成为一种颠覆性的力量"，"无论一个人有多么无知，也不论一个人被'沉默文化'淹没得有多深，他都可以通过与别人的对话接触来批判性地看待这个世界"，在对话中改变自我，追求更完善的人性。

综合以上观之，在哲学层面，巴赫金强调了对话的必然性和理解性，布伯强调了对话的平等性，伯姆则强调了对话的创造性。而在教育学层面，弗莱雷强调了对话的批判性，促使教育重新思考怎样肩负起造就人的责任。兴起于21世纪初的语文课程改革，把对话理论引入语文教学，让我们从一个新的角度更加深入地思考语文教育的本质，也打开了当代语文课程改革一扇新的窗户。

受对话理论的启示，学记语文把"对话"当作语文学习的必然存在方式，把语文教学过程看成师生平等的对话过程，并以师生之间的相互尊重和理解为基本的对话前提，重视在对话过程中充分发挥师生双方的主观能动性和创造性。

例如，笔者执教《生命 生命》时，曾和四年级八九岁的孩子们有下面的一段对话：

师：你们今年几岁？

生：9 岁。

生：10 岁。

师：你们已经有了 9 年或者 10 年的人生经历，那按照你的生活经验来看，你们认为生命是什么？

生：生命是很宝贵的。

师：为什么宝贵呢？

生：因为生命只有一次，所以我们要珍惜。

生：我认为生命就是我快乐的童年。

师：哦，在你看来生命是你的童年，那生命对我来说不就是中年，对爷爷来说不就是老年了。（生笑）

生：生命就是活着吧。（掌声）

师：是啊，生命就是活着！

生：生命只有一次，我们要好好使用它，不能糟蹋它。

师：说得真好，那么作家杏林子又是怎么理解生命的呢？

…………

可以看出，在对话过程中，教师的权威人格得到最大化的消解，学生感受到了善良的人性，得到了充分的信任，他们怎能不积极参与到学习活动中来？一句话，没有对话，就没有学记语文。对于这一点，笔者还将在后文中加以阐述。

第三章
学记语文的课堂教学重构

　　学记语文的课堂，是"以学为重"的课堂，是"为学而教"的课堂，是"以学定教"的课堂，是"随学而导"的课堂。笔者对这样的课堂的描述是：在融洽的课堂氛围里，师生平等地进行学习与交流，学生积极主动地投入到语文学习活动中，或阅读，或质疑，或思考，或研讨，或讨论，或争辩，进行着可得到最高享受的学习；教师与学生融为一体，时而激趣，时而设疑，时而启发，时而疏导，"相观而善"之。在这样的课堂里，教师教得痛快淋漓，学生学得轻松愉快，师生一起如沐春风，如浴春雨。他们愉悦自己，也愉悦别人，进而像尊重自己一样尊重着别人；他们在课堂里美好地生活着，生命自然而流畅地发展着，健康地成长着。这种课堂，是具有良好教学生态的课堂，是充满生命活力的课堂。构建这样的课堂，离不开几个关键要素，它们是学习关系、学习目标、学习方法、学习方式、学习过程、学习评价以及教师对课堂的驾驭素养等。下面分节述之。

第一节　和谐，课堂教学的"奠基石"

　　如前文所述，学记语文课堂正视生命的存在，课堂的教学行为始终指向具体的每一个人。无论是语文知识的传授，还是学生智慧的开启，最终都是为了"点化或润泽生命"，都是为了"立人"和对人生命的成全。课堂教学的实质是生命与生命之间的交往，教学过程实际上是用生命影响生命，正如苏霍姆林斯基所说："教育是人与人心灵的最微妙的相互接触。"这种"微妙的接触"

必须有一个基本的前提，那就是师生关系的"和谐"。

和谐，是学记语文课堂教学的"奠基石"。那么，和谐来自于何处？

一、和谐，来自于对学生的尊重

生命是值得尊重的。霍懋征老师说："人皆有自尊心，皆有人格尊严。处在成长期的学生的自尊心更是敏感与脆弱，更需要老师的呵护。在此前提下，学生才会自由、健康、愉快地接受教育，茁壮成长。"没有尊重，就没有真正意义上的语文教育；尊重学生是让师生关系走向和谐的基本前提之一。

熊云霞老师是学记语文的一位实验老师，她曾经有过下面的一段反思：

记得去年刚接手二（1）班的时候，全班68个孩子乖乖地待在班里，迎接我这个新班主任。我也是怀着无比激动的心情看着他们。

我问他们，愿意在学校做一个好学生，在家做一个好孩子吗？他们异口同声地说愿意，他们不知道我心里有多高兴！可是半年过去了，我失望了。我们班长期大事不犯，小事不断。我不知道哪里出了问题，除了失望和责怪他们，我不知道怎么做。直到有一天，我要求他们写段心里话给我，我才发现我不理解他们，甚至误解了他们。我自责了！

他们是懂事的。他们说，老师，我们知道错了，您嗓子不好，您别发火了，生气伤身体。他们是大度的。我声色俱厉地训斥他们，他们其中的几个人却说，知道老师是为他们好……他们有那么多的优点，我怎么就没发现呢？除了责怪、训斥，我还给过他们什么？我无法不自责！

彭湃，一个胖胖的小男孩，每次劳动，他都满头大汗，是一个多么热爱劳动的孩子。很多次，我都想表扬他，每次话到嘴边又咽了下去，取而代之的是："你怎么又没交作业？你是来干什么的?!"简单，粗暴。他没有计较，只是解释了他为什么不交作业，并保证他会努力改正的，会努力学习的。

梁晨，一个活泼的女孩子，我总是责怪她不守纪律，把心思都用在了说话上。可是她说，有一次语文课上，我表扬她发言积极，她很高兴，说自己绝不会辜负老师的希望，努力做个遵守纪律的好孩子。一个不经意的表扬，竟会有这么大的作用！

…………

我发现我真的不了解他们，或者说，我没有用心去尊重他们。我也做了母亲，在我心里，我觉得儿子就是我的天使，我的宝贝，我的一切。我的学生何尝不是他们父母的天使和宝贝。可是，我把他们分成了好学生和坏学生，优生和差生。这样做，公平吗？谁给了我们这样的权力？

老师，你，尊重自己的学生了吗？

熊老师所述的现象并不是个别的，而具有相当的普遍性。我们常常发现，有的老师教学水平不错，但学生总是不爱听，问题何在？是因为老师对学生没有尊重，没有感情，更没有师爱。要知道，学生特别渴求和珍惜教师的关爱。师生间真挚的情感必定会带来神奇的教育教学效果，会使学生自觉地尊重教师的劳动，愿意接近老师，希望同老师合作，愿意接受教师的教学方式，愿意向老师袒露自己的思想。

许多时候，笔者都在思考一个问题，我们的学生是一个生命个体，就是这样同一个生命个体却在不同的环境中扮演着不同的角色。在家里，在父母眼中，他们是孩子，是家里的掌上明珠；但是，一旦走进学校，走进课堂，他们则变成了学生。当然，生命个体的角色理应随着社会生活环境的改变会有所变化。问题在于，为什么同样的生命个体，在我们教师眼中就变成了听话或者不听话的学生了呢？我们为什么不能给予生命个体在家庭中所享有的尊重与关爱呢？

熊老师说得多好啊："我的学生何尝不是他们父母的天使和宝贝。可是，我却把他们分成了好学生和坏学生，优生和差生。这样做，公平吗？谁给了我们这样的权力？"是的，每个学生都是鲜活的生命，教师没有权力给他们划分等级。当教师对学生随意地品头论足时，学生的内心正对教师做出相应的评判。如果教师不尊重学生人格，教师自己的人格必然会在学生的心目中丧失，进而使得教师对学生的影响彻底失去功效。

我们的老师一旦走进学生的情感世界，体验他们的感受，平等地、民主地对待他们，便会惊奇地发现：师生立刻成为朋友，课堂立刻成为乐园，学习立刻成为乐事。只有在这个时候，课堂才能走向和谐，教学才能真正收到实效。

二、和谐，来自于对学生的信任

信任的反义词是怀疑。我们只思考一个简单的问题：人与人之间若相互猜疑，他们之间会有和谐吗？回答必然是：绝对不会有！人人都希望生活在信任之中，信任给人带来温情和力量；这种温情能让生命关系和谐，这种力量会使智慧闪现夺目的光彩。

请看谢静老师在运用学记语文理念进行教学以后的反思：

学记语文倡导"以学为重，为学而教，以学定教，随学而导"。这样的理念能落实在我的课堂上吗？要知道，我班的学生可都是农村孩子啊！

于是我抱着怀疑的态度上了《燕子妈妈笑了》这一课。

在引入课题后，我让学生读题，并思考：读了课题，你想知道什么？大部分同学纷纷举起了手。由于害怕学生的问题不是我所期待的，就故意点了一名班上平时最爱动脑的章家豪同学来回答。他站起来说："我想知道燕子妈妈为什么笑了？"听了他的回答有很多小手都放下了。我明白他们的问题肯定一样，但为了证实我的想法，我又点了几名平时不爱举手的学生来回答，果然大同小异。此时，一种悔恨之情涌上心头，真不该总是怀疑孩子们的能力。为了鼓励他们，我对刚才举手提问的学生，大力表扬了一番，学生们的学习劲头好像更足了。于是我又问："你们想知道燕子妈妈为什么笑了吗？"学生们异口同声地答道："想。"听到这么洪亮的回答声，我心里真高兴。又对他们说："我们来比一比，看谁能最先从书中找到答案，好不好？"我的话音刚落，孩子们就捧起书读了起来，有的学生还边读边用铅笔画着什么。看着他们认真读书的样子，我心里涌起了一股暖流。几分钟后，就有几个学生举起了手。我没有急于把他们点起来，而是等全班同学都读完了，才让他们来回答。其中有一个学生这样答道："因为小燕子知道了茄子是小的，冬瓜是大的，所以燕子妈妈笑了。"我对他说："你回答得很完整，但你和小燕子一样还不够仔细，你再仔细读课文。"又有一名学生说："因为小燕子观察得很仔细，连冬瓜皮上有细毛，茄子柄上有小刺，都让他发现了，所以燕子妈妈笑了。""你回答得真好，还有吗？谁能够完整地说一说？"同学们都跃跃欲试，把小手举得高高的。在我一步一步引导下，问题回答得越来越完整。

学生们的回答完全在我的意料之外，以前是我对孩子们太没信心了，今天他们不就表现得非常出色吗？下课的时候，孩子们一下围住了我，纷纷说："老师，我们喜欢这样上课！"听了孩子们的话，我心头涌起了从未有过的快乐和幸福。

看来，我们当老师的应该相信学生，千万不要把孩子们的创造才能扼杀在老师的怀疑之中啊。

在平时的教学中，很多教师也会采用"学生质疑"的形式进行教学，但往往只是"形式"。因为教师不相信学生会提出什么有价值的问题，也不相信学生能自主解决问题，所以教师总是放不下学生，对学生充满期待，又充满怀疑。谢老师的教学，让我们惊叹于学生的精彩。学生提出"燕子妈妈为什么笑了"这一问题，难道不是很有价值吗？学生在解决问题时所表现出来的积极主动，难道不是我们所期待的吗？我们应该相信：如果教师把"舞台"还给学生，学生就会回报以"精彩"。

问题的关键在于教师敢不敢把"舞台"还给学生。谢老师的教学可以让我们得出这样的结论：

信任使孩子乐于去尝试和表现，信任给学生一种安全感，使学生对自己的能力更有信心。信任还有助于学生形成健康、积极的学习心态，帮助学生相互理解、彼此珍惜。学生在谢老师课后说"我们喜欢这样上课"，就是最好的证明。

是的，没有信任就没有真正的教育。"那些不能显示对孩子充分信任的成人，不能成为真正意义上的老师或作为教育者的父母"。

信任让师生走进和谐，并激励着学生的自主发展。

三、和谐，来自于对学生的等待

我们时常在等待。"等待"意味着我们相信"被等待者"一定会抵达。生活中，需要"等待"；在我们的语文课堂上，有时也需要"等待"。

在一次学记语文课堂教学研讨会上，发生了一件事。

那天，一位老师教《一面五星红旗》。课已经接近尾声了，老师让学生用自己的理解，朗读课文中最让人感动的地方。学生起初读得很好，突然，一个"问题学生"出现了。可能是因为紧张，也可能是这个学生朗读基础本来就很差，反正他连续读了三遍都没把文章读通顺，更别提有感情了。

听课的老师都认为执教者会选择放弃，或者请哪位同学帮帮他，总之会想尽一切办法让这位学生坐下。但是这位老师没有，老师说了这样一句话："我们都相信你肯定能用你的方式读好这一段的。现在，老师给你十次机会，不过，如果你能在第四遍的时候读好，我们所有的同学包括后面听课的老师都会给你鼓掌。"老师的话虽然简单朴实，却让人叹服。

是啊，有了十次机会，学生紧张的心情自然会放松许多，而代表成功的"第四遍"又激发了学生读好的欲望。学生果然在读第四遍时读得非常好，掌声热烈地响起来……

所有的老师都看到了那个孩子脸上的泪花。事后，有听课老师问这位上课教师："如果那位学生在第四遍时依然读不好，你会怎么做？"这位老师毫不犹豫地回答："如果还读不好，我会让他继续读第五次、第六次，一直到读好为止。我的眼里没有公开课，只有学生。"

这位老师的话让在场的许多老师沉默了。

是啊，我们的教育怎能走"捷径"呢？"为学而教"才是最实在的路。放弃再给孩子一次机会可能会使事情变容易，但久而久之，我们放弃的是一个孩子的信心和希望，这给我们老师自己也会留下永远无法弥补的遗憾。不要放弃等待，我们的孩子需要的不多，只是一点点等待，只是一点点关爱，只是一点点鼓励。

等待，可以让慢行的孩子紧走两步就能赶上队伍。

等待，可以营造出课堂和谐、美好的境界。

第二节　目标，课堂教学的"航标灯"

一、对课堂教学目标的一般性认识

著名特级教师于漪曾说："要上好一堂课，须有明确的教学目标，也就是要达到怎样的目的，心中十分清楚。比如过河，要到河的彼岸是目标，怎样过？或乘船，或涉水，或从桥上过，这是方法，是实现目标的过程，目标与过程不能含混，更不能丢弃目标。教课也一样，目标是课堂教学的主宰，用怎样的方法教，师生之间的活动怎样开展，怎样组织，都要紧紧围绕教学目标，为实现教学目标服务。"[1]

根据当代学习心理学的研究，认知的好奇心、成就动机都指向一定的诱因。这就是说，学习者期待着通过学习得到内因性动机的满足。本来，内因性动机是产生于学习者内部的动机，并不一定有特殊的诱因。但是，如果学习者明确了学习的价值和意义，学习的诱因性就会大大增强。因此，在课堂教学过程中，教师必须让学生明确学习的"价值和意义"，即设立一个适当的并且是明确的学习目标。确立学习目标意味着建立一个奋斗的标准，一个在学习上要获取某种成功的意向，这个标准或意向将贯穿在随后的学习活动之中。它对学生的学习活动起指导作用，使学习活动成为一种明显的目标指向性活动。

教学目标在教学中有很重要的作用。课程专家崔允漷教授说："它既是教学的出发点，也是归宿，或者说，它是教学的灵魂，支配着教学的全过程，并规定教与学的方向。"[2] 在课堂教学伊始，学习目标具有十分强烈的激励作用，能激发学生的学习动机，同时给师生的课堂教学活动提出了价值期待；在课堂教学过程中，学习目标是教学进程的"航标灯"，始终引领着师生的教学活动；在课堂教学结束时，学习目标又是师生进行教学反思的重要标准之一，目标的"达成度"是课堂评价的重要依据。

---

[1]　于漪：《语文教学谈艺录》，上海教育出版社1997年版，第54页。

[2]　崔允漷：《教学目标——不该遗忘的教学起点》，《人民教育》2004年第13—14期合刊。

因此，目标是学记语文课堂教学的"航标灯"。

二、学记语文课堂教学目标的问题与对策

第一，关于目标的一般性和特殊性的问题。

教学目标可以是一般的，也可以是特殊的。一般的教学目标显得笼统而抽象，而特殊的目标则是明确而具体的。对于学习活动的促进而言，特殊目标比一般目标更为有效。有研究指出，确立了特殊目标的学生比那些只有一般目标的学生能获得更高的学习成绩。因此，在帮助学生确立学习目标时，既要注意确定一般的学习目标，更要注意确立特殊的学习目标。

问题是，在我们的教学中，往往没有把一般性目标和特殊性目标严格区分开来，使教学失去了明确的指向意义。语文学科综合性强，同一篇名作，可在小学教，可以在中学教，还可在大学教，区别在教学目标不一样，目的要求有高低之分，繁简之别。也正由于这些作品综合性强，从思想内容到篇章结构，从写作方法到语言表达，可教给学生学习的很多，因而要特别重视目标的特殊性。下面是一位老师制订的《一个小村庄的故事》的教学目标：

①有感情地朗读课文，通过朗读交流、体会含义深刻的句子，悟出课文中蕴涵的道理。

②通过结合生活实际、联系上下文的方法理解词语，通过比较句子进而理解文章中重点句的含义。

③教育学生从小热爱大自然，保护大自然。告诉学生要保护环境，否则将受到大自然的惩罚；培养学生爱护家园、保护家园、为后人造福的意识。

一般目标的实现具有长期性的特点，需要通过特殊目标的实现而得以落实。所以，在经过教育影响使学生基本树立一般学习目标之后，教师应精心策划学生学习的特殊目标。上述的三个目标中，第一、二项都是学生在小学阅读活动中应该达成的一般目标，几乎涵盖了学生所有的阅读阶段，不具备特殊性。特殊目标是具有较强的针对性的，如《一个小村庄的故事》一文可以是：

①认识课文中的生字，积累词语，理解课文中含义深刻的句子。

②有感情地朗读课文，在朗读中体会小村庄的巨变。

③从小村庄的故事中悟出其蕴涵的道理。

在确定特殊目标时，既要针对教材的特点，又要结合学生的学习实际。只要学生做出选择或接受，就等于确立了特殊目标。这时，学生会努力去实现这些目标。在这里需要指出的是，倘若没有教师的指导，学生很难确立自己的特殊目标，小学生尤其如此。

第二，关于目标主体性的问题。

我们要思考的问题是：目标是教师的专利吗？

时下的语文课堂，教师热衷的是教学方法。拿到一篇课文，首先想到的是"怎么教"：先怎么教，再怎么教，后怎么教。观课者关注的也多是教学方法，着眼于教师，着眼于"怎么教"，着眼于教师的教学技巧、教学艺术、教学风采，讲究的是上课如何精致、如何精彩。在"教什么"和"学什么"还拿捏不定的时候，一心去"设计"有新意的"怎么教"，这无异于缘木求鱼。

走进我们的语文课堂，我们不难发现，"基于教师教的学"仍然占据着主要的位置，教师教什么，学生学什么。学生在教师权威的强势引导下，慢慢地丧失了自我，丧失了兴趣，丧失了探究和质疑的勇气，最终成为语文老师的影子。究其原因，有很多方面。但仔细读读我们的教学目标，就会发现问题的症结：目标成了教师的"专利"。比如某教学参考书关于课文《山中访友》的教学目标有这样一条："感受作者所描写的境界，培养学生热爱自然、亲近大自然的美好情感。"谁培养？显然是老师培养学生。如果在这一目标前加上主体，即可以明显看出其主体是教师。课堂教学目标是对学生课堂学习结果的预期，所以教学目标的主体是学生而不是教师。像这样的主体错误的表达方式还有"使学生掌握借物喻人的写作方法""让学生懂得文章蕴涵的道理"等。目标主体是教师，这样就会使注意力集中在教师的活动上，而不是集中在学生应该获得的学习结果上，从而影响到学生的主体性发挥和目标的达成。

因此，在学记语文的课堂上，目标不是教师的"专利"，学生有权利知道"我为什么要学"。

那么，在目标的设置上怎样尊重学生的主体性呢？

其一，坚持"以学为重，为学而教，以学定教"的思想，在目标的定位上多从学生的"学"考虑，即学生应该得到什么。比如，教学《伯牙绝弦》一课，从学生学古文的角度思考，笔者所确定的目标为：学习古文，一般要把课文读正确，读明白，读得有味道，能背下来，进而掌握阅读文言文的方法，培养自己对学习古文的兴趣，打一点文言文学习的基础。在小学里学习古文，其目的主要是为学生今后阅读文言文打下基础。打些什么基础？笔者从三个方面为学生考虑：一是在读上列出四项指标，即读正确，读明白，读得有味道，读得背下来。这四项指标的导向明确，是学生必须要做到的，而不是简单模糊的课文朗读。二是在方法上强调要初步掌握文言文的阅读方法。三是从非智力因素上思考，让学生在阅读中尝到快乐，进而产生阅读文言文的兴趣。如果从"教"的角度确定目标，即"朗读课文，背诵课文；能根据注释和课外资料理解词句意思，能用自己的话讲讲这个故事；积累中华经典诗文，感受朋友间真挚的友情"。可以看出这样的目标带有比较明显的强制性，使学生失去了目标的主体性。

其二，是改变目标的生成与呈现方式。目标从哪里来？又怎样呈现？回答有如下几种：一是从"教学用书"中来，因为现行的"教学用书"中都写明了教学目标，几乎不要教师作什么思考；二是从教材中来，教材没有写明教学目标，但教材是教学的重要凭借，教学目标的确定不能脱离教材；三是从与学生的讨论中来，结合教学的具体内容，与学生展开讨论，在讨论中明确学习的目标。在上述三种生成方式中，我们提倡后面两种。

先说让目标从教材中产生。现行教材已经实现了由"教本"向"学本"的角色转变，"导学"的功能十分突出。"导学"的功能具体体现在课后的"思考练习"上。如有些课文，课后练习题中包含着明确的教学要求，如人教版五年级下册《桥》，课后练习就有三项要求："①有感情地朗读课文。②课文中的老汉是个怎样的人？你是从哪些地方感受到的？③课文在表达上很有特色。如，课文最后才交代老汉和小伙子的关系；文中有多处关于大雨和洪水的描写。你发现了什么？找出来，和同学交流这样写的好处。"这些要求都很具体、可操作，而且都可以检测，本身就具有教学目标的指向意义，就是学习本文的目标。（对本文教学的处理，后文还有详述。）

再说在讨论中呈现目标。目标不应该"关在"教师的备课本里，教师应该把目标从备课本里"放出来"，并在黑板上加以呈现。仍以《桥》为例。在上课伊始，笔者与学生展开了讨论。笔者说："同学们，今天我们学习一篇新课文《桥》。（板书课题。）学习这篇课文，我们要解决什么问题？"几个学生立刻回答："要有感情地朗读课文，要理解课文内容，要积累词语，等等。"

我们的学生很机智，或许经过五年的语文学习，已经形成了习惯。很明显，这些目标带有普遍性，而不具备独特的指向意义。笔者说："同学们说的这些是我们阅读每篇课文都要达到的目标，那么结合本课的学习，我们要做什么呢？请大家看看课后的'思考练习'。"

马上有学生回答：要读得有感情；要认识老汉是一个怎样的人；要学习描写的方法。

根据学生的讨论，笔者进行概括归纳，并板书在黑板的左上角：有感情地读，认识老汉；学习写，体会描写的好处。

这样，学习课文的独特指向意义立刻就出来了，而且能被学生所接受，目标的主体性十分明确。

值得说明的是，在确定教学目标时，教师心中要有"大成"，即对教学目标要有整体的思考。这种思考包括两个方面：一是语文学习的普遍性目标，也就是一以贯之要达成的教学目标，其主要的参照物是《义务教育语文课程标准（2011年版）》所确定的"总目标"；二是具体学习内容的特殊性目标，也就是针对学习内容的指向性目标，可以参照"教学用书"上的说明。

第三，关于目标阶段性的问题。

只要细致考察，我们就会发现：从一年级到六年级每个年级每篇课文的教学目标都会有似曾相识的感觉——第一条都是"生字新词"方面的，第二条都是"课文朗读方面的"，第三条都是"体会感悟"方面的，第四条都是"语言表达方式"方面的。我们很多语文老师制订的文本教学目标竟有着惊人的相似之处。再看看每个学段在同一内容目标的表述上几乎没有什么差别。比如，在教学目标里有一条"颠扑不破的真理"——正确、流利、有感情地朗读课文。从低段到高段，几乎每篇阅读课文都有这样一条目标。试问，凡是课文，都要"有感情地朗读"吗？显然是绝对不可能的。一些富有哲理的说理性文章、一些重在介绍知识的说明性文章，我们有时不必有感情地朗读。阅读这类文章更需要静心默读，用心思考。教学的重点在于理解作者表达的深刻内涵或者说明的内容，体会作者怎样把这些深刻的内涵或说明的事物表达清楚。再想想，每个年段都要强调有感情地朗读吗？作为"读"的方式，除了"有感情地朗读"外，"默读"的作用不可忽视。相对来说，高年段更适合采用默读的方法。默读是不出声的阅读，它比朗读少了一道发音的程序，无需听觉的参与，所以速度比朗读快，效率明显提高。此外，默读可以回视或者反复看，利于边读边思考。学生带着问题在默读过程中边读边想、边批注、边组织语言，在自读的基础上展开讨论，这应该是高年级阅读教学的重要方式。到了高年级，每篇课文都要有默读，但不一定每篇课文都要"有感情地朗读"。所以说我们要有一个恰当的教学目标，让学生在每个阶段都得到切实的训练，是我们应该注意的问题。

第四，关于目标整体性的问题。

教学目标的制订必须注意整体性。从整体出发来考虑局部、认识局部，就可加强科学性，减少随意性。怎样从整体出发？

其一，在目标的主体性上，既考虑"教"，又关照"学"，注意目标的"教""学"合一。尤其要研究学生，了解他们的语文水平、学习方法、学习能力、学习习惯，从他们的实际出发。这在前文已有阐述。

其二，在目标的一般性和特殊性上，既关注一般性，又注意特殊性。要研究教材，研究课文，从课文的实际出发，把握重点，把握特色，把握个性。这一点也在前文做了具体分析。

其三，在目标的阶段性上，要把每个单元、每节课的教学目标放在语文学科总目标与分年级目标中考虑，每节课的目标就是学科总目标、学年总目标、学期总目标以及单元目标在某一方面或某几方面的具体体现。

其四，根据《义务教育语文课程标准（2011年版）》的总体目标，在"三维"上注意"整合"。如图3.1所示（图见下页）：

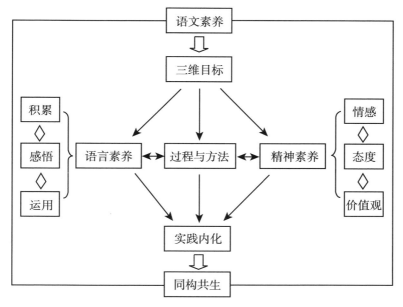

图 3.1　语文课程"三维目标"教学整合图

《义务教育语文课程标准（2011 年版）》明确指出："语文课程应致力于学生语文素养的形成与发展。"那么，学生的语文素养究竟应该怎样理解？《义务教育语文课程标准（2011 年版）》在"课程理念"中解释为："九年义务教育阶段的语文课程，必须面向全体学生，使学生获得基本的语文素养。语文课程应培育学生热爱祖国语文的思想感情，指导学生正确地理解和运用祖国语文，丰富语言的积累，培养语感，发展思维，使他们具有适应实际需要的识字写字能力、阅读能力、写作能力、口语交际能力。语文课程还应重视提高学生的品德修养和审美情趣，使他们逐步形成良好的个性和健全的人格，促进德、智、体、美的和谐发展。"

在图 3.1 中可以看出，语文素养的培养应该落实到"三维目标"上，具体体现在要培养学生的语言素养、过程与方法、精神素养三个方面。语言素养主要是培养学生对语言的积累、感悟（包括语感）和运用的能力，精神素养主要是培养学生有健全的情感、态度和价值观，而语言素养和精神素养的培养离不开"过程与方法"，包括学习方法、思维过程和学习实践。所有这些综合起来，都必须落实到学生的语文实践活动上，通过实践内化，达到各项语文素养"同构共生"的目标。

第五，关于目标与过程相照应的问题。

在课堂教学中，为什么会出现目标"达成度"不高的问题？其主要的原因就在于：教学目标与教学过程不能互相照应，目标在教学过程中"失落"了。

在课堂教学开始时，教学目标或已在教案上写得非常清楚，或已经装在师生的心中了，但是，老师在教学过程中不自觉地把它扔在一边了。这样的情况一般有三种：

一是教学过程被"应试思想"所主宰。教学完全为了"考试"，如果这篇课文中有哪些内容可能被考到，就教这些内容。这样，课堂就成了考试的"货郎担"，所有可能要考到的东西都得有。教学目标成了装点课堂的"门面"，有目标等于没目标，学生弄不清自己要学什么，完全处于被动学习的状态。因此，在教学中，教师不能被"应试"所主宰，要真正从学生的角度出发，根据学生的需要设定目标，做到"为学而教"。

二是教学过程被"内容分析"牵着鼻子走了。以阅读教学为例，我们的阅读教学一直都背着"理解课文内容"的"十字架"，走着"内容分析"的老路。教学一篇课文，总是要把内容分析来分析去，务必要把内容讲深讲透。这样，在内容分析之中，教学目标实际已经不起作用，"内容分析"替代了"目标引领"。

三是教学过程被"节外生枝"所左右了。在课堂教学中，时常有学生作出"意料之外"的发言。当教师无法放弃学生的发言时，教学的重心就转到了这个"点"上，教学的目标出现转移。对此，教师要把握一个"度"，掌握分寸，适时"收兵"，否则，教学活动就会离目标越来越远。当然，教学目标是事先"预设"的，但是教学过程是"活"的。教学目标不是一旦确定就不能更改，如果教学实践证明事先"预设"的目标并不切合实际，或者有所偏移，就可以根据教学的实际情况进行恰当的更改和变动，这样往往会收到"山重水复疑无路，柳暗花明又一村"的效果。

总之，教学目标必须与教学过程形成"照应"。这样，教学目标才会真正起到"航标灯"的作用。

第三节　方法，课堂教学的"点金术"

有这样一个有趣的童话：一个贫穷的孩子遇到一位神奇的老人。老人用手指头对路旁的一粒小石子点了一下，小石子立即化成一块金子。老人把金子送给孩子，孩子却摇摇头。老人又把一块大石头点化成金块送给他，孩子还是摇摇头不要。老人又顺手把对面一座山点化成金山送给他，孩子仍然摇头。老人生气了，责问他："金山还不要，你要什么？"孩子不慌不忙地说："我要你的手指头。"老人一听笑了。

在学记语文的教学中，我们特别强调这样的"点金术"。

一、一个值得思考的问题：我们究竟关注了什么

一位教师教学《卖火柴的小女孩》，在学生自由读课文之后，提出问题：这篇课文主要写了什么内容？

一位学生站起来回答：课文主要写了小女孩卖火柴的事情。

显然，这位学生的回答不是令老师满意的结果。于是，老师请另一位学生回答：课文主要写了小女孩在大年夜里卖火柴的事。

老师仍觉得学生概括得不准确，再请一位学生说：课文主要写了大年夜里小女孩卖火柴时的几次幻想的事情。

老师又请一位学生说：课文主要写了小女孩在大年夜里卖火柴冻死在街头的故事。

老师很满意地说：这个同学概括得非常准确，很好，请坐下。

在前面的章节中，笔者已经提到过这个问题。概括文章的主要内容，这是阅读教学中的重要环节之一，旨在让学生能从整体把握文章。一个孩子从小学低年级到高中毕业十多年的语文学习中，这件事情不知做了多少遍。但是，让人奇怪的是，我们的孩子们对文章的整体把握能力依旧不强。

这是为什么？从上面的教学活动中，我们可以找到答案：我们的教学太关注结果，进而忽略了学习方法，忽略了思维过程。我们只注意给学生"金子"，却丢掉了学生最想要的"点金术"。

二、学记语文的方法教学观：学习方法应该置于教学的首位

前面所举的关于"概括文章主要内容"的教例，虽然是个例，但是具有一定的代表性——目前，我们的语文教学在方法的落实上的确存在着相当大的问题。

早在 20 世纪 60 年代，叶圣陶先生就曾指出："学生须能读书，须能作文，故特设语文课以训练之。最终目的为：自能读书，不待老师讲；自能作文，不待老师改。"而要达到这个目的，"在教学的时候，内容方面固然不容忽视，而方法方面尤其当注重"。① 是的，掌握科学的学习方法是人的全面发展的需要，

---

① 叶圣陶：《国文教学的两个基本观念》，载《叶圣陶教育文集》第 3 卷，人民教育出版社 1994 年版，第 51 页。

这是因为：

第一，学习方法是语文素养的重要组成部分。《义务教育语文课程标准（2011年版）》在语文课程的"基本理念"的第一条就明确指出，要"全面提高学生的语文素养"，"九年义务教育阶段的语文课程，必须面向全体学生，使学生获得基本的语文素养"，"语文课程应激发和培育学生热爱祖国语文的思想感情，引导学生丰富语言积累，培养语感，发展思维，初步掌握学习语文的基本方法，养成良好的学习习惯，具有适应实际生活需要的识字写字能力、阅读能力、写作能力、口语交际能力，正确运用祖国语言文字。语文课程还应通过优秀文化的熏陶感染，促进学生和谐发展，使他们提高思想道德修养和审美情趣，逐步形成良好的个性和健全的人格"。课程标准从"知识与能力、过程与方法、情感态度与价值观"三个方面来界定基本的语文素养，其中，就把"方法"作为语文素养的一个重要元素加以了强化。

第二，学习方法是形成语文能力的必要因素。在学生的语文素养中，语文能力是核心素养。语文教学的一个重要任务就是培养和发展学生语文能力。语文能力包括"基础能力"和"发展性能力"两个方面。"基础能力"以语文知识的记忆、再现为中心，如"丰富语言积累"；而"发展性能力"则是以问题解决与创造性相结合的有个性的"思考力"为轴心的，是一种"创造性能力"。相对而言，"发展性能力"较"基础能力"应该更多地受到重视。特别是在当今高速发展的社会中，过去那种把知识作为教学主要目标的"仓库理论"日益显示出它的片面性。我们的语文教学要培养能积极适应不断变更着的社会要求的人，就特别需要培养学生的"发展性能力"，即语文的创造能力。因此，《义务教育语文课程标准（2011年版）》在提出要培养学生识字写字能力、阅读能力、写作能力、口语交际能力时，特别强调"适应实际生活需要"和"正确运用"。而要在实际生活中正确运用祖国的语言文字，唯一不可或缺的就是方法。如果把知识喻为一堆"零件"，那么方法则是一张"设计图纸"。只有依据"设计图纸"，才能把这堆"零件"组装成一台完整的机器。可见，没有方法，知识将无法转换成能力，方法是形成语文能力的必要因素。

以上分析可以得出这样一个结论：重视学习方法应该是语文教学的首要任务。因此，学记语文始终坚持：教给学生方法性知识比教给学生经验性知识更为重要。无论在怎样的学习活动中，教学行为都要注意把方法置于首位。

三、学记语文的方法教学实施策略：教学从方法入手

那么，学记语文的教学怎样从方法入手？首先，我们有必要澄清两个方面的问题。

第一，关于学习方法含义的理解。学习方法有广义的理解和狭义的理解两种。广义上的学习方法指在学习过程中，一切为达到学习目的、掌握学习内容而采取的手段、方式、途径，以及学习所应遵循的一些操作性原则、组织管理等环节。狭义上的学习方法指学习过程中学习者所采取的具体活动措施与策略。实质上，学习方法是一系列相互关联的活动，是学习者在一定的学习原则的调节指导下，有意识地发挥自己的心理能力和体力，把一系列具体的方式和手段融为一体而形成的有明确目的的活动。

第二，学记语文的方法教学的侧重点是什么？我们知道，学习方法既可表现为经验，又可表现为理论，两者都来自人们的学习实践，正确的学习方法也是学习的对象。从学生学习的角度来讲，在语文学习中，学习方法是学生开展语文学习实践，完成语文学习任务的重要手段和途径。从教师教学的角度来讲，教师既要把已有的学习经验或理论教给学生，又要引导学生在学习过程中发现和总结新的学习经验，进而使学习方法成为学生自己的重要的经验积累。因此，学记语文的方法教学一方面要重视学生的经验积累，另一方面也要教给方法，引导学生发现、总结方法。学生的学习方法决定了学习的"学路"，教师"以学定教"形成自己的"教路"，最后"教路"与"学路"达到完美统一，这种"统一"的美好境界就是学生能形成选择方法的能力。

学记语文的方法教学策略有很多，下面列举几种：

一是讲授指导。开设专门的学法指导课，向学生直接讲授学习方法知识。比如关于普通话朗读中"音变"的问题，一位教师就进行了如下的讲授①：

在朗读时，你经常会遇到一些字的读音发生了变化，这里的变化不是指多音字，而主要的是指汉字的声调的变化。其实，这种情况不仅仅是在朗读中，如果你留意我们平时的说话，语音的变化就会更多。从本质上说，音变是字音的动态的变化。在书面语当中是谈不上"音变"的。因此，有关部门规定，在书上标拼音时要标"本音"。只不过现在的出版物做法不一，尤其是一些供低幼年龄段的小朋友阅读的读物，为了方便小朋友们的阅读，标注了变化以后的读音。

有些词语的最后一个字要读轻声，这种现象是很普遍的。多数情况是这个词语决定的，如"玻璃""葡萄""爷爷""弟弟"等。还有的字读轻声是由具体的语言环境决定的，如"听一听""画一画"中的"一"字。

儿化的情况也很常见，需要指出的是，有的从书面上看就需要儿化，如

---

① 张东兴：《学好语文的三十条"锦囊妙计"——小学语文学科毕业复习方法指导系列》，载"人教网"。

"花骨朵儿"，有的文字上是"花骨朵"，读的时候还是需要加儿化音的。

"一""七""八""不"这几个字在与不同的字一起用的时候，声调也会有所变化。请你仔细对比这几个词，你就会明白了：一同，一次；七步诗，七窍生烟，一七得七；八路军，八拜之交；不管不顾，不三不四。需要提醒你的是，"七"和"八"字的变音都是在去声（四声）前读阳平（二声），但是读的时候区别都已经不太明显了。为了便捷，词典中的标注也都标成了一声。

连续的上声（三声）字也有个音变的问题，如"古董"这个词是两个三声连读，"古"字就要读成二声。请你看看下面这句话：我想参观展览馆。在这里，加点的字都是三声字，但是按照语意来划分一下，"我想"连读"我"字要变音，而"展览馆"中前两个字都需要变音。

"叠音词"的音变情况也不同，如"清理清理"中的"理"字要读轻声，"水淋淋""明晃晃"中的叠音字"淋""晃"都要读一声。"明明白白"中"白"字也要读轻声。

总结普通话的"音变"现象，我们可以得出如下的"口诀"：

轻声一不和七八，连读三声和儿化，

重叠词语末尾字，读音本音声调差。

二是交流发现。教师重视引导学生交流学习方法，在交流的过程中利用学生交流时的闪光点，引导学生发现和总结学习方法。如一位教师教学《第一场雪》时，让学生交流对胶东半岛入冬以来的第一场雪的认识。有位学生说："这场雪真是太大了，都能听到'簌簌'的声音。昨天，我们这儿也下了一场大雪，大家都说这场雪是罕见的大雪。预习《第一场雪》一课，我发现胶东半岛的雪大得能听到雪花飘落的声音，我便来到阳台上，找了个僻静的地方侧耳倾听，想感受一下'簌簌'的声响，但一分钟一分钟过去了，脚麻了，脸冻红了，也未听到任何声音。所以我认为课文中写的这场雪确实大。"学生的这番发言，不仅反映了良好的学习态度、习惯，也表达了一种科学的读书方法，即主动地联系生活实际理解词句。遇到这种情况，教师就应把握住，引起学生的注意，让其他学生学到这一学习方法。

三是渗透点拨。在语文学习的进程中，根据学习内容，见缝插针，随时渗透学习方法的指导。如《风筝》一课中有这样一句话："我们精心做着，心中充满了憧憬和希望。"怎样理解"憧憬"一词的意思？教材编者给了提示："我查词典知道了'憧憬'的意思。"教学到这里，教师就可以根据教材的提示，适时引导学生掌握"查词典理解词义"的方法。

四是示范引导。有些方法仅靠教师讲解是不够的，必要时教师还要做示范，使学生通过观摩示范学会正确的学习方法。如学习"不动笔墨不读书"的方法，教师就可以将自己读过的书呈现给学生，字里行间标画了不同的符号，如在行下画直线表示值得注意，画曲线表示重要，在旁边画"×"表示错误，画"？"表示疑问，画"！"表示赞同，在空白处写下自己的理解，并就自己读过的书所标画的内容进行解释，还可以介绍一下这样读书的好处。这些做法自然起到了示范作用，学生也由此学到了"不动笔墨不读书"的读书方法。

四、学记语文的方法教学应注意的问题

一是体现科学性。学习方法的指导要遵循教育学和心理学规律。

二是体现目的性。学习方法明确指向一定的目标，能够有效地帮助学生达成学习目标。

三是体现自主性。任何学习方法的指导都以学生"学会"为根本目标，因为只有学生"学会"了，才能形成"学力"。学习方法有时离不开教师的"灌输"，而更为最重要的是学生的自我习得。所以，学习方法的指导要重在引导、点悟，让学生把自己的学习本身作为认识和思考的对象，反思自己的思维方法、学习进程，从而达到在学习实践中"悟"出学习方法的目标。

四是体现针对性。首先，学生作为学习主体，具有差异性，并不是所有的学习方法都适应任何一个学生，方法的教学应该根据具体对象，具体指导。其次，学生的学习具有一定的阶段性，不同的年龄，学习的内容和目标都不相同，教学不能主观臆想，要依据掌握的学情，有的放矢。

五是体现操作性。学习方法要具有科学而有效的步骤，不烦琐、笼统、抽象，操作方法具体明确。

六是体现实践性。正确的学习方法能在不同的条件下，有效地重复使用，并能对学生的学习活动起指导作用。如引导学生掌握理解词义的方法，学生从低年级开始就进行词语的理解，但是在方法的习得上还不多。到了中年级，学生开始系统地学习理解词义的方法，习得这些方法以后，在往后的学习实践中就要经常使用。因此，学习方法既来自于学习实践，又要不断运用于学习实践。

七是体现功效性。要让学生的学习获得高效率，方法就必须是有效的。

八是体现连续性。任何一种学习方法都不是一蹴而就的，要注意其连续性，立足反复强化，长期训练。只有这样，才能使方法得以巩固和强化。

第四节　合作，课堂教学的"过渡船"

一、对合作学习的意义的一般性审视

长期以来，语文课堂上，老师成为主体，课堂成了教师表演的舞台，成了教师的一言堂。特别是大部分教师在备课时，是以教定学，牵着学生的鼻子走，完成这样那样的教学任务，达成这样那样的教学目标；提出问题时即使有再亲切的语言，再温柔的微笑，也是千方百计地引学生入自己精心布置的"圈套"。学生的回答，学生的思维，不允许出现误差，学生的行为不允许有一点点出格，学生当惯了听众，缺少课堂参与。天长日久，课堂上就会出现这样的情况，教师抛一个问题出来，那话语犹如轻轻的羽毛飘落在平静的湖面上，再也激不起一丝涟漪。一、二年级还频频举手的孩子们到了高年级，竟成了一群沉默的羔羊。即使是回答，也是怯怯的，或者答案大同小异，语言千篇一律。

学生的灵性，学生的热情，学生的创造力，都被我们年复一年的教师权威性的教学方式，扼杀得一干二净。学生除了服从，除了机械的答案，似乎没剩下些什么。

《学记》中有这样一段话："时观而弗语，存其心也。"说得多明白。学生是学习的主体，学生是课堂的主人。教育要培养学生的求知欲望，培养学生独立思考、用心思考的习惯。美国未来学家约翰·奈斯比特作于1982年的《大趋势》轰动了全世界。27年后，他写了一本《中国大趋势》，他认为中国正逐步走向"创新型国家"，但能否实现是有前提的——很大程度上取决于教育体制的转变。而要实现这种体制的转变，首先要实现观念的转变，学习方式的转变。

《义务教育语文课程标准（2011年版）》在"课程的基本理念"中提出"积极倡导自主、合作、探究的学习方式"，指出"学生是学习和发展的主体。语文课程必须根据学生身心发展和语文学习的特点，关注学生的个体差异和不同的学习需求，爱护学生的好奇心、求知欲，充分激发学生的主动意识和进取精神，倡导自主、合作、探究的学习方式。教学内容的确定，教学方法的选择，评价方式的设计，都应有助于这种学习方式的形成"。

小组合作学习是目前世界上许多国家普遍采用的一种富有创意的教学理论与方略。由于其实效显著，被人们誉为近十几年最重要和最成功的教学改革。

各国的小组合作学习在具体形式和名称上不甚一致。如在欧美国家叫"合作学习"，在苏联叫"合作教育"。综合来看，小组合作学习就是以合作学习小组为基本形式，系统利用教学中动态因素之间的互动，促进学生的学习，以团体的成绩为评价标准，共同达成教学目标的教学活动。在语文教学中开展合作学习，是转变学习方式的重要途径，也是将课堂真正还给学生的第一步。其意义主要表现在：

第一，合作让学生获得更真实的社会化体验。

社会心理学认为，人的心理是在人的活动中，尤其是在人和人之间相互交往的过程中发展起来的。人在小组合作中适应小集体，逐步过渡到适应大集体，从而培养了社会适应性。合作学习提供了成员之间合作的机会，增加了课堂上学生之间合作、互助的频度和强度，从而有力地促进了儿童社会化程度的提高。

有人说，从人际交往的不同层面来看，人在成长过程中的知识来源取决于三个方面：家长、教师、同伴。这话说得不无道理。在语文教学中开展合作学习，能给学生提供互相认识、交流、了解的机会，更重要的是培养了学生善于听取别人意见的好品质。通过小组合作学习，使学生感到要想使自己在学习上有所收获，必须做到小组之间的每一个成员相互帮助，相互取长补短，虚心听取别人的意见，从而培养学生善于倾听别人的意见、帮助同伴共同提高的好品质，有利于促进学生的社会性发展和健康个性的养成。

第二，合作让学生更加自主与独立。

如同我们的记忆一样，听过的东西，总是容易忘记；看过的东西，印象更深刻；而直接参与过的事情，往往能留下深深的烙印。合作的学习方式，让学生能在相对自由的空间里直面语文，品味语言，在与同伴的交流中提高自觉能动性，从而成长为一个对事物有自己独创的思维与见解、具有自主性和独立性的人。而且采用合作学习的方式后，学生的语文学习活动变得更主动，更具创造性，课堂上学生的语文体验也变得多元，语文知识的获得也由被动接受变为主动建构，课堂也更加生动起来。

第三，合作让学生语文素养的发展更全面。

"需要满足论"认为，学校是满足学生需要的最主要场所。小组合作学习在课堂教学中为学生创设一个能够充分表现自我的氛围，为每个学生个体提供更多的机遇。人人都有自我表现的机会和条件，从而在小组中相互交流，彼此尊重，共同分享成功的快乐，从而进一步发现自我，认识自我，得到全面发展。而对于语文教学而言，小组合作的学习方式，更为学生语文素养的全面发展提供了丰腴的发展土壤。学生在小组合作中通过与同伴的合作学会倾听、学会交流，通过对语言的吟咏学会朗读、学会表达，这不正与语文教学的听、说、读、写的基本素养紧密结合起来了吗？不仅如此，合作学习的方式，更能在课堂教学中起到推波助澜的作用，帮助我们突破语文教学的重点和难点，让课堂教学在师生对话、生生对话中给学生语文素养的提升埋下坚实的根基。请看下面这则案例：

在教学《两小儿辩日》一文时，一位教师选择分角色表演课文内容的方法进行小组合作学习。小组内两人扮小孩，一人扮裁判孔子，用文言文进行辩论。

经过学生自行演练后，从中推选出三组在全班进行辩论赛。

一小儿曰："日初出大如车盖，及日中则如盘盂，此不为远者小而近者大乎？"字正腔圆，语气强烈。

一小儿曰："日初出沧沧凉凉，及其日中如探汤，此不为近者热而远者凉乎？"节奏明快，针锋相对。

孔子曰："吾不能决也。双方斗为平局，不分胜负。""哦！"全班发出热烈的喝彩声。

教师接着说："孔子当年判平局反映了孔子'知之为知之，不知为不知'的实事求是的态度。假如孔子现在还活着，他老人家会怎么样判定呢？"

学生抢着答："仍然是平局。"

"为什么？"

"因为两个小儿的观点都是错误的。两个小孩儿观察事物光凭直觉，被一些表面现象所迷惑。早晨、中午的太阳离地球的距离是一样的，太阳大小也相同，只是背景不同罢了。"

在辩论过程中学生各自寻找对自己有利的证据，积极而主动。

因此，合作学习不仅是新课程理念下学生的一种重要学习方式，更应成为我们语文课堂教学的"主旋律"。当我们牢牢把握"学生是学习的主人"这根主线开展有效的合作学习，必能让学生善听会说，能读善写，逐步形成良好的语文素养。

二、学记语文在课堂中实施合作教学的问题与策略

学记语文在教学中倡导合作学习的方式，但合作学习并不是"万金油"，随便放哪儿都合适。不少语文教师都在实施合作学习的课堂教学中遇到过问题，产生过困惑。例如，在组织合作学习的过程中，学生热衷于讨论而忽视了读书；只注重生生交流，教师仅仅当听众，漠视教师教学过程中的主导作用；

因合作学习目标不明确，导致学生交流范围狭窄，提不出有价值的观点；合作学习中传授知识与教给方法如何结合等。这些问题的出现往往会导致合作学习流于形式，起不到相应的作用。

诚然，教学有法，教无定法。我们在语文课堂教学中实施合作学习，应充分考虑到两方面的因素：一是人，二是文。所谓"人"，就是要充分考虑到学生的特点，有针对性地开展合作学习；所谓"文"，就是要充分解读教材，从教材中找准实施合作教学的切入点，让合作学习能做到有的放矢。具体到课堂教学中我们要注意两个方面的问题：

第一，实施合作教学要做到"两明确，一关注"。

这里所说的"两明确"，指的是合作学习的目标要明确，分工要明确，"一关注"指的是要关注全体学生。

首先是目标明确。语文教学中需要做到"该合作时才合作"。备课时，我们需要先问自己一个问题：这节课上的合作教学要解决的是什么问题？达成怎样的目标？如果仅仅是为了赶时髦，活跃课堂，取悦学生，生搬硬套，"穿新鞋走老路"，合作学习必然会走向形式化、表演化。另外，在课堂教学中我们也要做到目标明确，要让学生明白在合作教学中要解决的具体问题是什么，否则，学生在合作学习中将会迷失方向，无所适从，白白浪费时间，导致课堂教学效率低下。

其次是分工明确。为使合作学习得以顺利组织，教师在组建合作小组时，需遵循合理性的原则，做到分工明确。也就是我们常说的，合作成员必须"人人有事干，事事有人干"。一般情况下小组成员人数以4—6人为宜。人太多不利于学生间的交流和个体才能的充分展示，人太少互动不足；小组内可指定好小组长，然后针对不同的合作要求，安排好谁负责朗读，谁负责汇报，谁负责搜集……

由于学生的个体差异，小组合作学习极容易形成"好学生讲，差学生听"的小组交往模式。优生在小组中处于主宰地位，承担了主要的职责，成为小组内最活跃的一分子，他们的潜能得到了发挥，个性得到了张扬，而一些差生因为基础薄弱，参与主动性欠缺，无形中失去了思考、发言、表现的机会，在一定程度被变相剥夺了学习的权利。为避免"优生唱主角，差生跑龙套"的局面出现，教师要俯下自己的身子，关注每一个学生的成长，特别是对那些平时极少发言的孩子，要积极鼓励他们在小组交流中大胆表达自己的想法，大胆地展示自己的才华。

第二，实施合作教学要做到多聆听，善调控。

营造民主、和谐、愉悦的学习氛围，有利于减轻学生学习上的精神负担，使学生在教师的热爱、尊重和期待中产生强烈的求知欲望，从而促使学生积极地学、主动地探索。教师应有意识地创设宽松的交流氛围，要求合作小组的同学对每一位发言者都给予感情上的支持，如"你一定能行！""我们支持你，你大胆表现吧！""某某必胜！"，让学生大胆表达。教师要善于观察，善于调控，适当地介入合作学习。如一位教师在教《富饶的西沙群岛》一课时，做了如下处理：

教师说："同学们有感情的朗读使老师感受到西沙群岛优美的景色和丰富的物产资源。"教师稍作停顿，注意观察学生的神情。此时，教师明显感到同学们的眼里闪现出一丝激动，便急忙抓住学生这一细微的情感变化，继续引导："谁愿意来做一名小导游，把我们美丽又富饶的西沙群岛介绍给大家？"于是，一只手举起来了，两只手举起来了，但大多数学生思想还没有放开。教师继续努力："同学们，你做了小导游，你就当了一回西沙群岛人。把自己的家乡介绍给来自世界各地的游客，那是多么令人骄傲的事情啊！大家先在自己的小组中准备一下，练习一下吧。"此时，教师又观察了学生的神情，他们在小组中的练习，明显比刚才要投入。

在上述过程中，教师找准了合作学习中教师的角色定位，注重了倾听与观察，并适时地对课堂进行了调控，努力使每个孩子都参与到小组交流中来，都树立起表现自我的信心，合作学习也取得了良好的效果。

有时，我们在组织学生开展合作学习的过程中发现，合作学习的内容太浅显，或是脱离实际不易讨论，就该及时调整课堂教学策略，避免低效率的合作学习泛滥成灾。

第五节　实践，课堂教学的"主旋律"

学科教学是人类一种有意识、有计划的实践活动。不过，这种实践活动不是业已存在就告终结的，而必须是作为实践活动而形成的。正因为如此，学记语文把语文教学作为一种实践活动，并加以重新审视。

一、对实践和教学实践的一般理解

按照哲学的定义，"实践"指的是人们能动地改造和探索现实世界的一切社会的客观物质活动，是人的主观的、感性的、理性的活动，是主观见之于客观的能动的活动。

就实践的性质来看。首先，实践是人旨在实现某种目标所进行的行为。这里要注意两个问题：一是实践活动是人的活动，是具有主观能动性的生命的活动，实践的主体即人；二是实践活动不是盲目的，是有一定目标指向的，最大程度上表现为为达成某种目标的活动过程。因此，实践的特殊性质就是具有明确的意义指向。其次，实践是在复杂的人与人的关系中进行的，一个人的实践活动既受自己主观能动性的支配，也会受他人的影响，这就使得实践表现出某种程度的复杂性。最后，实践活动是在现实的一切关系中亦即一切均在复杂交错的环境或状态中进行的。一个人不可能全然洞察一切，客观状况也不仅仅限于自己的认知框架。因此，目的不是径直地实现的，实践具有一定曲折性。正因为人的主观能动性，以及多种价值观的矛盾、纠葛，现实条件中的分歧、挫折，实践活动才会产生。就是说，在种种客观现实条件下，拥有各种价值观的人类主体，必须通过对状况的认识和调整自身的主体价值及自身的实践能力，开辟现实的道路。这，就是实践活动。

教学也是一种实践，具有实践的一般性质，但又不等同于一般的实践（社会实践）。这是因为：一是教学实践的目标直指人的发展，无论怎样的教学实践都是为了提高人的生命质量；二是主体具有非常特殊的指向，即教师和学生。教学实践既包含教师的自我实践，又包括学生的自我实践，还包括师生双方的实践活动。对教师与学生的关系的理解和处理，直接影响到实践活动的效果。在当代的教育改革和发展过程中，对这一关系的理解和处理越来越受到人们的关注。大家普遍认识到，学生是教学实践的主体，教学只有让学生真正参与进来，教学实践活动才能收到最大化的效果。三是教学实践受制于教育环境的约束。教育环境包括社会教育环境、学校教育环境和家庭教育环境，只有这些环境达到最优化的组合，才能使教学实践得以顺利进行。四是教学实践具有一定的学科特性。学科教学从其形态上说是一种分学科的教学实践活动，各门学科形成了其独特的自成系统的领域。不同的学科，其实践的表现形态是不一样的。综上，教学实践有着明确的教育追求，是教育活动中的一种重要存在方式。

既然教学实践具有明确的教育追求，是教育活动中的一种重要存在方式，那么，我们就有必要从教育的角度来思考"实践"的意义。一直以来，我们很少从实践的角度来思考教育和教学的问题。其实，这种思考是具有一定现实意义的。首先，从教育价值的追求上，教育离不开实践。有价值的教育从哪里来？来源于"价值引导"。教育是一种价值引导，是投射着、蕴涵着教育者的主观意趣的引导活动。这种主观意趣内含着教育者的价值选择和价值预设——

如什么是理想的社会、什么是美好的人生、什么是幸福的生活、什么是理想人格、什么生命境界值得追求、什么知识最有价值等。价值引导的核心在于"引导"二字上，其中包括对教育内容的选择与甄别、对教育策略的使用、对教育效果的评价等，其实质就是"实践"。离开了"实践"，教育价值的引导就是空谈。

其次，教学的理想就是"自主建构"。"自主建构"即指受教育者的精神世界是自主地、能动地生成建构的，而不是外部力量强塑而成的。因为任何知识学习都是一个积极主动的建构过程，学习者不是被动地接受外在信息，而是主动地根据先前认知结构注意和有选择性地感知外在信息，建构当前事物的意义。这种建构过程是双向性的：一方面，通过使用先前的知识，学习者建构当前事物的意义，以超越所给的信息；另一方面，被利用的先前知识不是从记忆中原封不动地提取，而是本身也要根据具体实例的变异性受到重新建构。可以看出，"自主建构"的主要形式就是"实践"，没有"实践"就没有"建构"。

最后，从语文学科教学的角度来审视语文教学，《义务教育语文课程标准（2011年版）》也明确指出："语文课程是实践性课程，应着重培养学生的语文实践能力，而培养这种能力的主要途径也应是语文实践。语文课程是学生学习运用祖国语言文字的课程，学习资源和实践机会无处不在，无时不有。因而，应该让学生多读多写，日积月累，在大量的语文实践中体会、把握运用语文的规律。"

正是基于上述理解，学记语文把"实践"看作语文课堂教学的"主旋律"。

二、学记语文的实践观

从"实践"的角度来审视语文教学，学记语文关注如下几个方面的问题：

第一，学记语文把语文实践能力的培养作为主要的教学目标。《义务教育语文课程标准（2011年版）》强调，"应着重培养学生的语文实践能力"，十分明确地指出了语文教学的发展方向。在学记语文的核心理念中，笔者提出了"记用相行"的观点，把学生的语言实践能力定位在语言的习得能力和生成能力上，并不违背课程标准的精神。学生在课堂上从事语文实践活动的主要凭借是语言材料。所以，教师应充分开发、利用语言材料，引导学生以此为着力点来拓宽语文学习的领域，获得现代社会所需要的语文实践能力。比如在阅读教学中，鼓励学生熟读、精思；对文中含义深刻的句子，启发学生结合上下文和生活实际去体味，从中获得有益的启示。在理解课文的同时，引导他们揣摩文章的表达顺序，体会表达方法，丰富语言积累，以发展学生的思维和语言，提高语文水平。注重引导学生将所学的语文知识运用于实践，做到学语文与用语文的有机结合。同时，学记语文特别重视在语文实践中使学生不断认识到，学习语文既要多读多写，又要掌握规律和方法，从而提高思维品质，培养创造潜能，有效地促进知识的构建，提高学习和运用语文的能力。

第二，学记语文把学生切实看作语文实践的主体。把学生作为语文教学的主权者来认识，把语文教学过程也视为学生学习权的实现过程，对于语文教学实践活动来说是根本性的命题。这是因为，教学为了谁的问题、为了什么展开教学的问题，归根结底是教学的根本问题，也是牵涉教师的教学实践活动的根本的思想性问题。学记语文是保障学生学习权的语文教学，也就承认学生作为一个人、一个鲜活生命的不可侵犯的价值。这一点，在前面的各章中均有论及，这里不再赘述。

第三，学记语文把"学习语言文字的运用"作为语文实践的核心内容。在前面的论述中，笔者曾谈道：学记语文正确处理好语文课程基本性质，关注学生语文素养的提高。而在学生的语文素养中，语言素养是最基本的素养之一。学生语言素养的形成，离不开丰富、扎实的语言实践活动。有人说语文实践包括听、说、读、写各个方面，但是学记语文将其归结为语言的积累和运用。无论听说还是读写，都不可能脱离语言的积累和运用而展开，其中更加应该突出语言运用的能力。致力于发展语言实践能力，体现了学记语文对语文课程本质的理解和尊重。目前，一些新的语言学理论，尤其是文化语言学和应用语言学在语文教学界得到广泛认同，语文教学要重视传统语文教学的成功经验，体现汉语教育的基本规律。比如，阅读教学要重视对文章的整体感知，加强综合，突出重点；要重视诵读、感悟和积累，重视语言运用能力和语感的培养，减少单项的、机械重复的练习，避免烦琐分析和形式主义。又如，作文教学要联系学生生活，重观察、重思考、重真情实感；淡化文体，强化体验，鼓励想象和幻想，鼓励有创意的表达。

第四，学记语文尤其关注学生的语文实践过程，把实践作为教学的主要途径。一是在课堂上，注意在真实情境下引导学生实施听、说、读、写的学习实践；二是重视课外的语文实践活动，树立大语文教育观，注意加强课内语文学习和课外语文学习的紧密联系，和学生现实生活的紧密联系，引导学生在生活中学语文、用语文，在实践中不断提高语文能力。这就是学记语文核心理念中的"内外相辅"。如图 3.2 所示（图见下页）：

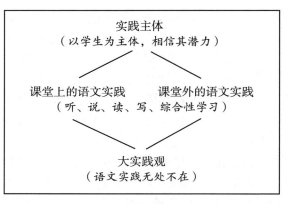

图3.2

第五，学记语文还注意开掘语文实践的课程资源。语文教育资源如同一泓清泉，源源不断，开放、丰富而有活力。从宏观上说，学习语文的外延与生活外延相等，"生活即语文"。社会生活中各行各业出类拔萃的人才都可以请进课堂作为活生生的教材，农村、厂矿、军营、大自然都可以成为生动的课堂和语文教科书。在学记语文的教学中，教师注意充分挖掘语文教育资源，结合班队活动，开展丰富多彩的语文实践活动。比如，邀请各行各业的成功人士到学校开办讲座，谈自己成功的历程，激励学生奋发向上；举办各种竞赛，如书法比赛、作文比赛、古诗比赛等；开展一系列学习活动，如"读书汇报会""祖国名胜知多少""新世纪，我能行""我与奥运同行"等；组织社会调查，如"母亲河的变化""家乡名木古树查访""家乡的过去与现在"等。

总之，学记语文强调用"实践"的理念指导语文教学。关于实践策略的问题，笔者将在后面的章节中结合具体的教学内容进行阐述。

第六节 评价，课堂教学的"酵母"

课堂评价指的是在课堂上对学生参与学习活动的情况给予恰如其分的评价。这种评价的目的在于强化学生主动参与学习活动的积极性，唤醒并激发他们的探究热情和创新欲望。课堂上，教师通过评价，让学生品尝成功的愉悦，增强学习信心，发现自己的不足，明确努力的方向，促进他们潜能、个性、创造性的发挥，使每个学生具有自信心和持续发展的能力。学记语文的课堂教学改革要求从"知识课堂"走向"生命课堂"，课堂由师生生命活动构成，教学流程应该充满生命力。作为渗透于教学流程每一个环节的评价，同样也应该充满生命力。为此，我们积极倡导"立足过程，促进发展"的课程评价，重视评价的激励与改进功能，使评价真正促进被评价者的发展，让评价真正成为课堂教学的"酵母"。

一、当前语文课堂教学评价的缺失

从目前的课堂评价现状看，很多语文课堂上出现了教师的评价泛滥之势，甚至出现了一味地迎合学生的滥施表扬、对学生的错误视而不见、不合时机和不分对象的程式化评价等现象，造成了课堂评价的无效和课堂教学效率的低下。主要表现为：

一是评价即表扬，语言空泛。在课堂教学中，"好极了""你真聪明""你真棒""你真了不起"等既含糊又夸张的表扬声十分盛行。久而久之，学生对教师的评价与奖励就会产生淡漠感。它也会误导学生，使学生认为只要有发言就能得到老师的表扬，从而使学生忽视了对问题的思考，抑制了学生创造性思维的发展。

二是评价过于随意，回避问题。很多语文教师对学生朗读不加以认真倾听或者说根本是在回避学生的错误而胡乱加以评价，对学生的发言不加辨析，盲目鼓励，看似尊重学生的发言，实则是一种极大的不尊重。如果我们教师这样不加辨别地一味叫好，往深处说是对错误的肯定，而这种肯定，也许会使学生在错误的道路上越走越远。

三是评价太模糊，偏离教材。我们经常发现一些教师在学生讨论、质疑等交流环节中总是让学生各抒己见，而老师既没有给予单独的评价，最后也没有做小结点评。最后，老师说："大家说得都很好，讨论就到这里。"好在哪里呢？根本没有说清楚，十分含糊。有时候学生的发言或教师的评价甚至脱离教材的价值观。对学生的思考成果不置可否，不论高下，不作诊断，不予引导，就让学生难以从老师的评价信息中澄清是非，分出优劣，明确方向，领悟方法。

四是评价成形式，主体单一。有的课堂反复出现一种形式的评价，像"表扬他（啪啪啪）"或"你说（读）得真好！"，而且成为一种固定的表扬方式，就像动物的条件反射一样，师生之间毫无情感。而有些课堂则完全相反，一堂课上评价形式丰富多彩，令人眼花缭乱。有奖励小玩具的，有奖励五角星并贴到学生头上的，还有多媒体评价等，学生注意力是被吸引住了，但接下来学生再也无法平静或无法集中注意力听刺激性不太强烈的学习内容。

现在许多语文课堂评价主体单一，几乎是教师一统天下。课堂中学生自评、学生互评、学生评老师等十分少见，评价主体多元化未能得到普遍落实。同时，评价缺少层次性，对班中不同层次的学生给予的评价是相同的。还有，评价时我们教师往往关注知识评价，而忽视情感、态度、价值观和个性品质以及学习方式、学习习惯的评价。

凡此种种，我们的课堂教学评价还没有真正实现从以关注知识为本的教学观向以关注学生发展为本的育人观的转变。

二、学记语文课堂教学评价的对策

如何真正发挥课堂评价促进学生发展的功能，引导学生不但求"知"，更要求"法"，不但"好学"，而且"会学"和"学会"，更要"学得有兴趣"？

第一，评价要回归真实。教师在评价用语中所反映出来的对某种行为的褒贬会对学生的再次行为产生深刻的影响。所以，教师在课堂评价中，要充分利用这一有利因素，及时评析学生行为中的成败，为更多学生的再次实践提供经验或教训。我们的评价里应该充满实在的内容，虚情假意的评价会让学生受到诸多不良影响。著名教育评价专家斯塔佛尔姆强调，评价"不在于证明，而在于改进"。因此，评价的真实性尤其重要。对于学生正确的言行，我们的评价中应该有肯定、有鼓励；对于学生错误的、不当的言行，我们的评价中应该有批评，有引导，有指导。一个眼神有提示作用，拍拍肩也有提醒作用，双手扶一扶有引导作用。我们来看下面两句评语："你读得真好，大家鼓励一下！""瞧，他的朗读不但有感情，还带着表情呢！"同样是指导学生朗读中的赞扬，前者只是肯定了学生的朗读，至于何处出色，毫无涉及。听到这样的评语，读的学生虽然知道自己读得好，但何处好，不知道；听的学生也只知道别人读得好，但是自己读的时候应该怎样读，应该注意些什么，还是不知道。后者在肯定了学生的同时，指出了学生朗读的成功之处，有利于全体学生在再次朗读中学习提高。

曾听过一节一年级语文课，老师对学生朗读的评价给笔者留下了很深的印象。

一个男同学起来读一段课文，读得很不好，漏字、添字、不通顺。于是，老师说："你很有勇气，很高兴听到你的朗读，但有几个地方要注意一些就更好了，（师指出错误）你愿意再读一遍吗？"孩子又读一遍，错字、漏字、添字情况好多了。"你读得有进步了，声音要再响亮些，让每个人都听到就更好了。"孩子又很乐意地读了一遍。"读得好，响亮、流利，如果速度放慢一些，注意停顿、掌握语气，就更棒了。"孩子又读了一遍，读得非常棒。"你读得真好，掌声送给你！"老师带头鼓掌，孩子开心地笑了……

这是一次真实有效的、充满艺术感染力、极富激励的课堂评价。当然，要想及时、正确、有深度地对学生的行为做出评价，教师要有灵活的课堂应变能力，还要具备丰富的知识、敏锐的洞察力、快速的语言组织能力。这些需要教师在日常的教学实践中注意锤炼。

第二，评价要饱含真情。一堂语文课要能够轻轻而又自然地拨动学生心灵深处的那根情弦，那才是真正的好课。作为教师，我们更应该带着一腔真情去唤起学生的真情。特级教师贾志敏在面对一个读书声音细小的学生时是这样评价的："你读得真好听！老师要感谢你爸爸妈妈给了你一副好嗓子。不过，你要是加上表情就更好了。不信，你试一试！"激励的话语如同甘露流进了孩子的心田，成为孩子积极向上的动力。细细品味，不难体会出名师胸怀的宽广及对孩子的拳拳爱心。"你读得真好听！"一下子让学生品尝到了成功的喜悦，体验到了被肯定的快乐，同时激起了学生积极向上的愿望。"你要是加上表情就更好了"，在缺点的表面巧妙加上"糖衣"，在不挫伤学生的自尊的同时，让他们听着顺耳，易于接受。"不信，你试一试"，更是激发起学生挑战自我的信心。大师的教学评价艺术由此可见一斑。

第三，评价应充满智慧。苏霍姆林斯基认为，人的内心深处都有一种根深蒂固的需要，那就是渴望被人赏识。儿童的这种需要更为强烈。请看这样一个教学片段：

生：（朗读）"早晨……五光十色的彩虹。"
师：你们听他读完这段，是不是感觉走到雪野中去了？（生反应不一）
师：刚走到雪野的边上，是不是？（笑声）啊，没进去，谁能带着大家进去。
（一生再读课文，但读得不好。）
师：进去了吗？
生：（齐笑）没有。
师：是没有。可能刚才那位同学领着咱们走到了雪野的边上，这位同学又领着咱们出来了。（生大笑）
师：看看我能不能把大家领进去。（师范读、领读）往前走几步没有？
生：走了。
师：谁接着领大家往前走？

这是特级教师支玉恒在教学《第一场雪》时的"经典"评价语引导。支老师通过风趣的语言，暗示学生如何通过有声的语言，把雪的"大"读出来。这种富有情趣的评价，深入地解读了教材，感悟教材的精神，置身教材的多种情境，积极寻求评价内容与知识点的融合，把评价有机地渗透、附着于学习内容，使它们浑然一体。拭去刻意评价的痕迹，使之少些理性与机械，多些感性与灵动；少些程序性，多些想象和意境。

再看一个案例：

一位学生正在朗读《桂林山水》中最后一段描写桂林山水之美的那段话。读得情真意切，很有感情。出人意料地，教室里突然飞进了一只燕子。学生们骚动起来。

师（灵机一动）：你把《桂林山水》中的文字都读活了，读得真美。你看，把小燕子都招到你描绘的景色中来了。（生大笑）

师：看谁的朗读不但让我们陶醉，也让教室外的燕子陶醉？

全班沉浸其中，另一生又一次充满感情地朗读起来。

由于教师用"大语文"的智慧，巧妙地开发了生成性的资源，竟把课内发生的意外"枝叶"，通过富有诗性的评价语，巧妙地嫁接到学生学习的"主干"上去，保护了活泼又不失秩序的课堂。这种充满个性魅力、随机应变的课堂评价，创造的是和谐、融洽的真情空间，激活的是学生的创新思维。这种即兴评价，植根于科学的教育理念、深厚的文化底蕴和扎实的日常教学功底。

第四，评价要讲究策略。学记语文总认为，课堂教学评价应该是教学艺术之一，或者说是教学艺术的具体表现。因此，我们在课堂评价时应充分尊重学习的主体，关注评价的时机、方式以及有效利用一些评价资源等。我们可以从如下几个方面努力：

1. 落实学生的自我评价。在学习过程中，孩子接受的评价是多方面的，因为他们是在交流与合作中完成自己的学习，在整个学习的进程中受到众多的关注（当然也包括他自己）。因而，不能让评价主体走进狭窄的胡同，而应对评价主体的外延和内涵作相应的审视，学生、家长、教师以及学习伙伴都应是评价主体中的一部分，参与评价的主体是多元的。学生自评、生生互评和教师评价以及他人的关注都是评价过程中不可或缺的一部分。自我评价是自我意识的组成部分，是个人能力结构中的一种非常重要的能力，是一个内化的教育过程。请看下例：

一个学生读完《自己去吧》中的一个片段后，教师引导说："你自己觉得读得怎么样？"他腼腆地笑了一下，说："读得比较流利，只是声音较小。""能不能再试一次？"他又试读了一遍，教师又问："你觉得这次读得好吗？""比前一次要好，只是没有感情。老师，我能再试一次吗？"这次，他读得声情并茂，教室里响起了热烈的掌声。

学会自评有利于学生对自己形成一个正确的认识，这也是最难以培养的一种能力。但是我们得花大力气去培养学生的这种能力，因为这种能力将伴随孩子终生。

2. 尊重学生个体差异。学记语文课堂教学改革更加关注学生的发展，关注学生是否爱学习、是否积极参与、是否能与同伴合作等与学生身心发展和终身发展密切相关的因素的评价。既关注学生的特长，又关注学生的困难领域，采取面向全体学生、促进学生全面发展的不同的评价方法。这就要求我们在学生的发展和成长中，正确看待学生的失误和不足，尤其是对学困生，我们更应该给他们激励，可"骨头里挑鸡蛋"，还可以"化腐朽为神奇"。

另外，评价的角度也应该具有多元性。评价要注重对学生三维目标的建构，要关心其知识与能力、过程与方法、情感态度与价值观等多方面。评价只有多元化，才可能发现每一个学生的长处，开发他们的潜能。语文学科，提倡学生有不同的感悟，不同的理解，也就是个性化理解。我们的课堂评价就应尊重学生的不同体验。特级教师孙建峰执教《最大的麦穗》时，一位男同学认真地朗读了第六自然段苏格拉底的一段话，读得铿锵有力、掷地有声。朗读结束后，孙老师这样评价："如果我是你的一位学生，听到你这样严肃而又充满哲理的话语，我一定有所悟，你是一位严厉派的苏格拉底。"接着，孙老师又请一位女同学读苏格拉底的话，读完后，孙老师评价："随风潜入夜，润物细无声。你如春雨般滋润人心的话语，深入我的心田，你是一位温和派的苏格拉底。"同样是朗读第六自然段，孙老师因两位同学的不同个性和不同感悟而做出了不一样的评价，展示了孙老师灵活掌握评价尺度的艺术，充分体现了对学生个体发展的尊重。

3. 恰当把握评价时机。在正常情况下，由于受思维定式的影响，新颖、独特、有创意的见解常常会出现在思维过程的后半段，也就是我们常说的"顿悟"和"灵感"。倘若过早地对一个可能会有着多种答案问题的回答给予终结性的评价，势必会浇灭学生创新思维的火花。这就需要运用迟延性评价，它能让更多的学生有更广阔的思维空间，在和谐的气氛中驰骋想象，畅所欲言，相互启发，集思广益，以获得更多、更美好的创新灵感，也能使个性思维得到充分发展。请看：

一位老师在上《我要的是葫芦》一课时，提出一个问题："课文从哪些方面写出了小葫芦的可爱？"并根据学生的回答板书"叶子、藤、花、小葫芦"，接着问："作者先写了什么，后写了什么？你发现了什么？"一孩子回答说"是从开始到末尾写的"，听课的老师都笑了，上课的老师没有一笑了之，而是适时地指导："这叫植物的生长顺序，以后你写植物时也可以按这样的顺序写，这样写出来的作文就会条理清晰，这也就是作文的顺序。"

教师巧妙的几句话既评价了学生的发言，也对所有的学生进行了说话与作文的指导。这样准确地把握评价时机，适时点拨，真可谓匠心独运。

4. 有效利用评价资源。课堂上学生的回答或评价语言都会成为课堂教学的资源。一位老师在教学《我是什么》一课问"水有哪些变化"时，一个孩子说了很多相关的知识，老师及时表扬他在课外阅读中学到了很多知识，当即就有一孩子说"我也要多读课外书"，还有一孩子说"我也学到了很多知识"。老师的一个评价很快激发起孩子们的学习兴趣，可以让很多学生享受到成功的喜悦并由此产生自豪感和继续学习的动力。

5. 巧妙运用态势语言。对学生的发言，对学生的课堂学习情况，教师往往多用语言评价的方式。其实教师的评价方式还可以有很多，爱抚地摸摸头，亲切地握握手，深情地抱一抱，由衷地鼓鼓掌，有力的大拇指，加上真诚的赞语，如此声情并茂，更能传播一种情绪，一种感情。每个学生回答完问题或提出问题后，总是希望得到教师的赞扬和肯定。因此，教师在评价学生时要尽可能多一些欣赏和鼓励的语言，使学生有被认可的满足感和成就感。特级教师于永正、贾志敏等老师就精于此道。

特级教师于永正在一次公开课上不经意地让一位男同学读课文，这位同学读得正确、流利而又声情并茂。于老师听完他的朗读后主动走上前去，微笑着和这位男生握手，并真诚地说："你读得太好了，播音员也不过如此。在读这篇课文上，我不如你，我和同学们想再听你朗读一遍。"话音未落，听课的老师和同学报以热烈的掌声，这掌声是送给有精彩表现的学生，更是送给对学生进行真诚评价的于老师。在教师适时、适当的评价下让学生意识到我们在关注着其细微的进步，并和他一起分享着这种进步带来的快乐，极力争取学生更大的进步。如果说一堂成功的课是一曲动人的交响乐的话，那么课堂评价则无疑是这首乐曲中的一个个震撼心灵的音符。在和谐课堂中，能起点睛之笔的莫过于教师的课堂评价。

总之，教师在课堂上应关注每一位学生的发展态势，用科学的评价引导学生健康发展，用智慧的评价唤醒学生沉睡的潜力，用艺术的评价激发学生创造的热情。

第七节 调控，课堂教学的"魔法杖"

一、来自一线的问题：我应该怎样过渡

那天，我读《小学课堂管理》一书，读到下面一段话时，我开始冒汗。

有时候，为了保持活动流程，教师不查看一下是否能跟上，就匆匆进入第二项活动。阿尔林写道："有几次，我注意到有 15 名以上的儿童还在继续前一项活动，而教师已经开始介绍新活动的要求了。"学生再问要做什么的时候，这些教师就会怒气冲天。

这样的状况在我的教学中也出现过，而且，即使是现在不经意的时候，也还继续上演着。

当第二项开始的时候，往往不能关注到所有学生。指令发出后，我会听到一些学生继续询问我刚才发出的指令。这时候，若我很疲乏，不想说话，就会发火，但没有考虑为什么学生会没听到。而不断询问的，是那些很难跟上学习的中等水平的学生。这当中也有一个矛盾，我个人无法解决：每一个活动结束后总是有四到五名学困生不能按要求完成，此时若等，就会浪费很多时间，不等，这些学生这一部分的学习怎么办？我在最近两周的做法是：强行要求这些学生结束上一项目的学习，转入后一项的学习，我这样说："有多少同学已经完成了？请举手！现在请所有同学停下来，两手放平，看着我，我们开始学习……"但是，我不知道这样做学困生是不是会被落下更多。要什么时候补？学生的课程排得满满的，除了大课间或放学后，我还能有什么时间？要从哪里突破呢？

二、问题背后的思考：我们怎么"调控"课堂

这位教师所遭遇的问题，让笔者想起了《学记》中的一段话：

今之教者，呻其占毕，多其讯言，及其数进而不顾其安。使人不由其诚，教人不尽其材。其施之也悖，其求之也佛。夫然，故隐其学而疾其师，苦其难而不知其益也，虽终其业，其去之必速。教之不刑，其此之由乎！

这段话的意思是说，现在的教师只知道大量灌输，只顾赶进度，不管学生能不能接受。他们不考虑学生内心的要求，不能使学生的才智得到充分的发展。他们教学的办法既不合理，提出的要求也不符合实际，以致学生厌恶学习，怨恨师长，只感到学习的困苦，不知道学习的好处。即使勉强结业，很快就忘得一干二净了。教育没有成效，原因就在这里！

我们知道，课堂教学是一项比较复杂的系统工程，需要教师关注的方面很多：教学环境、教学任务、教学对象、教学内容、教学环节、教学手段与形式、教师自我等。在众多的因素中，教师其实最应该关注的就是学生。但是，现实教学中最为普遍的现象是，老师"为教而教"，学生"遵教而学"。在教学进程中，学生的主体地位总会不知不觉地缺失了，学生的主体地位没有得到真正突出，学生在课堂上总是"主"不起来，学习的主动性和创造性没能得到充分发挥，学生的语文能力素养也就不能真正得到提高。

对此，学记语文提出的策略是"以学定教，随学而导"。要做到这一点，需要教师有效地"调控"课堂。

三、课堂教学的"调控"策略：怎样"因学而变"

"调控"好课堂，是学记语文重构课堂教学的一个重要内容，也是教师在实际教学中普遍感到为难的问题。怎样解决课堂教学的"调控"问题，实际上应该思考的是，在课堂上怎样以学生为主体，怎样随生而动。一句话，怎样"因学而变"。

"因学而变"要有"随生而动"的艺术。"教学从本质上说是一种'沟通'与'合作'的活动。""没有沟通就不可能有教学。"这两句话比较好地诠释了"随生而动"的实际含义。"随生而动"需要教师具有强烈的课堂生成意识，注意教学过程的复杂性和教学对象的差异性，充分地运用自己的教学机智，灵活、迅速、高效地判断和处理教学过程中生成的各种信息。下面简要地说说三种策略：

目标引领。任何一种学习活动都需要有明确的目标。而且，目标不是关在教师的备课本里，装在教师的脑海里，而是犹如一盏明灯"亮"在学生的眼前。恰当的目标揭示，能激发学生的学习兴趣，增强学生解决问题的渴求，并使学生具有学习的紧迫感，进而主动地投入课堂学习活动中。比如笔者每到上课时，总要提出这样一个问题和学生讨论讨论：同学们，这节课我们要解决哪些问题？在学生讨论的基础上，老师再进行归纳整理，并板书在黑板的左上角，让学生明确这就是我们学习这篇课文（或者这一节课）要完成的任务。这样，课堂就"亮"起了"明灯"，后面的学习进程也会一直朝着"光明"走，学生的学习主动积极（绝大部分学生都有学习的紧迫感），大家一个问题一个问题地来解决，教学环节往往是在问题解决之后自然转换的。

问题催进。在课堂上，学生的学习活动与教师自己的预设有时存在差距，要让学习活动由浅入深，或者由此环节顺利过渡到彼环节，就需要教师的巧妙引领。引领之法便是"激疑"。比如支玉恒老师曾上过《地震中的父与子》一课，这篇课文是听课老师临时请支老师上的，事先没有充分的准备。上课时，师生先是有一番简短、风趣的问候，接着支老师让学生自己解题，请学生自主朗读课文，然后交流阅读感受。上述环节进行得很顺利。支老师突然说："我看你们学得很好了，我们应该下课了。"学生愕然，心想："我们还想学什么呢？"于是，孩子们开始动脑筋想自己还没弄明白的问题，纷纷举手质疑。其后的学习活动，就是在提问和讨论中进行的。支老师或自己巧妙答疑，或引导学生讨论解惑，并不失时机地品读了课文。支老师的智慧在于：课文学习的目标，他是装在脑里的；学生的学习状态，他是看在眼里的；学生的学习进程，他是记在心里的。当他看到孩子们的阅读活动还没有走向深入的时候，便用挑战性的语言激发了学生进一步求知的欲望。当然，前提是教师精心"投石"，才能收到"一石激起千层浪"的效果。

还要注意的是，教师如何面对学生的问题。对学生的问题处理不当而引起教学尴尬的情况可谓屡见不鲜。经课堂观察通常有下面三种做法：一是直接给学生解答；二是引导学生讨论；三是不好解答干脆回避。这里不能准确评说哪种做法的正误（要结合具体的教学情形）。不过，教师的机智是以充分相信学生为前提的，巧妙的做法是"从哪里来就到哪里去"，问题是从学生中来的，教师应该把问题还给学生，而且要善于把一个学生的问题变成所有学生的问题（当然是有价值的问题）。我们必须记住：许多问题，有时不是来自教师，而是来自学生。而来自学生的问题，他们更易想到答案，会更加主动地去探寻。而且，当教师把来自于学生的一个有价值的问题抛给全体学生时，既自然回避了其他学生提出的无价值、细枝末节的问题，又引导了学生学会如何思考问题，提出问题，进而找到科学的思维方法；既激发了学生探究的兴趣，又发挥了全体学生的智慧；既给教师自己"解了围"，又推进了教学的进程。

巧点妙评。巧妙点评是处理教学过程中新信息的重要手段，教师的点评到位，课堂的进程也会顺利发展。因此，教师要练就一套"点评之功"。这一点虽在前文有专节论述，但在这里我们不妨再看两个例子。如支玉恒老师在教《地震中的父与子》时，在学生一次次的朗读中，我们时常听到支老师这样说：

你看她把两个数字读得比较重，把受灾的程度读出来了。

再重读，让那些人感觉真的没有希望了。

这严重的程度没有读出来，谁再来读一读。

读得不错，就是那对话不像隔着废墟说的，这孩子在瓦砾堆里埋了多长时间？至少 36 小时，他还那么有劲吗？

能把这段话背诵下来吗？

又如，在吉春亚老师的课堂上，我们也时常能听到这样的言语：

吉老师有个问题不懂，请教大家，看谁最聪明……
你看这一小组听得多么认真，我把读书的机会给这个小组……
你看这位小姑娘读的时候，多高兴，小脸都笑开了花。
你的朗读，让我看到了……

看似不经意的点评，却是老师对学生阅读活动的倾情关注。在老师的巧点妙评中，学生思维不断前进，学生的情感如潮涌动，学生的读书能力获得了发展，课堂教学的进程似流淌的河流那样自然天成。

四、课堂调控的背后：教师应该具有怎样的素养

教师能否灵活调控课堂，与教师素养有着直接的关系。那么，作为语文教师，我们应该具有怎样的素养？怎样发展和提高自身素养呢？

在新课程改革这场"教育革命"中，人们不约而同地把关注的焦点投向了作为教育主体的"人"。人们不仅关注作为受教育对象的"人"（学生），还越来越关注作为实施教育活动的"人"（教师）。这是因为，如果没有教师的生命质量的提升，就很难有高的教育质量；没有教师精神的解放，就很难有学生精神的解放；没有教师的主动发展，就很难有学生的主动发展；没有教师的教育创造，就很难有学生的创造精神。一句话，新一轮基础教育课程改革，是一场使教育者和受教育者都变得更完善的"革命"。而且，只有当教育者自觉地完善自己时，才能更有效地促进学生的完善与发展。因此，作为语文教师，我们应该十分敏锐地意识到，一个重塑教师新形象的时代已经向我们走来。谁能把握这个机遇，谁就能把握新时代教师职业生活中发展的主动权，谁就能在教师职业生活中创造和享受到"教师"这一特殊职业的欢乐和尊严，谁就能使自己教师职业的生命内涵变得更加丰富、厚重和灿烂。

（一）在过去的教育教学活动中，语文教师的形象究竟缺损了什么

谈语文教师形象的缺损，这是一个很有意义的话题。我们追问自己的教师形象缺损了什么，就是对我们过去教育活动的反思。在新课程改革的今天，这

种反思是很有必要的，它有利于我们探明与新课程改革要求的差距，明确今后发展的方向。那么，在过去的教育活动中，我们作为教育的行动者，我们的形象究竟缺损了些什么呢？

第一，教师德性的缺损。什么是教师德性？教师德性即指教师在教育教学过程中不断修养而形成的一种获得性的内在精神品质。它既是教师人格特质的品德，也是教师教育实践性凝聚而成的品质。教师德性不是先天就有的某种与生俱来的素质，而是一种后天获得的职业角色品质。它是一种能使教师个人担负起其教师角色、实现教师的特殊性目的的品质，是一种在履行教育教学责任和义务的过程中所体现出来的道德力量，是一种在教师体验为师之道的基础上所形成的内在的、运用自如的教育行为准则。那么，在现实的教育生活中，教师德性的缺损主要表现在教师人格的缺损上。

善的缺损。在这部分教师的心理意识里，缺少内在的善良动机和情感。他们不能善待自己，不能善待生活，不能善待工作，不能善待同事，更不能善待学生。于是，对生活、工作、同事、学生都缺少爱怜，表现出一种特殊的职业病——对职业所给予的一切麻木不仁。

责任感的缺损。真正意义上的责任感是一种完全自愿的行动，是对个体需要的能动反应。在教育教学上则体现为一种发自内心的对学生的关注。目前，我们一些教师还没有把自己造就成一个真正意义上的有高度责任感的人。

教师公正的缺损。教师公正是指教师把受教育者应该得到的合理需要、合理评价等权利都公正地给予每一个受教育者，在教育学生的态度和行为上公正平等、正直无私地对待每一个学生。我们可以从两个方面来看教师公正德性的缺失：一种是非自觉地执行教师公正行为；另一种是在教育教学中的行为有违于教师的公正德性。

第二，教师职业审美性的缺损。教师职业美吗？教师职业具有吸引从业者的魅力吗？这些是值得我们深思的问题。但是，在现实中我们很少思考这些问题，因为我们还没有习惯把任何一种职业与审美联系起来，做出理性的判断和思考。事实上，我们如果把教师职业与审美结合起来思考，就可以从一个更高的层面体验到教师职业的内在尊严和欢乐。可惜的是我们没有这样做，这本身就是教育思维领域的缺损。由于这种缺损，使我们很少从审美的角度去思考教师的职业美，也就导致了教师生命形态审美性的种种缺失。主要表现在：

1. 把教师看成知识的搬运工。认为教书无非就是知识的输出，就是把书本的知识装进学生的大脑里，就像把书本上的知识从一个仓库搬运到另一个仓库。传统所说的"要给学生一瓢水，教师就必须要有一桶水"，在某种意义上就只强调了知识的传输。如今持这种看法的还大有人在。许多教师都成了知识传输的熟练的操作者，这种熟练非但没有给他们自身以及学生的身心发展带来积极有益的影响，反倒使他们由于思维总是在旧有的轨道上运行而导致教学能力退化，灵性和活力也被磨灭殆尽。我们说这样的教师，充其量只能算是一个毫无思想、毫无创造性的"教书匠"。学生和他们自己都不可能从教师职业中得到美的享受。

2. 把教师的工作看成无奈的选择。对于这一类人来说教师职业始终是一种"异己的存在"。他是在为别人工作，他所做的一切都是为"薪金"而做的"交换"，他也无法融入自己所从事的工作中，甚至把工作看成一种痛苦的"煎熬"。当然，也有一些人把教师职业当成维持生计的平台（如前面所说）。在他们的职业生命形态里，找不到教师职业美的快乐和幸福。

第三，教师专业发展的缺损。教师职业有自己的理想追求，有自身的理论武装，有自觉的职业规范和高度成熟的技能技巧，具有不可替代的独立特征。教师不仅是知识的传递者，而且是道德的引导者，思想的启迪者，心灵世界的开拓者，情感、意志、信念的塑造者；教师不仅需要知道传授什么知识，而且需要知道怎样传授知识，知道针对不同的学生采取不同的教学策略。这些都是教师专业化的显著特征。20 世纪 80 年代以来，教师的专业发展成为教师专业化的方向和主题。人们越来越认识到，提高教师专业地位的有效途径是不断改善教师的专业教育，从而促进教师的专业发展。只有不断提高教师的专业水平，才能使教学工作成为受人尊敬的一种专业，成为具有较高的社会地位的一种专业。但是，我们看到，我国教师专业化的进程是缓慢的。对一些教师来说，"教师专业化"还是一个十分陌生的概念，当然他们也就很少从专业化角度思考教师职业特征。表现在：

1. 文化品位的缺损。好像自己只是教育中的人，而不是文化中的人。文化仿佛与自己不相干，使得教育教学活动中文化氛围愈来愈淡薄。

2. 知识的缺损。一是普通文化知识基础薄弱和单一，极少的文化知识使得一些教师做"教书匠"也变得困难起来；二是专业学科知识的缺损，如对课程知识、一般教学法知识等或不知道，或一知半解；三是没有注意积累个人实践知识，对自己教育教学实践中的成功做法和点滴体会，没有从经验的层面加以归纳和概括。

3. 教育信念的缺损。没有正确的教育观、学生观和教育活动观。

4. 能力与行为的缺损。一是思维力的缺损；二是语言表达能力、组织能力、学科教学能力与行为的缺损；三是教育科研能力的缺损。

5. 自我专业发展需求的缺损。对自己过去的专业发展过程缺少反思和自省，对自己现在专业发展的状态、水平缺少比较和分析，对自己未来的专业发展缺少规划。

总之，在我们作为教师的经历中，我们已经自觉或不自觉地失去了许多不应该失去的东西，有的甚至已经严重影响了我们自身的形象，使自己完全不能适应新课程改革。我们应该警醒了！

（二）在今天和未来的教育改革中，语文教师应该怎样重塑自己的形象

我们所缺损的，正是我们要重塑的。那么，在今天和未来的教育改革中，我们应该怎样重塑自己的教师形象，使自己变得更完善呢？

第一，重塑教师德性，做学生人格力量的榜样。重塑德性，关键是要重塑教师人格。作为一个人类灵魂的工程师，必须具有高尚的人格，它直接或间接地影响着教师的教育教学活动。教师的人格，具体包括情操、品行、道德、伦理、气度、胸怀等，它们会通过各种途径和方式渗透、融合到教学活动过程当中去，制约着教学者的格调、质量和品位。从这个意义上来说，人格就是教师的一切。那么，教师的人格魅力是从哪里来呢？

首先，教师的人格魅力来源于善良、仁爱和公正。教师要理解学生，教师要对学生心胸豁达。有时候，给学生留一点余地，让他们自己去改正错误是很必要的。教师还要具有敏感性。职业敏感性有可能使教师在学生产生某种需要、情感冲突以及困扰时，做出更深入、自发的反应，使教师超过表面的水平更深入地了解学生。教师还应时常地把自己置于学生的地位去考虑问题，使自己与学生在教育情境中相遇时成为一个统一体。教师要与学生和谐相处。教师在与学生相处过程中，要真诚，要平等，要热情，要细致。教师不应该以个人的职业地位或权威掩饰自己的弱点，不应该持居高临下、盛气凌人的态度，不应该图在最大程度上影响和指导学生的生活。

其次，教师的人格魅力来源于对事业的忠诚和对教师职业美的追求。做一个教师，如果你热爱自己的事业的话，那么，吃苦也是享受。一是要甘守教师职业中不可多得的"清高"与"宁静"，把所有的辛苦和压力变成愉快的体验。二是对教师平凡而寻常的工作总是充满了热情。只要听到上课铃声，所有的疲劳就不翼而飞。只要走上讲台，浑身就洋溢起蓬勃的生气。这样，在教室里，在学生中，在平凡的三尺讲台上，总能找到自己的位置，找到职业的内在尊严和欢乐。

最后，教师的人格魅力还来源于从不满足的执著精神。教师要以终身自我教育作为自己教师生涯的推动力，充分地意识到进行终身的自我教育是一种义不容辞的责任。把有限的生命投入到无限的发展中去，做一个永无止境的学习者，给学生树立起学习与奋斗的榜样。

第二，遵循新课程理念，重塑教师的教学形象。

首先，树立新的课堂教学价值观。新的课堂教学价值观认为：教学不仅掌握知识，更要促进学生的发展，包括能力的培养与提高，态度、价值观的改变、丰富与提升，所经受到的理智的挑战和内心的震撼，所获得的感动和鼓舞以及精神的陶冶和心灵的净化，等等。具体来说，新的课堂教学价值观包括知识的建构与运用，技能的形成和巩固，认知策略与学习策略的完善，能力的发展与提高，情感的丰富、细腻和纯化，态度、价值观的形成、改变与完善等。特别要关注学生创新精神和实践能力的发展，在使学生获得终身发展所必备的基础知识和基本技能的基础上，以创新精神和实践能力培养为核心，着重强调培养学生搜集和处理信息的能力、获取新知识的能力、分析和解决问题的能力、交流与合作的能力、探究精神与批判性思维、创新意识与实践能力、人生规划能力。

其次，树立正确的学生观。一是树立主体的学生观：学生是具有生命活力的人，是自主的人，是能动的人，是发展的人，是创造的人。二是树立全体的学生观：每一个学生都有生命活力，都有生存的权利，都有发展的权利，都有表现的权利，都有享受的权利。三是树立个体的学生观：学生是一个个存在的生命个体，有独立的人格，有独特的个性，有自己的情感，有自己的思维方式，有自己的生活行为方式。四是树立全面的学生观：学生是"文化遗产中的人"，文化背景与文化性格、文化遗产与文化精神都对学生产生着深远的影响；学生是"生活世界"的人、"关系中的人"，与自然、与他人或社会、与自我、与文化有着密切的联系；学生是时代中的人，学生的发展一刻也不能离开时代的社会历史条件；学生是世界背景中的人，他们生活在开放的世界、科技的世界、冲突的世界、理解的世界中。

上述学生观，要求我们教师在教学中做到：1. 突出主体。发挥学生的主体作用，做学生生活的朋友，做学生学习的合作伙伴，以自身的生命活力激发学生的生命活力。2. 面向全体。公正地对待每一个学生，公正地看待学生的每一步发展，公正地评价学生的成败与得失。3. 关注个体。尊重学生的个性差异，彻底消除"喜优厌差"的劣根性。4. 理解学生。充分地理解学生在生活、学习、人际、自然、社会、文化等各个领域中的表现。5. 解放学生。把学生从狭窄的学习圈子里解放出来，把他们放置到文化背景中去、生活世界里去、人际关系中去，让他们学会交往，学会合作，学会探究，学会发展自我、提升自我。

再次，树立回归生活、联系生活的课程与教学观。一是课程、教学与生活的联系。包括"生活世界"与"科学世界"的联系（人与自然的关系，人与他人、社会的关系，人与自我的关系），"生活背景"与"知识背景"的联系（生活经历、生活环境、生活方式）。二是课程、教学与社会发展现实的整合。在课程设计和课程实施方面，新课程超越单一的"学科中心"，联系社会发展的历史与现实；在课程内容层面上，新课程突出"领域意识"和"问题中心"，强调课程内容与社会、科技发展以及学生生活的适应性，把人与自然、人与社会、人与自我以及人与文化的关系作为选择和组织课程内容的基本尺度和主题。

最后，树立多元的学习方式观。一是注意教学的转向，超越单一的认识论的教学观，加强教学的反思性和教学的建构性。二是确立整体的知识观，把握知识的类型与结构，关注知识的生成。教师传授知识的过程不再是机械的操作过程，而是"活化知识"的过程。三是落实多元的学习活动方式，克服机械的、被动的、单一的接受性教学，强调教学方式的多样性，让学生乐于探究，开展探究学习或研究性学习，进行反思性思维或批判性思维；让学生主动参与，开展交往性学习，进行体验性学习；让学生勤于动手，在实践中学习，在应用中学习。

第三，优化素质结构，走专业化发展的道路。

1. 不断更新教学观念。教学改革，首先要转变教学观念。教师教学观念的更新同时也包括教师自身学习观念的更新。教师在信息社会需要不断提高自己的教学水平。

2. 合理优化知识结构。教师的知识结构可以分为三个方面，即教师的本体性知识、条件性知识和实践性知识。教师的本体性知识是教师所具有的特定的专业知识；教师的条件性知识主要是指教育学和心理学知识；教师的实践性知识是教师在有目的的教学行为中所具有的课堂情境知识以及与之相关的知识，也就是教师教学经验的积累。

3. 发展提高教学能力。教师的教学能力包括对于知识的处理能力和对于教学的监控能力等。教师对于知识的处理能力要求教师有很强的表达能力，对知识的组织处理能力（即选择恰当的教学方式的能力），很强的接受能力，还要有熟练的现代教育技术的操作能力。而教师对于教学的监控是指教师为了保证教学的成功，不断地对教学活动进行积极主动的计划、检查、评价、反馈、控制和调节。

4. 确立"研究者"形象。"教师即研究者"，要有能力通过系统的自我研究，通过研究别的教师和在课堂研究中对有关理论进行检验，实现专业上的自我发展。

第四章
学记语文的拼音教学

第一节　学记语文对拼音教学的认识

一、对拼音教学地位的认识

对拼音地位的认识，是语文界一直有争议的问题。语文教学究竟应从直接认读汉字开始，还是应从学汉语拼音字母开始，在小学语文界长期存在着不同看法。

2005 年 12 月 31 日，《中国教育报》以大版的篇幅刊登了一篇题为《语文教学：先认汉字还是先学拼音》的文章。而后，《中国教育报》又相继刊发文章，就“先学汉字还是先学拼音”的问题展开了讨论。

在《语文教学：先认汉字还是先学拼音》中，文章通过访谈邵宗傑和游铭钧两位专家的形式提出“先学拼音再识字，是个错误”等观点，反对在小学语文教学中先学拼音再识汉字。

游铭钧认为，不先学汉语拼音，并不妨碍儿童学说普通话，这不是他们学习普通话最关键的环节。如果是在初步学了普通话和认识了一定数量的汉字以后，再学习汉语拼音，有利于正音和继续提高，而且学习的时间和精力都可大为节省。儿童不会学得这样苦，教师也不会教得这样苦了。我们为什么非要花这么大的力气，舍易就难，去走冤枉路？先学汉语拼音再学普通话，并不是“捷径”，而是一个“误区”。对高高兴兴上学的儿童来说，六十课时的拼音字母，如果算不上如同当头棒喝的“五百杀威棍”，也是浇向小脑袋的一盆凉水，使其刚入学便萌生读书枯燥、读书太苦的感受。绕着大弯的识字教学模式，大有舍易就难、错把“误区”当“捷径”之嫌。

邵宗傑认为，汉字是汉语文的"细胞"和"基石"。研究、了解汉语文的特点和规律，需从了解、研究汉字入手。学习汉语文，首先需认识汉字；教语文的，应从教人识汉字开始；中国儿童上学，不管要学多少课程，首先需从认读这一个个方块汉字开始。在识字教学中，老师的教就是学生识字的"拐棍"。现在绕上一个大弯，先教拼音，让拼音字母成为"拐棍"，以此为"中介"帮儿童识字。对儿童识字来说，这个弯绕得值吗？近二十年来，多个直接教儿童识字的实验，都表明无论是教师的教，还是学生的学，都没有像教学拉丁化的拼音字母那么吃力，而且识字速度和教学质量明显提高。仅仅把教学汉语拼音方案推迟一两年，把直接教汉字提前，就会起很好的效果。

在讨论中，教育部语言文字应用管理司普通话推广处袁钟瑞先生指出：汉字难认、难记、难写、难读、难用，是公认的，拼音是识字的拐杖；先学拼音后识字，有助于开发儿童的思维智力，有助于儿童在尚未掌握足够汉字时就提前阅读和写作，有助于提高儿童的口语表达能力；汉语拼音是学习普通话的有效工具；不能熟练掌握汉语拼音的孩子，无法面向现代化。

语文出版社副编审杜永道先生在《先学拼音，有利识字》① 一文中指出："有了拼音的帮助，儿童学习汉字就有了得力的工具。既然是工具，当然要在儿童识字之初学会拼音这个'拐棍'，这是不言而喻的。因此，在识字之前学习汉语拼音是很自然的事情，是无可非议的。"

很早以前，著名语言文字学家王均先生就曾谈道：前些时，听说有人主张"淡化拼音教学"，或者说要"降低教学要求"，为的是减轻学生学习负担。有人甚至于主张把拼音教学挪到第二学年去。我们深为不解。教育部提出减轻学生过重负担，讲的是过重负担，目的是保证学生健康发育和提高学习效率。减负是为了增效。怎么拼音教学作为帮助学习的有效手段，倒反成了"负担"了呢？说是"直呼音节"负担过重，实质是教育方法问题。当然也可以不一律要求，不提"直呼"是可以的。但是学习是为了掌握，掌握了才能让它更好地发挥作用。

自 2001 年 1 月 1 日起施行的《中华人民共和国国家通用语言文字法》第十八条规定，"国家通用语言文字以《汉语拼音方案》作为拼写和注音的工具。《汉语拼音方案》是中国人名、地名和中文文献罗马字母拼写法的统一规范，并用于汉字不便或不能使用的领域。初等教育应当进行汉语拼音教学"。

综合各家观点，根据学生的语文学习实际，学记语文认为：语文教学不能忽略拼音教学，小学语文的教学还是应从拼音开始。拼音学好了，孩子的语文学习才有了基础。

---

① 原文载《中国教育报》2006 年 2 月 18 日第 3 版。

二、对汉语拼音功能的认识

怎样认识汉语拼音的功能？这也是一个备受关注的问题。对汉语拼音功能的定位，将直接影响拼音教学的要求和行为。

学记语文认为，汉语拼音是识字、说普通话的工具，同时，也兼有帮助读写、促进语言能力的发展、促进智力以及其他综合能力发展的功能。

首先，汉语拼音是识字、说普通话的工具。"工具"一说最初来自于《中华人民共和国国家通用语言文字法》："国家通用语言文字以《汉语拼音方案》作为拼写和注音的工具。"根据这一法规，2001 年的《全日制义务教育语文课程标准（实验稿）》，明确了汉语拼音在小学语文教学中的定位。在总目标中提出"学会汉语拼音"的要求。在阶段目标中，课程标准没有把汉语拼音和识字写字、阅读、习作等并列，独立提出要求，而是放在了"识字与写字"部分，强调借助汉语拼音认读汉字、查字典和说普通话。可以看出，课程标准对汉语拼音的功能进行定位时，十分明确地告诉人们，汉语拼音的功能仅仅如此，只是作为识字和说普通话的工具，它不与阅读、写作发生关系。十年后，修改后的《义务教育语文课程标准（2011 年版）》依旧保持了"实验稿"的提法。

课程标准为什么坚守这样的提法？1992 年颁布的《小学语文教学大纲》曾经规定，汉语拼音是"帮助识字、阅读和学习普通话的有效工具"。但是实践证明，初入小学的孩子既要学习好汉字，又要学习好拼音字母，难度偏大，负担过重。由于用汉语拼音帮助阅读，学生必须能够直呼音节，而直呼音节对广大学生特别是方言区和少数民族地区的学生来说，不仅费时而且难以做到。更重要的是，在汉语文的学习中，学生应该学的是汉字，而不应该把帮助识字的工具作为主要学习对象。2000 年 3 月颁布的试验修订版教学大纲，调整了对汉语拼音的定位："能利用汉语拼音识字、学习普通话。"与此一脉相承，课程标准也不再提汉语拼音"帮助阅读"的功能。对于识字来说，汉语拼音仅仅是帮助识字的工具，绝对不能代替识字。汉语拼音是认读汉字的辅助工具，而不是汉语拼音文字，这早已为全国人民代表大会所确认。课程标准强调其作为识字、学普通话的"工具"，这样的提法从某种程度上来说，降低了汉语拼音学习的难度，使拼音的功能更加单一。

学记语文遵循课程标准关于汉语拼音功能的定位，但同时也认为，汉语拼音还是兼有帮助读写、促进语言能力的发展、促进智力以及其他综合能力发展的功能。第一是帮助阅读的功能。在儿童语文学习的起步阶段，他们识字的数量虽不多，却要进行必要的简单的阅读。遇到不认识的字，他们可以通过其他途径认识，比如问老师、同学或者家庭成员，但最直接的做法是看生字上的拼音。拼音帮助阅读的功能是已经被无数人的阅读实践证明了的。第二是帮助写作的功能。在起步阶段的语文学习中，儿童不仅要读，还要说、写，不能因为儿童不会写字而延迟"写"的起步。在写话过程中，学生遇到不会写的字，是可以用拼音代替的。这一点也被无数人的成长实践所证明。用拼音代替不会写的字，并不是用拼音取代汉字，不是把拼音当文字来使用。这种"替代"是暂时的，随着识字和写字数量的增加，以及运用汉字能力的增强，拼音替代的现象就会消失。第三，有助于开发儿童的思维、智力。儿童在尚未掌握足够汉字时就进行阅读和写作，有助于提高儿童的语言能力，促进智力以及其他综合能力的发展。今天，我们虽然不提拼音帮助阅读和写作的功能，但是我们必须承认这一基本事实。只是我们在认识这些功能时，要科学、客观，不能单纯追求用拼音阅读和写作的效果。

第二节　学记语文的拼音教学思想

一、确立拼音教学的指导思想

学记语文拼音教学的思想核心是：为学生掌握拼音这一基本工具而教，在教学过程中，以学生为主体，以教师为主导，创设轻松的情境，愉快地学习汉语拼音，认识汉字，发展语言，开发智力，为学生今后的学习打下坚实的基础。

我们可以从如下四个方面来理解这一指导思想：

第一，把让学生"掌握拼音这一工具"作为教学的主要追求。根据课程标准对拼音功能的定位，拼音是学生识字、说普通话的"工具"。而学生要正确使用这个"工具"，首先必须认识、掌握它，学会使用方法。所以，学会拼音便成了拼音教学的主要任务。在教学中，我们根据教材的内容会做一些相关的事情，比如看图说话、看图读词读句、识字、朗读韵文等，但是，教学的重心仍旧在掌握拼音部件和拼读音节上，尤其是拼读音节。学生只有会读音节了，才会用拼音识字。所谓的看图说话、看图读词读句、识字、朗读韵文等，都是为学生的拼读服务的。教学应该紧扣这一"重心"，不要节外生枝，让其他的事情冲淡了拼音教学的主题。

第二，拼音教学必须以学生为主体，以教师为主导。尊重学生的生命意义，充分发挥学生的主体性作用，这是学记语文的基本价值观。任何教学活动，都必须体现这一基本观点。拼音教学尤其要关注学生的主体性。我们知道，一年级的学生刚刚从幼儿园进入学校的正规学习，他们的生理、心理等各方面并没有完全适应学校的学习与生活。刚进入小学的一段时间里，孩子们不仅要学习语文，还要学习其他的内容，学习负担随着小学生活的开始逐渐重了起来。而就在这段时间，孩子们要学习比较难学的拼音。怎样帮助孩子们度过这段特别的时期，完成学习任务，是我们教师需要关注的问题。在实践中我们发现，有教师认为这个时期的学生还小，他们的主体性还发挥不出来，教师的主导性应该强一些，因此在教学过程中不自觉地把课堂变成了教师的"讲堂"。学记语文认为这是值得纠正的问题。是的，一年级的儿童年龄小，主动学习的意识还不强，主体性的发挥程度不高，这是一个事实，但是，我们不能否认主体性的存在。相反来说，这个时期的孩子如破土而出的幼苗，表现出一种极其旺盛的生命状态。拼音教学一定要关注这种生命状态。研究这种生命状态，创造与其相适应的教学活动。一句话，教师在拼音教学阶段千万不能把学生当"瓶子"，强制他们学习，不能让我们的孩子在初入小学时就失去了学习的兴趣。否则，那将是我们最大的悲哀。

第三，拼音教学要创设轻松愉快的学习情境，追求教学之美。拼音是小学语文教学的第一道难关，也是小学语文教学中最枯燥、乏味的内容之一，再加上教学对象是刚入学的一年级新生，这就使得本就不吸引人的拼音教学难上加难。如何把枯燥的教学内容，通过适当的教学方法和教学手段使之变得生动有趣，从而最大限度地激发学习兴趣，圆满地解决好这个难题呢？创设生动活泼的教学情境是有效的解决办法。著名情境教育家李吉林先生说过："'美'总是富有魅力的，阅读教学中的'美'对我来说更是魅力无穷。我通过创设情境，让儿童在阅读教学中受到美的熏陶，那情境简直是诗化的境界!"① 阅读有美，拼音也有美。实际上，拼音教学中的"美"无处不在——教材编得美，学习过程的情景美，学习有收获后的心理体验美……比如，人教版课程标准实验教材中拼音教学的第一课《a、o、e》，呈现在孩子们面前的便是一幅色彩鲜艳、具有农家气息的图画。如何利用课本资源，营造活泼、快乐的课堂气氛，激发学生的兴趣？一位教师采用了故事导入法。一开始她让学生看着这幅美丽的图画，给孩子们讲了个故事：在一个美丽的小村庄，有青青的小草，绿绿的大树，一条弯弯曲曲的小溪清澈见底。清早，太阳公公还没有起床，一位小姑娘就站在小溪边唱起了 a 字歌，听她在唱："aaaa，aaaa。"大公鸡听到了歌声也跟着唱起来了："oooo，oooo。"他们的歌声引来了大白鹅。伴随

---

① 李吉林：《教师应该是思想者》，载《语文课程改革与实践》，人民教育出版社 2005 年版，第 16 页。

着优美的歌声，大白鹅在水中翩翩起舞。它跳着跳着发现自己在水中的倒影多美呀，便不由自主地哼起歌来，"ｅｅｅｅ，ｅｅｅｅ"。此时，学生也兴趣盎然地跟着老师唱起来了。这时老师便开心地对孩子们说道："这么多小鹅都跟来了呀！你们也来参加这场清晨音乐会呀！"学生开开心心地听故事，快快乐乐地学拼音。像这位老师一样，能把拼音教出"美感"来，是一种境界。

第四，拼音教学还承担着识字、阅读、发展语言以及开发智力等方面的任务。根据学记语文对汉语拼音功能的理解，拼音教学既把"掌握拼音这一工具"作为教学的主要追求，也承担识字、阅读、发展语言以及开发智力等方面的任务。关键在于要处理好二者之间的关系，我们不能把识字、阅读、发展语言以及开发智力等方面的教学作为拼音教学的主体而加以强化，而是在学习拼音的过程中自然渗透这些方面的教学。比如，老师们常在教学中和学生一起做"摆字母"的游戏。老师读出一个声母或韵母，让学生观察老师的口型，而后快速地从卡片中找出对应的声、韵母，然后再练习找复韵母、练习摆二拼音节，最后练习较难的三拼音节和带调音节。在进行摆放拼音练习时，可以同时开展各种各样的比赛，也可以指名到黑板上进行摆放表演或比赛。这一游戏的核心任务是巩固字母和音节的拼读，但是，在活动中，我们分明可以看到学生的智力因素和非智力因素的参与和发展。总之，在拼音教学中发展学生的语言能力和智力，培养兴趣和习惯，这些都是在学拼音的过程中自然渗透的。

二、明确拼音教学的基本要求

《义务教育语文课程标准（2011 年版）》根据对汉语拼音教学的定位，对教学要求也相应地进行了调整，提出了汉语拼音学习的具体要求："学会汉语拼音。能读准声母、韵母、声调和整体认读音节。能准确地拼读音节，正确书写声母、韵母和音节。认识大写字母，熟记《汉语拼音字母表》。"要求的改变主要表现在下面三点：

一是从"背诵"到"熟记"，从"默写"到"正确书写"，降低了记的要求。几十年来，我国对汉语拼音的教学要求未有大的变化，如要求背诵《汉语拼音字母表》、能默写声母和韵母，一直到 2000 年修订大纲和 2001 年课程标准"实验稿"才发生变化，改为要求熟记《汉语拼音字母表》，正确书写声母和韵母。从"背诵"到"熟记"，从"默写"到"正确书写"，降低了对汉语拼音识记的要求。之所以这样改，是因为从识、记的角度看，学习拼音首先需要学生认读、记住声母、韵母。声母和韵母不像汉字音、形、义之间有一定的联系，它们的音和形之间没有直接联系，学生只能是机械记忆。尽管所有的教材都会在形象性和趣味性上做文章，毕竟作用有限。如果要求学生能够默写声母和韵母，就必须有一个前提条件，即在识、记的基础上背得滚瓜烂熟。对于刚刚入学的学生，这些要求无疑增加了他们的学习难度。

二是从熟练拼读、直呼音节到准确拼读音节，降低拼读的要求。课程标准要求"能准确地拼读音节"。从以往的教学大纲到今天的课程标准，从熟练拼读、直呼音节到准确拼读音节，拼读要求发生了重大变化，降低了两个层次的要求。这样降低要求，主要还是基于对汉语拼音作为工具作用的认识。如果说汉语拼音仅仅是认读汉字和正音，就没有必要达到熟练的程度甚至做到直呼，只要能够准确地拼读即可实现这样的目标。如果说要达到利用汉语拼音帮助阅读的目的，首先必须达到熟练拼读的程度，才能在阅读中有效地发挥作用。课程标准对汉语拼音功能的定位既然没有提到帮助阅读的功能，就不必提出熟练拼读和直呼音节的要求。学记语文对这一点的理解是，"准确拼读"是拼音教学的基本要求，是学习汉语拼音的"最下限"，是所有学生都必须达到的起码要求；而"熟练拼读"和"直呼音节"则是拼音教学的理想境界，是较高的目标，尤其"直呼音节"是学习汉语拼音的"最高境界"，要求所有学生达到这一要求，显然不可能。但是不能达到就不必要求吗？我们说，学生是具体的人，是充满生命活力的人，每个生命体都具有差异性。因此，学记语文认为，教学不能搞"一刀切"，对于有基础的孩子、有能力的孩子，教学中可以有针对性地提出"熟练拼读"和"直呼音节"的要求。

三是降低了书写的要求。课程标准对书写的要求是"正确书写声母、韵母和音节"。这一要求的调整是针对学生刚刚入学、大多数学生在写字方面还没有一定基础的现状做出的。学记语文对书写的要求是：抓好书写的起步，学生在小学语文学习中，书写的起步不是从汉字开始的，而是从拼音字母开始的，写的起步要求不能过高；重视写的习惯的培养，一开始就要注意引导学生养成良好的书写习惯；落实课程标准的要求，写正确；突出音节的书写练习，因为学生在拼音学习结束后，就进入了识字和阅读的学习，相应的说话、写话练习也开始了，学生写话时，不会写的字要用拼音代替，书写音节的训练就显得尤为重要了。值得说明的是，书写的练习要因学习内容而变，做到循序渐进，逐步提高。

综合以上的分析，学记语文对拼音教学的总体要求是，遵循《义务教育语文课程标准（2011年版）》的基本要求，提倡结合实际情况，有针对性地开展教学，必要的时候可以提高部分要求。

三、拼音教学要关注全体学生

学记语文承认这样一个事实：进入小学一年级的学生，由于在学龄前受教育的程度（家庭教育、幼儿园教育）不一致，走进一个班集体后，他们的学习差异性是十分明显的。正因为如此，学记语文特别强调，拼音教学要关注全体学生。

一是教学要面向全体学生。教师不能以基础好的学生为起点，眼睛只盯着这一类孩子，要关注所有孩子，不能让一个孩子掉队，不能让部分孩子一开始就输在了"起跑线"上。面向全体学生的一个基本前提是爱每一个学生。正如霍懋征老师所说的："每一个孩子都是我的骄傲。""老师对学生的关爱不是挂在嘴上的一个词，而是装在心中的一盆火。"爱，从心底里发生；爱，在举手投足之间；爱，给予特别的孩子；爱，就是公平对待每个孩子。

二是教学要注意差异性。学生学习是具有差异性的，要根据不同学生的学习状况开展有针对性的教学。比如，在拼音教学中，读准音是重点，也是难点，有的学生掌握起来比较慢，这就更需要老师的鼓励与肯定。要用表扬激励孩子的学习热情，使他们树立学好拼音的信心。"你的声音真好听，让老师和同学们再听一次吧！""你可真行，进步真大呀。""你就是一个小老师了！""你的眼睛真亮，看着老师的嘴巴再读一次吧。"面对天真的孩子，这样适当的表扬必然胜于严厉的批评，让他有信心去学、乐学！伸出你的大拇指送给学生，用手轻轻地摸摸他的头，和他亲切地握握手，用目光去鼓励他，微微地倾斜身子听一听，用微笑原谅他的小小的错误，这些细微的动作，学生看在眼里，感受在心里，定会一点一滴地进步。

三是教学要关注全体学生的学习过程。学记语文非常强调学生要有主动学习的愿望，强调学生要喜欢学习，有兴趣学习，从中感受学习的兴趣。当一个新的事物摆在孩子们面前时，求学若渴的孩子一定非常有兴趣。但，当一个他们已熟悉的字母摆在面前时，孩子不一定会有兴趣去研究它，探索它。无论是巩固旧知识还是探索新事物，教学都应该注意让孩子去体验认识事物的过程。比如，在教学单个拼音字母时，由于大部分学生认识，课堂上往往呈现一片嘈杂声，正确的发音，非正确的发音，充斥耳旁。此时，教师提出一个问题：读这个字母时是怎样发音的？学生的注意力一下子集中到老师这儿来。他们会用心地听老师的发音，仔细观察老师口型的变化。然后自己去尝试发音，去体会发音过程，探索发音方法，在已熟悉的事物上找到新的未知点，从而产生了兴趣和学习的欲望。

四、拼音教学要和语言训练相结合

汉语拼音教学要不要与语言训练相结合？教学实践证明：汉语拼音教学和语言训练相结合是十分必要的。拼音教学只有充分利用语言材料，把汉语拼音同语言环境联系起来，才能调动儿童学习的积极性，更好地巩固拼音和识字成果，而且能丰富词汇，发展语言。

首先，汉语拼音教学与语言训练相结合，能使语言因素成为吸引学生学习拼音的"吸铁石"。

大家知道，任何一种教学活动的开始都必须集中学生的注意力，汉语拼音教学亦如此。注意是人的心理活动对一定对象的指向和集中，指向反映了心理活动的方向是什么，集中反映了心理活动的完善程度。心理活动指向和集中于某种事件，也就是说对事物产生了注意，事物才能在头脑中得到完整、清晰的反映。小学生，尤其是一年级的学生，他们的注意特点是无意注意占优势。要集中他们的注意力，即将其无意注意转化为有意注意，教师就必须采取有效的手段对其施加影响。以汉语拼音课为例，拼音字母是抽象的符号，有的字母学生在幼儿园就学过，他们虽没有"全知"，却有"部分已知"。教学开始，如果只是机械地重复这些字母，告诉学生注意掌握这些字母重新组合而成的音节，实际上只是唤起了学生心理活动的方向，而没有强调心理活动的深入。学生的心理活动缺乏深度，其结果就只能是"小和尚念经，有口无心"。因此，在汉语拼音教学的起始阶段，教师要帮助学生转化注意，强化他们的心理投入。

怎样变无意注意为有意注意，强化学生的心理投入？这使我们自然想到了学生已有的生活经验和口语水平，想到了学习汉语拼音的一个重要的环境——语言环境。因此，现行的"课标"实验教材，注意从语言环境入手，结合拼音部件和音节的学习，编排了一些词语、短语或者韵文等教学内容。教材的编排意图很明显，就是用这些语言材料来激发学生的学习兴趣，帮助学生巩固拼音和识字，发展语言。以语文出版社编写的小学语文"课标"实验教材（以下简称"语文 S 版"）为例，首先借助教材中的插图认读以拼音或汉字形式出现的词语（图画中的事物和图画下面的音节词往往已在学生的日常生活中出现过），从具体的词语中引出音节，以音节为中心进行教学。如教学第 12 课的韵母"an"，教师根据教材，首先指导学生看图。在学生看图说话的过程中，自然地引出音节词"yín pán"，学生说"我看见月亮圆圆的像一个 yín pán"，在引出音节词的基础上再引出音节"pan"和部件"an"。然后，在学习部件和拼读音节的基础上，诵读韵文："小猴出门去玩耍，忽然转身喊妈妈：月亮掉进水里啦，快拿勺子来捞它。"学生学得兴趣盎然。可以看出，直观形象的图画与学生的实际生活相接近，教师趁势引导，学生就有了语言表达的欲望。在语言表达的过程中，教师自然地将学生的注意力吸引到音节词和音节上面来。这样，把抽象的音节变成了有意义的语言单位，使课堂教学一开始就产生了一种语言环境。因此，学生的兴趣勃发，注意力集中，学习效果十分显著，语言因素"吸铁石"的作用显而易见。

其次，汉语拼音教学与语言训练相结合，是促使学生熟练掌握音节的"催化剂"。

正确拼读音节是汉语拼音教学的出发点，是衡量拼音教学质量的一个重要标准。学生能否正确拼读音节，是能否使汉语拼音充分发挥"识字、说普通话"作用的关键。训练学生掌握音节的手段是多样的。人们目前通常采用的方法，是在教学中重视声母、韵母的发音和拼音技能的指导，严格进行拼读音节的训练，使学生正确掌握拼读音节的方法，看见音节就能拼读出来。这是一种促使学生掌握音节的重要方法。应该指出的是，教师还应当同时结合语言训练，在语言训练过程中，帮助学生掌握和巩固音节。这一点从现行教材拼音内容的编排上也可以看出来。如人民教育出版社编写的小学语文"课标"实验教材（以下简称"人教版"）从拼音第 2 课开始，就编排了一些音节词、汉字词语、短语或韵文。教材编排的目的很明确，即在学生学习音节之后，把音节放到语言环境中，通过语言的训练巩固所学的音节。教材重视了语言环境对单纯的音节的催化作用。在教学过程中，若能体现教材意图，重视语言训练，也确实能收到巩固拼音的效果。如教学韵母"a"时，教师设计这样几个问题："图上画的什么人？她在干什么？小女孩发的什么音？小女孩的头型与字母有相像的地方吗？"这样在看、想、说的过程中，抽象的字母便悄然融入学生的脑海之中。一句话，汉语拼音教学与语言训练有机结合，语言训练便是一种促使学生掌握和巩固音节的最好的"催化剂"。

再次，汉语拼音教学与语言训练相结合，给学生的读写制造了一条"渡船"。

培养和发展学生的语言能力，是小学语文教学的一项最基本的任务。儿童语言能力的发展包括两个方面：一是口头语言，二是书面语言。二者相互促进，有机结合，成为儿童语言能力发展的标志。要培养和发展儿童的语言能力，就不可忽视儿童早期的语言训练。如果此时儿童未识字或识字不多，就严重阻碍了儿童早期语言能力的形成和发展。我们虽然不提倡用拼音帮助读写，但实践已经证明，拼音作为发展语言的有效工具，用拼音学习普通话，帮助识字，适当做一些读写方面的事情，能使儿童一开始就走上发展语言的道路。（这一点在前面已经有所论述。）

因此，要为儿童从认读拼音到运用并进行适量读写之间找到一个十分有效的过渡工具。这个有如"渡船"一样的工具，就是拼音教学和语言训练相结合，也就是说，在汉语拼音教学的过程中注意对学生进行运用音节的语言训练。这样训练的意义很大，如教学 gua 这个音节，教师在引导学生正确拼读之后，便让学生为 gua 加上声调以后说词。学生结合自己的生活实际，纷纷说出了 dōng guā、huáng guā 等词语。接着，教师设计"你最喜欢吃什么瓜"等问题，要求学生回答，进行简单的口语训练。我们可以肯定，这样在拼音教学中进行说话训练，利于学生学说普通话，必定会为发展学生的口头语言能力打下良好的基础。

总之，汉语拼音教学适当与语言训练相结合，是学记语文一贯坚持的一个指导思想。

五、拼音教学要研究教学形式和手段

针对一年级学生年龄小、好动、自制力较差等特点，汉语拼音教学应尽可能有趣味性，宜以活动和游戏为主，这里就涉及教学形式和手段的问题。有位教师教学《ai、ei、ui》一课时，为了让学生学得有趣，买来许多日用品，在教室里办起"小超市"。这样做固然有效果，但是，一定就要办"超市"吗？这使笔者想到了一个问题：拼音教学成本的"预算"与"投入"。拼音教学可以说是一个"高投入""低产出"的活儿，当然，我们也希望"高投入"能够带来"高产出"，但许多的时候不是这样。拼音教学要做到生动活泼，教师往往要花大量的精力和物力。对此，学记语文认为：

一是考虑教学需要。比如，当学生学完所有的拼音字母时，一位教师了"找家家"的活动。教师让学生给拼音字母造个家，可以住在小屋里，可以住在云宝宝的肚子里，可以在大树里安家，还可以在小鸟的身上……分别给声母、前鼻韵母和后鼻韵母、整体认读音节造个家，同时提醒孩子们可不要让拼音宝宝住错了地方。这时孩子们都高高兴兴地画起来，还在动脑想想这个拼音是属于哪个家里的，这样孩子在画画的过程中就掌握了拼音字母的分类了。这样的设计简便易行，而且能激发学生的创造力。

二是提倡因地制宜。一位教师教学声母 f 和 t 时，正好那天下雨，她打着雨伞走进教室。在引导学生记 f 和 t 的字形时，她用自己那把带钩的雨伞做教具，进行直观演示——下雨打开伞，伞柄朝下，雨水"tt"滴到地，雨停把伞收起，伞柄朝上（"f"）。然后在问答中揭示 f 和 t 的读音及写法，再通过实物演示来检验发音的方法是否正确。又如一位教师在引导学生区分 b 和 p、d 和 t、g k 和 h 发音是否送气时，拿一张薄纸放在嘴边，有意识地发出不同的音，让学生直观地观察送气的情况。这样因地制宜，用直观的办法来帮助学生准确发音，记住字形，是很有效果的。

三是提倡师生动手。拼音教学中要用到很多的教学卡片，一些教师把卡片的制作任务完全交给自己，有的教师为做拼音卡片甚至做到深夜。其实，有些卡片是可以让学生做的。因此，学记语文提倡师生一起动手，制作相关的教具

和学具。比如在学习声母 j、q、x、n、l 和 ü 相拼的规则时，一位教师设计让学生戴头饰进行表演，并配上儿歌：三个好朋友 j、q、x，一块儿出去玩，路上碰见了小 ü，小 ü 小 ü 有礼貌，急忙脱下帽，问声好。通过学习儿歌、戴头饰表演，让他们懂得尊重别人，学做有礼貌的孩子，并掌握了 j、q、x 与 ü 相拼时两点要去掉的规则。这个游戏中的头饰，就是在老师和学生的共同合作中完成的。

四要慎用多媒体教学。汉语拼音教学活动中，较好地使多媒体技术，能增强课堂的趣味性、形象性，全方位地刺激学生感官，对优化拼音课堂教学、提高拼音教学质量是大有益处的。如学习"i、u、ü"时，一位教师是这样设计的：随着优美的背景音乐，展现一幅夏日小河的画面。有清清的河水，绿绿的小草。一只蚂蚁在岸边要过河，可他不会游泳，怎么办呢？一只乌龟游过来，把小蚂蚁背过河。一条鱼儿看见了，连连夸奖。因为有生动的画面、动听的音乐、可爱的形象，学生的兴趣立刻被激发出来，只需稍稍点拨，一首有趣的儿歌便脱口而出。学生喜欢哪个形象就用鼠标单击一下，这样，与蚂蚁的"蚁"、乌龟的"乌"、鱼儿的"鱼"读音相关的"i、u、ü"便从画面上跳出来，而媒体上的画外音"你想学会我吗？你想和我做朋友吗？"等鼓励的语言，更让学生欢呼雀跃，"学兴"盎然。

第三节　学记语文的拼音教学策略

一、学记语文对拼音教材的研读

教材是开展拼音教学活动的最重要的凭借。教学实践证明，对拼音教材的研读和处理，直接影响着拼音教学的效果。

教改的历史从某种意义上说确实也是教材的演变历史。教材问题向来是教改中最为敏感的问题。由原来的几十年不变，到现在的年年在变，由原来的单一从"教"的角度编制教材到现在充分考虑学生的需要编制教材，由原来的一个版本到现在的版本多样化，我们的教材改革确实迈出了可喜的一步。但是，由于各家教材编写的思路有差别，水平不一致，这也给我们的语文教学带来了诸多的问题。因此，学记语文在谈及拼音教材的问题时，其主要研究的对象是人民教育出版社和语文出版社出版的两套小学语文课程标准实验教材，即"人教版"和"语文 S 版"。

在研读两套版本的拼音教材之前，我们有必要简单探讨一下学记语文的教材观。

教材观的建立一般受着课程论的影响。20世纪中后期，以课本为中心、以教师为中心、以课堂为中心的"三个中心"课程论深深地影响着人们的教材观。人们认为，教材就是知识的仓库，等于"圣经"，是教学的绝对"权威"。进入21世纪以来，课程论开始普遍关注人的全面发展与终身发展，从关注人的发展的角度出发，人们的教材观也在悄然地发生着改变。综合起来看，当前的语文教材观大体有五种：体现说，依据说，文选说，例子说，载体说。

学记语文从促进人的发展的基本角度出发，建立了如下的教材观：

服务观——教材是为人的成长服务的，不是单为教学与考试服务的。

资源观——教材是资源，不是"知识的仓库"。

平等观——教材与我们是平等的，我们与教材是同行者。

生命观——教材是富有生命活力的，用生命影响生命。

在教材面前，教师和学生是主动的人，开发的人，创造的人，发展的人。带着这样的教材观看待我们手中的两套小学语文教材，我们会发现：

第一，教材有利于师生的和谐共生，共同成长。两套教材充分考虑了教师和学生的发展，责无旁贷地承受着新时期语文课程赋予教材的特殊使命——关注人的发展。

第二，教材充分考虑到了自身的赋予性。现代课程论认为，任何内容的掌握都发生在课堂文化氛围之中，都要通过学生、师生之间的人际互动方式来实现。从这一点来看，两套教材赋予了教师和学生通过自己的经验来构建知识的能力。教材不再只是揭示真知、告诉结果，更重要的是赋予方法、启迪思维、体验过程。

第三，教材充分意识到了自身的案例性。学校教育的课程是有限的，教材内容更是有限的。教材只是体现一种教育思想的工具，只是传授某种教学内容的例子。所以不能把教材看成对教学内容的规定，更不能把教材看成对教学内容的限定。

第四，教材充分考虑到了给教师和学生以广阔的空间。《义务教育语文课程标准（2011年版）》在"教材编写建议"中明确提出，教材要有开放性和弹性。在合理安排基本课程内容的基础上，给地方、学校和教师留有开发、选择的空间，也为学生留出选择和拓展的空间，以满足不同学生学习和发展的需要。两套教材有意识地把语文教学的过程理解为帮助学生，让他们用自己的方式解决文本、参与文本意义生成过程的一种活动。可以这样说，传统意义上的语文教学，是"教"教材，往往是对教材内容的搬运，而学记语文要求教师对既定教材内容进行重构、改编乃至增删、更换等。

下面我们来研读一下两套小学语文教材在拼音教材部分的共同特点。

首先，从资源观的角度出发，拼音教材里有什么？

一是道德资源。在拼音教材中注意社会主义核心价值体系的渗透，关注学生良好道德素养的形成与发展。比如"人教版"拼音教材第4课就设计了这样一幅插图：

图 4.1

图画中，小马驮着的米袋洒米了。小兔追上来，告诉小马。这幅图画本身就讲述着一个有趣的故事。学生了解和讲述故事时，不仅巩固了音节的拼读，认识了简单的汉字，还自然接受了助人为乐的道德教育。

二是语言资源。在拼音教材中编写了儿歌或者韵文，在朗读中促进学生语言素养的形成。如"语文 S 版"拼音部分的名称就叫"看图说话学拼音"，首先给学生提供的是一幅或者几幅图画，让学生边看图说话，边学拼音，就把拼音的学习和语言的发展有机地结合了起来。

三是文化资源。汉语拼音的学习不可能离开文化的土壤，拼音教材的编写也注意了渗透文化对学生人生的影响。

四是审美资源。让拼音教材变得"美"起来，是两套拼音教材的共同特点。"美"，藏在优美的图画里，藏在悦耳的韵文中。

五是生活资源。两套教材都注意把拼音的学习与孩子们的生活紧密结合起来，或用图画，或用韵文，给学生搭建了拼音学习与生活互通的桥梁。

在上述的各种资源中，核心资源是拼音资源，一切为了让孩子们学好拼音，掌握拼音这一"工具"。

接下来，我们分析一下两套拼音教材都有哪些相同的特点？

一是在教学内容及要求上，承担着三项任务。即学习拼音，只要求抄写声母、韵母和音节，不要求默写；认识少量汉字，只认不写，不教笔画、偏旁名称；读词语、句子或儿歌（韵文），放手让学生独立拼读。

二是在教材呈现方式上，注意"优先编排，科学整合，创设两境，形式多样"。优先编排，即语文学习从拼音学习开始。科学整合，如增加了和学生生活实际、口语实际紧密联系的带调音节的练习；把学拼音与识字、读儿歌等结合起来；体现情感、态度、价值观的培养。创设两境，即创设情境，设计编排了意境优美的情境图；创设语境，把学拼音和识汉字结合起来，在拼音教材中编排了儿歌。形式多样，即教学内容与复习巩固形式多样。

综合起来看，拼音教材充分体现了学习的趣味性、内容的综合性、发展的协同性和教学的整体性。

二、学记语文的拼音课教学结构

学记语文要求，正确认识汉语拼音的功能和作用，明确拼音教学的目标，恰到好处地理解、使用教材，灵活多样地开展教学。在教学中努力做到：拼音仔仔细细地教，汉字扎扎实实地认，韵文轻轻松松地读。

具体来说，根据"人教版"和"语文S版"两套教材的编排体系，学记语文对拼音课教学探索出了两种不同教学结构。

用"人教版"教材教学拼音，要把握好以下几个环节：复习导入—部件教学—拼读音节—朗读识字—书写字母或音节。

下面以《ie》的教学为例分述之：

学生学习到本课内容时，学习拼音已经有三周了，对部分拼音部件已经会读、会认，并有一定的拼音基础。

第一步，复习导入，这是必不可少的环节。教师出示课件，并进行引导：你们已经认识了很多拼音部件，并会自己拼读一些音节。老师这儿有一些部件及音节，咱们来认一认好吗？让学生开火车认读拼音：hǎo、jiǔ、lóu、tái、chuī。

第二步，部件教学，要注意读准、记牢。如学习复韵母ie，首先，课件出示图一：椰子树。让学生看图，指名说图上画的是什么。给大家介绍自己还知道的有关椰子的情况。接下来，教发ie的音。师范读，生跟读；教师适当点拨发音技巧：先发i的音，再e的音；读ie的四声；采用多种形式读准发音。

第三步，拼读音节，做到正确拼读。教师引导学生认识整体认读音节ye。首先，播放动画短剧《"ye"的故事》。短剧内容：在拼音王国里，住着许多复韵母，ie也是其中的一个，他聪明、活泼、爱帮助人。复韵母ie看见单韵母i与声母y合在一起就成了整体认读音节，能直接给汉字注音，他非常羡慕，也想成为音节，为汉字注音，于是他找到了声母大y，请他帮忙。声母大y答应了，说："那好吧，当汉字需要注音时，我就换下小i，成为音节ye，好吗？"

复韵母 ie 感激地说："那好啊，真是太谢谢你了。"就这样，大 y 和 e 在一起，就是整体认读音节 ye。看，他来到了生字宝宝"树叶"的"叶"的上面，给他注上 ye。看，他又帮助一个小朋友认识了爷爷的"爷"呢！小朋友们，你们喜欢整体认读音节 ye 吗？然后，学生自由练习 ye 及 ye 的四声。最后，用 ye 的四声组词，正确拼读相关的音节。

第四步，朗读识字，结合教材提供的情境图或者词、句、韵文，引导学生朗读，在读中认识相关的汉字。如本课教材提供两种语言形式：一是短句，"课后，大家一起叠飞机，做贴画，捏泥娃娃，有趣极了"；二是儿歌《月儿弯弯》，"月儿弯弯挂蓝天，小溪弯弯出青山，大河弯弯流入海，街道弯弯到校园"。这些短句和儿歌，教学时只需正确朗读，不给学生讲解意思。朗读后相机引导学生认识"家""飞""机""有""儿""河""入""校"等生字，并通过游戏进行巩固。

第五步，书写字母或音节。书写时，教师要画四线格，示范书写，学生先书空，再自由练写。书写的量不宜过大，要求不宜过高，重在习惯的培养。

用"语文 S 版"教材教学拼音，要把握好以下几个环节：看图画识事物，读词说话激发兴趣；析声、韵练拼读，读准四声，丰富词汇；朗读韵文，认识汉字，巩固音节，发展语言；指导书写，培养书写的良好习惯。

《义务教育语文课程标准（2011 年版）》在拼音教学建议中指出，拼音教学要"注意汉语拼音在现实语言生活中的运用"。"语文 S 版"对拼音教材的编排思路是，首先借助图画认读以拼音形式出现的词语，再从词语中提出重点学习的音节，分析出组成这个音节的声母、韵母，然后学习运用连读的方法还原到音节上来，最后读韵文识字。不难看出，"语文 S 版"汉语拼音的教学是从语言中来，又回到语言中去，使学生在学习音节的同时训练语言，在训练语言的过程中掌握音节，这与课程标准的精神是相符的。

第一步，看图画识事物，读词说话激发兴趣。

"语文 S 版"教材的汉语拼音部分，每课都从图画和音节词入手，即先出现一幅或者多幅图画，与图画对应的是音节词。教学要首先发挥图画和音节词的作用，训练观察，帮助学生认识事物，同时激发起学生的生活感受。在认识事物和激发起生活感受的基础上，引导学生读音节词，并让学生用音节词说话，激发学生学习的兴趣。如教学拼音第 5 课的声母 g 时，一位教师是这样做的：

先用多媒体展示课文中的第一幅图：小老虎正在打鼓。"dǎ gǔ"音节词暂时不出现，教师先引导学生看图。师问："图上画的是什么？"生答："是一只小老虎在打鼓。"师说："这样回答老师的问题不行，照着老师的话说，图上画的是……"另一个学生站起来回答："图上画的是一只小老虎在打鼓。"接着师说："小朋友们看到过别人打鼓吗?"学生齐答："看到过。"师说："谁说给大家听听。"学生的兴趣被激发起来,纷纷讲述自己所看到的"打鼓"的情景。教师适度地截住学生的话头,说："你们知道,'打鼓'的拼音怎么写吗?"说着出示 dǎ gǔ 这一音节词,并将音节词板书在黑板上。然后领着学生认读,认读之后,让学生用音节词说一句话。有三个学生分别说"我的爸爸会打鼓""我会打鼓""叔叔结婚的时候打鼓"。还有许多学生要说,教师示意停止,告诉学生:"在前面,小朋友学习了 da 这个音节,今天我们再来学一个新的声母和音节,它就是 g 和 gu。"同时板书声母 g。

第二步,析声、韵,练拼读,读准四声,丰富词汇。

分析声母、韵母,在学生掌握声母的基础上,训练学生正确拼读,是拼音教学的重点。仍举上例,教师在学生明确 gu 是一个音节以后,引导学生分析构成这个音节的声母 g 和韵母 u。u 在前面学过,今天重点是要学习声母 g。通过课文中的插图和展示实物教具,帮助学生掌握 g 的字形特点,然后教 g 和 u 组成音节后的发音方法,进行拼读训练。学生能拼读音节 gu 以后,教师采取指名读、分组读、全班齐读、"开火车"读的形式,让学生读熟。接下来,教师让学生将音节 gu 带上四声调以后拼读出来,又用"开火车"读的形式拼读 gu 的四声,直到读熟。最后,教师要求学生用 gu 的四声各说一个词,学生分别说出了"姑姑""姑妈""骨头""打鼓""故事"等词语。这样,丰富了学生的词汇,在说词的过程中,更提高了学生拼读音节的熟练程度。

值得注意的是,"语文 S 版"在部分的拼音课里面还编排了一些拼读音节的练习,这些拼读练习往往是教学的重点。如拼音第 5 课,就编排了两种三拼音节的拼读练习:gu—a—gua,g—u—gua。教学时,要启发学生掌握适合自己的拼读方法,正确拼读好三拼音节。

第三步,朗读韵文,认识汉字,巩固音节,发展语言。

在学习应该掌握的字母或音节以后,教师可利用课本提供的韵文等语言材料,引导学生朗读、识字。如拼音第 5 课提供的是四句韵文:"老虎哥哥打大鼓,狐狸弟弟滑滑梯,兔子阿姨拔萝卜,骆驼伯伯驮大米。"教师引导学生朗读这四句韵文,在读熟练的前提下,认识汉字"哥""弟""米"。这样循序渐进,既训练了学生拼读音节的能力,又巩固了刚刚学过的音节,同时还发展了学生的语言。

第四步,指导书写,培养书写的良好习惯。书写的量不宜过大,要求不宜过高,重在习惯的培养。与人教版不同的是,根据"语文 S 版"小学语文教材的整体编写思路,书写中可以加进一些音节词的书写。

综合上述四步,在这种课堂教学结构中,明显地呈现出拼音技能训练和语言训练两条线索,但它们在教学结构中又是不可分割的,是按"语言—音节—

语言"的顺序巧妙结合，相融互补，浑然一体。教学实践证明，这种课堂教学结构十分有利于汉语拼音和语言的协同发展，能使教学收到比较良好的整体效果。

三、学记语文的拼音教学方法

《义务教育语文课程标准（2011年版）》在教学建议中指出："汉语拼音教学要尽可能有趣味性，宜多采用活动和游戏的形式，应与学说普通话、识字教学相结合，注意汉语拼音在现实语言生活中的运用。"方法是学习的"点金术"，在教学实践中，我们的教师创造了许多拼音教学的方法。这里摘列一些：

观察法。利用课本中那些精致而传神的插图教学生学习发音，记忆每一个字母的字形。如教单韵母"a o e i u ü"时，教师先引导学生对照插图，启发学生说出字母与图的哪一部分相似。如"a"，正是图中那个小女孩的头和一条小辫儿。教师找了一名梳着小辫儿的女孩侧身站在讲台前，指指女孩儿那圆圆的脑袋，再指指那条小辫儿，然后让学生回答"a"字母像不像这个女孩圆圆的脑袋和小辫儿。此时，学生高兴地说出："'a'真像某某的圆脑袋和小辫儿。"抓住时机，教学生说一句顺口溜："圆脑袋小辫儿aaa。"以此加深学生对"a"字母字形的记忆。

儿歌法。根据字母的字形编出学生喜爱的顺口溜、小儿歌、绕口令来教学生记忆那一个个干巴巴的、抽象的拼音字母，把抽象符号变成活的形象，使学生在浓厚的兴趣中掌握这些字母。无论是说儿歌或绕口令、顺口溜，都要结合课本中的每一幅画面，形象直观地帮助学生牢记每个字母的字形与发声以及各种规则。如"标调号歌"："标调号有方法，有a不放过，没a找o e；o e都不在，就找i和u；iu并列标后边。""拼写规则歌"："j q x三兄弟，从不和u做游戏。小小ü有礼貌，见到j q x就脱帽。小ü见到j q x，脱帽去点儿行个礼。"这些生动、形象的教学方法，不仅激发了学生学习拼音的兴趣，而且使学生牢固地掌握了拼音字母和各种规则。

辨析法。利用字母形体、音色等方面的对应特征进行比较辨别，培养学生主动地运用比较分辨的方法记忆易混字母的形体。如b d、p q、f t、n h、m n，这些字母形体易混，用动作演示、谱曲唱歌的方法，可帮助学生牢固地掌握易混声母的读音和字形。如区分b d、p q时，可让学生伸出左拳，拇指向上，演示出字母b的形，再伸出右拳演示出字母d的形，然后让学生将两拳相对后向下翻便演示出p q的形。边演示边教学说："左拳b来右拳d，两拳相对念b d，左竖朝上就念b，右竖朝上就念d。左下p来右下q，两拳相对念p q；左竖朝下就念p，右竖朝下就念q。"让刚入学的学生乖乖地在课堂上坐40

分钟，会使他们产生厌学情绪。因此，教师在课堂上要采用多种形式让他们"动"起来。如让他们"找朋友""紧急集合""送信""读拼音、做动作"等，这些活动使学生的脑、眼、口、手、脚都"动"了起来，深受学生们的欢迎。

画一画法。所有的孩子都喜欢色彩鲜明、生动直观的图画。如果把拼音符号转化为美丽的图案，孩子们"心灵黑板"上一定会留下难以磨灭的印象。因此，在教学中，教师可以利用课文中的彩色插图，引导学生仔细观察，让学生从图中明白字母的音和形，并鼓励学生大胆地把字母画出来。如在"l"的教学中，当学生掌握了发音后，便让他们尝试："'l'像什么呀，你能把它的样子画出来吗？"学生忙开了，画出"一根吸管""一枝笔""一根球棒""一根棍子""一段甘蔗"等五花八门的图案，这样画一画让学生记忆深刻。

游戏法。对初入学的学生应把学习和游戏结合起来，学生就会对学习感兴趣。如b、p、d、q几个声母的区别是一个难点，学生容易混淆。教师们设计了游戏：变魔术。让学生准备一个半圆环和一根小棒，然后把半圆环随意摆放在小棒的左上方或者左下方，右上方或右下方，分别组成这四个声母，先自己边摆边读，再同桌之间互相考考，反复巩固，解决了这一个难点。此外，教师还可根据教学内容和学生的实际设计找朋友、插花、摘果子等游戏，让学生在积极的参与中，调动起自己的眼、耳、口、脑去完成游戏中的各种任务，不仅使他们学得主动，而且使他们在游戏活动中享受到了学习的乐趣。

情境法。通过创设情境，让学生在学习中获得快乐的情感体验。例如复习四中，有一道题是把动物与表示它们名字的音节用笔连起来。一位教师创设了一个"把动物带回家"的活动。让一部分学生戴上动物头饰，另一部分学生手拿写有音节的卡片，根据卡片上的音节，去寻找相应的动物，找到了就把它送回"大森林"。学生在兴趣盎然的活动中投入地自己扮演的角色，不但复习了有关音节，而且受到了爱护动物、保护动物的教育。

联系生活法。拼音教学的方法需要创造，只要我们善于把干巴巴的抽象符号变活，善于寻找规律，善于抓住学生年龄特征，就可以使学生爱学、学好汉语拼音，为识汉字打下一定的基础，同时为学生提早进入知识的殿堂创造了条件。语言源于生活，并用于生活。将拼音教学生活化，能使学生更熟悉拼音这套工具。有位教师把拼音教学与课外实践结合起来，边学边用，学以致用。每天抽10分钟时间集中练习拼音，有时拼水果名、蔬菜名、动物名，有时拼家庭成员的称呼，让学生选择其中的词语进行说话练习。教师把学生的姓名做成卡片，一面写汉字，一面写拼音，让学生在拼拼读读中认识全班同学的姓名，并进行简单的自我介绍，既增进了同学间的友谊，又提高了拼读能力和口语交际能力。

动手做一做法。小学生一般都富有好奇心，而且好问。机械重复地读、写，成人都会觉得乏味，何况是生性好动、刚入学的学生呢？创设情境让孩子们动手操作，能够使学生迅速地兴奋起来，萌发求知欲望，把知识的学习当作一种自我需要，迅速地进入最佳学习状态。为了记住"z、c、s"的字形，一位教师改变了死记硬背、抄抄写写的惯用方法，让孩子们用自己准备好的一段毛线来摆摆这三个字母，看谁摆得最漂亮。每个孩子都积极地参与操作，真像个小小设计师。课堂上也出奇地安静，因为孩子们全身心地投入到这项设计中，都想成为最成功的设计师。孩子们在自我操作过程中，不知不觉地就记住了"z、c、s"的字形。更令人惊喜的是不少学生还用数学中用到的小塑料棒、圆与这段毛线一起摆出了"o、e、i、x、zh、ch、sh、r……"有的还用打手势的方法来记字母，既简单又方便，这大大激发了孩子们学习拼音字母的兴趣。他们发现用毛线、小棒能拼出好多字母时，就好像发现了新大陆一般，兴奋异常，欲罢不能。这样不但培养了孩子们的想象能力，而且挖掘了他们创造的潜能。

猜一猜。发音部位的正确是读准拼音、学好普通话的关键。要读准字音，教师往往采用直观教学法一遍一遍地演示给学生看，讲清发音要领，使学生掌握发音的方法。让学生明白，发不同音时，舌尖或舌面各接触口腔内的哪一部分，如何送气，口型怎么变化。当学生掌握了一定的发音技巧后，教师可以适当插入这样的操作活动：让学生仔细观察老师发不同拼音时口型的变化，让学生模仿，相互检查，老师巡视。复习巩固时可以开展"猜一猜"的活动，老师摆口型让学生猜，或交换角色，学生摆口型让老师猜，还可以学生摆口型让学生们自己猜、同桌猜、小组猜。这些方法对掌握发音较难的几个双韵母，如"ai、ei、ui、ao、ou、iu"，区别平舌音"z、c、s"与翘舌音"zh、ch、sh、r"，区别前鼻音、后鼻音都十分有效，学生注意力集中，学习积极性高，学得轻松，读得准确。

卡片法。陶行知老先生历来提倡"教学做合一"，认为"教学做合一"是最有效力的法子。学完单韵母和声母后，怎么让学生巩固这26个字母、顺利地背下声母表呢？教师可以让每位学生在课外自做字母卡片，裁纸可以请爸爸妈妈帮忙，但书写绝对不能替代。因为做卡片的过程，不但是读的过程，更是写的过程、改的过程、画的过程。有的孩子在卡片反面配上画，以便帮助记忆。人人制作一套拼音卡片用起来就非常方便。复习课上，教师可以让学生拿出自己制作的字母卡片，按声母表的顺序排列。孩子们在操作中，一边看书，一边排列。排列字母的过程，检查顺序是否正确的过程，无疑就是读书的过程、记忆的过程。因为要把卡片摆对位置，就要促使学生去读去记。这就把学习变被动为主动，充分调动了学生学习的积极性，既培养了孩子动手操作的能力，又加深了对字母的印象，巩固了学习效果。

第五章
学记语文的识字、写字教学

第一节 学记语文的识字教学思想

一、教学案例描述

教学内容：生字"灭"。（"人教版"一年级语文上册识字二第 4 课）

操作过程：

1. 甲老师的教学

师：小朋友们，下面我们来认识一个新的"生字宝宝"。（出示"灭"的生字卡片）这个字应该怎么读呢？（出示拼音）请大家跟老师读。

（生齐读）

师：读得真好！（指一名学生）就请你当小老师，领着大家读三遍。

生：请大家跟我读——灭。

师：这个字会认了吗？下面我们来开小火车读。哪个小组的同学坐得最好，就请哪个小组读。

（为了有机会读，小朋友们立即坐端正了。教师请几位小朋友站起来读。）

师：谁会用这个字组词语？

生1：灭火。

生2：灭——了。

生3：消灭。

师：真聪明！下面我们再一起把这个字读三遍，记下来。

（生齐读三遍）

师：记住了吗？

生：（齐答）记住了。

2. 乙老师的教学

师：小朋友们，看你们坐得多端正，小眼睛多亮啊，我真喜欢你们！

（有几个没有坐好的孩子立刻坐好了。）

师：今天有一个新问题考考大家。当我们遇到不认识的字的时候，该怎么办？

生：我用拼音来帮忙认识它。

师：对，拼音是我们识字的好朋友！

生：我遇到不认识的字，就问老师。

师：真聪明！不仅可以问老师，还可以问爸爸妈妈，问同学，问认识这些字的人。谁还有办法？

生：我还可以用加一加、减一减的办法。

师：是啊，这也是一种很好的识字方法。你真棒！同学们，方法是在我们认字的过程中慢慢发现的，相信你们在今天的识字过程中又会找到更好的方法。下面，我们就用自己的方法来认识几个新的生字。请看，谁会读？（出示课文中的短语"一火灭"）

生：我会读……

师：（单独折出生字"灭"，卡片是折叠式的，一半写着拼音。）这个字谁会认呢？快用自己的方法认一认！

生：我会认！这个字读……（学生读得很准确。还有许多学生示意要读，有8个孩子没有举手。）

师：（指一个没有举手的孩子）×××，你会读吗？（孩子表示不会读，教师指第一个会认的孩子）×××，请你当小老师来帮帮他。

生：（第一个孩子很高兴地）请你跟我读……

生：……（读得很好）

师：哟，你也读得很对啊！好的，就请你也来做小老师，领着其他的同学一起来读。（展示生字卡片）

师：同学们读得真好！哎，谁能给这个字找个朋友？

生1：我给这个字找个好朋友——灭，灭火。

生2：我也帮它找了一个——灭，消灭。

生3：还有……灭了。

师：你们真了不起！给"灭"找了这么多的好朋友。请大家看，我也给

"灭"找了一个朋友——"一火灭"（出示卡片）。请大家跟我读一读，好吗？

生：（齐读）一火灭。

师：（很神秘地）谁发现了这个"灭"字的秘密？

生：（很高兴地）我发现了，这个"灭"字是"火"字上面加一横。

师：那这一横是……

生：这一横是一个盖子，火烧起来一盖，就是"灭"了。

师：（向这个学生伸出大拇指）你，太棒啦！是啊，火烧起来了，用东西一盖就灭了。呵，这个字真有意思！看，我们祖国的文字多么神奇啊！这一横，还可以是什么呢？

生1：这一横还可以是树枝，火烧起来，用树枝把它打灭。

生2：这一横还可以是雨水，用水来灭火。

（有的把一横想象成了衣服，有的想象成了云朵，有的想象成了一盆水……）

师：同学们，我真佩服你们！（向全班同学伸出大拇指）记住这个字了吗？

生1：（齐答）记住啦！

生2：（突然地站起来）老师，这样认字真有意思！

师：（一愣）喜欢吗？（生齐答"喜欢"）你们真是些乖孩子！今后你们就用这样的方法多认字！

师：好，我们再来读一读——"一火灭"……

二、比较与分析

上述两种教学行动所引发的思考是，在识字教学中，我们究竟应该关注什么？我们究竟怎样教识字？这实际关系到识字教学中的科学思想与方法的问题。在没有回答问题以前，我们不妨先将两位教师的教学进行一个抽象的比较。

请看下表：

对象 分析 项目	甲老师的教学	乙老师的教学
教学思想	为知识而教，关注知识的机械识记，为教识字而教"灭"。	为"人"而教，关注学生的语文素养，心中有"人"而教"灭"。
教学目标	知识的简单识记。	知识和能力、过程与方法、情感态度与价值观"三维"整合。

分析项目 \ 对象	甲老师的教学	乙老师的教学
教材处理	没有关注教材，没有恰当地处理教材。	关注教材，处理较为艺术，并适当超越。
学生地位	没有关注学习差异性，学生失去了主体性、主动性和创造性。	关注学习差异性，学生主体性强，主动学习，创造性地学习。
教学过程	以"教"为中心设计教学，没有关注学习方法，教学过程是程式化的、固定的。	以"学"为中心预设教学，关注学习方法，教学过程是动态的、生成的。
	学生的实践活动不充分，被动接受识字的过程。	学生的实践活动充分，亲历了自主、探究的过程。
	学生的思维活动表现为机械记忆。	学生的想象力丰富，思维得到了充分的发展。
教师引导	教师很少关注评价。	教师很注意用评价来激励和引导学生。
教学效果	课堂气氛枯燥，学生没有得到全面发展。	课堂气氛活跃，学生的发展与提高十分明显。

表 5.1

三、学记语文的识字教学思想

识字与写字是阅读和写作的基础。识字与写字教学改革，直接影响到阅读和写作教学改革。通过对前面两种教学行动的比较与分析，学记语文深刻地认识到，领悟识字教学中的科学思想，寻求识字教学的科学方法，是当前识字教学改革的要务。识字教学中的科学思想与方法值得探讨的方面很多，这里主要结合上述教学行动，讨论八个方面的问题，这八个方面也就是学记语文的识字教学的指导思想。

第一，识字教学要关注全面提高学生的语文素养。

全面提高学生的语文素养，这是《义务教育语文课程标准（2011 年版）》的基本理念之一。学记语文认为，作为语文教学重要组成部分的识字写字教学，理应担当此任。在识字教学中发展和提高学生的语文素养，就是把识字教学不再局限于单纯地让学生掌握几千个汉字，而是将识字与学生的个性习惯、情感态度、文化启蒙、心理发展、能力培养以及智力开发紧密结合起来，使识字教学的内涵变得丰富起来，这是新时期语文课程改革的一项重大突破，应该且必须成为识字教学的一个重要的科学思想。

第二，识字教学要做到心中有"人"，为师生的和谐共生、共同成长而教。

学记语文的核心价值观就是"人"的发展，这也是识字教学最基本的出发点。失去了这个"人"字，我们的教学就会流于机械；反之，激活了这个"人"字，我们的课堂就能生动活泼起来。这在前面的两种教学中已经显而易见。这里的"人"字有两种含义。其一，是指学生。学生是学习的主人，教学要做到心中有学生；心中有了学生，我们就会一切从学生的需要与发展去思考教学，才会真正去关注全体学生。其二，是指教师自我。教师是学习活动的组织者和引导者，教学要做到心中有自我；心中有了自我，我们就会清醒地认识到自己该做什么，不该做什么。识字教学实际就是教师与学生两种人之间的沟通与交往活动。在这种活动中，一旦师生双方都充分地发挥了主动性和创造性，那么，识字课堂收获的就不仅仅是汉字，更是师生生命的共同发展与成长。前述乙老师的教学就是最好的例证。

第三，识字教学要整合"三维"目标。

学记语文认识到，掌握汉字是识字教学的主要目标，但不是识字教学的唯一目标。识字教学要从知识和能力、过程与方法、情感态度和价值观三个维度出发，科学制订识字教学的目标，使之互相渗透融合，注重语文素养的全面提高。乙老师的教学让我们看到"三维"目标得以整合的理想效果，这就是：以学生为主体，让学生亲历识字活动的过程，在这一过程中进行探究学习，学生不仅认识了生字"灭"，还获得了识字方法，掌握了记住"灭"字的规律，得到了汉字的文化启蒙教育，发展了思维；更重要的是，学生的识字兴趣浓厚，他们深深地爱上了祖国的汉字，喜欢上了识字，学习个性也得到了较好的培养。一句话，乙老师的教学让识字的课堂丰富多彩，把学生引入了无限的发展空间。

第四，识字教学要关注过程与方法。

在前文中，学记语文就强调"过程与方法"在"三维"目标中的地位是十分重要的。它同"知识和能力""情感、态度和价值观"之间的关系是水乳交融的关系，即学生在一定的过程中探索方法，用方法开展实践，去获取知识，发展能力，同时受到情感、态度和价值观的教育。在识字教学中，教师对"过程与方法"地位的认识，将直接影响识字教学的效果。案例中的甲、乙二位老师就是这样的。请看他们的教学过程：

甲老师：出示生字—老师教读—组词巩固—读中记忆。

乙老师：交流识字方法—出示课文中的短语，生自认—抽出生字，学生认读一组词巩固—想象记忆—小结新方法—还原到课文中读。

从对比中可以看出，在关注过程方面，乙老师没有像甲老师那样，以"教"为中心设计教学过程，而是以"学"为中心进行教学预设，使识字过程成为学生主动参与的学习过程、亲历亲为的探究过程，成为教师与学生互动的交往过程，成为动态生成的发展过程。在关注方法方面，乙老师深谙"识字教学应该让学生掌握最有价值的方法性知识"之道，教学一开始便从方法入手，先唤起学生已知的经验与方法，让他们用这些方法展开学习，在认识新字的过程中，再去发现新的方法，进而把识字的过程变成了一个"滚方法雪球"的过程。这也正是我们应该倡导的真正意义上的识字教学"过程与方法观"。

第五，识字教学要重视发展学生的思维。

学记语文认为，识字与思维密不可分。可以说没有思维活动的参与，识字就不可能真正展开。更何况汉字本身就包含丰富的思维训练因素。如乙老师在教学中抓住"灭"字会意的特点，引导学生展开丰富的想象。学生记字的过程本身就是思维训练的过程，其作用和对学生发展的影响已经远远超过了学会汉字"灭"的本身。甲老师的教学也并非个别现象，相反在当前还具有一定的代表性。他们对学习汉字的具体数量看得较重，对于识字是阅读和写作的基础认识是很深刻的，对于识字也是训练学生思维、开发学生智力的手段认识显得不足。因此，教学往往相当看重对汉字的机械识记，而没有注意把识字与思维训练结合起来。为此，我们大力提倡像乙老师那样，努力挖掘识字教材潜藏的思维训练因素，发挥识字教学固有的思维训练功能，时刻重视学生智力的启迪与开发，在识字教学中发展学生的创造力。

第六，识字教学要与语言紧密联系起来。

《义务教育语文课程标准（2011年版）》指出，识字教学要"将学生熟识的语言因素作为主要材料"。我们知道，一个字的意思是随着语言环境的确定而最终得到确认的。因此，只有将一个个字置入具体的语言环境之中去辨析其意义，才能做到真正意义上的识字，也才能真正使汉字成为重要的书面交际工具。识字的语言环境至关重要。"语文 S 版"和"人教版"语文新课程实验教材在识字编排思路上，都体现了"在语言环境中识字"的科学思想。如"人教版"一年级语文上册识字二第4课（即本教例中使用的教材），给学生提供的是一组节奏明快、音韵和谐的韵文，旨在让学生在朗朗上口的诵读中，认识生字，初步体会会意字的特点，感受汉字的神奇，激发识字的热情。但是，在实际教学中，一些教师往往抛开教材去教识字，机械地割裂了识字与语言环境的联系。而乙老师的做法则告诉我们，教师的眼睛中不仅要有学生，要有汉字，更要有语言、有教材。乙老师先让学生读短语"一火灭"，再从中抽出生字"灭"，并根据"灭"会意的特点，引导学生认读和识记，最后把"灭"还原到短语中诵读。这种做法遵循了"字不离境（语境）"的原则，做到了读中有识，识中有读，读识结合。

第七，识字教学要和学生生活紧密联系起来。

课程标准还指出，识字教学要注意儿童特点，除了要"将学生熟识的语言因素作为主要材料"以外，还要"结合学生的生活经验，引导他们利用各种机会主动识字，力求识用结合"。学生识字的手段和途径不仅限于课堂，将识字与学生生活联系起来，能使学生获得更多的主动权，更充分地发挥他们的主动性。一是丰富多彩的生活给学生识字提供了无穷无尽的源泉。比如，我们走上大街，我们的眼里就会充盈各种招牌、广告。孩子们每天都要从街上经过，他们的眼睛会好奇地看着窗外的世界，他们也会看到那些东西。可是，他们并不在意，也不知道那些字说的是什么。当我们开展"汉字就在我们身边"的识字活动后，要求学生认认他所见到的招牌、广告甚至是物品的名称，把自己喜欢的记下来，再带到学校与大家一起识字，一起交流，那些招牌、广告便成了活生生的识字资源。二是学生的生活经验给他们识字提供了主动发挥的空间和能力。比如在上例的教学中，当教师提出"灭"字的一横还可以是什么后，学生们纷纷说：这一横还可以是树枝，火烧起来，用树枝把它打灭；这一横还可以是雨水，用水来灭火；还有的学生把一横想象成了衣服，想象成了云朵，想象成了一盆水……这些想象正是来源于孩子们的生活经验。可以说，生活与生活经验能让学生的识字活动真正充满生命的活力。

第八，识字教学要重视研究和用好教材。

学记语文的研究与实践尊重现行的小学语文教材，是在现行教材的体系下所进行的，实质上是语文教学科学思想和方法的研究，目的就是使其具有可操作性和广泛的普遍性。学记语文强调，在教学中要重视研究和用好教材，把教材作为进行识字教学的重要凭借。笔者看到过某项识字教改实验的课例——"人教版"一年级《静夜思》，全诗20个字，有生字"静、夜、床、光、举、头、望、低、故、乡"等，有位参与实验的老师完全放弃对诗歌的阅读，包括朗读诗句、理解大意、获得粗浅的情感体验和一定的审美感受等，一味把生字简单地从诗句中剥离出来，详尽地讲解每个字的字理和从甲骨文、金文、小篆到楷书的变化过程。而根据教材的安排，除了"头"外，这些字都属于"会认"字。该课例就连"会认"的字最重要的教学任务——读准字音，都匆匆带过；本课另一项识字教学任务——书写"耳、目、头、米"，根本没有时间进行。在这里，识字教学便完全将教材搁置一边，失去了本位，演变为类似于大学中文系的汉字学课。在前文所举的教例中，甲老师的教学也是如此。因此，我们强调在识字教学中，可以对教材有所超越，但不能过度，要充分发挥教材的功能。

四、学记语文对课程标准识字、写字教学理念的认识

新时期的语文课程改革对于识字教学提出了一些新的理念，这些理念也是学记语文识字教学的重要行动指南。因此，在这里我们有必要对相关的理念进行一些探讨。

第一，关于"识写分开，多认少写"的问题。

在新课程改革的初期，《全日制义务教育语文课程标准（实验稿）》就对识字和写字提出了明确的要求，即识写分开，多认少写，提出了"认识"和"学会"两种目标。这就意味着认字和写字不再同步，左右我国小学语文识字与写字几十年的传统意义上的"四会"（会认、会讲、会用、会写）的理念已经不复存在。经历了十多年的课程实验改革，修改后的《义务教育语文课程标准（2011年版）》，仍旧坚持了"实验稿"的理念。在"教学建议"中进一步强调"多认少写"的教学原则——"低年级阶段学生'会认'与'会写'的字量要求有所不同。在教学过程中要'多认少写'，要求学生会认的字不一定同时要求会写。"

在第一学段（1—2年级）明确提出要"多认少写"的思路，其中一部分字可以只认不写，以后再提高要求，全面达标。识字的要求变得单一起来，识字环节只解决不认识的问题。尤其是在语文学习的起步阶段，加大识字数量，降低识字要求；降低写字数量，提高写字要求。识字与写字"异步而行"，这是识字教学的一次重大改革，有着十分积极的意义。

首先，"识写分开"，在一定程度上避免了字字要求"四会"所造成的学生学习负担过重，防止"识""写"相互掣肘，而导致认不快又写不好的问题。

其次，"多识"加快了识字的速度，有利于学生尽早、尽快、尽可能多地认字，以便及早进入汉字阅读阶段，给他们打开一个生活经验世界之外丰富多彩的文本世界，以体验阅读的乐趣。学生在阅读的起步阶段，苦于不识字或识字不多，无法达到独立阅读的水平。虽然可以借助拼音阅读，但过多的生字仍会使儿童产生畏难情绪。为适应儿童的阅读需求，在适当降低识字要求的前提下，尽快完成常用汉字的学习，使学生尽早进入阅读，对学生未来发展的影响深远。

另外，"少写"也是考虑到了孩子的手指肌肉不够发达、过度写字对正常发育不利的问题。

学记语文在新课程十多年的识字与写字教学改革中，也一直践行着课程标准的这一理念。但是，在实践中我们也发现了问题：低年级"多认"的确有利于学生尽早阅读，但是"少写"制约了学生书面语言的表达能力的发展。

识字当然不能延误阅读，"识写分开，多认少写"为的就是让学生尽快阅读。但是，识字也不能牺牲其他教学任务，尤其是学生书面语言能力的发展。语言学研究表明，儿童学习书面语言发展的最佳时机为6至12岁。而实行"认写分开"以后，学生认字多了，写字少了，但书面语言的发展是与阅读同步的，学生能用字阅读，却不能用字表达，这显然是"多认少写，认写分开"所带来的结果。

因此，学记语文认为，低年级识字不能以牺牲学生书面语言发展为代价。识字必须与阅读、说话、写话互动。反过来说，识字过于集中，认得多，忘记得也快，只有通过读、说、写的互动过程才能得以巩固。我们要在"识写分开，多认少写"的原则下，还要进一步研究怎样解决好识字、写字与书面语言表达的矛盾问题。

第二，关于"先认先写"问题。

其实，经过十多年的识字写字教学改革，人们已经发现了"识写分开，多认少写"所带来的一些问题。其问题的焦点集中在"写字"上：究竟要先认哪些字，先写哪些字？为此，《义务教育语文课程标准（2011年版）》在保持"识写分开，多认少写"原则的基础上，又提出了一个新的理念——"先认先写"。课程标准指出："本标准附有'识字、写字教学基本字表'，建议先认先写'字表''的300个字，逐步发展识字写字能力。"

怎样认识"先认先写"的问题？学记语文的理解是：

1. "先认先写"是对传统识字、写字教学经验的借鉴。传统写字教学有着特别的操作程序。清初褚人获在《坚瓠集》中说："小儿习字，必令书'上大人，丘乙己，化三千，七十士，尔小生，八九子，佳作仁，可知礼'也。天下同然，不知何起。"写字训练的原则是先大后小，先慢后快。王筠认为"写字不可学小字"。唐彪则主张大小并练，并提出："蒙童初入学，止宜写两字，不得过多，两字端正，方可换字。若贪字多，便难成就矣。"崔学古指出："蒙童无知，与讲笔法，懵然未解，口教不如手教，轻重转折，粗略具体，方脱手自书。"这些经验显然与汉字的特点相合，是很值得注意的。"古人先教孩子们写那似通不通的'上大人，孔乙己……'干什么？那是在练习基本笔画，基本部件，基本结构，为写复杂的字练基本功作准备呢！"[①] 传统蒙学的写字从基本字开始，走由简单到复杂的路子；课程标准的"先认先写"的300个字，是对传统写字经验的继承与发展。

2. "先认先写"符合汉字学习规律。课程标准要求"先认先写"的这些字，构形简单，重现率高，其中的大多数能成为其他字的结构成分。先学这些

---

① 张志公：《传统语文教育教材论——暨蒙学书目和书影》，上海教育出版社1992年版，第42页。

字，有利于打好识字、写字的基础，有利于发展识字、写字能力，提高学习效率。

3. "先认先写"解决了识字写字教学中"究竟要先认哪些字，先写哪些字"的问题，利于教材编写和教师教学。在以往，要求认识的字和要求写的字，只有数量上的要求，没有科学的常用字表可供参考。所以各版本教材中都或多或少存在着识字或写字序列不一的情况。如，有的教材要求认的字中，有的教材却要求写；有的教材要求一年级上学期写的字，有的教材却放在下学期写……教材的"互异"，也给教师教学带来了麻烦。有了"先认先写"的基本字表，这些问题就能得到比较好的解决。

4. "先认先写"有利于促进学生语言能力的发展。"先认先写"的字，最突出的特点之一，就是"重现率高"，是学生在日常生活和学习中经常遇到的，经常要使用的。学生掌握了这些汉字，不仅为以后的识字打下了基础，还有助于阅读，有助于进行语言的表达。从一定程度上来说，解决了"识写分开，多认少写"所带来的影响书面语言表达的问题。

第二节　学记语文的识字教学策略

学记语文的识字教学，根据"内外相辅"的核心理念，实施"两条腿走路"的教学策略。其教学策略的结构如下图：

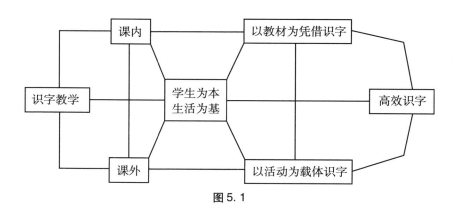

图5.1

从图5.1中可以看出，第一条腿：以课内为主识字，在尊重教材、不改动现有教材编排体例的前提下，以教材为凭借进行课内的识字教学；第二条腿：

以课外为辅识字，设置专门的识字活动课，以活动为载体，引导学生识字。这样，一主一辅，相辅相成，课内带动课外，课外促进课内。当两种识字路径有机联系、整合在一起后，就好像让学生坐上了一辆飞速行驶的"识字小车"。这辆"识字小车"的轴心是学生，学生永远是识字的主人；无论是课内识字还是课外识字，都必须以生活为基础，"识字小车"必须行走在生活之路上，奔向"高效识字"的目标。

那么，学记语文怎样让这辆"识字小车"运行起来？下面作一些具体的说明。

一、学记语文对现行小学语文识字教材的理解

上文曾提到，学记语文强调在教学中要重视研究和用好教材。课内的识字教学把教材作为重要的凭借。要用好教材，就必须了解教材。那么，现行的小学语文教材在识字内容的编排上具有哪些共同的特点？这里以"人教版"和"语文 S 版"课程标准实验教材为例（主要以第一学段的教材为对象），略作分析。

第一，突出整合。现行的教材围绕专题组织教材内容，充分体现整合。每一组，也可以称作每个单元，从导语到识字课，到课文，到"语文园地"，乃至"语文园地"中的阅读短文、口语交际、实践活动，大都是围绕本单元的专题安排的。识字课内容均贴近每一组的专题，和每一组课文的内容及语文活动的内容紧密地结合起来，既通过识字课承担了一部分识字任务，减轻随课文识字的压力，又充分体现了整合的思想。

第二，加强联系。识字教材注意与单元专题联系，与阅读联系，与语文综合性学习联系，与语文基础训练（"语文园地"或"语文百花园"）联系。

第三，突出重点。教材特意安排了独立的识字课，在编排独立的识字课时，注意不脱离语言环境，如四字词语、三字经、对子歌、知识性儿歌、谜语、反义词对子歌、谚语和识字故事等，内容丰富、形式多样，避免了集中识字可能产生的单调枯燥、功能单一、缺少情境和语境的弊端。学生不仅识了字，而且积累了优美的语言，丰富了知识储备，并受到思想和文化的熏陶。

第四，强化阅读。教材把阅读作为识字的重要阵地，在阅读教材的编排中突出识字这一重点，在课文中安排识字、写字，引导学生在借助拼音阅读的基础上识字，每课后面安排的识字写字练习，体现了"识写分开，多认少写"的原则。

第五，注重导学。教材大力改进呈现形式，使教科书成为学生喜爱的"学本"。编写的角度由关注教师的"教"，转向方便教师的"教"，更方便学生的

学。教材以多种方式，注重引导学生发现规律，鼓励学生探究学习。如用"学习伙伴"激发学生识字的兴趣，引导学生发现识字的方法，开展识字交流活动等。

第六，落实开放。教材注意将识字由课内转向课外，通过综合性学习、展示、交流等形式，引导学生在课外自主识字，主动识字。

二、学记语文关于独立识字课的教学

（一）独立识字课的课型特点

独立的识字课主要的特点是提供语言材料，集中识字。以"语文S版"二年级上册识字一《保护庄稼好卫兵》为例：

图5.2

可以看出，教材提供给学生的语言材料是一首小诗。通过这首充满童趣的儿歌，借写"小青蛙是保护庄稼的好卫兵"，引导学生集中认识"庄""稼""兵""睛""晴""害""情"等7个生字，同时，引导学生学会利用基本字"青"加上偏旁来认识其他的字，初步掌握形声字的识字方法。

（二）独立识字课的教学重点

独立识字课的教学重点是集中识字，发现、掌握识字的方法和规律，同时

121

积累语言。值得注意的是，在教学中，我们发现一些教师往往将这类课所提供的语言材料当作教学的重点，把语言材料当作阅读课文来处理。如有的教师教学本课时，就把阅读儿歌作为重点，理解儿歌的内容，并让学生熟读成诵，而本课应该承担的识字任务被一笔带过。这样就没有把握好这类课型的特点和教学的重点。

（三）独立识字课的教学方法

读识结合，这是这类课型最主要的教学方法。即读中有识，识中有读，读与识融为一体。

（四）独立识字课的教学环节

第一个环节，交流识字方法。

学记语文的识字教学同样要把识字方法放在教学的首位，要从方法入手。因此，教学开始，教师要注意唤起学生已有的识字经验，和学生交流识字方法，并提示学生：通过本课的学习，我们要掌握新的识字方法。

第二个环节，初读语言材料。

这一步的教学，就是充分利用教材所提供的语言材料，从读入手，在读的基础上进行识字。读的主要指标是"读正确"。一般的做法是：先让学生读儿歌，自由拼读生字词；然后，教师检查学生读，看学生是否把字音读正确了，当学生读得不正确时，教师可以范读，给学生做出引领，指导学生读好难读的字音；接着，让学生与同桌或者学习小组，互相读；最后，学生齐读。一句话，此环节的教学主要落实在对语言材料的朗读上，指导学生读正确为止。

第三个环节，学生自认生字。

以学生为主体，让学生自主识字。学生读语言材料的过程也就是自主识字的过程，但是此时的自主识字活动，在具体的识字对象上，还没有指向课文要求认识的生字，即模模糊糊一片，所有的字都要拼读。这时，教师要明确指出本课要认识的生字，引导学生展开有针对性的识字活动。一般的做法是，先让学生看看课文"生字条"里有哪些生字，动笔把这些生字在语言材料中圈画出来，做上记号，然后让学生用自己的方法集中认识这些生字。

第四个环节，教师指导识字。

在学生自主识字的基础上，教师利用识字卡片、多媒体课件等手段，指导学生具体认识生字。本环节的教学要把握三个关键点：一是读准字音，即"会认"；二是记住字形，即"会讲"；三是用字进行口头的说话，即把识字与语言训练结合起来，在口头上做到"会用"，在运用中巩固生字。请看《保护庄稼好卫兵》的教学片段：

（教师在学生已经自主识字的基础上，出示"睛""晴""情"三张生字卡片。)

师：小朋友们真聪明，相信你们一定认识这三个字。谁来读一读？

生1：我会读——晴、睛、情。

生2：我也会读……

生3：我也会读……

师：大家都会读，好，我们一起来读。

生：(齐读) 晴、睛、情。

师：(结合课文提供的语言材料) 小小青蛙大眼——

生：睛。

师：天气____朗河水清。

生：晴。

师：做了不少好事——

生：情。

师：(观察学生已经读准了字音，便开始引导学生观察这三个字，发现规律，掌握方法，记住字形。) 小朋友们已经认识了这三个字，记住了它们的名字，真了不起！现在，小青蛙要你们再观察这几个字。在这些字中，你发现了什么？

生1：我发现这三个字中都有一个相同的字——青。

生2：我也发现了。

师：大家都发现了吗？

生：是——

师：(在黑板上板书"青") 你们的眼睛真亮啊！你们看，"青"字加上"日"字旁就是——

生：(齐) 晴。

师：(板书"晴") 为什么啊？

生：因为太阳出来，天气就晴了。

师："青"字加上"目"字旁就是——

生：(齐) 睛。

师：(板书"睛") 为什么啊？

生：因为加上"目"就表示……表示用眼睛看。

师：真聪明！那么"青"字加上"忄"字旁就是——

生：(齐) 情。

师：(板书"情") 为什么啊？

生：因为加上"忄"就表示……表示……

师：这个"情"字还可以组成什么词语？

生1：感情。

生2：爱情。（有学生笑）

师：这个"情"字啊，与心理活动有关，就要加上竖心旁。

（学生的表情似懂非懂。但教师没有进一步说明。）

师：那么，"青"字加上"氵"呢？

生：是河水清清的"清"。

（在师生的共同合作下，黑板上形成了下面的板书。）

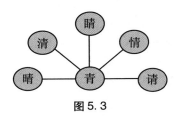

图5.3

师：真聪明！小朋友们已经学会发现汉字的规律了。在第一册书里，我们已经学过"青"字。在汉字王国里，很多与"青"有关的字，都有一个"青"字。大家课后再找找好不好啊？

生：好！

从上面的片段中可以看出，教师指导学生识字时，不是仅着眼于本课要认识的字，而是着眼于方法，注重规律，培养的是学生的自主识字能力。对本环节要注意的三个关键点的把握是比较到位的。

第五个环节，回归语境朗读。

为了巩固识字成果，教师要把生字再次置于语言材料中，指导学生朗读。这时的朗读不同于第二个环节的读，要在读正确的基础上，读出语感来，简单说说语言材料的意思即可。如《保护庄稼好卫兵》，学生有感情地朗读儿歌后，简单交流一下"你从儿歌中读懂了什么"，对语言材料意思的理解"点到为止"，不可深掘。

第六个环节，观察字形书写。

在识字活动结束后，指导学生写课文中要求书写的汉字。书写的具体指导，我们将在后文写字指导的相关章节中阐述。

三、学记语文关于随文识字课的教学

（一） 随文识字课的课型特点

随文识字，即随课文识字，相对于独立识字课来说又叫分散识字，就是将识字与阅读结合在一起，随着课文的阅读来认识汉字。随课文识字是现行语文教材编排识字的最主要的方式。

对这一课型特点理解的难点就在于如何处理好识字与阅读的关系问题。而理解这一问题的关键则在于，识字和阅读的地位孰轻孰重？目前对于第一学段识字与阅读关系的理解主要有三种：一是并列关系，即把识字与阅读看作两条平行的线，并驾齐驱。二是交叉关系，即把识字与阅读融为一体，强调在读文中识字，把生字放在特定的语言环境中感知、理解和掌握运用，做到"字不离词，词不离句，句不离文"。三是主次关系，即以识字为主，阅读只是为识字服务，阅读的目的就是帮助学生识字；或者以阅读为主，识字只是阅读任务的其中之一。

学记语文认为，随文识字赋予了教学双重的目的：第一，在阅读中认识汉字是阅读帮助识字；第二，通过识字帮助阅读。二者均不可偏废。也就是说，随文识字既要完成识字任务，又要完成阅读任务，识字与阅读应该两不误。

（二） 随文识字课的教学重点

识字写字、朗读、积累语言，这是随文识字课教学的主要任务。一是识字写字，小学阶段必须对识字、写字引起足够的重视，特别是第一学段，识字、写字是教学的重点；二是要读好课文，通过多种方式的朗读，达到正确、流利、有感情地读课文；三是积累语言，积累好词佳句，积累好的篇章。

（三） 随文识字课的教学方法

寓识于读，寓解于读，这是随文识字课教学的重要方法之一。所谓寓识于读，就是在随文识字中，要结合汉语拼音和学生的生活经验，通过朗读，读准全篇的文字，并认识要求掌握的汉字，然后通过朗读来巩固字音。所谓寓解于读，就是寓理解字义于语意之中，通过与词句的联系，理解生字的意义，达到完全认识的目的。

（四） 随文识字课的教学环节

为了方便对随文识字课教学环节的陈述，现以"人教版"二年级课文《假如》为例：

23 假 如

假如我有一枝
马良的神笔，
我要给窗前的小树
画一个红红的太阳。
让小树在冬天
也能快活地成长，
不会在寒冷的北风里
缩着身子，轻轻叹息。

假如我有一枝
马良的神笔，
我要给树上的小鸟
画许多好吃的谷粒。

liáng　　suō
良　　缩

⑩108 ＊根据白冰作品改编。

鸟妈妈再也不用
到遥远的地方去寻食，
让小鸟呆在家里
苦苦等待，饿得哭泣。

假如我有一枝
马良的神笔，
我一定给不幸的朋友西西
画一双好腿，
还[huán]他一个健康的身体。
他再也不会只坐在屋里
望着窗外的小树和飞燕，
而是和我们一起
在操场上奔跑，在草地上游戏。

假如我有一枝
马良的神笔……

yáo　xún　shí　qì　jiàn　kāng　cāo
遥　寻　食　泣　健　康　操

⑩109

图5.4

《假如》这篇课文，借"马良的神笔"，表达了对小树、小鸟、残疾人发自内心的关爱。这些关爱，显示了儿童一颗博大而纯真的心。教学这篇课文，在识字、写字方面，要认识本课中的 9 个生字，会写 8 个字；在阅读方面，要正确、流利、有感情地朗读课文，背诵课文，启发学生关爱他人，关爱生活，关爱环境。

教学环节如下：

第一个环节，学生课前自读，自主识字。

在学习课文的前一天，教师让学生自己读读课文，用已有的识字经验，自己认一认课文中的生字。有人认为，低年级学生年龄还小，自主学习的习惯还没有养成，让学生课前做预习，自主读书、识字往往不能实现。实际不然，我们应该相信学生，注意激发学生的学习兴趣，用学生喜闻乐见的形式，让学生自觉参与、主动参与到课前的读书中来。这一点，无论是低年级和高年级都尤为重要。低年级的课前自读，要求不宜过高，一般把握两点：一是识字，借助拼音及平时学到的识字方法，或者在家长的指导下认识新字；二是把课文读正确、读通顺，低年级学生认知水平和阅读能力相对较低，所以在内容理解上不要提过高的要求，只要能读正确、读通顺即可。

第二个环节，课始交流方法，初读识字。

教学开始，首先检查学生自读自识的情况，检查依旧从方法入手，引导学生回顾：你有哪些读书和识字的方法？在预习中用到了什么方法？然后检查学生自读自识的情况。在检查的基础上，引导学生识记生字。请看下面的教学片段：

师：同学们，今天我们要学习新的课文了，一起说说课文的名字。

生：（齐）假如——

师：对！同学们拿出自己的小手，跟老师一起写课题。

师：昨天，老师让同学们自己读课文，自己识字，你们做了吗？

生：做啦！

师：你们是怎么做的？

生：我回到家里，让妈妈在一边听我读。我读得不对的地方，妈妈就告诉我怎么读，这样我就读会了。

师：哦，你是在妈妈的帮助下读课文，真好！让别人帮着我们读书，这是一个好方法。你呢？（请下一位学生）

生：我用老师平时教给我们的方法来读书，先在课文中把生字圈出来，然后用拼音认识它们。

师：老师的这个方法叫什么名字？

生：送生字宝宝回家。

师：对！你们都做了吗？把书给老师看看……

（学生纷纷举起自己的书给老师看）

师：真好！学了方法就要会用。现在，老师让大家再读读课文，可别喊错生字的名字哟。

（学生开始自由读课文，教师巡视，重点指点还不会读的学生。）

师：同学们读得真仔细。下面我们一起来喊一喊课文中这些生字宝宝的名字。

（教师出示生字卡片，指导学生读准生字的读音。）

师：生字宝宝的名字我们都叫对了，怎样记住这些生字宝宝呢？

生1：我用换偏旁的方法来记。把"拉"字的提手旁换成三点水就是"泣"，把"摇"的提手旁换成走之底就是"遥"。

生2：把洗澡的"澡"的三点水换成提手旁就是"操"了。

师：真聪明，用换一换的方法，我们可以记住很多字。还有吗？

生1：我用加偏旁的方法来记。把"良"加个"人"字就是"食"，把"建"字加个单人旁就是"健"。

生2：还有，把"宿"加个绞丝旁就是"缩"。

…………

上面的教学中，教师注意了三点：一是心中有法，教中导法，从方法入手，使方法来自于学生，用之于学习；二是注重读音，注意引导学生把字音读正确；三是关注记字，引导学生用多种方法记住字形；四是注意动手，让学生圈画生字，养成习惯。这些都是初读识字环节中不可或缺的步骤。

第三个环节，以字带词明义，读顺课文。

学生在认读生字、记住字形以后，要将生字与词语和句子联系起来，读懂生字的意思，做到字不离词，词不离句，句不离文。仍旧看这位教师的教学：

等学生送生字回家、读准字音、读通课文后，我说："刚才我们是送生字回家，叫对了生字的名字。现在老师要和你们一起去看看生字做事。"学生迫不及待地问："老师，生字也会做事？""是啊，小朋友会做事，会叫对生字的名字，这些生字也会做事。请你们赶快仔仔细细地读读课文，看看这些生字在'家'中做些什么？就是看这些生字与哪些字、词组合在一起，表达了什么意思。你们可别小看了它们在'家'中的作用哟。"这一番话语极大地激发了学生的好奇心。这种好奇心转化为一种巨大的内驱力，使他们一个个勇敢地走进课文中去，自觉地结合句子，联系上下文，与同桌、好伙伴讨论，去挖掘生字的意思，而后，学生之间互相交流各自的收获……

实际上，这一环节的教学，就是引导学生以生字带出新词，结合词语和句子理解生字的意思。在此基础上，指导学生把课文读通顺。

第四个环节，指导学生运用，拓展巩固。

巩固运用所学的生字，这是随文识字的一个重要环节。如组词运用。又如迁移识字，教师为学生提供一段新的文字，让学生从中找出刚刚学过的生字。再如说话应用，用本课所学的生字自编一段话，让学生尝试运用所学的生字。

上述四个环节是学记语文随文识字教学的基本环节。

值得说明的是，在教学中还涉及一个课时分配的问题。低年级的阅读教学一般分为两个课时，学记语文的随文识字教学，一般放在第一课时进行。第一课时完成识字、写字任务以后，第二课时重点指导朗读和对课文内容的把握，同时在感悟课文内容的过程中进一步巩固所学的生字和词语。

四、学记语文关于识字活动课的教学
（一）识字活动课的概念与特征

所谓识字活动课，是以识字为主要内容，以儿童主体性识字活动的经验为

中心组织的课程，是相对于系统的教材识字而言，侧重于学生识字的直接经验的课程。这种课程的主要特点就在于动手"做"，在于手脑并用，在于脱离开书本而亲身体验生活识字的现实，以获得识字的直接经验。因此，它也叫识字经验课、生活识字课。

首先，识字活动课的主要活动内容是以识字为主，其活动主要围绕识字展开。当然，在识字活动中也会涉及社会、政治、经济、科技、文化、艺术等相关的领域。虽然看起来内容单一，但实质上有着十分丰富的内容。而在诸多内容中，识字始终是核心要素。因此，识字活动课在具有特殊性的同时，也有着一定普遍性。

其次，识字活动课的活动主体是学生。主张以学生的识字兴趣和动机为中心来组织活动，教师只是学生的参谋和顾问。教师可以根据识字需要和学生的学习需要做一些预设性的引导。教师有一定引导权，却没有主体的活动权。

再次，识字活动课必须以学生的生活经验为基础。教师的使命就是要从学生现有的生活经验出发，引导学生现有的识字经验向着语文课程标准所含的逻辑经验不断前进和发展，达到课程标准所规定的识字要求，这便是识字活动课的实质之所在。

最后，识字活动课的主要存在方式是学生的识字实践。识字活动必须要适应学生心理和认知发展的过程，教师的作用不是告诉学生要认识什么字，而在于引导学生怎样去发现识字规律和方法，将儿童放归于自我的自然世界和生活世界。在生活世界和自然世界中，通过亲身的锻炼、劳动、观察事物来发现和学习识字，进而获得识字的直接经验。

（二）开设识字活动课的意义

第一，识字活动课重视学生的需要与兴趣，尊重学生的主体性，有利于学生学习主动性、积极性的发挥。爱玩好动是孩子的天性，注意力难以保持是其年龄特点。按照建构主义的学习原理，教师努力创设真实、生动、有趣的识字活动环境，尊重孩子的学习天性，让孩子在轻松、愉快的活动中通过自主、探究、合作学习过程，激发学生自主识字的兴趣，实现字词的意义建构，同时能养成学生自主识字的习惯，并最终实现尽早独立识字的教学目的。因此，识字活动课往往能使识字教学收到事半功倍的教学效果。

第二，识字活动课强调对活动的组织，打破了现有教材的局限性，有利于学生突破教材限制，在与其他学科知识交互作用的过程中进行识字，同时获得多方面素养的不断发展。长期以来，语文课程的识字教材结构是比较单一的，尤其是小学生低年级的识字教材，只是体现在一本教科书中。一本教科书中的识字安排是十分有限的，而且往往教材里安排的生字，学生的生活里见不到，但是，学生的生活又迫切需要那些字，这就产生了一个矛盾——学与用的矛盾。识字活动课就能有效地解决这一矛盾。在活动中，学生越过教材的界限，通过自己的直接生活经验来认识汉字，使用汉字，这就使识字能积极应对学生的生活需要。

第三，识字活动课强调实践活动，重视学生通过亲身体验获得识字的直接经验，有利于培养学生解决实际问题的能力。人的能力从哪里来？除了经验知识和方法以外，就是实践。实践能锻炼人的能力，也最能培养人的能力。识字活动课的教学实践证明：通过识字活动课，学生搜集信息、处理信息的能力增强了；学生的识字量大，阅读能力增强了，写作能力也增强了；学生的思维能力尤其是发散思维、联想思维能力增强了；学生具有了较强的合作、交流、探究能力。

第四，识字活动课重视语文课程的综合性，主张以生活问题来整合识字，有利于学生获得对生活的认识。西方不少学者认为，参加各式各样的课外活动可以起到一种社会整合的功能，同时能鼓励学生获得更高的生活认知。识字活动课给学生创造了一个相对自由、生动的学习环境，通过个体或团体的有组织的活动，丰富学生的生活。在识字活动中，不仅各学科的知识在活动中得到融合，各种兴趣得到培养，而且师生间的情感也可以得到充分的交流。因此，识字活动课有利于丰富学生的生活，提高学生对生活的认识水平。

（三）识字活动课的实施与开展

第一，把识字活动课"课程化"。

所谓"课程化"就是将识字活动课纳入学校课程管理中，使其成为语文课程的一部分，以保证识字活动课有目标、有计划、科学地实施。《国家基础教育课程改革纲要（试行）》指出，课程改革要"改变课程内容'难、繁、偏、旧'和过于注重书本知识的现状，加强课程内容与学生生活以及现代社会和科技发展的联系，关注学生的学习兴趣和经验，精选终身学习必备的基础知识和技能"。同时指出："改变课程实施过于强调接受学习、死记硬背、机械训练的现状，倡导学生主动参与、乐于探究、勤于动手，培养学生搜集和处理信息的能力、获取新知识的能力、分析和解决问题的能力以及交流与合作的能力。""改变课程管理过于集中的状况，实行国家、地方、学校三级课程管理，增强课程对地方、学校及学生的适应性。学校可以探索活动课程化开发的新途径，努力创建示范性活动课程化基地。以活动课程化开发为突破口，全力推进课程改革，实施素质教学。"按照课程改革政策，开设"识字活动课"是课程改革所允许的。这是其一。其二，从小学语文教学发展的过程来看，低年级的语文教学应该以识字为重点。相对于中、高年级来说，低年级的语文教学内容比较单一，教学的负担不是很重，从课时的分配上来看，设置识字活动课是完全可行的。因此，学记语文要求从低年级语文周课时中拿出一个课时，专门用于开设识字活动课。

第二，把识字活动课与以教材为凭借的识字教学紧密结合起来进行。

杜威认为，以教材为主要凭借的学科课程学习有着它重要的存在价值。儿童的生活是琐碎的、狭隘的和粗糙的，儿童的生活是利己的、以自我为中心的和冲动的，儿童的经验是混乱的、模糊的和不确定的。因此，通过以教材为凭借的学习，可以扩张儿童的经验，加深儿童的知识，提高儿童认知成熟的程度。杜威也同时强调，我们不能误把以教材为凭借的学科学习的"目的"当作"手段"。如果说以教材为凭借的学习代表着学科课程追求的目的，代表着个体成熟期的学习方式的话，那么，活动课则作为一种手段和途径，代表着个体幼年期的学习方式。由此看来，以教材为凭借的教学与活动课程没有本质上的矛盾。对于小学低年级学生，活动课程的开设有其必要性；随着学生年龄的增长及思维发展的逐渐成熟，他们就应当开始学习系统化、理论化的科学知识了。否则，他们的学习很可能陷入散漫、凌乱，只能获得一鳞半爪的片断知识，不能获得系统而深入的知识。因此，活动课程最好与以教材为凭借的教学课程配合起来使用。正是基于这样的理解，学记语文在小学低年级识字教学上实施"两条腿走路"的策略，把以教材为凭借的课堂识字教学与识字活动课紧密结合起来，使低年级识字教学形成整体合力（即如前文所谓"识字小车"），追求识字教学的最大效益。

应该指出的是，这种"整合"还要注意两个方面的问题：

1. 以教材为凭借的识字教学要着眼于方法的指导和能力的培养，不能"为识字而进行识字教学"。同时，虽然在进行着课堂内的识字教学，但着眼的是学生课外生活，以及学生课外的识字活动。一句话，课内的识字教学要为课外的识字活动打下基础。

2. 课外识字活动课是课内识字教学的拓展与延伸，是以课内识字教学为基础进行的，课外的识字活动要能有效地促进学生的课内识字学习。因此，识字活动课要认真研究课内的识字教学，尤其是兴趣和方法，尊重学生的主动精神，并以此作为教学的出发点与目标，注重通过经验的获得与重构来学习，以求得更高层次的发展。

第三，把握好识字活动课的课外和课内两个阶段。

我们已经知道，识字活动课具有经验性特征，是以学生的生活经验为基础的。同时，识字活动课还具有课程化特征，有目标，有计划，有专门的课时。从这个角度来讲，识字活动课本身也包含着课外和课内两个阶段，课外活动为课内活动打基础。教学必须把握好这两个阶段。具体来说，在课外活动阶段，教师要注意引导学生在实际生活中搜集资料，开展自由、自主的识字活动，为课内的识字活动做好充分的准备；在课内活动阶段，在教师主导组织下，以学生为主体，通过交流、展示以及游戏等方式，交流自主识字成果，开展创造性的识字活动。

第四，加强学生课外自主识字活动策略的指导。

低年级的学生年龄尚小，处于个体幼年时期的他们还没有课外自主识字的方法和策略，这就需要教师的指导。教师的指导要注意三个方面的问题：一是策略要符合学生心理特征，要能唤起学生浓厚的兴趣，激发学生活动的欲望；二是策略要注意学生的年龄特点，简便易行，可操作性强，学生能做得来；三是策略要具有安全可靠性，保证学生不受到身心的伤害。下面略举几种：

拍识字电影。用透明的胶带做材料，看书、读报时，把自己认识的汉字粘下来。时间长了，粘得多了，就好像是电影胶片一样，每一个字都记录着孩子的识字过程。

放识字风筝。把自己认识的字贴（写）在风筝上，和爸爸妈妈一起放风筝，让识字的风筝飞向蓝天，告诉飞过的鸟儿："我认识好多字呢！"

做识字剪贴。让学生各自准备一个硬壳的、稍大一点的本子，指导他们认认、读读，动脑、动手，剪剪、贴贴。就这样，一个个学生自己动手创造的"识字剪贴本"诞生了！这样的"识字剪贴本"还可以围绕着某一个话题来做，比如以四个季节为话题，以动画片的内容为话题，以超市的商品为话题，以学习用品为话题等。

做识字体操。把识字和学生好动的特点结合起来，根据汉字会意、象形和谐音的特点，把韵脚相同的字设计成体操动作，配上体操音乐，让学生边说边做体操。如"一二三四看看看，五六七八找找找；二二三四跑跑跑，五六七八跳跳跳；三二三四挑挑挑，五六七八闹闹闹；四二三四瞄瞄瞄，五六七八笑笑笑"……

编唱识字歌。指导学生把认识的字编成歌曲唱一唱。编歌曲时，不严格限制音律，学生想怎么编就怎么编，想怎么唱就怎么唱。只要他们自己喜欢就行，能够唱出来就行。

搭识字积木。在积木上贴上认识的汉字，把读音相同或者部首相同的字搭成某个图形。

制识字卡片。把认识的字做成识字卡片，用卡片袋装起来，时常拿出来读一读。

造识字火车。在家长或者教师的指导下，用硬纸折一列"纸火车"，火车有火车头和车厢，并给火车取上一个好听的名字，给每节车厢编上号。这里，给火车取名字很有讲究，可以根据生活中的某种事物命名，如"蔬菜动车"；可以根据汉字的部首命名，如"部首动车"……然后，把认识的字折成小纸片，放进火车的车厢。比一比，看谁的火车造得又快又多，又长又好。

吃识字晚餐。在家长的指导下，利用晚餐的时间（因为这段时间相对比较闲暇、宽裕），边吃饭边识字。如先让孩子认识"碗、盆、筷、勺"四个字，把字卡与实物一一相对应，然后让孩子跟大人一起端饭碗或菜盆，准备筷子和勺子（边拿边让孩子说出来），把所有的实物放在桌子中间。在家人准备吃饭时，让孩子再分配给每个人，家人不说话，举字卡向孩子要东西。孩子非常乐意，既做了力所能及的家务劳动，又认识了字。

逛识字街道。在家长或者同学的陪同下，一起逛街。街道上有许多门面的名字和广告牌，边逛边识字。

第五，组织好课内识字活动课。

利用每周的识字活动课时间，开展综合性识字活动。课内识字活动课的组织重在激发兴趣，寓识于乐，只识不写，开发潜能，着眼运用，重在长效。其中，着眼运用不是只认单个的字，而是要把认字与组词、说话等语言训练结合起来进行，既巩固所认的汉字，又促进语言能力的发展。

课内识字活动课的课型有如下几种：

1. 交流汇报型。这样的识字活动课以学生课外的自主识字活动为前提，课堂上主要以学生的互相交流、汇报为主。比如，在课外，学生制造了识字火车，教师就可以开展"谁的火车装得多"的识字汇报课。让学生把自己的小火车带到课堂上。首先，自己数一数车厢里装了多少字，读读这些字，并用其中的字组词，说话；然后，同桌或小组交换，认字，说话。交流汇报课的过程和形式要因交流汇报的内容而定，没有固定操作规程。

2. 游戏活动型。这样的识字活动课以现场开展的游戏活动为主，游戏的内容和形式丰富多彩。如一位教师就创造了很多识字游戏：

带头饰表演识字。把各种小动物的头饰戴在学生的头上，让他们扮演小动物，并模仿动物的声音、动作、外形特征。识字时安排学生演一演，既给学生创造了施展才华的机会，同时又加深了他们对小动物的了解，更重要的是使他们牢牢记住了动物的名字。如教学小学语文二年级上册识字 7 时，课前让学生去搜集有关课文中动物的一些信息，课上让学生戴上孔雀、大雁、老虎等动物的头饰表演，这样一来既提高了识字效率，又拓展了学生的知识。有关小动物内容的课文大多可以使用这种游戏方法识字。

"抓特务"。学生按教师要求学习完生字后，每组抽一名认字最好的同学到其他小组"抓特务"。即逐个检查字音、组词情况，如果有不会的即是"特务"，要求小组长立即帮助学习生字。这样一来人人都不想当特务，识字效率明显提高，即使有困难的同学在小组长的帮助下也会很快认识。

互助接龙赛。学生把自制的字卡带入课堂进行接龙游戏。游戏以个人为单位进行，自己会读的字一个接一个读下去。不会的放在一边，请教本组中的

"小老师"，这样学生互相帮助，使自己的生字接龙不断进行下去，最后以接得最长的为优胜者。这种方法也可以用于检查一课、一单元或更多的生字学习情况。

摘果子游戏。摘果子游戏是我们在低年级的识字教学中最常用的方法。如教师出示一幅画着大树的画，树上挂着写有生字的苹果，让学生制作果篮，将果子上的字读准字音、组词，常用的还可以说一句话，方可摘下，谁摘得多谁就是识字小能手。这种游戏识字方法应用于一课的生字学习和巩固既方便又高效。

3. 复习巩固型。这类识字活动课主要是结合教材的识字教学来进行，活动的方式一般也以游戏为主。如贴、翻字词游戏。部件组合，就是将一些合体字拆开，分别贴出来，让学生或小组合作来组合，在单位时间内谁组合得又快又准即获胜；图文组合，如教一年级下册识字 4 时，教师把课文中的词语写成卡片，教学中让学生在颜色鲜艳、生动有趣的图片上贴上相应的词语，并充当小老师教同学们读；翻图片读字词，如教学"人教版"一年级上册《小小的船》一课，教师在自制的教学挂图中的闪闪的星星背后写本课的生字，然后让学生乘着小小的船去翻一翻星星背后的秘密。学生很兴奋地发现背后的秘密，用了短短几分钟时间就学会了本课全部生字。

4. 思维创新型。这类识字活动课是从发展思维、开发潜能的角度出发进行的创造性识字活动。请看下面的课例①：

话题为《动物世界》的识字活动课正在进行。学生分组交流自己课前搜集的资料。教师随机在黑板上板书——

蝴蝶　松鼠　哈巴狗

青蛙 乌鸦 熊猫 老虎

师：（突然话题一转）我们来一个"汉字开花"的游戏好不好？

（学生一听"汉字开花"，乐不可支，齐声喊"好"。）

师：（用教鞭指着黑板上的字逗大家）那就请你仔细看看这些字。你对哪个字最感兴趣？你觉得哪个字最好玩？你想跟哪个字对话？你想拿哪个字做游戏？好好准备一下，让我们来一个比赛——

（这么一激发，学生个个认真准备，嘴巴里叽里咕噜——他们都习惯自言自语地在说给自己听呢。教师巡视，询问准备情况；看每人都有准备了，宣布比赛开始。）

---

① 陈树民：《科学认读 潜能识字 八年求索 小学语文半个世纪的梦想终于实现——教育部重点课题"科学教育·科学认读"（"潜能识字"）课题实验汇报》，载人教网，2006 年 12 月 08 日。

生1：看到"老"字，我想到两个词语——"老公公""老百姓"。

生2：（紧接着）我想到一个成语——"老生常谈"。

生3：我给"老虎"的"老"字找到了两个好朋友——"老"加女字旁，"姥姥"的"姥"；加单人旁，"乡巴佬"的"佬"。

师：（随机板书）"姥姥"是我们的什么人？

众：外婆，外婆……

生4：我看"虎"想到一个成语、一个句子——"虎头虎脑""山中无老虎，猴子称霸王"。

生5：我给"巴"字"开花"——加草字头，变成"芭蕉"的"芭"……

师：（插话）慢一点，你说，我来写——（老师一边画，一边写）

图5.5

（大家七嘴八舌地补充，最后老师有意空着一个花瓣，逗大家。）

师：给我一个机会好不好？

众：（情绪非常活跃）好！

师：（板书"龇"，紧接着又把"皮球"甩给大家）咦，这个字认识吗？（指着"齿"启发学生）想想，它和我们人体什么有关？

众：（纷纷抢着说）牙齿、牙齿。它也读"巴"！"巴"！

师：（结合字形解释字义后）你们真会动脑子，一个"巴"开出了这么多"花"！让我们来读一读……（老师着重指出声调的变化）你们说汉字难认吗？（学生齐声说"不"）

生6：看到"蝴蝶"，我想到了在幼儿园的一首儿歌："长相俊俏，爱舞爱跳，春花一开，它就来到。"

师：还有谁记得这首儿歌？我们一起朗读，好不好？

众：（纷纷背诵儿歌）……

生7：看到"蝴"，我想到它中间的"古"加右边的"月"，也读"胡"。（老师插话："你怎么知道的？"）我们班上有个小朋友姓胡，叫胡小芳。

师：（鼓掌）你的发现很好！

（大家争着补充带"胡"的字——"湖、糊、猢、瑚"等，老师随手板书。)

生8：老师，我看这个"蝴"字很有趣。看它的中间和右边的部分合起来是"胡"，姓"胡"的"胡"。看它的左边和中间合起来，好像也是一个字，"虫"加"古"字……

师：汉字真是让你们变得更聪明了！

生9：我说个字谜给大家猜，"吃一半，拿一半"。

（老师随即板书谜面，引导学生认读并理解。学生猜出谜底，全班沸腾了。学生争先恐后走上讲台，有的介绍自己准备的《小青蛙的故事》，有的展示自己搜集到的识字剪贴本上的蝴蝶标本……）

这节识字活动课的名字叫"汉字开花"，就是学生以自己认识的某一个汉字为花蕊，启发学生展开联想，发散思维，用一个字认其他更多的字。从活动中，我们可以看到，教师充分利用汉字的特点，以学生为主体，调动学生的识字经验，创造性地开展了识字活动，使识字活动充满了生命活力。此教例还告诉我们，教师要充分挖掘识字教学资源。只要我们注意关注学生的生活，识字活动课教学的资源就取之不尽，用之不竭。

第三节　学记语文的写字教学策略

中华民族是一个文化博大精深的古老民族。悠悠五千年，伴随着中华文明一路走来的是什么？是一个个精美的汉字。把汉字喻为"五千年中华文明的根基"是丝毫不为过的。汉字不仅是中国古老文明的象征，还是能够使现代各国文明超越语言的隔阂而彼此交流的最佳媒介。然而近几年来，与世界上日益兴起的"汉字文化热"相比，国内对本民族文字的认识和重视的情况却令人担忧。尤其是汉字的书写问题较为严重——中国人不能写好"中国字"几乎成了一种十分普遍的现象。这真乃"咄咄怪事"，值得每个公民认真自省和思考。那么，作为基础教育重中之重的中小学语文教育，对此应该担负什么责任？写字教学的现状怎样？如何加强和改进我们的教学？本节将对上述问题作一些探讨。

一、写字教学的使命

写字，即汉字的书写。在教育教学中，学记语文认为不能简单地把汉字的书写训练看成一种单纯的技能训练，而应该从文化与人的发展的角度出发，将汉字书写教育上升到"传承中华文明，促进人的和谐发展"的高度来加以认识。

首先，写字教学担负着传承中华文明的使命。中华文明的发展与汉字书写不可分割。因为中华文化的流传依赖于汉字这个特殊的载体，中华文明的发展史其实就是汉字书写演变的历史。无论是甲骨文、金文、大篆（籀文）、小篆，还是隶书、草书、行书、楷书，它们对中国文化的诠释深刻而周详。我们从对汉字书写的研究中，看到了中国文化中的精华，更看到了生生不息的民族精神。因此，我们可以说，汉字的书写，其本身就是一种非常特殊的文化现象，既包括了书家、书史、书学、碑帖，又融进了文学、历史、哲学、艺术等不同学科的精髓。一句话，汉字的书写本身有着相当丰富的文化内涵。从文化的角度出发进行写字教学，不仅仅是让学生学会写字、写好汉字，更重要的是让学生充分感受到汉字书写背后更为深刻的文化内涵，进而增强学生对祖国语言文字的热爱和对祖国优秀文化的理解。

其次，写字教学承载着促进人的和谐发展的重任。在当前，"人的和谐发展"已经成为世纪性的教育主题。"处于'人的革命'时代之中的中国教育，必以促进人的转型为己任。"[1] 中小学写字教学更应如此。这是因为，写字与人生命发展的关系实在太密切了。自古以来，关于书法与生命关系的论述就很多。苏轼在《论书》中说："书必有神、气、骨、肉、血，五者阙一不成书也。"在苏轼看来，写字需要的是整个生命的投入。黄庭坚的《论书》也说："《兰亭》虽真行书之宗，然不必一笔一画为准。譬如周公、孔子不能无小过，过而不害其聪明睿圣，所以为圣人。不善学者，即圣人之过处而学之，故蔽于一曲。今世学《兰亭》者，多此也。"黄庭坚的这段话有着很深刻很丰富的文化内涵，他告诉我们学书如此，学做人更应如此。清人刘熙载在《艺概·书概》中说："书，如也；如其学，如其才，如其志，总之曰，如其人也已。"写字需要生命投入，而投入了生命全部写出来的字则必定"字如其人"。十分明显，写字对人的独立人格、独特个性的形成，对人生命涵养的丰富和提高有着巨大的影响。另外，从智力的角度来看，写字也有利于人的智力发展。用手写字是脑思、眼察、足安、臂开、身正、手动的一系列联动式的运动过程，各个环节需要平衡、协调、配合才行。经常动笔写字有利于思维，有利于智力。在实践中，有人曾就"写字与德育、智育、美育的关系"，在学生中展开调查研究，结果表明，写字与学生德、智、美的发展联系紧密。因此，把促进学生的和谐发展作为写字教学的重要任务，这是时代赋予写字教学的全新的教育

---

① 鲁洁：《人的转型：世纪性的教育主题》，出自《我的教育观》，广东教育出版社1999年版，第389页。

使命。

综上所述，汉字的书写将汉字的表意功能和造型艺术融为一体，与我国悠久的文明历史相联系，具有广泛的群众基础，汉字书写的美学价值已经得到了超越国界和超越汉字使用范围的承认。因此，当今的写字教学必须以"陶冶学生情感、培养审美能力和增强对祖国语言文字的热爱和文化的理解"为使命，做到既有利于"中华文明的传承"，又有利于"促进人的和谐发展"。

二、写字教学的现状

1998 年教育部颁布了《九年义务教育全日制小学写字教学指导纲要（试用）》，2002 年新课程改革初期，又发布了《教育部关于在中小学加强写字教学的若干意见》。近年来，关于写字教学的现状不断被媒体报道，重视写字、加强和改革写字教学的呼声不断。比如已故的全国书协副主席刘炳森先生在全国政协九届三次会议上呼吁"减负万万不可削弱写字教学"。然而，我们今天看到的写字教学情况是怎样的呢？

（一）写字意识淡化。人类进入网络时代，信息的传播与交流方式发生了巨大变化，手写用的笔与电脑的鼠标在争夺汉字书写的天下。随着敲击键盘的速度越来越快，学生的字也越写越难看。在对一些中小学生的调查中发现，写不好字的学生已经占多数。在汉字进入电脑以前，写字曾被看作人的"门面"，予以足够的重视。但电脑和汉字输入技术使写字的"必要性"越来越小。现在不仅中小学生，就连家长和老师大都也认为字写得好不好已经无所谓了。

（二）教学落实不够。进入新课程改革以来，识字、写字作为低年级语文训练的重点，语文教学界提出了"多认少写、认写分开"的教学方法。目的是让学生在较短的时间内，多认识一些汉字，提高识字的速度，同时降低写字的难度，循序渐进、稳扎稳打地进行写字训练，提高学生写字的质量。但是在实际教学中，识字得到了重视，而写字相对有所削弱。

首先，是写字训练时间不能保证。在一些老师的课堂上，写字往往成了一种教学的点缀，一堂课用几分钟的时间指导一下写字，这已经成为目前语文课堂上的一种"通病"。在许多地方，学校根本没有开设"写字课"，小学有这种情况，中学则更为普遍。一位中学的教导主任说，现在学校的教学水平主要体现在中考、高考升学率上，学生写字好坏对升学基本没有什么影响，占用课时专门练习写字实在不值得。这种近乎荒谬的认识，让人感到震惊，但又是我们不得不承认的事实。

其次，是教师的教学指导没有到位。表现在：1. 要求写的字不能逐一落实指导，一课书要求学生学写十个字，但教师往往只指导学生写其中几个所谓难写的字；2. 教学指导时只注重结果（学生写出来的字），没有重视学生写字的过程（学生是怎样写出来的）；3. 落实写字要求时，只注意口头上强调，没有在行动上跟踪纠正；4. 忽视对写字的评价，或评价如蜻蜓点水，缺少针对性，缺少激励；5. 写字的指导面向了少数学生，没有照顾大多数学生，尤其对一些写字困难或写不好字的学生，很少给予"特别关注"；6. 教师的书写指导本身不具备示范性，有的教师用电脑演示代替自己的亲笔书写，在黑板上不着一"墨"，这在目前的语文课堂上已经不是什么"鲜见"的事情。

（三）训练缺少"整合"。1. 是幼儿园、小学、初中和高中之间的衔接不够。比如在写字习惯的培养上，学生在学龄前就已经开始用笔写字、用笔画画，但各种执笔的方法，幼儿不易掌握，造成儿童用铅笔写字时，会用蜡笔或毛笔的执笔方法。对于学生错误的执笔方法和写字姿势，幼儿园教师没有给予足够重视，没有及时纠正，使学生在幼儿时期就形成了不良习惯。学生在幼儿时期形成的不良习惯，在小学、初中和高中都没有得到教师的纠正，使学生写字习惯的培养一误再误。2. 没有形成良好的环境。问题表现在：①学校和家长没有配合。很多学生在幼儿时便得到家长的书写训练，但家长未给予执笔方法和写字姿势的正确指导，在幼儿园和小学没有得到教师的及时纠正和训练，初、高中时，家长基本不关注孩子写字了。②各学科教学没有配合。语文学科强调了写字训练，但其他学科教师往往忽视了写字训练。③学校没有加强对写字教学的重视和研究，因而使这一具有重要意义的教育活动没有得到落实。

上述对现状的分析表明，当前中小学写字教学的情况不容乐观，加强和改进写字教学，以完成写字教学应该担负的使命，确实是迫在眉睫的事情。

三、写字教学的对策

（一）提高认识，高度重视写字训练

第一，要提高校长对写字教学的认识。

事实证明，一所学校是否重视写字教学，与校长的教育思想有着很大关系。作为校长，与其喊一些诸如"学会认知、学会做事、学会共同生活、学会生存"之类的大口号，不如把教育视点放到真切关注学生的点滴发展上来。有一位校长制订的学校校训是："把字写好，把地扫好，把操做好，把歌唱好。"笔者以为这样的校训比起一些大而空的口号来，更有利于学生的健康成长。试想，学校领导重视写字了，老师和学生难道还不会重视写字吗？我们应该正确认识写字教学所担负的崇高使命，让我们的学校教育走入一个"崇尚书写文化"的新境界。

第二，要提高各方面力量对写字教学的认识。

《教育部关于在中小学加强写字教学的若干意见》明确指出:"各门课程都应重视写字教学。""加强写字教学,培养良好的写字习惯是所有老师的共同任务。"笔者认为,写字不仅仅是所有老师的任务,更是学校、家庭以及社会各方面力量所共有的责任。因此,学校自身要重视写字外,还应加大对写字训练的宣传力度,利用学校广播召开家长会等,向学生家长宣传写好字的重要意义,让他们自觉地配合学校督促子女写好字。如一位教师在写字教学中,不仅给写好字的学生戴红花,还给学生家长捎去红花。一朵红花,连接了教师、家长和学生,使学生的写字训练具有了较强的训练合力。

(二) 培训师资,提高教师书写水平

教师一手漂亮的字对学生写字所产生的潜移默化的影响不必言说。问题是,我们很多的教师写不好汉字,更谈不上指导学生写字。抓好师资培训,提高教师的书写水平,这是改变目前写字教学现状的关键之一。一是要抓好教师书写基本能力的培养,让教师过好"三字关"(即粉笔字、毛笔字和钢笔字三关)。教师可以参加书法函授培训,也可以购买字帖自练,在认真分析自己写字的特点和长短处之后,将自己所写的字体进行变通。通过一段时期的训练之后,其书写水平就会大大提高。二是学校要制订规范教师书写行为的约束机制。如把粉笔字作为评价教师课堂教学水平的重要指标;把钢笔字作为教师备改检查的重要项目,予以高度的重视;制订教师书写行为奖惩条例,将检查和评价的结果与奖惩挂钩,该奖则奖,该罚则罚。

(三) 科学指导,夯实书写训练过程

第一,规范学生的书写工具。

一、二年级学生用铅笔,三年级以上学生用钢笔或毛笔。中小学学习阶段不提倡学生用圆珠笔写字。

第二,加强学生的书写指导。

1. 培养学生的写字习惯。强调写字姿势,始终把培养学生良好的书写习惯放在首位。

2. 培养学生的空间知觉。小学阶段的写字教学要重视培养学生的空间知觉。小学生的空间知觉较差,对田字格内的四个方位的感知不是很准确,导致字写不端正,字的落位不准,行款不美。训练的方法有二,即让学生自己动笔画田字格,在自己画的田字格里写字,或者让学生在已经写好的汉字上,画上田字格,发现自己在写字中所出现的方位差错,及时纠正。

3. 引导学生发现写字规律。小学阶段的写字教学可以按先写独体字、再写合体字的顺序进行训练。如指导学生写合体字时,应让学生明白,偏旁部首是构成合体字的重要部件。合体字是否写得匀称规范,与偏旁部首写得是好是坏有关。偏旁部首大多是从独体字演变过来的,要注意让学生掌握它们的变化规律。如"足"做偏旁时，下边"人"的笔画就变化了——"撇"变成了"竖"，"捺"变成了"提"。当"足"单独成字时，字体则较窄。又如"四"单独成字时，字体较方正，但作为"置"字的字头时，就扁了一些。这样，在比较中让学生知道，偏旁部首的变化是有规律的：凡是变成右旁或左旁的独体字要窄一点儿，而作为字头或字底的独体字要扁一点儿。写字时，要掌握它们的变化规律，写好合体字。

4. 夯实写字指导的"七字诀"。在小学阶段，写字教学必须落实以下"七字诀"：

"看"，即观察，引导学生观察字的特点以及在田字格中的位置，培养方位感。

"范"，即范写，教师要亲自动笔给学生进行示范书写。为此，老师要能写得一手好字。

"书"，即书空，让学生用手在空中书写，记住字的笔顺。

"描"，即描红，让学生在已经写好的汉字上描画，记住字的笔画，规范书写汉字的笔画。

"练"，即练写，让学生进行一定分量的书写练习，使学生形成一定的书写技能。

"巡"，即巡查，在学生书写的过程中注意巡查，发现问题，及时纠正。

"评"，即评价，既评价学生所写的字，又评价态度和习惯，做到知识与技能、过程与方法、情感态度与价值观的"三维"统一。

第三，开展丰富的训练活动。

首先，学校要设置独立的写字课程。建立"每天20分钟天天练"制度，校内10分钟，校外10分钟。"天天练"不求写字的数量，只求写字的质量，每次练三至四个字。练习时，每个字书空三遍，描红四遍，临写五遍，反复练习三天后，再换其他的字。

其次，开展以写字为内容的活动课教学。如讲练字的故事、书法示范、书法作品欣赏、交流写好的字、评选写字状元等，通过一系列的活动，使学生尝到写字的甜头，激发写字的兴趣，同时帮助学生感受写字背后的文化内涵。

最后，给予学生表演、展示的机会。校园和教室里要辟有"写字评比专栏"和"写字作品展园地"，学校还可以组织优秀作业评比、学生书法表演赛等等，让学生在各种活动中，充分地展示自我，发展自己的特长。

第四，加强对差生的跟踪辅导。

对少数书写较差的学生，教师要加强跟踪辅导，强化写字训练。办法为：一要通过生动、有趣的故事，给学生讲写好字的道理，使他们明确写字的意义；二要在各种写字活动中尽量照顾这一类学生，多给予他们参与的机会、表现的机会，多赞扬、鼓励，培养他们写字的兴趣，帮助他们树立起写好字的自信心；三要给他们提供字帖，扎实地过好描红、摹写、临写关，有时教师必须进行手把手的指导；四要注意纠正他们不良的写字习惯；五要与其家长配合，形成合力，促使他们写好汉字；六要在写字量上，求少而精。

一是抓好学生写字过程的检查。主要做到"三看"：看执笔的姿势；看写字的姿势；看写字的质量。这样检查是日常随机进行的，学期末则要全面检查，记下检查结果。二是改革写字考试的形式。把写字作为一个单项的学习内容，纳入书面考试。语文、数学等各科试卷上都要设置写字分数，甚至要有专项的写字考试题。三是落实对学生写字水平的评价。在学期末的"报告单"上，要专设"写字"一项，从"平常检查"和"写字考试"两方面，对学生写字水平进行客观评价。

（四）深化教研，提高写字课教学效率

《教育部关于在中小学加强写字教学的若干意见》中明确指出："教研部门和学校应加强写字教学研究，针对写字教学中的问题提出改进建议。"长期以来，对写字课的教学研究没有引起人们的足够重视，使得中小学写字教学课型单一，教学质量不高。下面介绍三种课型，供大家参考：

1. 导写课。

这是一种以教师指导学生写字为主的课，是写字教学中最重要的一种课型。小学生掌握汉字的书写规律，形成汉字的书写技能，主要是从这类课堂活动中得来的。这类课教学的基本环节是：激趣导入—明确目标—指导书写—情趣练习。激趣导入，是在教学伊始，以故事或情境创设为手段，激发学生写字的兴趣，吸引学生参与到写字教学活动中来。明确目标，是让学生知道这一节课要学写哪些汉字。指导书写，是教师教学生写字，这是主体教学环节。教学时依据不同年级不同的教学内容，应有所侧重地进行指导（如前文所述）。情趣练习，是在学生了解字的书写规律和注意点之后，引导学生进行趣味练习。

2. 评改课。

写字活动尤其要强调书写的整个过程，写字作业的批改也是一种过程。因此，写字作业的评改不能与其他作业的评改相提并论。要把教师批改学生写字作业这一单边活动，变为师生共同批改的双边活动，这样更能培养学生的写字能力。评改课就是让师生共同参与写字作业评改的一种课型。教学时，教师首先要进行示范评改，教给学生的评改方法，训练学生观察与欣赏汉字的能力。其次，是组织学生评改，以四人小组为单位，进行互评互改。值得说明的是，评改课的组织形式是很灵活的；教学的原则是全员参与，人人有收获，个个有提高。

3. 欣赏课。

欣赏课，是引导学生欣赏汉字的书写或已写好的汉字，激发学生对书法的"悟性"，使学生在欣赏之中陶冶情趣，感受中华文化，提高自己的书写能力和对书法艺术的欣赏水平。欣赏的内容有如下几种：欣赏名家或字写得好的人的现场书法；欣赏百家名帖；欣赏学生佳作；欣赏教师作品。一般的过程是，首先让学生个人谈看法，然后由教师点拨补充，最后师生一起得出基本的结论，明确今后应学习借鉴的内容和努力的方向。

值得说明的是，无论是哪一种课型，都必须把教学活动置于中华文明和民族文化的大背景之中。只有这样，我们的写字教学才能达到"传承中华文明，促进人的和谐发展"的目的。

第六章
学记语文的阅读教学

第一节　学记语文的阅读教学思想

学记语文特别强调要正确把握阅读教学的性质。但是，自从实施新课程改革以来，人们对于阅读教学性质的认识与把握，出现了一些值得关注的问题。2004 年第 13—14 期的《人民教育》杂志，在"新课程优秀课例研究与解读专辑"中，刊登了干国祥老师的课例《斑羚飞渡》。那时笔者正开始对学记语文的探索。读完课例，笔者为课例中的处处精彩而叫好，同时也佩服干老师积极实践新课程理念的勇气。但当笔者掩卷而思的时候，别有一番滋味上心头……

一、阅读课可以这么教

《义务教育语文课程标准（2011 年版）》指出："语文课程丰富的人文内涵对学生精神世界的影响是广泛而深刻的，学生对语文材料的感受和理解又往往是多元的。因此，应该重视语文课程对学生思想情感所起的熏陶感染作用，注意课程内容的价值取向，要继承和发扬中华优秀文化传统和革命传统，体现社会主义核心价值体系的引领作用，突出中国特色社会主义共同理想，弘扬以爱国主义为核心的民族精神和以改革创新为核心的时代精神，树立社会主义荣辱观，培养良好思想道德风尚，同时也要尊重学生在语文学习过程中的独特体验。"

把"人文性"明确写进《义务教育语文课程标准（2011 年版）》，并且提出具体的要求，这是语文课程理念的一个重大改革。这一变革得益于始于 20 世纪 80 年代中期将近 20 年的"关于语文学科性质"的重要讨论，得益于近半个世纪以来语文教育实践的历史经验与教训。长期以来，语文教育追求一种极端功利性的价值取向，语文深厚的人文内涵在功利性极强的"语言肢解"中被抹杀了，使本应陶冶性情、洗涤心灵、升华情感的语文教育变成了人格健全发展的桎梏。语文新课程改革十分珍视语文教育中的人文精神价值取向，呼唤语文教学中人文精神的回归，这无疑具有十分重要的意义。

来看干老师的教学。首先，干老师对教材人文精神内涵的挖掘具有一定的高度。他绕开了人们在课堂教学中一直"误读"的两个"死结"，把课文的精神内涵定位在"灾难中个体生命的尊严与意义"上，让学生充分"感受'敬畏生命'这一人类学主题所带来的震撼与魅力"，使课文的人文精神价值取向更加厚重而富有意义。干老师的这种挖掘是一种睿智的挖掘，这种挖掘使课文对"学生精神领域的影响"有了前提和基础。其次，干老师特别注意了"不确定因素"和"生成性"，尤为"尊重学生在学习过程中的独特体验"。他以"对话"作为教学的主要形式，在"对话"中注意允许学生有"各种不同的声音"。一堂课下来，老师虽然没有任何的答案给学生，但是可以肯定的是，学生对"'敬畏生命'这一人类哲学命题"已经有了切身的感受和深刻的认识，他们带着自己的体验走出课堂，走向生活。

总之，干老师的这节课，让学生的情感得到了激荡，让学生的道德认识得到了拓展，让学生的人格得到了升华；同时，让我们看到了语文课程人文内涵的丰富性，感受了学生对人文内涵的独特体验和多元性，是语文教育人文精神一次可贵的回归。

从这个意义上讲，语文课可以这么教！

二、阅读课不能总这么教

看了干老师的课例以后，笔者一直有一种重重的失落感。笔者总觉得干老师在找回语文教育失落的人文精神的同时，又不知不觉"失落"了什么。那么，这堂课究竟"失落"了什么呢？我认为：

其一，在"文本解读"中丢掉了"文本"。我们不妨简单回顾一下干老师的"文本解读"过程：由伦理故事引入→"空中接力"讲述课文故事→出示"互文"材料感受"敬畏生命"主题。干老师将"文本解读"的重点对象放在了帮助学生"悟道"的"互文"材料上，这使我想到：课文《斑羚飞渡》在教学中究竟应该处于什么地位？语文教学要"解读文本"但是要解读什么"文本"呢？《斑羚飞渡》是一篇写得很美的小说，其自身的文本价值不仅仅体现在所揭示的精神内涵上，还体现在其语言特色和艺术表现手法上，是一篇"文""道"兼美的小说。也许正因为作品的这些价值，编者才将其选编为教材的"精读课文"，从教材意义上讲具有"典型性"。语文教学中的"文本解读"首先要体现课文文本价值，就不能忽视课文文本的主体地位，"解读文本"时必须基于"课文文本"。干老师在反思中从"只读性教材""可写性教材"和"互文性教材"三个方面阐释了"教材解读"的含义，但在教学中却过分依赖"互文性教材"，以致使课文教材失去了它的典型性——主体地位没有得到突出，语文课堂俨然成了道德教育资料的"展示厅"。

其二，在"对话生成"中淡化了"语文味"。什么是"语文味"？学记语文在前文的核心理念中已经论及。"语文味"就是努力体现"语文课程本位"，重视"语文实践"，"在大量的语文实践中掌握运用语文的规律"，"丰富语言的积累"，"学习运用祖国的语言文字"，"培养语感"，"发展思维"，"培养语文能力"。一句话，语文课就是引导学生学习语言文字运用的课堂。坦言之，在《斑羚飞渡》的教学中，这种"语文味"被淡化了。自对话理论走入语文教育，"对话"便成了语文实践又一种重要的活动形式。语文课堂上的"对话"应该在学生、教师、教科书编者和文本之间展开。但是《斑羚飞渡》教学的"对话"是在师生、生生之间展开的，具有典型意义的文本以及教科书编者被弃之一边。因此，也就没有了对课文咬文嚼字的感悟，很少有抑扬顿挫的诵读（课堂上只在课将要结束时朗读了一次），生动活泼的语文实践活动实在太少太少。从"生成"的角度来看，教学本来是为了"通过一定的价值引导来帮助学生生成、建构个体的言语——精神（个人的阅读意义）"（见干老师的"课后反思"），但事实是，学生在精神层面上的建构是丰富的，而语言层面上的建构则显得十分苍白。

仅仅为追求精神与道德的建构，忽视语文"本体"，忽视"文本"的地位和作用，忽视"学习语言文字运用"，等于丢掉了语文的"根"。因此，我们的阅读课不能这么教！

三、学记语文的阅读教学思想

从寻求人文精神的回归方面看，阅读课可以这么教；从学习语言文字运用的角度想，阅读课又不能总这么教。干老师《斑羚飞渡》的教学引发的，实际上是关于阅读课教学思想的问题：阅读课究竟是做什么的？对此，学记语文的认识如下：

（一）阅读教学要树立"为学而教"的思想

"为学而教"，这是学记语文的核心理念之一。正如前文所述的那样，阅读教学活动必须建立在学生认知发展水平和已有知识经验基础之上。要求教师加强对学生的研究，在关注学生的学习基础、学习能力、学习心理的前提下，再来关注目标的确定、内容的组织与过程环节的安排。教学一篇课文，我们不是首先思考自己应该怎么教，而是思考学生在学习本篇课文时已经有了哪些基础，通过这篇课文的学习，他们要得到哪些知识，掌握哪些方法，形成哪些能力，获得哪些心智方面的发展，等等。这样，根据学生的现实状况和新的需求进行教学思考，并在教学环节方面预设多种途径和手段，就能使教学更具灵活性和变通性。总之，只要有了"为学而教"的思想，我们就会一切从学生发展与成长的角度出发去思考课堂，才能使我们的阅读教学发生根本性的变革。

（二）阅读教学要坚决走出内容分析的"魔区"，要由重内容分析的阅读教学转变为重阅读策略指导的教学，关注阅读的过程与方法，真正促进学生阅读理解能力、运用语言能力以及学习能力的发展和提高

先来看一个例子。

《威尼斯的小艇》是一篇传统课文，怎样教这篇课文？我们先来看看几种教学处理。

做法一：在导入课题后，请学生读课文第一自然段，抓出"小艇成了主要的交通工具"一句，然后以此句为统领，依次讲读小艇的样子、船夫的驾驶技术、威尼斯白天和晚上的生活。

做法二：在导入课题后，请学生从课题中抓出"小艇"，然后围绕"作者从哪些方面写小艇"一问，依次讲读课文。

做法三：第一步，通过录像初步感知威尼斯及小艇，使学生对威尼斯有大致的感性认识，以便更好地理解课文内容；第二步，以"作者为什么要选择小艇写"的问题，让学生带问题初读全文，理清脉络，在问题的讨论中从整体上把握威尼斯的小艇的三大特点；第三步，抓住特点，精读三个重点段落，体味作者的写法；第四步，总结课文，并让学生准备"抓住特点，向威尼斯的小朋友们介绍一处最吸引人的地方"，把训练点向作文、向课外迁移。

做法四：有位特级教师这样引导，"走进课文，就是来到了威尼斯；走进课文，就是坐到了威尼斯的小艇上。现在，你真的到了威尼斯，真的到了小艇的旁边，你身边带着啥？照相机？你最想把什么地方拍下来作为留念呢？先读课文，读完以后把你最想拍的那个镜头告诉大家。"这样，以"相机"和"镜头"导读下去……（此法后被许多教师仿效。）

上述教例中的几种做法一做就是几十年。几十年里，千人做，万人用，我们教学《威尼斯的小艇》总也摆脱不了"小艇"的控制，走不出"内容分析"的"魔区"。

这种"内容分析"式的阅读教学有着怎样的弊端呢？一是让教师永远只关注自己的"教"，而忽略了学生的"学"；二是让阅读文本成了"圣经"，只有教育功能，语文训练的"例子功能"黯然失色；三是让阅读教学在内容分析、作品解读中成了空洞的人文说教；四是让教师和学生围绕着内容东奔西突，总也走不出"思想感情"的"包围圈"；五是让阅读失去了语言的光辉，学生虽读书众多，但语言依旧贫乏……一句话，"内容分析"让我们的阅读教学背上了沉重的"十字架"，一直在负重而行。这样"负重而行"，当然不会有阅读教学的高效率，不会有学生语文能力的快速发展。

难怪崔峦先生在 2010 年 7 月全国第七次阅读教学研讨会上如是说："要和内容分析式的阅读教学说'再见'！我们将用否定这样的课，来表明改变费时多、收效微的阅读教学的决心，来引导全国阅读教学越过这道顽固的'魔障'。教学实践证明，不堵死'内容分析'的路，就迈不开改革创新的步。"①

与崔峦先生的观点一致的是，六年前，我们就开始研究，阅读教学必须从"内容分析"中走出来，要做到"为学阅读而教"，由重内容分析的阅读教学转变为重阅读策略指导的教学，关注阅读的过程与方法，真正促进学生阅读理解能力、运用语言能力以及学习能力的发展和提高。这一点，是学记语文一贯坚持而且会长期坚守下去的阅读教学的重要的指导思想。

（三）阅读教学要为生命成长所必需的语言与精神的同构共生而教

第一，阅读教学要注意甄别文本自身的精神教育价值。

教师要善于甄别文本的教育价值。对文本的教育价值应有深刻的认识，这种认识不仅是思想层面的，还有情感的、态度的、价值观之类的等等。如《落花生》作为一篇经典课文，诵读不衰。江苏省著名特级教师孙双金执教此课时，激发学生进行批判性的读："预习部分有一个科学性错误，谁能找出来呢?"经师生几番斟酌，终见端倪。原来"它的花落了，能钻进地里结了果实"句中"花落"和"钻进"确有不妥之处，落花生的"花"没有"落"，而是它的子房特别，像一根管子插入地里把果实（花生）结在泥土里。孙老师又提出一道开放性辩题让学生辩论："当代社会，你想做落花生那样的人，还是想做苹果、石榴那样的人?"学生在激烈的争辩中，一反传统的一味推崇落花生式默默无闻的人，树立了现代人应具备的价值观：既要像落花生那样不计名利，踏实肯干，又应像苹果、石榴那样在适当的时候展示自己的才华，最终被社会所认可。这种辩证的人生观并非许地山当初撰文的初衷，但在现代社会，被赋予了新的含义，使文本的解读价值长盛不衰。

第二，阅读教学要立足于语言，促进语言与精神的同构共生。

文本中的语言蕴涵着十分丰富的精神元素。只要我们细心，善于挖掘，俯拾皆是。如《去年的树》（"人教版"四年级上册）中，作家对"第二年春天"小鸟从"很远很远的地方"飞回来的经过没有作任何描述和交代。这是作家的

---

① 崔峦：《和"内容分析"式的阅读教学说再见——在第七次阅读教学研讨会上的讲话》。

高明之处（为每一个读者留下了无限的思维和想象空间），又为教师如何站在教学的角度、站在学生学习引领者的角度设计教学留下了大量的思考空间。

首先请看开课的教学片段：

师：请大家认真看老师在黑板上写字。（板书：月）认识吗？

生：认识。

师：一起读。

生：（齐）月。

师：看着这个字，你会有一些什么美好的联想？

生1：我想在月下许个美好的愿望。

生2：月光让人情不自禁地想吟一首诗。

生3：月亮会让人思念远方的亲人和朋友。

师：月光、月色、月亮，总是寄托着人们美好的情感，所以才有了"明月千里寄相思"，才有了"人有悲欢离合，月有阴晴圆缺"，才有了"月上柳梢头，人约黄昏后"的千古佳句和美好意境。

师：（板书，在"月"旁加"月"，变成"朋"）一齐读这个字。

生：（齐）朋。

师：一个"月"让我们想许愿、想吟诗，勾起了我们的思念，那两个"月"组成的"朋"，又会对你有哪些触动呢？

生：它让我想起了自己的好朋友。有一次，我们一起去参加合唱比赛，我们互相鼓励，最后取得了成功。

师：朋友就应该鼓励，成为对方的支撑。

生："朋"这个字，让我仿佛看到两个好朋友在逛街，在草地上游戏。

师：你能把这样的朋友用一个词描述吗？

生1：形影不离。

生2：看到"朋"，我就想起了远方的朋友，我很伤心。

师：为什么？

生：因为很久很久不见了，我很想念她。

师：是啊，太深太久的思念会成为人心中的痛！

生："朋"这个字让我想到和自己的好朋友有了矛盾，也会因为相互心中有"明月"一样的情感，而两分钟后就和解了。

师：你在告诉我，友情只有经历风雨才会有深度。同学们，今天这节课，让我们一起来为一对好朋友见证一段最美丽、最忠贞的友情。

在教学伊始，教师不急于点出主课题，而是设计了一个由浅入深的谈话过程。抓住"月"与"朋"的联系，从两个不同角度思考。一是绘下美丽的背景。首先板书"月"字，并以"月"这一美好情境、美好情感的寄托对象，唤起学生的生活经验，让"朋友"的话题在朦胧、清幽的"月色"中展开，为教材的阅读绘制了一个美丽的语言氛围和情感背景。二是积淀情感的过程。由"月"到"朋"的师生对话中，学生对"朋友"、对"友情"的模糊理解，在老师智慧的评价语中不仅明晰起来，而且有了更加强烈的情感反应。这种情感的积淀过程，促使学生在接下来的阅读中产生很大的阅读探究能力，这也是一个诠释语文的外延与生活的外延相等的过程。

再看教学过程中的一个教学片段：

师：终于，鸟儿听到了原野上、森林里冰雪融化的声音。它知道，这是春天的脚步声；它知道，回到树身边的日子终于来到了。它来不及收拾行囊，来不及与众鸟结伴，便独自踏上了回到树身边的旅程。

师：（环视学生）可是，树在哪儿呢？

生：树在北方。

师：北方远吗？

生：（齐）远。

师：有多远呢？请在第二自然段找到这个词，你觉得有多远就把它读得有多远。

生：很远很远。

师：是啊，这是很远很远的旅途啊！这漫漫长路上，小鸟会一帆风顺吗？它会遇到什么样的困难呢？

生1：它可能会面对猎人的枪口。

生2：它可能会遇到老鹰的袭击。

生3：它会因为不停地飞，飞了很远很远的路，非常疲劳。

生4：它可能遇到狂风暴雨，会迷路。

生5：它可能会被荆棘划伤翅膀，流出血来。

师：这一天，小鸟一边飞着，一边想象着与树重逢的美好时刻。突然，天空中乌云密布，紧接着大雨倾盆。小鸟在狂风骤雨中，羽毛已经凌乱不堪，它跌跌撞撞地往前飞，像一只断了线的风筝。孩子们，来劝劝小鸟，让它歇一歇吧！

生：鸟儿啊，你看，那边有一个树洞，你到那儿避一避雨吧！

师：不，我不能，因为树还等着我为它唱歌呢！

生：小鸟，请你歇一歇吧。如果你死了，还怎么能为树唱歌呢？

师：不，我不会死的。这狂风暴雨马上就会过去，我一定能坚持住！

生：小鸟啊，生命和一句承诺相比，不是更重要吗！

师：生命的确很宝贵，可是，我宁愿用生命去实现自己的承诺。

师：鸟儿拼命地扇动着翅膀，它要战胜狂风暴雨的蹂躏，它要快点飞到树的身边。终于，暴风雨在鸟儿面前停止了肆虐。太阳出来了，鸟儿沐浴着阳光飞上了云霄。可是，这回去的路很远很远。当黑夜来临时，鸟儿又迷路了。在伸手不见五指的夜里，它使劲地飞呀飞呀，直到筋疲力尽，也没有飞出一片陌生的树林——

（教师将小鸟头饰戴在学生头上，示意师生对话）

师：小鸟啊，我也是一棵美丽的树，你就留在我的身边，把去年的那支歌唱给我听吧！

生1：不行，我和去年的树是好朋友。

生2：不，我不能留下，我答应过今年春天给我的好朋友树唱歌，我要信守诺言。

生3：不，去年的那株树是独一无二的。

师：可是，你迷路了，这漆黑的夜，你不害怕吗？

生1：不，我不怕，树会给我力量。

生2：不，我不怕，等到启明星出现，我就会找到方向。

生3：我不怕，我听得到去年那棵树在召唤我。

师：啊，这是一只多么执著的鸟儿啊，这又是一棵多么幸福的树啊！鸟儿啊，快飞吧，祝你一路平安！

在教学时，教师抓住课文中的这一语言"空白"，延伸想象与对话。引领学生把自我加入到文本中去，适时地进行角色转换。在角色的转换中，师生分别以"鸟"和"树"的身份展开对话，实现文本"视界"与自我"视界"的融合，让每个孩子"身临其境地用整个心去和它相对"，让每一个孩子都成为鸟儿友情矢志不渝的见证者，也让每一个孩子都成为为实现诺言而不懈努力的鸟儿，更让每一个孩子成为理解了真正的伟大友谊的"他自己"。"情动于中而形于言"，真切的情、真挚的言，在阅读中从学生心中缓缓流出。这样的教学，把辽阔的想象、情感空间留给学生，把无数的智慧和美好的情境呈现给学生，把一种经历风雨、经历磨砺才愈见情之真切的情感价值观留给了学生。

从两个教例中可以看出，语言与精神领域建立的联系越广泛，越紧密，它的"活性"就越强，它的再生功能就越大。语文教学要千方百计使语言成为学生生命活动中充满活力的心灵和精神元素。

语言和精神的同构共生是一个动态的发展过程。著名语言学家洪堡特说得好："我们不能把语言看作是一种僵死的生产品，而应视之为一种生产过程，不能只注意语言作为对象之描述和理解之中介的语言的作用，而更应当谨慎地回到语言的与内在精神活动紧密交织的本源和语言与这一本源的相互影响上去。"① 意思就是说，我们不能把语言只作为一种客观的、无生命的存在，不能把语言只作为"媒介"，而要考察语言是怎么来的，挖掘语言的生命元素，即"缀文者情动而辞发，观文者披文以入情"。

语文课要促进学生的语言和精神携手走向完满境界，也就是既要完善和丰富学生的精神世界，又要丰富和优化学生的语言系统，这两者必须统一在同一过程中。这里的"同一过程"就是《义务教育语文课程标准（2011 年版）》所指出的"过程与方法"。在这一过程中，教师不能简单满足于学生的思维和表达在同一平面上的运动，而应当追求促使学生在语言与精神层面上不断攀升的美好境界。

第三，阅读教学在注意语言与精神同构共生的过程中，更要致力于"学习语言文字运用"。

在语言与精神同构的过程中，究竟如何给语言定位？这是一个十分重要的问题。让我们先听听北京大学三位教授对当前中小学语文教育的看法。

温儒敏教授："我不赞成那种过分人文化、文学化的语文课改。我们不应当把新课程理解为就是加大人文性，弱化工具性。"

曹文轩教授："目前的语文教育现状实际已经暴露了这几年人文教育力量过于强大和工具性教育相对薄弱的缺陷。"

陆俭明教授："目前的主要问题是语文课上过于强调人文性和文学素养的教育。"

温、陆二位教授还进一步指出，是语文教育的定位出了问题。许多语文教师对语文的目的、任务一直不是很明确。温儒敏教授认为，对大多数中学生来说，"提高读写能力是他们学习语文的起码要求，先要掌握语言表达的工具，然后才是审美、文学素养等方面的要求，后者相对而言是比较'奢侈'的东西"。"现在据说很多人连'训练'都不敢提了，那语文怎么学？毕竟它是实践性很强的学科。把语文的功能无限扩大，好像很重视语文，到头来却可能'掏空'语文。"

20 世纪之初，法国曾经出现这样一种倾向：只重视文法、逻辑等语言方面的训练，忽视了思想情感及其他语文因素，其结果仅仅是发展了学生的一些极其表面的语文能力，而学生不会反映多彩的现实生活，说和写缺乏鲜明的个性，最终被定性为"法语教学的危机"而加以纠正。我国 50 多年来，对语文学科性质的认识经历了"思想性—工具性—工具性与思想性—工具性与人文

---

　　① 　海德格尔：《在通向语言的途中》，商务印书馆 1997 年版，第 210 页。

性"的过程。目前，对语文课程性质的认识是兼有工具性及人文性，对语文课程特点的认识是工具性与人文性的统一，基本上取得共识。因为，教材的语言文字都承载一定的内容，文道是统一的。人文教育不是外加的。基于语言的学习，把学习语言、培养语文能力和人文熏陶统一起来，事半功倍，相得益彰；反之二者脱离，甚至重人文，轻语言，事倍功半，两败俱伤。

正因为如此，《义务教育语文课程标准（2011 年版）》在多处强调："语文课程是学生学习运用祖国语言文字的课程。""语文课程是一门学习语言文字运用的综合性、实践性课程。""语文课程致力于培养学生的语言文字运用能力，提升学生的综合素养，为学好其他课程打下基础。""学习语言文字运用"，这是修改后的语文课程标准一个重要的教学思想，它基本界定了语文课程的重要性质，即语文课程应该以学习语言文字运用为己任。我们知道，语言包括两个方面，即内容和形式，二者之间，形式为内容服务，没有语言的形式，任何的内容都不可能被完整地表达出来。一个人要想表达自己的意识，必须依赖于一定的语言形式。如果这个人没有掌握语言形式，哪怕有再丰富深刻的思想也难以让人知晓，正如"茶壶里煮饺子——有货倒（道）不出"。可见，能否掌握丰富的语言形式，并有效地运用语言形式，就成了一个人最重要的语言能力标准。按照这一语言规律，阅读教学也必须经历两个过程：一个过程是由语言到内容，即理解语言所表达的内容和思想；另一个过程是由内容回到语言，即在理解内容之后再体会语言表达的规律，学习语言的形式。但是长期以来，我们的阅读教学只关注了第一个过程，其根子就在于"内容分析"作俑。在这个过程中，教师关注的是语言的内涵，关注的是对学生的思想和情感的"教化"。这个过程一旦结束，学生收获的只是"空洞的思想"，而语言形式被闲置一边。学生虽然读得多，但没有习得真正的语言形式，语言能力当然也就不可能得到发展。只有在语文教学中提高学生语言文字运用的水平，才是真正地进行语文教学。"学习语言文字运用"，这是语文课程与其他学科课程最鲜明的"分水岭"。正是基于这些思考，学记语文认识到学习语言文字运用的重要性，把"记用相行"作为自己的核心理念之一。这一理念理所当然是阅读教学的指南针，并把它作为"为语言与精神的同构共生而教"的关键要素加以落实。

第二节　学记语文的阅读教学备课

阅读教学的备课是将教育理念变成可以触摸的教学现象和可以操作的教学

行为的中介桥梁。精到的备课，本身就是实现教师生命价值的过程，是奠定成功阅读教学的基础，是教师与学生共同成长轨迹的真实记录，是课后反思并进行改善的有价值的蓝本。因此，学记语文非常重视对阅读教学备课的研究，形成了自己的备课特色。

一、目前阅读教学备课中所存在的问题

第一，在备课思想上，重视备"教"，忽略备"学"，为"教"而备，甚至为"考"而备。

受长期"为教而教"的思想的影响，教师在备课时，把重心放在了备教学内容、备教法、备考试上。一是备课时的主体角色定位于教师自己，一切以"我"为中心，看不见学生的面孔；二是备课时主要备的是教法，思考最多的是"我该怎样教"的问题，看不见学生的学习方法和学习策略；三是备课时主要研究考试内容，注重知识点的挖掘，知识按步骤、按顺序罗列下来，教学考虑的是如何应考，"应试教育"的影子总是在教师的备课本上徘徊。总之，备课不是在策划能让学生动口表述、动脑分析、动手操作、交流讨论、参与体验的学习活动，很少有教师有意识地设计让学生主动参与、亲自探索知识的形成过程的机会。

第二，在备课的思维方式上，单向思考问题，忽略多元思维。

备课是一项思维综合性很强的活动，但是，由于教师只注意从"教"的层面上备课，思维成单向运动，线性思维成了教师备课时最主要的思维方式。诚然，对课堂教学的设计要具有一定的线性思维，但是，课堂教学活动不是教师单一的活动，而是教师、学生、教材编者、课文文本等角色共同参与的综合性活动。因此，教师备课时的思维应该是多元的，立体的。

第三，在备课内容上，偏重教材内容，面面俱到，过分具体，淡化板书。

在和教师的交流中，谈到备课备什么的问题时，教师回答就是备教材、备教法。这样的回答很具有代表性。是的，教材要备，教法也要备，问题关键在于备教材的什么和怎样备教材。我们发现，教师备教材时，多注意研究教材的内容，面面俱到，每一点都不放过。此外，我们还发现，由于受多媒体技术运用的影响，阅读教学中起重要作用的板书设计，在很多教师的备课本上也看不到了。淡化板书，成了阅读教学备课以及教学不得不关注的问题。

第四，在备课行为上，抄"教师用书"，抄教案，忽略了教材。

传统的教学流传着这样一个"顺口溜"：没有教材不能上课，没有教参不好上课，没有教案照样上课。"教参"，顾名思义是教学的参考。新课程改革以来，"教参"变身为"教师教学用书"，名字变了，但角色和使用价值没有变，

而且现行的"教学用书"相对于过去的"教参"来讲编得更加具体，有的干脆给出详细的教学设计。于是，在教师的备课中，心思就花得少了。抄教师用书、抄教案的现象已经是极为普遍的现象。有的教师备课时，身边只有"教师用书"和教案，就是没有教材，这是备课中的"咄咄怪事"。还有一个十分有趣的现象。翻开有的教师的教材，许多课文都是空白，没有批注。但有一篇课文或者几篇课文则写得密密麻麻，甚至还贴着小纸条。一了解才知道，这几篇课文是教师上了公开课的。也就是说，为了上好公开课，教师在教材上备课了；不上公开课呢，教材就不重要了，管他呢，抄吧！

第五，在备课质效上，备与教分离，过程不回应目标，备课等于没有备。

备课本来是为教学服务的，但现实中，有的教师的备课并没有为教学服务。我们知道，在教学中因为课堂教学中生成状态的变化，教学有可能脱离事先的备课设计，这是正常的现象。但是，如果备与教完全分离，这样的备课确实没有实际的意义。

第六，在备课管理上，重形式，轻教学过程，忽略了质效。

我们不得不承认，目前学校对于教师备课的管理确实出现了一系列的问题。学校管理教师备课的方式一般就是检查教师的备课本，并且把检查结果与教师的绩效工资挂钩。将教师的备课本收起来，查看一下备课的进度、是否详细等等，盖个章，做个登记，就算完事儿。这样的管理不出问题才怪。我们曾经遇到一位一年级的语文教师，为了教好汉语拼音（一年级开始主要教学汉语拼音），她把大量的时间和精力放到了做拼音卡片上，写教案的进度没有赶上。那天，学校突然通知检查备课，她的备课本自然被扣了"绩效分"。这位教师感到很冤枉：学校领导怎么不看看我做的拼音卡片啊？难道我真的没有备课吗？她在诉委屈的时候，拉开办公桌的三个抽屉，我们看到的是满满三抽屉拼音和识字卡片。我们能说这位教师的备课不认真吗？还有一种备课管理的现象：备课必须按照"知识与能力""过程与方法""情感、态度、价值观"三个维度写清楚教学目标。而且，要求被写进当地教育局的教育评估方案里了。教学目标一定要按照"三维"的形式呈现在教师的备课本上吗？这只是一个有待研究的问题，却变为行政的指令，值得思考。诸如此类，难怪教师发出这样的哀叹："我们备课不是为了自己的教学，而是为了应付学校的检查。""备课是教师最重的'教业负担'。"是的，我们的备课管理到了该认真研究的时候了。

二、学记语文阅读教学备课思想的转变

怎样解决上述种种备课的问题？这是学记语文在认真研究的问题。学记语

文认为，行为的转变首先来源于思想的变化与进步。因此，阅读教学的备课首先要转变备课思想。

如前文所述，学记语文是以学生为主体的语文，是"为学而教"的语文，是"以学为重"的语文，是师生"和谐共生"的语文。学记语文坚持以人为本的学生观、师生交往的教学观和发展为本的质量观。因此，学记语文把"以学为重，为学而教；以学定教，随学而导；记用相行，内外相辅；和谐共生，教学相长"等，作为自己的核心理念，理所当然也是阅读教学思想的核心。

在阅读教学备课中，落实这一理念，就是要做到：不是"教课文"，而是"教语文"，"教学习"；不是"为文而教"，而是"为人而教"，"为学而教"。

具体来说，阅读教学的备课要实现以下"六个转变"：

（一）从经验性备课转变为研究性备课

作为语文教师，每一个人都或多或少地拥有自己的备课经验。在备课过程中，教师要运用自己的经验，但是教师不能让自己成为经验主义者。备课中的经验主义现象表现为：肯定自己的经验，按照自己固有"套路"备课；借用他人的经验，照抄"教学用书"，照搬别人的教案。毛泽东同志在《反对本本主义》《实践论》等著作中曾一针见血地指出，经验主义的要害在于轻视马克思主义理论的指导作用，满足于个人的狭隘经验，把局部经验误认为是普遍真理，到处生搬硬套，也否认具体问题具体分析。因此，在备课时，教师不能只从狭隘的个人经验出发，要采取联系、发展、全面的观点来备课。备课是需要研究的，要研究教材，要研究学生，要研究教法，要研究学法。一篇课文在不同的时期、不同的环境，面对不同的学习对象，其扮演的角色、承担的任务以及产生的价值效应都会有所不同，备课时就需要认真研究。当然，我们提倡研究性备课，并不是反对利用经验，其关键在于借鉴经验，而不是唯经验是从。

（二）从以备"教"为主转变为以备"学"为主

我们的备课不能只专注于教师的"教"，这一点已经阐述了许多。由以备"教"为主转变为以备"学"为主，问题集中在一个"学"字上。所谓备"学"，一是备学生，把学生当作阅读的主人，从学生的阅读需要、阅读心理、阅读过程等各方面进行思考，尤其关注学生的学习个性；二是备学习方法，把方法和策略置于阅读教学的首位；三是备学习过程，着眼于学生阅读的实践过程；四是备学习指导，根据学生的学习个性和学习过程，思考教师的指导策略。

（三）从注重预设转变为关注生成

阅读教学要从生命的高度、用动态生成的观念来重新认识，建立新的课堂教学观。新课程的实施更使我们紧迫地感到必须对阅读教学进行多角度的反思，其中之一便是正确处理预设和生成的关系。事实上，教学不是完全根据教师的事先预设按部就班地进行，而是充分发挥师生双方的积极性，随着教学活动的展开，教师、学生的思想和教学文本不断碰撞，创造火花不断迸发，新的学习需求、方向不断产生。学生在这个过程中兴趣盎然，认识和体验不断加深，这就是生成的课堂教学。在这样的课堂上，学生获得了多方面的满足和发展，教师的劳动也闪耀着创造的光辉，师生都能感觉到生命活力的涌动。如果我们的备课过分倚重教学预设，备课便成了一种单纯的教学设计的技术行为，成为一种线性的、凝固的预案。不仅教学目标不能变动，教学过程环环相扣，教学结果可以预料，甚至连每个环节花几分钟教学都预先规定，忽视的恰恰是课堂教学中最重要的因素——人的因素和最重要的目标——学生的发展。正如布卢姆所说："人们无法预料教学所产生的成果的全部范围。没有预料不到的成果，教学也就不成为一种艺术了。"我们不能把课堂教学简单地看作线性的、有因必有果的事件，而必须充分考虑它众多的不确定因素，更不能以为有了预设就万事大吉。我们应该知道，预设是为了更好地生成，预设因生成而变。

（四）从静态备课转变为动静结合备课

所谓静态备课，就是依据教学目标，把课程标准、教材、教学用书、教案等相关的静态的知识经验进行组合，以建构出教学方案的备课。所谓动态备课，就是从学生的发展需求出发，自始至终关注学生动态的学习过程，以学生的学习活动为核心构建学习指导方案的备课。静态备课侧重于对教学材料的组合编制，动态备课则侧重于学生的学习活动过程。既然阅读教学不是"教课文"，而是"教语文""教学习"，不是"为文而教"，而是"为人而教""为学而教"，那么，备课就不仅仅是组合相关的教学材料，写出教案。备课时，要以"人的活动"为核心，全面地、辩证地研究教学过程的各个构成要素，做到既要认真研究教材，备教学内容，备教法、学法，也要思考学生在学习过程中的活动状况，使教材这一静态的知识库，与学生接受知识的动态过程相吻合，使教与学的动态要素与教材这一静态要素相互协调、相得益彰，做到静态备课与动态备课的有机统一。

（五）从教案呈现转变为内心构想

实际上，这一转变是静态备课和动态备课关系处理的延续。专注于教案的呈现，是静态备课，而在心里构想课堂学习的情景，则是动态备课。写出教案是必要的，但在心里构想课堂学习的情景更为重要。构想的过程，是让预设在假想的课堂教学情景中进行呈现的过程。在构想中，教师更多地关注教师与学生的活动状况，思考教学进展中的每一处细节，进而有针对性地作出措施调整和环节改进，使教学设计达到最优化的效果。这样看来，构想能使教师产生教学先觉和先知，真正做到"以学定教，随学而导"。

（六）从详细备课转变为粗略备课

把课备得越细致越好吗？有人主张在备课中，对于方方面面的事情考虑得越多，越仔细，才能保证讲课过程中学生接受的效果好。只有对教学中的每一个细节进行了认真的思考和精心的预设，才能有课堂上的挥洒自如和精彩的生成。比如，教学中问题如何呈现给学生，用什么样的语调，预设的问题学生将如何回答，对于学生的回答我们将采取什么样的评价，等等。只有把课备细了，才能胸有成竹地走进课堂，才能勇敢地面对学生，才能顺利完成教学任务。我们认为不尽然。从课堂上师生活动的角度来说，细致就意味着羁绊，就意味着空间狭小，就意味着时间的绝对限制，就意味着师生必须沿着事先的设计走，偏移不得。于是，生成没有了，课堂的精彩也没有了。这里有两个需要澄清的概念："细致"和"细节"。"细致"一般指精细、周密；"细节"指细小的环节和情节。"细致"离不开"细节"，但"细节"不代表"细致"。备课中要注意细节，但不是把课备得越细致越好。从人的主观能动性来看，课堂上人是活的，教师可以通过构想来假想人的活动，但并不能将它绝对等同于课堂的真实再现。因此，教学的"活"来源于因"人"而变，因"学"而变。从这个意义上讲，我们主张把课备得"粗略"一些，给师生更好发挥和创造的机会和空间。当然，能做到粗中有细则更好。

有了这"六个转变"，阅读教学的备课就不再是"死备课"，"备死课"，而是"活备课"，"备活课"。通过"活"的备课把课"备活"，这是学记语文在阅读教学备课问题上所追求的最高境界。

三、学记语文阅读教学备课的行为艺术

行为艺术（Performance Art），是现代艺术领域的一个名词，也称行动艺术，是一种艺术家用思维和行为过程来进行创作的艺术形式。现代行为艺术兴起于西方，是西方当代社会的一个奇特现象，行为艺术在本质上可以定义为一种自由的生命活动。行为艺术强调的是行为过程，把艺术注重行为结果的单一领域拓展到了充分认识、注重艺术行为过程的领域。学记语文借用"行为艺术"一词，把教师的备课看作教学艺术的一个部分，把备课作为一种生命参与的艺术行动，关注教师的备课行为过程，关注教师的备课艺术。

（一）教师在备课行为艺术中的角色

在备课行为艺术中，教师作为主角，以突出学生生命活动质量为重心，开展有价值的备课活动。那么，教师扮演着哪些重要的角色呢？

第一，教师是与学生、教材编者和文本的对话者。

《义务教育语文课程标准（2011年版）》提出："阅读教学是学生、教师、教科书编者、文本之间对话的过程。"同样，备课是学生、教师、教科书编者和文本之间跨越时空的对话。这种对话建立在平等、互动的基础上。对于教师

来说，一旦开始备课也就开始了这种对话，备课也就变成了放飞心情、感悟生命的历程。在对话中，教师要向教材编者询问，揣摩教材编者的意图，感悟教材编者的良苦用心；在对话中，教师要征求学生的意见，发现学生的需要，把握学生生命的律动；在对话中，教师要和文本之间互通信息，和文本作者进行情感的交融、思想的碰撞。通过与这些角色的对话，教师在备课中"以教为主"的思想得以消解，教师在教学预设里的中心地位得以消解，教师在教案中的"话语霸权"也得以消解。也就在这样的"消解"中，教材编者成了教师的高级参谋，学生成了教师自己的孩子，文本作者成了教师的挚友。大家一起来讨论课堂活动的建构，想象课堂活动的美好情景，思想、心灵、情感共同碰撞出智慧的火花，充满生命活力的课堂便有了基础。

第二，教师是挖掘艺术资源的"淘金人"。

在教材编者的精心设计之下，一个个文本就是一座座"金矿"，蕴涵着无数的"金子"。教师就是"淘金人"。在教材编者的指导下，教师精心研读文本，深研文本中语言与精神、智力与情感元素，并做好充分的准备——和学生一道享用。

第三，教师是在思辨中涤荡思想的哲学家。

教师既然是"淘金人"，就必须注重一个"淘"字，淘走浑浊，淘走沙砾，淘出"金子"。我们要关注一个"淘"字，从哲学的层面来讲，"淘"的过程也就是教师进行哲学思辨的过程，通过分析、推理、判断等哲学思辨，获取文本最有意义的价值观。在文本的解读过程中，之所以会出现或浅、或深、或偏、或误、或曲解等方面的问题，就是因为我们教师缺少哲学的思辨力。因此，备课中的教师不仅要是艺术家，还要是具有深刻思辨力的哲学家。思辨是教师研读文本最重要的思考方式，这种方式实际是从哲学的角度出发，对事物的另一种追问。有这样一个故事：一个母亲给女儿一个苹果，问女儿看到这个苹果想到了什么，女儿回答苹果一定很好吃。母亲说当自己看到苹果的时候，想到了姥姥。那时姥姥舍不得吃苹果，把苹果分给孩子们吃，而自己只嚼苹果皮儿。母亲又告诉女儿，农民看到苹果想到了丰收，医生看到苹果想到了维生素，她要女儿判断谁的看法正确。这位母亲实际想告诉女儿，面对同一种事物每个人都可以有自己的看法，认识一个事物更可以有不同的角度，灾难并不意味着死亡，相反可能是新希望的开始……这种思考问题的方式，对于我们语文教师来说实在是太重要了。有了这种思考的方式，我们就可以从文本中找到正确的价值观。

第四，教师是构想场景、部署行动的策划者。

备课，不是为教案，教案显然不是教师备课最后的结晶。在备课的前面，等着教师和学生的是一个剧场，是一个偌大的舞台，是一台精彩的演出。教师不仅是编剧，还是导演，是演员，更是整场演出的总策划者。作为策划人，要构想课堂教学的效应，要构想课堂教学的情景，还要部署课堂教学的整体行动。从这个角度看，我们教师要把自己从简单的思维中解放出来，立体地、多层面地思考问题。

（二）教师备课行为中研读和处理教材的艺术

教材是教学的载体，教学内容隐藏在教材之中。研读和处理教材，是阅读教学备课的重要内容。研读和处理教材的核心是对文本内容的选择与重构。语文教师难当，语文课难教，这第一难，就要靠教师钻研教材，通过对教材的二度开发，来确定"教什么"，也就是解决教材研读的"精入"与教材处理"活出"的问题。

我们先来讨论"精入"——研读教材。

所谓"精入"，是指教师要作为一般读者阅读教材，"钻进去"，"潜心会本文"，"披文以入情"，与作者产生情感的共鸣。课堂教学最主要的凭借是教材。研读教材是教师在课前预设活动中的一项十分重要的内容，直接决定学生的学习效率。在教学中，我们时常可以看到因为教师对教材的研读不够，把握不准，驾驭不力，而导致课堂教学发生意外的现象。

怎样在研读教材的过程中做到"精入"？

正如朱熹所说，研读教材要"如人入城廓，须是逐街坊里巷，屋庐台榭，车马人物一一看过才是"。他的"循序渐进、熟读精思、虚心涵咏、切己体察、著紧用力、须教有疑"二十四字研读法，对我们钻研教材不无启发。说到具体"精入"，笔者认为要做到以下三个方面：

1. "精入"教材的前提。

我们应该具有怎样的教材观？这是研读教材的基本前提。在本书的拼音章节中，笔者对学记语文的教材观已经进行了初步解说。这里结合阅读教学，再谈谈教材观的问题。

首先，教材是一种资源。我们知道，教材是由三个基本要素，即信息、符号、媒介构成，用于向学生传授知识、技能和思想的材料。广义的教材，一般指课堂上使用的一切材料；狭义的教材，则指教科书。怎样理解"教科书"？我们认为，教，指的是教学、教习，即教学生学习；材，指的是材料——为教和学提供资源；教材，就是为教学提供的材料。从这个角度上认识教材，我们会发现，教材实际上是一种"资源"。语文教材作为一种独特的资源，包括道德资源、语言资源、文化资源、审美资源、智力资源和生活资源等。当然，其核心资源是语言资源。

其次，阅读教学应该怎样看待这种资源，让教材发挥最大的功用价值？目前，教材的功用价值之所以没有被充分地发挥出来，是因为我们习惯地把教材看成了平行线。如下图：

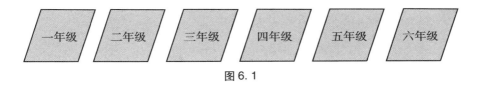

图6.1

这样平行地看待各年级教材，我们的眼中自然就失去了学生，失去了年段特点，我们对教材的处理也自然失去了针对性，失去了目的性。于是我们的语文教学总是在给学生卖"旧船票"，在"重复昨天的故事"，我们的学生也就失去了发展性。为此，每一个语文教师都应该思考：每一本教材每一篇课文都担负着什么？这样思考的话，我们就会发现：一本本教材就是一层层楼，一篇篇课文就是楼梯，各年段的语文教学就是在引领着学生"爬楼梯"，我们的学生就在上楼梯的过程中迅速地成长起来。

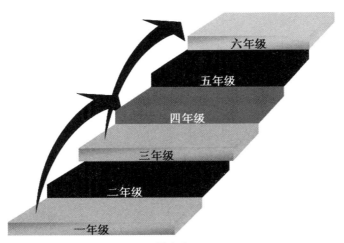

图6.2

最后，怎样看待"课文"这一概念？"课文"是什么？《现代汉语词典》这样解释：教科书中的正文（区别于注释和习题等）。依据这样的解释，课文就是教材中的一篇篇选文的统称。"课文"这一概念，给具有不同个性的文本穿上了同一件衣服。于是，在我们教师的眼里，不再有文体特征，不再有文本个性。无论你是散文，是小说，是说明文，还是议论文，是诗歌，反正都那么教。在老师的指引下，我们的学生无论拿到什么文章，都那么读。其结果，当然是阅读素养丧失。对此，学记语文强调，阅读教学无论是备课还是教学，都必须注意文本的文体特征和个性，要针对文本的特点进行教学。

2. "精入"教材的要求。

在进一步讨论了阅读教材的文本观以后，我们接着讨论研读文本的问题。研读教材要明确哪些要求？这也是要注意的问题。崔峦老师曾经指出了一些教师在研读教材的过程中的"四忌"：一忌"浅"——浅尝辄止；二忌"搬"——急于看教参中的"教材分析"，用别人的理解代替自己的研读；三忌"偏"——不能正确理解和把握教材的价值取向；四忌"泛"——不把工夫用在吃透课文上，而是四处找相关资料，找到之后爱不释手，这就导致了上课撇开教材，大量补充图文资料，造成了"泛语文"的偏向。分析这四种现象，学记语文认为，在研读教材过程中要把握好"三度"：

①"深度"。教师对教材的研读要尽量深入一些，深刻一些。如对教材的教育价值应有深刻的认识，这种认识不仅是思想层面的，还有情感的、态度的、价值观之类的等等。从《去年的树》中，我们不能简单地认识这篇童话给我们在环保、诚信和友情方面的思考，更应深刻地认识到其中蕴涵的真、善、美。

②"宽度"。在钻研教材时，教师要尽量想得多一些。如纳兰性德的《长相思》写道："山一程，水一程。身向榆关那畔行，夜深千帐灯。风一更，雪一更。聒碎乡心梦不成，故园无此声。""山一程，水一程"是一程山一程水吗？"风一更，雪一更"是一更风一更雪吗？上片描写千军万马跋山涉水，浩浩荡荡向山海关进发，声势甚盛。入夜，营帐中灯火辉煌，宏伟壮丽。下片写作者思乡心切，感到孤单落寞。夜已深，帐外风雪阵阵，使人无法入眠，归梦难成，不由得生出怨恼之意。有些老师简单地把"山一程，水一程"理解为一程山一程水，把"风一更，雪一更"理解为一更风一更雪，是不恰当的。古诗文写作中，有一种方法叫作"互文见义"，两样事物分开写，但是其含义是互相包含的。就像"秦时明月汉时关"，不能理解为秦朝的明月照着汉朝的边关，这是不可能的。利用互文见义的方法，应当理解为："明月还是秦朝汉朝的明月，边关还是秦朝汉朝的边关（可是我们的国家已经变了）。"明月和边关分开说，但是意思是互相包含的。可见，教师在研读教材时，想得多一些并不是坏事。

③"高度"。教师对教材的解读不能"浅尝辄止"，要有一定的高度。如《落花生》作为一篇经典课文，诵读不衰。江苏省著名特级教师孙双金执教此课时，激发学生进行批判性的读："预习部分有一个科学性错误，谁能找出来呢？"经师生几番斟酌，终见端倪。原来"它的花落了，能钻进地里结了果实"句中"花落"和"钻进"确有不妥之处，落花生的"花"没有"落"，而是它的子房特别，像一根管子插入地里把果实（花生）结在泥土里。孙老师又提出一道开放性辩题让学生辩论："当代社会，你想做落花生那样的人，还是想做

苹果、石榴那样的人?"学生在激烈的争辩中,一反传统的一味推崇落花生式默默无闻的人,树立了现代人应具备的价值观:既要像落花生那样不计名利,踏实肯干,又应像苹果、石榴那样在适当的时候展示自己的才华,最终被社会所认可。这种辩证的人生观并非许地山撰文的初衷,但在现代社会,被赋予了新的含义,使教材的解读价值长盛不衰。

3. "精入"教材的手段。

教师用什么来研读教材?是"读"。教师的任务,就是把教材读"厚",把教材教"薄"。于永正老师曾说:"语文老师备课,就是备'读'。"他认为教材细读是个很好的理念,细读的前提是多读。教材必须反复读,只读一遍两遍是不会有什么感觉的。比如他初读《圆明园的毁灭》时,觉得课文不怎么样,读着读着,读出味来了!这时心头一热,很激动。第二自然段写什么?原来是写圆明园的布局啊!这布局写得多巧妙啊!一个"众星拱月"作了形象的概括。这是"鸟瞰"。接下来第三、四自然段则是走进圆明园,写在园内看到的景、物。先写建筑:那里有"金碧辉煌的殿堂"……这段描写角度多么巧妙:有大有小,大小相间;有仿有创,交相辉映;有中有西,中西合璧!什么是艺术?什么是求新?艺术求变!没有变化就没有艺术。为什么说圆明园是"园林艺术的瑰宝""建筑艺术的精华"?道理就在这里。朱熹说:"大凡读书,须是熟读。熟读了自精熟,精熟后理自见得。"这是读书人的切身体会。教师熟读了,在课堂上才能成为一个熟谙一切的向导,在前边引领着,提示着,点拨着,当然有时也作些必要的解说。"书忌耳传","文贵自得",这是于老师对阅读教学的理解。在老师引领下,学生自己读,读明白了,才能"文意兼得"。于老师还告诫我们,不要企图读一两遍就能进入教材。他的窍门就是读啊思啊,思啊读啊,一遍又一遍,不知什么时候就会豁然贯通,有了新的发现。《管子·内业》云:"思之思之,又重思之。思之而不通,鬼神将助之;非鬼神之力也,精诚之极也。"教材要细读,只要细读到一定程度,终会有结果的。

接下来,我们讨论"活出"——处理教材。

所谓"活出",是"出"得教材,"出"得教材就是用好教材,把教材当成教师"善事"的利器,对教学行动进行谋划和布局。

按照学记语文的思想,跳出教材,用教材教,贵在教师不"唯教",而"唯学",即从学生"学"的角度考虑教学的实施。也就是站在学生的角度,依据教学目标,结合课文特点及思考练习的提示,在对课文语言来一番"虚心涵咏、切己体察"的基础上,确定本课语言训练的内容,比如需要理解的词句,需要积累的语言,需要习得的学法,需要揣摩的写法,亦即找准语言训练的重点。如果教学内容比较精当,瞄准课文的重点、训练的难点、学生的疑点、语言发展的生长点，就可以在一定程度上克服教学内容"泛化""不确定化"的问题，做到"该教该学的就教就学，不该教不该学的不教不学"。

具体来说：

1. 确定教学目标。关于"目标"的问题，在本书的"学记语文的课堂教学重构"一章中已经进行比较详尽的阐述。这里再举一例。比如人教版《冬阳·童年·骆驼队》一课，该教些什么、学些什么呢？根据第三学段"阅读"目标：理解词句，体会表达效果；揣摩文章的表达顺序，体会作者思想感情，初步领悟基本的表达方法；阅读叙事性作品，了解事件梗概，简单描述印象最深的场景……说出自己的感受。结合课文围绕骆驼队描写了几个童年生活的镜头、表达了对童年的眷恋与怀念的特点，这一课的教学内容、目标可以这样确定：①识字学词，积累词语。②正确、流利、有感情地朗读课文。③在阅读全文、大体理清思路的基础上，抓住印象最深的场景描写（如看骆驼咀嚼，和爸爸谈骆驼脖子上的铃铛），读、思、议，感受童真童趣，体会作者对童年的眷恋之情，同时领悟作者是怎样表达这种感情的，在熟读的基础上，积累这些看似平淡却饱含浓浓的情的语言。这第三项，就是有别于其他课的重要目标。课文题材、体裁不同，所处年段不同，特别是自身特点不同，因此，教学目标也应有所不同。找准教学目标，是个性化教学的前提。

2. 真正做到"用好教材这个例子"。在这一点上，学记语文历来有一个主张：我们语文教师应该学习数学老师教"应用例题"，真正用好教材这个例子。

我们先来分析数学教师是怎样教应用题例题的。比如教学一道"相遇问题"的应用例题，教师的教学目标不是只让学生解决这个例题，而是通过这一道例题引导学生读题发现问题，分析数量关系解决问题，进而把学到的方法运用到生活中去，解决生活中的问题。教师关注的是学生，教的是方法，培养的是能力。而我们语文教师呢？拿到一篇课文，务必要将课文内容讲深讲透，使学生在文章的内容里总也走不出来。结果一篇课文学完了，学生记住了几个词语，认识了几个人物，知晓了几种道理，方法呢，能力呢，全没有。由此，学生在读了十几年的语文后，仍旧不能很好地读与写，此"咄咄怪事"便不足为奇。因此，要"用好教材这个例子"，我们语文教师必须向数学教师学习。

如教学《将相和》，传统的教学总是在"和"字上面做文章，为什么不"和"？怎么"和"的？"和"的意义是什么？在对"和"的探讨和研究中认识廉颇和蔺相如两个人物的精神品质。这样教学的结果是学生怎么也走不出教材，在教材这个狭小的圈子里东奔西突，不会有多少精彩的生成，所得十分有限。那么，让我们现在从教材里"跳出来"吧，从学生学语文的角度来思考教学。首先引导学生思考我们为什么读这个故事，讨论中学生会明白，我们学这个故事是为了了解历史、认识人物、感悟人生、积淀文学和语言；然后让学生带着这些目的阅读课文，亲历学习的过程。我们来思考学生这样学习的结果，还会是认识两个人物吗？不，学生不仅认识了人物，还思考了历史和人生，积淀了文学和语言，锻炼语文能力，提升的是语文的素养。从生成的角度讲，学生在课堂上的表现当然是异彩纷呈的。

再如，在本章的第一节中，笔者已经以《威尼斯的小艇》为例讨论了阅读教学的一个重要思想：阅读教学要走出"内容分析"的魔区。那么，怎样走出来？下面就谈谈本文教学的行动策划。

①在教材的研读上，突破"机械言语分析"的"束缚"。

课文仅仅写的是小艇吗？不是。乍看上去，文章写了小艇的样子、船夫的驾驶技术和小艇在威尼斯人生活中的作用，内容简单明了，突出的是小艇。但实际不然。作者在写小艇时，没有孤立地去写，而是把小艇放在威尼斯城市的风景画卷中来加以描绘。因为有威尼斯水城，所以才有独特的小艇；因为有了这样的小艇，所以才有威尼斯人别样的生活；因为有了威尼斯人依赖小艇的别样生活，所以才有威尼斯城市的独特风情。如此，小艇、城市与人融为一体，构成了一幅别样的画卷，独特的"风景"酝酿了富有独特韵味的"风情"。如果我们只是把眼光盯在小艇上，就只能注重通过言语分析来抓小艇的特点，抓小艇驾驶者的技术，抓小艇的作用。如此，我们收获的是枯燥的事物特点，失去的则是丰满的形象，优美的画卷，别致的情调。一些老师的教学就走入了这样的"言语分析"的"点"中。因此，我们让自己从"点"上跳得高一些，从"面"上去思考：注意整体联系，抓住"别样风景"，不只是认识几个特点，更重要的是欣赏"风景"，领略"风情"。

②在阅读的指导上，踩好"教材是例子"的三个"点"。

要不做"内容分析"，就必须把课文当作"例子"；要用好"例子"，就必须"踩"好"点"。处理教学时，我们主要"踩"了三个"点"：

A. 小艇的样子这个"点"。不是单独而枯燥地在特点上挖掘，而是从形象上思考——正是小艇如此独特的样子，才表现出了威尼斯这座水上城市的独特。教学时，通过语言的对比，引发学生的想象。学生的想象多么丰富啊："天上有一个月亮，旁边有很多星星，星星们环绕着月亮，月亮的银光撒在水面上，散发出点点银色的星光，小艇从水上掠过，让人觉得天上有一个月亮，水中也有一个月亮！"学生在如此奇妙的想象中，也体会到了语言的精妙，进而达到语言与精神、情致同构共生的效果。

B. 船夫驾驶这个"点"。在以往的教学中，一些教师比较注意引导学生抓一些关键词语，来体会船夫的驾驶技术怎么怎么的好，结果只能是枯燥地挖掘语言。笔者认为，既然把课文当成一幅风景画来欣赏，那么船夫的驾驶就不是"死的"，就不能仅限于"技术"这一静态的层面，而应该让船夫驾驶"活"

起来，让小艇"动"起来。教学时，我们用朗读来代替语言分析，通过转化角色，通过幽默的引导，让学生在朗读中体会，在朗读中想象，在朗读中感受到行船的乐趣。枯燥的语言肢解，变成了富有生命激情的对话和朗读，课堂真的"活"了起来。于是，便有了学生那动人的歌唱："威尼斯，我多么羡慕你，你拥有精美的小艇，你拥有宏伟的石桥，你还拥有城堡般的建筑，就连波澜壮阔的大运河也投入你的怀抱，我爱你！威尼斯！"

C. 小艇与人们生活、与城市的联系这个"点"。在教材的课后思考练习里，有这样一项要求："默读课文，联系有关语句，说说小艇和威尼斯人生活的关系。"这是教材编者精心设计的一道思考题。这道思考题遵循了阅读教学和学生的认知规律，引导学生从感性到理性、从部分到整体地把握课文。因此，我们不能放弃这个"点"。教学时，我们分两步走。第一步，仍旧以朗读为主要手段，让学生在朗读中感受威尼斯人们的生活情趣。世界上也没有任何一个地方，没有任何一个城市能够像威尼斯这样，要用小艇来构筑人们的生活，这是一道独一无二的风景，这独一无二的风景也使得人们的生活拥有了独特的风情。第二步，在学生体会到威尼斯人独特的生活风情的基础上，引发思考："假如威尼斯没有小艇，会怎么样"，使学生明白，假如威尼斯没有小艇，就不会有这些别样的风景，也不会有这种独具风情的生活，更不会有威尼斯这座世界闻名的水上城市！难怪作者在文章的开头就写到：威尼斯是世界闻名的水上城市，河道纵横交叉，小艇成了主要的交通工具，等于大街上的汽车。对文章的整体把握至此"水到渠成"。

综上，对教材的"精入"与"活出"，实际上就是用怎样的预设引出怎样的生成。如果只"入"而不能"出"，就无法充分用教材来演绎课堂；如果没"入"而"出"，课堂的生成就会如断线的风筝。教学之道，有"入"有"出"，"入"是基础，"出"为飞跃。灵动的课堂在于我们在预设与生成之间把握着"入"与"出"的"平衡"。

（三）教师备课行为中的思维艺术

教师靠什么来研读教材？学记语文认为是教师的思维品质。教师的思维品质决定着教师备课的质量，是"精入"和"活出"教材的"利器"。

第一，思维的广阔性品质利于教师备课入微，考虑周到。

备课所涉及的内容是非常广泛的。因此，备课首先要求教师的思维不是狭窄的，而是广阔的。教师的思维广阔，往往具有较丰富的知识，这正好为教师钻研教材、掌握相关的教学资料提供了极有利的条件。其次，教师思维具有广度，还能促使教师从教材和学生的实际出发，全面地思考问题。例如，对教材的研读是否全面、教学设计是否合理、学生能否接受，甚至课堂教学中的教学细节也会考虑进来。从而，使教师对教学方案作全面的把握，对教学思路和教学程序进行宏观的控制和调节，以切实保证课堂教学顺利进行。

第二，思维的深刻性品质利于教师对文本进行深刻透视。

在研读教材的过程中，教师能否抓住教材的实质，获取本质的、规律的认识，与教师思维的深刻性程度有关。思维深刻的教师能深入教材之中，准确地把握文本的思想实质、语言特征、结构特点等，并结合学生的实际，制订教学的目的、要求，确定教学的重难点。如备《马》一课，教师一般将马忠实、有感情定为本文的中心。实际上，该文的思想教育内容潜藏很深。文章写的是黑暗社会里穷苦孩子的悲惨生活遭遇。送马途中，人马共患难，人哭马流泪，形成了对黑暗社会的强烈控诉。让学生将自己的幸福生活与之对比，就会激发起学生爱祖国、爱社会主义的情感。如果教师的思维不深刻，这样好的思想内容就不会被挖掘出来。一句话，教师思维的深刻性品质决定着教师"精入"文本的质量。

第三，思维的灵活性品质利于教师进行教学设计。

我国著名语言文字学家吕叔湘先生曾说："如果说一种教学法是一把钥匙，那么，在各种教学法之间还有一把总钥匙，它的名字叫做'活'。"而制造这把"总钥匙"的最佳材料就是教师的思维灵活性品质。如果教师的思维灵活，就能从众多的教学方法中，取其精要，触类旁通，根据文本特点和学生实际，设计出最佳教学方案。如《渡船》一课，从课题"渡船"切入，展开教学未尝不可。但课文的开头结尾对比鲜明，于是有的教师从开头和结尾入手，设问：年轻的妈妈为什么一开始愁眉不展，而后来露出笑容了呢？这样，马上激发了学生读书的兴趣。常见一些教师在备一课书时，设计出教法 A、B、C，这就是思维灵活性的确切体现。

第四，思维的独立性品质利于教师提高备课的自主性。

作为语文教师，要善于自己发现问题、分析问题、解决问题，而不依赖于现成的答案和方法。在备课中，教师往往要参看一些别人的教学设计，听取别的教师的建议。但是，最终能否作出切合实际的教学设计，在实际的教学活动中真正"演"出自己的特色，决定因素在于教师是不是具有独立的思维品质。比如，作为语文教研员，笔者常参加一些课的研究。在一次次教学比武活动中，笔者看到有的参赛选手身后总跟着一位或两位"参谋"，甚至是一个团队。选定课题后，参谋们献计献策。教师在备课中感到甲的观点可取，乙的说法有用，先是在教学设计上拿不定主意，后来干脆盲从，结果教学往往不能获得成功。不难看出，这位教师缺乏独立性思维品质。当然，也不是说独立思维就要拒绝别人的观点，一切以自我为主。真正的独立思维是"多谋善断"，即"采百家之长，走自己之路，形成自己的风格"。

第五，思维的创造性品质利于教师备课出新。

创造性思维是一种突破、独创、开拓性的思维。高质量的备课自然不能离开教师的创造性思维。这种思维品质能促使教师突破常规的做法，有创见地分析、处理教材，洞察学生学习的现象，设计出异于他人的教学。如于永正在执教《草》时，善于引导学生品字析词，在领悟汉字的人文内涵中感受到语言文字的韵味。如教"一岁一枯荣"的"荣"字，于老师出示"荣"字的甲骨文，问学生"春天来了，山坡上长什么？山坡下长什么？"，"坡上坡下都有草木，当然是一片茂盛的景色"。学生理解得十分容易。教"春风吹又生"的"生"字时，教师先遮住"土"，又遮住"丿"，问："像什么呀？""一棵草从土里长出来。""那为什么是'春风吹又生'，而不是'春风吹又长'呢？""因为生的意思就是从土里往上长。"既记住了字形，又理解了字义，教学可谓深入浅出，韵味无穷。如果没有思维的创造性品质，就不会有于老师对"荣""生"二字这样精妙的教学处理。

此外，思维的逻辑性品质也在教师备课中起着不可低估的作用。教师的思维富有条理，逻辑性强，那么，教学设计便会思路清晰，环环相扣，结构严密，层次清楚。反之，就会漏洞百出，杂乱无章。应当指出的是，上述各种思维品质并不是孤立存在的。它们既相对独立，又相互联系，共同作用于教师研读文本和处理教材的全过程，决定备课的质量。教师只有努力锻炼自己的思维能力，养成优秀的思维品质，才能有效地提高备课质量。

第三节　学记语文阅读教学的指导策略

一、学生阅读实践的指导

根据学记语文的核心理念，在"以学定教，随学而导"的课堂上，特别强调学生的阅读实践。但是，当老师们把这一理念转化为真正的教学行为时，却遇到了这样或那样的困难。对此，受我国著名教育家陶行知先生教育思想的启迪，学记语文的指导策略是做到"六大解放"。

（一）解放头脑，让学生在问题中前行

陶行知先生认为，过去儿童的创造力"被固有的迷信、成见、曲解、幻想层层裹头布包了起来"，要解放儿童的创造力，"先要把儿童头脑从迷信、成见、曲解、幻想中解放出来"。头脑解放了，才会产生创造力。而创造力的产生则源于对问题的思考，问题是创造的开始。因此，解放儿童的头脑，落实到

教学行动上，就是要鼓励学生提供质疑问难的机会，让学生在问题中前行。如教学《李时珍》一课时，一位教师欲擒故纵，设计了一段质疑式导语："我们的祖国历史悠久，人才辈出。李时珍就是当中的一位，你想了解他吗？读读课文，把你想了解那一方面提出来。"此言一出，学生兴趣大增，学习情绪饱满，结果提了很多问题：医生能救死扶伤，为什么李时珍的父亲不让他当医生？什么叫完善的药物书？李时珍写一本《本草纲目》为什么用了 27 年？这些问题有的紧扣课文内容，提得好，有些几乎离开课文主旨，但教师没有随意否定，而是调整事先的教学设计，以学生的问题引导学生读课文，让学生的求知欲得到了满足。

在教学中对学生的质疑，我们可以采用以下的方法加以引导，使学生真正走入思考的空间。

一是"创"。即创设激发学生思维的问题情境，让学生从情境中感觉到问题的存在，并大胆地提出问题。

二是"放"。即放开教师的束缚，激活学生的大脑，放手让学生从课文中寻找问题，提出问题。不管学生提出什么样的问题，只要是他们自己的发现就可以提出来。

三是"导"。即引导学生质疑问难。由于学生受认知水平的限制，在质疑活动中往往提出一些浅层次的问题，如"××词语是什么意思""××一句话我不懂"等等，有的学生则干脆将课后思考题中的问题提出来，虽有一定的深度，但不是自己的发现。这时，笔者总是启发学生联系课文内容和语言环境进行深入的思考，提出有价值的问题。

四是"归"。即对学生的质疑进行归纳。在质疑问难活动中，学生的提问来自自我的发现，有些零碎，这就需要教师进行归纳，把学生提出的问题进行归类整理，以便于学生阅读思考。

当然，在阅读教学中不仅要鼓励学生质疑问难，提出问题，更重要的是引导学生思考解决问题。如果说提问是创新思维活动的开始，那么，解决问题的过程则更加促进学生创新思维能力的发展和提高。

在教学中，我们可以用以下方法帮助学生解疑，培养学生的创新思维的能力。

一是"定"。就是定目标，定方向。根据学生的质疑确定阅读活动的目标和方向。也叫作问题定向。

二是"猜"。就是让学生根据自己已有的知识水平，对疑难作出合理的假想和猜测。

三是"找"。就是让学生仔细阅读课文，尽可能从教材、课外读物或工具书里找出问题的答案。

四是"议"。就是在质疑之后，让学生通过互相讨论以及必要的争辩，求得正确的答案。

五是"启"。就是在质疑之后，教者把大题化小，难题化易，放缓坡度，然后由浅入深，层层启发，步步引导，最终使学生掌握解决疑难的方法。

六是"绕"。就是在质疑之后，教者绕道而行，悬而不解，待时机成熟，再求答复，以达到让学生自然领悟的目的。

七是"画"。就是用简笔画、图示或多媒体等手段解决学生提出的疑难问题。

八是"讲"。就是在通过以上几种途径无法解决疑难的情况下由教师直接作答的一种方法。

九是"留"。就是在教者一时无法解释的情况下暂时存留疑难的一种方法。存疑可以避免在课堂上的敷衍塞责、以讹传讹，并能培养学生发现、创造的能力。当然，"留"是暂时的、相对的，切莫留而不结，存而不解，不了了之。

（二）解放双手，让学生动笔读书

陶行知先生认为，过去不许儿童动手，动手就打手心（就是在今天，这种让学生正襟危坐的现象依然存在），极大地摧残了儿童的创造力。他主张"让孩子有动手的机会"。在阅读教学中，让学生动动手，动动笔，给学生增加参与创新的机会，是十分有利于培养学生的创新能力和创新行为习惯的。

那么，怎样在教学中让学生动手呢？

1. 动手做。语文学科涉及的知识面较广，蕴涵着丰富的人文地理、自然知识、科学知识和历史文化。在教学一篇课文时，教师可以布置一些让学生动手做一做的预习作业，或者到图书室查找有关资料，或者看影视录像，或者进行调查了解。如教学《圆明园的毁灭》时，一位教师给学生提出了"你对圆明园知多少"的问题。这一问题激发了学生了解圆明园的欲望。他们有的看电影、录像，有的找来相关的书籍阅读，没读课文，先知圆明园。可以肯定，学生的知识面、创新能力正是在动手做中获得的。

2. 动笔读。我国阅读学中有"不动笔墨不读书"的经验，但小学生读书往往不爱动笔。因此，每教学一篇课文，教师应该要求学生准备好笔，在阅读过程中，让学生学会圈点批注，把同学们的精彩发言、老师的精妙讲话、自己的领会、顿悟批注于课文的字里行间，养成良好的创新行为习惯。

（三）解放嘴巴，让学生参与交流和讨论

中国传统教育一般不许儿童多说话。而以学生为主体的课堂，学生有问题要准许发问，有见解要准许表达，因为这些往往是创造的萌芽。用陶行知先生的话说，学生只有"得到言说自由，特别是问的自由，才能充分发挥他的创造力"。阅读教学虽然要以读为本，但同时也要进行听说的训练。阅读教学要做到书声琅琅，更要追求辩声不绝的理想境界，要让学生在阅读理解过程中大胆地争辩，发表见解，实现创新。

让学生动口表述，首先要激发学生表达的欲望，而表达欲的激发离不开教师的鼓励和所创设的良好的表达氛围，有时教师还应成为激发学生争辩的"挑唆者"。其次要善于抓住课文中易激活学生思维的训练点，让学生在积极的思维活动中，发表自己的见解。再次，要不计较学生说错，不计较学生说多说少，不随便打断学生的发言，放手让学生说。

如一位教师教学《乌鸦喝水》一课，在读到"乌鸦还可以用什么办法喝到水"时，有个学生说："书上讲'把小石子一个一个放在瓶子里……'，这种喝水办法不好，小石子一个一个放太慢了，可以把瓶子扳斜，搁到石子上，这样水就往瓶口斜，乌鸦就可以喝到水了。这样做又快又好。"有个学生说："乌鸦可以用石子打掉瓶口，然后喝水，因为乌鸦浑身长着羽毛，用不着怕割破皮。"看，这些独特的见解，突破了常规的禁锢，正是创造意识的萌芽。此时教师要一一加以肯定，鼓励他们再探索，让孩子在讲述中不断产生新的、有价值的东西，以发展思维的求异性、灵活性。

（四）解放眼睛，让学生把目光投向课本以外的世界

陶行知先生说："培养创造力，以实现创造的民主和民主的创造，解放眼睛，敲碎自己眼镜，教大家看事实。"《学记》中"藏息相辅"的原则充分论证了学生"正业"与"居学"的关系。《学记》认为，学生在学校进行以教师为主导、以学生为主体的课堂学习，即"正业"，回到家里，进行课外活动和家庭作业的练习，即"居学"。学生通过"正业"的学习和"居学"的锻炼，可以掌握知识，陶冶身心，提高素养，丰富学问。

在阅读教学中解放学生的眼睛，就是要引导学生把目光投向课堂以外、课本以外的生活，而不是只把目光死盯在课文上；就是把语文教学与沸腾的生活联系起来，在生活实践中阅读，在阅读实践中学会认识生活，学会生活，学会创新。如语文教材有相当一部分是绘景状物的。如《鸟的天堂》《海上日出》《荷花》等等，教学时就可以让学生到大自然中去观察，感受事物的形状、颜色、变化，感触大自然的美好景色。学生在生活实践中获得丰富的情感认识，就会为学习和创新打下扎实的基础。

（五）解放时间，让学生成为时间的主人

陶行知先生明确指出："我个人反对过分的考试制度的存在。一般学校把儿童全部时间占据，使儿童失去学习人生的机会，养成无意创造的倾向，到成人时，即使有时间，也不知道怎样下手去发挥他的创造力了。"他提倡要为儿童争取时间的解放。在阅读课堂教学中，学生没有充分享受时间自由的现象普遍存在。比如让学生读课文，学生没读完就让学生停下来，认为学生已经读完了；让学生回答问题，问题一提出就让学生回答，学生完全没有思考的时间；让学生展开讨论，学生刚碰在一起就让学生停止讨论……一切都源于教师怕完不成教学，怕耽误自己"讲"的时间。在这种极受约束的时间范围里，学生的创新能力受到扼制。毫无疑问，我们应该响应陶先生的倡导，为学生争取更多的时间，使学生真正成为学习的主人。

其一，让学生有足够的时间"读"。阅读教学以"读"为本，课堂上老师就要舍得花时间让学生进行反复的阅读实践，做到在读中理解课文内容，体会思想感情。如《我的弟弟小萝卜头》的最后一段有这样一句话："弟弟学习很认真，也很刻苦，他懂得学习的机会来之不易。"课后练习要求说"来之不易"这个词的意思。学生查字典知道这个词意思是"来得不容易"。但要使学生得到准确、具体、形象的感知，教师应让学生重新找出"弟弟"在狱中学习的部分段落，再读一读有关句子，边读边想象弟弟把草纸当本子趴在地上练字的情境，理解"来之不易"在课文中的含义。再采用朗读、范读、品读等方式读文中的描述，让弟弟刻苦学习的形象印在学生的脑海中，进而领会课文所表达的思想感情。

其二，让学生有足够的时间"议"和"讲"。在教学中，教师对重点、难点，往往要组织学生讨论，展开争辩、评议。但要想评议得十分充分，教师就必须舍得给时间。如在上《圆明园的毁灭》一课时，有个学生突然问道：老师，为什么课题用"毁灭"，而课文大部分内容是写圆明园的辉煌景观呢？这个问题正是课文的难点，教师相机组织学生联系平时所读、所闻和手中的资料，展开分析、讨论，让学生各抒己见，并抓住他们的某些看法，引导学生评议、辨析。学生越议越明，越辩越清，得出写圆明园的辉煌更能激发大家对"毁灭"的惋惜、对侵略者的仇恨、对祖国灿烂文化的热爱这一正确答案。创设这样的讨论氛围，给学生足够的时间，让全体学生在紧张的思考中寻找合理的答案，学生的思维就会更加开阔，也更加富有独特性。

（六）解放空间，让学生获得自由的发展

陶行知先生说："创造需要广博的基础，解放了空间，才能收集到丰富的资料，扩大认识的眼界，以发挥其内在的创造力。"阅读教学要与沸腾的生活联系起来，让学生在生活实践中阅读，在阅读中认识生活，学会生活。这不仅是在解放学生的眼睛，更是在解放学生的语言训练活动的空间。阅读教材中的许多课文都可以放在大自然中，放在生活中来阅读，进行语言训练的实践活动。如笔者教学《只有一个地球》一课就是在一条被污染的小河边进行的。一块小黑板，几支粉笔，学生席地而坐。在明媚的阳光、清新的田野和肮脏的小河这种极其鲜明的对比中，学生的阅读积极主动，思维十分活跃，教学效果异常地好。的确，阅读教学若能打开"门"，常开"窗"，学生的语文实践能力就能获得充分的发展。

二、在"预设与生成"中寻找阅读指导的"平衡点"

在学记语文的课堂上，预设与生成只有完美统一于我们的教学行为中时，课堂才会和谐地发展；也正是缘于这种和谐，课堂才会"灵动"起来。那么，怎样让预设与生成完美统一？我们应该在预设与生成之间寻找"平衡点"。

（一）在对学生的关注中寻找平衡点——不是"应对"，而是"投注"

英国哲学家约翰·密尔说过：天才只能在自由的空气里自由自在地呼吸。心理学研究表明：人在轻松、和谐的环境里，思维才表现得最活跃；相反，在压抑的环境里，在禁锢的课堂教学气氛中，是很难产生创造性思维的。正因为如此，我们在课堂教学中才应更加关注学生，把学生当作语文学习的主人。学生的地位突出了，生成往往不期而至。请看案例：

"老师，我不是这样认为的！"
——《荷叶圆圆》教学片段

教学《荷叶圆圆》一课时，为了引导学生感悟第四段中所描写的小青蛙对荷叶的喜爱之情、感激之情。我让他们想象"如果没有了荷叶，小青蛙会怎样呢？"，平日里害怕回答问题、人云亦云的同学也把小手高高地举起。一种成就感涌上我的心头，微笑荡漾在我的脸上。有的学生说："如果没有荷叶，小青蛙就没有歌台了。"有的说："如果没有荷叶，小青蛙会失去快乐。"还有的说："如果没有荷叶，小青蛙会很伤心，那它就会吃不下饭，睡不着觉，就不会唱歌了。"学生的回答令我满意。备课时我想到的"标准答案"果然一个不少。

按照备课思路，我该马上总结，并引导学生用感激、高兴的语气去朗读这一段。可这时，洪吉却高举起小手，并郑重其事地说："老师，我不是这样认为的！""那请你说说你的看法吧。"我耐心地说。洪吉说："没有了荷叶，小青蛙可以把草地、石头当歌台呀？"

一石击起千层浪，教室里马上有了议论声。我向洪吉投去了赞赏的目光，并摸他的头，说："嗯，真不错，会动脑，敢提问！"然后顺势问："那荷叶跟草地、石头比，哪一个更适合做小青蛙的歌台呢？"学生个个跃跃欲试，我班另一学生马上站起来，望着洪吉，大声说："荷叶做歌台又香、又圆、又干净，因为在池塘中间，青蛙蹲在上面还没有人伤害到它，多好啊！草地、石头有这么多好处吗？"洪吉摸摸后脑勺，想了一会儿，摇了摇头。教室里发出了一阵善意的笑声。

在后来的朗读中，洪吉的表情是那么自然，感情是那么真挚。

案例中，事先没有预约，而生成是这样精彩。这种精彩的生成缘于什么？仅仅缘于教师对学生的关注？从教例中可以看出，学生的表现出乎教师的意料，因为这些意料之外的现象出现了，教师才去"关注"。这种"关注"固然比"不予理睬"可贵。可设想如果这些"意料之外"的情况在课堂上不出现，教师又该怎样关注学生呢？因此，关注学生不应仅仅是以学生的"意外表现"为前提的。真正的关注学生，是教师心中时刻装着学生，上课的时候能多想想学生到底需要什么，他们都在干什么，"我"究竟该怎样"教"，该怎样把更多的"关注点"真正地放在学生的身上。十分明显，关注学生让精彩的生成有了"土壤"，但关注学生不是对学生"意外表现"的被动"应对"，而是对"学生需求"的主动"投注"。正如于永正老师在给新老师的二十条贴心建议中说的那样："一旦进入课堂，就要像京剧演员一样，精气神十足。走进课堂，要把90%注意力放在学生身上，10%的注意力用在教学方案的实施上。"即更多地投注于学生的渴望、需求，投注于学生的思维方式、学习过程和学习结果。只有这样，我们在灵动的学生面前才不会手足无措。

当然，面对无法预约的生成，还要求教师有比较敏锐的观察力和灵活的诱导能力，这也是一个十分重要的"平衡点"。在民主的课堂上，学生在听到一种完全不同的想法时，他们的智力是在接受挑战，他们的思维是在接受碰撞，尤其这种挑战是来自同学而不是老师的时候，碰撞就会更为激烈和深刻（教例中洪吉同学的质疑即如此）。教师要善于抓住这些机遇，引发碰撞，并引导学生思考，开展争辩，激发学生创新的欲望。这样，我们就会真正享受到生成带给我们的巨大幸福。

（二）在体验与对话中寻找平衡点——既须"尊重"，更应"疏导"

阅读教学存在的诸多痼疾、弊端，促使人们迫切需要寻找解决问题的理论和方法。俄国文艺理论家巴赫金提出的"对话理论"，给语文教育提供了一个新的视角与思考的空间。"对话"和"个性化阅读"，成为当今语文教学的重要理念。在实践中，教师往往无法把握"对话"和"个性化阅读"给课堂带来的灵动气息，于是生成就走入了偏执与尴尬。请看下例：

一位老师执教《狐狸和乌鸦》，在结课时提了这样一个问题："读了故事，大家能说说狐狸和乌鸦给你留下怎样的印象吗？"有同学说："我觉得狐狸太狡猾了，用花言巧语骗取了乌鸦嘴里的肉。"另一位同学说："和愚蠢的乌鸦相比，我觉得狐狸特别聪明，他用自己的智慧骗到了乌鸦嘴里的肉。"

两种针锋相对的说法，如石块投入水中，激荡起一阵惊叹。面对这种情况，教师又当如何应对？在目前激烈的社会竞争中，弱肉强食的现象比比皆是。不可否认，学生觉得狐狸有本事是他们真实的想法，但这种观点，超越了教师的课前预设。直接否定第二位同学的说法吧，有不尊重学生独特体验的嫌疑；两种说法都同意吧，似乎又违背了价值观取向。鱼与熊掌不可兼得，否定与肯定，都不如意。

面对此景，教师应该寻找到这样的一个"平衡点"，既须"尊重"，更应"疏导"。

首先，尊重是以平等的对话关系的建立为基础的。课堂上，师生凭借教材，研习语言文字，参与丰富的语言实践，其实质就是在教师、学生、教科书编者和文本之间构建了一个多维交叉、相互作用的语文课堂对话网络（见图6.3）：

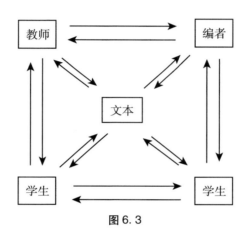

图6.3

这种对话的网络是一个立体交叉的网络。在这个网络中，教师与学生融合成一个真正的"学习共同体"，共同对整个生命的成长和自我的完善负责。在这个"共同体"中，教师与学生合作参与，敞开心扉，平等对话，进行人格对等的精神交流，对教材进行理解、欣赏、评判，张扬个性，共同实现一种自我超越，使语文课堂生成个性的体验，折射人性的光辉，散发互动的气息，涌动生命的灵性。

其次，疏导必须以教材为基本依据。一是脱离教材的语文课堂对话只能是以对话为目的的对话，对学生语文素养的提高并没有实际的意义；二是个性化体验不能背离教材最基本的价值取向。上例中孩子的体验即如此。我们未尝不能找到合适的解决途径。如果我们把握了教材最基本的价值观，就可以通过下面的疏导，将学生的认识引向正确的道路："狐狸确实有聪明的头脑，但是把这种头脑用在欺骗他人上，就不能称为聪明了。应该换一个词语，同学们，换什么词呢？"这样一来，尊重了学生的独特体验，也让学生得到了正确的价值观的引导，同时明白了"聪明"和"狡猾"是两个不可等同的词语，可谓"一箭三雕"。

　　此外，对话和个性化体验必须以师生的真诚和爱为基本前提，需要教师消解自己的权威人格，并对学生充满信任与希望，否则对话便失去了存在的基础，有时教师尊重学生比相信自己还要重要。同时，对话和个性化体验又具有内在的未完成性与自由开放性，要鼓励学生在追求创新时学会批判。总之，尊重与疏导，将改变师生的课堂人生，使教学更加注重理性知识传授与精神的层面融合，使课堂闪耀出美好价值取向的光辉。

三、"学习语言文字运用"的指导

　　在上文"阅读教学的思想"一节的讨论中，笔者明确提出，阅读教学在注意语言与精神同构共生的过程中，更要致力于"学习语言文字运用"，并将其作为阅读教学的关键任务加以落实。这也是语文课程的性质和要求。

　　那么，在阅读教学中怎样开展"学习语言文字运用"的指导呢？

　　为了方便清楚地说明指导的策略，我们以"语文 S 版"三年级《吹泡泡》一课的教学为例（学记语文的实验课例）。

　　先看文本：

3　吹 泡 泡

　　小时候，我玩儿过很多游戏，其中最爱玩儿的是吹肥皂泡。

　　阴雨时节，不能到山上海边去玩儿，母亲就教我们在廊(láng)子上吹肥皂泡。她说阴雨时节，天气潮湿，肥皂泡不容易(yì)破裂(liè)。

　　我们把用剩的肥皂头儿，放在一只小木碗(wǎn)里，加上点儿水，和(huò)弄和弄，使它溶(róng)化。然后用一根细竹管，蘸(zhàn)上那黏稠(niánchóu)的肥皂水，慢慢地吹起来，吹成一个又轻又圆的泡儿。再轻轻地一提，那轻圆的球儿，便从竹管上落了下来，慢悠悠地在空中飘游。如果用扇子在下面轻轻地扇(shān)，它们有时能飞得很高很高。

　　这肥皂泡很美丽，五色的浮光，在那清澈(chè)透明的球面上乱转。若(ruò)是扇得好，一个大球，还会裂成两三个玲珑(línglóng)的小球，四散(sàn)纷飞。有时吹得太大了，扇得太轻了，这脆(cuì)弱的球儿，会扯(chě)得又长又圆，颤巍巍(chànwēiwēi)

作者冰心，选作课文时有改动。

　　的，光影零乱。这时，大家都悬(xuán)着心，仰着头，屏(bǐng)住呼吸——不久，这五彩的薄球，就无声地散(sàn)裂了，又变成肥皂水落了下来，水珠儿洒到我们眼睛里。大家都赶忙低下头揉(róu)眼睛，揉出了眼泪。

　　那一个个球儿，是我们自己小心地轻轻地吹出来的。它们轻轻地飞起，是那么圆润(rùn)，那么自由，那么透明，那么美丽。借着扇子的轻风，它们一个个飞到天上，轻轻地挨着明月，渡(dù)过天河，跟着夕(xī)阳西去。或者轻悠悠地飘过大海，飞越山巅(diān)……目送着它们，我们心里充满了快乐、骄傲与希望。

1　有感情地朗读课文。背诵第四、五自然段。

2　认真阅读第三自然段，体会冰心奶奶是怎样把吹泡泡的过程写清楚、写具体的，试着用她的方法体验一下吹泡泡的快乐。

图 6.4

《吹泡泡》一文记叙了作者小时候与小伙伴一起吹肥皂泡的趣事，表现了美好的童真，抒发了对美好生活的追求与向往。文章语言优美，叙事清楚，描写具体，生动传神，是一篇学生爱读且能从读中"学习语言文字运用"并受到精神滋养的好文章。

（一）在阅读指导的思想上，要定位于学习语言文字的运用

文章容所写的事件很简单——吹肥皂泡，表达的思想和情感也很简单——回忆童真，表达对美好生活的热爱和向往，但是，作者用优美而准确的语言把吹泡泡的过程写得这样生动有趣则不简单。指导学生阅读本文应该怎样定位将直接关系到学生阅读行为和效果的问题。

如果从"内容分析"的角度出发，指导学生阅读本文，就要盯住"泡泡"二字，解决这样几个问题：为什么要吹泡泡？怎样吹泡泡？吹泡泡时的心情怎样？文章表达了怎样的思想和情感？应该知道，几乎每一个孩子都玩过"吹肥皂泡"的游戏，他们对吹肥皂泡实在太熟悉了。如果定位于"内容分析"，一定要从吹泡泡的事件中挖掘出这样那样的人文教育因素来，有必要吗？那样，只能让学生陷入"泡泡"的包围中，阅读将索然无味，学生的语言能力得不到发展和提升。

如果从"学习语言文字运用"的角度出发，指导学生阅读本文，则要盯住一个"吹"字，解决这样两个问题：作者是怎样把吹泡泡的过程写清楚、写具体的？作者是怎样用优美、生动的语言表达自己的感情的？我们说，要学生做吹泡泡这件事情很简单，但是让学生把自己吹泡泡的情景写出来则不容易。围绕这两个问题，学生在阅读中就能体会作者的写法，学习语言文字运用，进而十分有效地提高自己的语言表达能力。

再看教材编者的意图，文章后面安排了这样几道练习要求：

1. 有感情地朗读课文。背诵第四、五自然段。

2. 认真阅读第三自然段，体会冰心奶奶是怎样把吹泡泡的过程写清楚、写具体的。试着用她的方法体验一下吹泡泡的快乐。

3. 课文里有好些句子写了美丽、神奇的肥皂泡。请你把自己最喜欢的句子多读几遍，体会体会。

4. 玩一玩吹泡泡的游戏，把你是怎样玩儿的写一写，读给大家听。

从思考练习中，我们可以揣摩到教材编者也是把"学习语言的运用"作为本文学习的重点。

通过以上与学生、教材编者、文本作者的对话，我们把本文的阅读指导定位在"学习语言文运用"上，即阅读课文，学习作者是怎样把事情的过程写清楚、写具体的，体会优美的语言，感受肥皂泡的魅力与神奇，感受吹泡泡给童年生活带来的欢乐、幸福和骄傲，激发对美好生活的追求与向往。

很明显，这一指导思想的定位是基于语言这一最基本的凭借，通过学习语言的形式感受语言的内容，将语言形式与语言内容紧密地结合在一起，达到语言与精神同构共生的阅读目的。这是指导"学习语言文字运用"的思想前提。

（二）在阅读指导的内容上，要善于挖掘"学习语言文字运用"的"训练点"

学习语言文字运用，必须有基本的凭借，这一凭借就是文本的语言，但并不是文本中的所有语言要素都要学习的。一个文本中值得学生推敲、学习的语言是很多的，由于学生的心理发展规律与语文学习阶段性因素的影响，教师的指导要有针对性、适切性。只有这样，才能把学生引入"学习语言文字运用"的"最近发展区"。因此，教师要善于挖掘"学习语言文字运用"的"训练点"。那么，怎样找"训练点"？

第一，找"训练点"，应该依据"年段目标与内容"。

语文课程标准按照不同的学段，对学生语言文字训练提出了不同的要求，这是我们挖掘语言文字训练点的基本依据。同时，我们还应该根据文本内容和学生学习的实际情况确定训练点。

第二，找"训练点"，应该关注文本中的生字新词。

字词是构成文本的基本要素。"学习语言文字运用"首先要从字词的积累开始。教学中，我们应充分重视字词这一语言要素的训练，并把它放在首要位置。从新字生词中找"训练点"也有"讲究"，要探索规律。如在《吹泡泡》一文中，我们就找到了如下的词语：

游戏　容易　然后　飘游　若是　浮光　飞越　骄傲　脆弱　圆润
慢悠悠　　颤巍巍　　轻悠悠
和弄和弄　清澈透明　光影零乱

上面的词语中，第一行是教材中要求掌握的生字，以及由生字带出来的新词；第二行是"ABB 式"这一特殊结构的词语；第三行是由四字组成的词语。这三类词语是阅读本文必须积累的词语。

第三，找"训练点"，应该关注文本中的特殊句段。

教材编者在选编文本时，都注意遵循汉语言文字的基本规范，同时注意了文本语言的"典范性"，以利于学生学习。这些具有"典范性"的语言，有的是句子，有的则是段落。《吹泡泡》一文的第三自然段就是如此，理所当然是训练之处。

我们把用剩的肥皂头儿，放在一只小木碗里，加上点儿水，和弄和弄，使它溶化。然后用一根细竹管，蘸上那黏稠的肥皂水，慢慢地吹起来，吹成一个又轻又圆的泡儿。再轻轻地一提，那轻圆的球儿，便从竹管上落下来，慢悠悠地在空中飘游。如果用扇子在下面轻轻地扇，它们有时能飞得很高很高。

这一段语言的训练价值有两个方面：一是准确的用词，如"放""加""和弄和弄""蘸""吹""提""扇"等；二是叙述的顺序，如"……然后……再……"。综合之，可以训练学生按照一定的顺序，用具体的词语把事件过程写清楚、写具体。

第四，找"训练点"，应该关注文本中的"留白"之处。

有时文章作者在进行语言表达时，或"故弄玄虚"或"欲言又止"，需要读者在读文章时精心思考，才能读懂蕴藏在文字背后的东西。像这样，作者有意或无意留下的、没有写明的、召唤读者想象的未定的意蕴空间，就是文章内容的"留白"之处，它往往激活读者的思维和情感，使读者在阅读中产生个性化的体验。这些"留白"之处，就是训练学生语言和思维的一个个"契机"。在《吹泡泡》中也有这样的"留白"：

那一个个球儿，是我们自己小心地轻轻地吹出来的。它们轻轻地飞起，是那么圆润，那么自由，那么透明，那么美丽。借着扇子的轻风，它们一个个飞到天上，轻轻地挨着明月，渡过天河，跟着夕阳西去。或者轻悠悠地飘过大海，飞越山巅……目送着它们，我们心里充满了快乐、骄傲和希望。

肥皂泡还会飞向哪里？作者没有写下去，而是用省略号替代了，这就留给了读者无限想象的空间。沿着作者的思路，学生会产生更为丰富的联想和想象。这样的"训练点"往往具有非常大的训练价值。

第五，找"训练点"，应该关注文本中的美妙语感。

"学习语言文字运用"，其中一个重要的方面就是训练语感。语感是比较直接、迅速地感悟语言文字的能力，是语文水平的重要组成部分。它是对语言文字分析、理解、体会、吸收这一全过程的高度浓缩。语感包括意蕴感、情味感、畅达感、形象感、分寸感等等，文本中的一些优美的语言往往是语感训练的最好材料。如《吹泡泡》的第四自然段：

这肥皂泡很美丽，五色的浮光，在那清澈透明的球面上乱转。若是扇得好，一个大球，还会裂成两三个玲珑的小球，四散纷飞。有时吹得太大了，扇得太急了，这脆弱的球儿，会扯得又长又圆，颤巍巍的，光影零乱。

这段话里，有"光影零乱"的意蕴，有"颤巍巍"的分寸，有"玲珑"的形象，有"扇得太急了"的情味，有"浮光""乱转"的畅达，学生读到这段话，会产生无比美妙的享受。

（三）在阅读指导的过程中，要善于运用有效的方法、形式和手段

从学记语文的教学实践来看，指导学生"学习语言文字运用"，比较有效的方法就是引导学生对语言进行比较和分析，并与朗读紧密结合起来；比较有效的形式就是填空，删改，省略，调换文本语言；比较有效的手段就是用好多媒体课件。

如指导学生阅读《吹泡泡》的第三自然段时，我们是这样做的：

师：同学们，我们一起来看课文的第三自然段。请同学们默读课文的第三自然段，再读读大屏幕上的话，和课文中的话比一比，你发现了什么？

【课件出示】

读一读，你发现了什么？

我们把用剩的肥皂头儿，和弄和弄，放在一只小木碗里，加点儿水，使它溶化。再轻轻一提，那轻圆的球儿，便从竹管上落下来，慢悠悠地在空中飘游。用扇子在下面轻轻地扇，它们有时能飞得很高很高。然后用一根细竹管，蘸上那黏稠的肥皂水，慢慢地吹起来，吹成一个又轻又圆的泡儿。

图 6.5

生：老师，书上写的是先把肥皂头儿放在小木碗里，加点儿水，然后才是和弄和弄，而大屏幕上却是和弄和弄了再把肥皂头儿放在小木碗里，加点水。

师：你真会发现，老师把词语的顺序给调换了是吗？

生：是。

师：那么你觉得这样调换之后好吗？

生：不好。

师：为什么呢？

生：因为如果不先把肥皂头儿放在小木碗中加水的话，怎么去和弄和弄呢！肥皂头儿要先放在小木碗中加水了，才能和弄和弄啊！

师：你说得很有道理。同学们再读读大屏幕上的话，你一定还能有所发现。

生：老师，大屏幕上的最后两句话的顺序给颠倒了。

师：你真是个会发现的孩子。老师把这些句子的顺序读颠倒了，你认为句子调换顺序之后，泡泡还吹得起来吗？为什么？

生：泡泡是吹不起来的，因为如果句子的顺序颠倒了，泡泡都没能吹起来，怎么去用扇子扇呢？

师：是啊，同学们，我们做事情有一定的顺序，写作文也要有一定的顺序，我们只有把吹泡泡的过程按一定的顺序来写，用好这些表示顺序的词语"先……再……然后……"，文章读起来才清楚，明白。

上述环节的指导，侧重在让学生知晓：按照顺序写清楚。接着请看：

【课件出示】

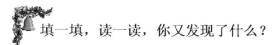

填一填，读一读，你又发现了什么？

我们把用剩的肥皂头儿，（放）在一只小木碗里，（加）点儿水，（和弄和弄），使它溶化。然后用一根细竹管，（蘸）上那黏稠的肥皂水，慢慢地（吹）起来，（吹）成一个又轻又圆的泡儿。再轻轻一甩，那轻圆的球儿，便从竹管上落下来，慢悠悠地在空中飘游。用扇子在下面轻轻地（扇），它们有时能飞得很高很高。

图6.6

师：谁来填一填呢？（指名一学生来填写括号里的词语，学生一边填写括号中的词语，老师一边鼠标操作，点出这些动词。）

生：老师那里是"提"，大屏幕上怎么是"甩"字呢？

师：你们觉得把"提"换成"甩"好吗？为什么？

生：不好。

师：为什么呢？

生：如果把"提"换成"甩"，那么泡泡会一下子就破裂的，因为甩的动作太重了；如果用提的话，就表示动作很轻，泡泡就不会那么容易破裂。

师：同学们，她说得多好啊！大家看，这个"提"字用得多好啊！

师：同学们，你们回想一下课前我们吹泡泡的动作。冰心奶奶按照这样的顺序，用上这样的动词，就把吹泡泡的过程写得多有趣啊。

这一环节的指导，侧重在引导学生学会用准确的词语把经过写具体。接下来指导学生朗读，体验吹泡泡有趣、快乐的过程。请看：

师：同学们，你们知道吗？其实我们能把吹泡泡的过程做得趣味无穷。下面，请同学们拿出你们的双手，准备好你们的眼睛，最重要的是带上你们的一颗童心。老师一边读的时候，你们就边来做一做吹泡泡的游戏，好吗？

生：好！

（师生合作读课文，做游戏，做动作。）

师：老师读着读着，你们玩着玩着，这泡泡就吹起来了，这个时候你的心情怎样？

生1：高兴。

生2：激动。

生3：快乐。

师：是啊，吹泡泡的过程多么快乐啊！（板书：快乐）

师：谁带着这份快乐的感觉、自由的心情来读一读这个自然段。（指名一学生读）

师：真好，老师从你的朗读声中听出了你吹泡泡时快乐的心情，似乎看到这一个个泡泡都飞起来了，同学们你们都看到了吗？

生：看到了。

从上面的教学中可以看出，教师运用多媒体课件，采取调换、填空、朗读等形式，引导学生开展比较和分析，教学动作层次分明，井然有序，教师指导与学生学习的效果十分明显。

（四）在阅读指导的过程中，要重视通过朗读和背诵培养学生的语感

《义务教育语文课程标准（2011年版）》提出，"有些诗文应要求学生背诵，以利于丰富积累，增强体验，培养语感"。要知道，培养语感最好的方法就是朗读和背诵。因此，在指导学生读《吹泡泡》第四自然段时，我们主要把工夫下在指导学生的朗读和背诵上。请看：

师：同学们，这一个个泡泡吹起来了，它们是什么样子的呢？赶快去读读课文的第四自然段，找找文中描写泡泡样子的句子。

（生自由读，画出句子。）

师：同学们，你们瞧，冰心奶奶吹的肥皂泡多么美丽、神奇啊，快来填一填。

【课件出示】

冰心奶奶吹的肥皂泡多么美丽、神奇啊，快来填一填吧！

（　五色　）的浮光

（清澈透明）的球面

（　玲珑　）的小球

（　五彩　）的薄球

图6.7

师：咱们一起把这些词语读一遍。（生齐读）

师：读着这些词语，你感受到了什么？

生：我感受到了泡泡的颜色很美丽。

生：我看到了泡泡的样子多么神奇啊！

师：是啊，这五颜六色的泡泡很美丽，它的样子很神奇。

师：请同学们看大屏幕，自由地读读这三句话。一边读一边想象，你看到了什么样的泡泡？

【课件出示】

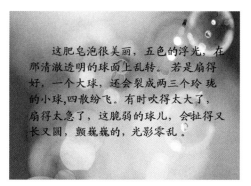

　　这肥皂泡很美丽，五色的浮光，在那清澈透明的球面上乱转。若是扇得好，一个大球，还会裂成两三个玲珑的小球，四散纷飞。有时吹得太大了，扇得太急了，这脆弱的球儿，会扯得又长又圆，颤巍巍的，光影零乱。

图6.8

生：我看到了五光十色的泡泡。

师：是啊，这五彩的泡泡有红色、蓝色、紫色，多美丽啊！（板书：美丽）

生：我还看到了五彩缤纷的泡泡。

师：在这一段话中，有一个词语，就把你们刚才所看到的这些美丽的泡泡描述了出来（大屏幕点击"光影零乱"）。你们瞧大屏幕的背景，这些五颜六色的泡泡在灯光下，显得光影零乱。

师：这光影零乱的泡泡还像什么呢？

生：像一个个小巧玲珑的球儿。

师：这小巧玲珑的小球可真调皮啊！这儿一个，那儿一个，那儿还有一个，他们在空中做着游戏呢！

生：我看到了那颤巍巍的泡泡。

师：像什么呢？

生：像一个椭圆形的面条。

师：是啊，同学们。这清澈透明、四散纷飞的小球有的像雪花，像棉花糖……

生1：像水晶球。

生2：像蒲公英。

师：这些泡泡的样子可真神奇啊！（板书：神奇）这美丽、神奇的泡泡，大家都看到了，谁愿意来读一读。（指名读）

师：是啊，这美丽的泡泡可不是随随便便可以吹起来的。

（指名读。生1读：扇得好；生2读：有时吹得太大了，扇得太急了。）

师：这一组的同学已经掌握了吹泡泡的窍门。老师看到在这一组的同学吹泡泡的时候，好多同学的眼睛都一眨不眨的，亮晶晶的。老师知道你们都想来读一读对吗？

生：是。

师：好，那接下来请同学们用你喜欢的方式来自由地读一读这三句话。（生自由读）

师：读着读着，这美丽、神奇的泡泡都已经印在了我们的心里。下面让我们一起来背一背这三句话，让这美丽神奇的肥皂泡永远留在我们的心里。（生齐背）

四、学生个性化阅读的指导

《义务教育语文课程标准（2011年版）》在"教学建议"中指出："阅读是学生的个性化行为。阅读教学应引导学生钻研文本，在主动积极的思维和情感活动中，加深理解和体验，有所感悟和思考，受到情感熏陶，获得思想启迪，享受审美乐趣。要珍视学生独特的感受、体验和理解。教师应加强对学生阅读的指导、引领和点拨，但不应以教师的分析来代替学生的阅读实践，不应以模式化的解读来代替学生的体验和思考；要善于通过合作学习解决阅读中的问题，但也要防止用集体讨论来代替个人阅读。"学记语文追求的是学生生命质量的提升，在阅读教学中要做到"以学为重，为学而教；以学定教，随学而导"，自然特别关注学生个性化阅读的问题。关于个性化阅读的意义，本书不作赘述。下面主要谈谈指导策略。

策略之一，启发个性化质疑。

学生个性化的阅读往往是从问题开始的。阅读过程实质上就是生疑、质疑、解疑，再生疑、再质疑、再解疑……在循环往复、步步推进的过程中，学生收获了独特体验，形成了语文能力。"疑"是刺激学生积极思维的诱因，是激发学生个性化阅读的动力。个性化阅读首先来源于阅读的欲望，而欲望从某种意义上来说，就是解疑欲、解惑欲。为此，教师指导的第一要务就是激发学生在阅读过程中产生属于自己的富有个性的疑问。

启发学生的个性化质疑要注意三个过程：

第一个过程，在预习中"生疑"。在课堂阅读之前，教师应该要求学生先自读课文，独立阅读，发现问题。学生初步自学课文时，要求做到"三看一查一提问"。"三看"就是看教材的单元导语、看课文、看课文后的思考与练习；"一查"就是查字典、词典与有关的工具书；"一提问"就是提出自己阅读时不清楚的、有疑问的、不会解答的问题。不同年段的学生提问能力是不同的，学生提出的问题也有质量的高低，他们并不是一开始就会提问题，尤其是有质量的问题。因此，教师要逐步培养学生发现问题的能力。在低中年段，开始学生的疑往往只在文章字词的表面，如这个字音怎么读，那个词语什么意思。随着学生年级的升高、阅读经验的积累，教师要指导他们深入到篇章之中，把文章的前前后后、段落与段落之间联系起来思考。对学生提出的有质量的问题，要加以鼓励、表扬，或组织课堂讨论，让学生找到自己思考问题的成就感。这样持之以恒，学生就会提出一连串令人思索的问题。

第二个过程，在文本阅读中"质疑"。课堂上，学生在对文本的阅读中不断产生新的问题，这些新的问题，往往就是学生个性化思考的结晶。比如笔者教学《西风胡杨》（"语文S版"五年级）时，有下面的一个教学情景：

师：它坚持了多少年？（生齐答：一亿三千万年）它的生命是多么顽强啊！

生1："两个天敌彼此对视着，彼此僵持着，整整一亿年。"这句话也可以体会出胡杨的生命力顽强。

生2：老师，我不这么认为，因为胡杨不顾自己的生死存亡。为人类抵御风沙，使人类有个安居乐业的地方，而那自私的人类，只顾及眼前的钱财利益，而不顾及眼后的生命危险，我觉得胡杨这样做没有意义，不是很傻吗？

生3：我觉得这不是一种傻。是一种无私。胡杨是挡在沙漠前的屏障，身后是城市，是村庄，是青山绿水，是并不了解它们的芸芸众生。从中可以看出：人们都不了解它，尽管这样，它还是为人们生下来，活下去，斗到底。它们是种无私的人，它们有这种无私的精神。正是这种精神一直激励着它们为人们挡住风沙，使人们不会重温荒漠残城的噩梦！我觉得胡杨不是"傻"，而是"无私"。

生4：我认为这是胡杨的一种责任感。因为，"身后是城市，是村庄，是青山绿水"，在身后有那么多需要它帮助的人们，所以我认为胡杨的举动不是"傻"，是源自"责任"。

生5：刚才张伟元认为胡杨"傻"，我认为这不是他的真实想法，他是借助胡杨的表现来呼吁人们保护环境。

生6：胡杨坚忍不拔，只知道无私地为人们奉献。人们不知道怎么样去报答它们，不但没保护它们，反而伤害他们。所以我认为"傻"的是人类。

师：胡杨"傻"吗？我们好像看到胡杨真的很"傻"，实际上傻的是谁？（生齐答"人类"）正是用胡杨的"傻"衬出人类的无知。（对张伟元）从你的发言中，我意识到一个问题：我们在认识某一个事物的时候，要有辩证的观点。那么这样比较后你还认为胡杨傻吗？（张伟元答：不傻。）

在讨论胡杨的生命力何等顽强时，一个叫张伟元的孩子提出了"胡杨很傻"的问题。这是学生在深入阅读中所产生的新问题，而且是极为有价值的问题。这个问题一提出，就引发了全班学生的激烈讨论。学生个性化的理解涌动于课堂之上，精彩不断。

第三个过程，在阅读文本后"追疑"。一篇文章读完了，阅读就结束了吗？不是。应该知道，"今天的阅读"并不等于"永远的阅读"。对于一篇文章的理解，年龄不同，成长经验不同，往往理解就不一样。因此，阅读是"一生的阅读"。要让学生做到"一生的阅读"，教师就应有意地引发学生的"再思考"，即读文以后要"追疑"。比如，在读完了一篇课文以后，笔者总习惯性地问学生："同学们，这篇课文真的读完了吗？你们还有什么问题？"时间一长，学生也养成了"追疑"的习惯，往往能提出更深层次的问题，而且非常富有个性。就是这样的问题，使学生的阅读探究活动延续了下来。

策略之二，引导个性化批注。

在前文"阅读实践的指导"一节中，笔者阐述了"解放双手，让学生动笔读书"的观点。"不动笔墨不读书"，这是我国传统的阅读经验。从个性化阅读的角度来讲，动笔读书还更利于学生的个性化思考。动笔读书的一个重要表现就是边读边做批注，也叫"批注阅读"。批注阅读强调的是学生在独立阅读过程中，对课文的语言文字进行感知，对语文的内容、层次、思想感情、表现手法、语言特点、精彩片段、重点语句，在思考、分析、比较、归纳的基础上，用线条符号或简洁的文字加以标记。学生想到什么就写什么，爱怎样批注就怎样批注，具有很强的阅读自主权。学生有感而发，满足了自身学习的需要，促进个性品质的发展，不失为实现个性化阅读的有效方法。因此，学记语文把引导学生做批注作为个性化阅读的一个重要手段加以推广。值得注意的是，我们的学生在批注上有时存在一些顾虑：有的学生怕把书弄脏；有的学生怕自己的思考是错误的，写在书上不好更正；有的干脆不愿意做。面对这些现象，教师要加以鼓励，并树立榜样，更要以身垂范。作为语文教师，我们不能让自己手中的语文教材"一片空白"。

策略之三，点拨个性化的交流。

课堂交流是阅读教学的重要途径。课堂上出现令人振奋或耐人寻味的佳境，教师的精彩指导，学生的积极主动，当然是必要条件，但最精彩的莫过于学生与教师、学生与学生之间对某一问题或某几个问题所产生的交流与争论。交流，让思想碰撞。师生双方要表明自己的意见正确，并使对方信服，此时此刻遣词造句特别用心，特别考究，因而语言交流充满生机，个性化的见解也会层出不穷。可以说，没有交流，就没有阅读中个性化的精彩呈现。请看下例：

教学《自然之道》一课时，我重点引导学生研读句子：①向导却若无其事地答道："叼就叼去吧，自然之道，就是这样的。"②向导极不情愿地抱起那只小龟，朝大海走去。在这看似矛盾的描写中，学生围绕向导的言行展开了激烈的讨论。

生1：我知道这只幼龟其实是侦察兵，后面的幼龟要从它那儿得到信息。如果它被叼走了，其他的幼龟就会躲在洞里不出来。如果我们把它引向大海，其他的幼龟反而遭殃了，成为食肉鸟的美食。

生2：既然这样，向导为什么还要把这只幼龟抱到大海里去？

生3：向导既然知道这是自然之道，为什么还要这样做？真是让人无法理解。

生4：是啊！向导这样做不是前后矛盾了吗？

生5：我认为向导的做法有问题。既然他是一个生物学家，他就应该非常清楚这是一只侦察龟。如果把侦察龟直接抱到海里，巢中的幼龟得到错误的信息，在不应该出来的时候爬向大海，结果是非常危险的。

生6：书上不是说了，向导是极不情愿地这样做，因为同伴们都说他是"见死不救"。

生7：同伴再怎么说他，他也不应该这么做啊！难道他也不懂得这是自然之道吗？（教室里沉默了，这时教师点拨引导。）

师：同学们，向导是否完全预知这样做带来的严重后果？请同学们再反复读书，在课文中寻找问题的答案。（学生认真读书后，又有同学要求发言。）

生1：我认为其实向导也不清楚这样做的后果。如果向导非常清楚这样做会给幼龟带来伤害，那么，在"我们"要求他想办法帮助幼龟时，他一定会向我们解释其中的原因，但他没有这样做，那就说明他也不知道这样做的后果。

生2：课文第五自然段写道"接着发生的事情让大家极为震惊"，这大家也包括向导，说明接着发生的事情连向导也十分震惊，说明他也并不十分清楚事情的后果。

生3：课文第八自然段也写了"向导一边走一边发出悲叹：'如果不是我们，这些海龟就不会受到那样的伤害。'"说明向导在把小海龟抱入大海的那一刻，根本没有想到事情的严重后果。

生4：我想我们把向导的话理解错了，其实向导说这句话时，他也不清楚这只幼龟就是侦察兵，他只是认为即使这只幼龟被叼走，也是天经地义的事，大自然本来就是这样的。（同学们纷纷点头表示赞同，这时一位课外知识丰富的同学站起来说。）

生5：我在一本书中读到过"生物链"，海龟吃海藻，嘲鸫吃海龟，天上的老鹰吃嘲鸫，这是一条生物链。海龟为了保护自己，一定会想出好办法来预防天敌。我们把侦察兵幼龟引入大海，其实已经破坏了这条生物链。所以事情的结果是我们害了这群海龟。（听了这位同学的发言，同学们恍然大悟。接着，又有几位同学感慨地说起来。）

生6：是我们人类的无知破坏了小海龟与食肉鸟之间的生物链，结果事与愿违。

生7：大自然里的现象是非常复杂的。如果不按照自然规律，反而会好心办坏事。

师：是啊，同学们都非常善于读书，说得也很有道理，希望同学们养成认真读书的习惯，你一定能享受读书的快乐！

在教学中，教师紧紧抓住课文的矛盾处与学生展开对话，学生思维活跃、主动参与，积极讨论，大胆交流着自己的见解，体会着作为发现者的快乐，课堂上再没有老师支离破碎的问题、喋喋不休的分析，取而代之的是学生阅读发现的快乐和思维碰撞的火花。

要说明的是，个性化交流的点拨，需要几个条件：一是教师要充分相信学生，把学生真正作为阅读的主体，放手让学生读书思考；二是教师要给自己足够的自信心，要锤炼自己的教艺，尤其要练好自己的诱导和点拨之功；三是教师不要过分拘泥于教学时间的限制，对于有价值的交流，时间长一点并不是坏事；四是在交流中，教师不要急于给学生下结论，结论能由学生自己得出来，岂不更好；五是教师要注意及时评价学生的思考，或用语言，或用表情，或用手势，因人而异，因势而变。

交流开始，学生给了当头一棒，怎么办？于漪老师曾给我们这样的经验[①]：学生无论有怎样不同的意见，教师一不能晕头转向，二不能顶牛，要热情对待，因势利导，三要保护学生求知的积极性。

在交流过程中，学生故意和老师较真，怎么办？于老师的策略是，处理这样的问题，教师须清醒地认识到：其一，学生绝非故意捣蛋，而是求知欲旺盛的表现，动机纯正，是为了探求真知，为了希望从老师和同学那儿获得帮助；其二，对学生这种求知的语言和行为要真诚地鼓励，对他们意见中合理的部分要充分肯定，使他们感到自己是有知识、有思想的，激发他们进一步主动求知的积极性；其三，对学生持平等的态度，共同探讨问题，从学生活跃的思维中获得启发，获得借鉴，提高教学质量。

在交流结束时，学生对阅读还存有疑问，或者完全持有异议，怎么办？于老师的建议是：这种情况是偶发的，遇到这种情况，仍然要坚持语言交流，不能急于下课，草草收兵，要让学生把自己的意见充分表达出来；二要面对全体学生，活跃大家思维，不能局限于与个别同学对话，当然，要看讨论什么问题，如果是细枝末节，无须花大家的精力，只要个别解决就行了；三是教师要持科学的态度，实事求是，和学生交流不能把自己包装起来，唯其真实，才能取得学生信任，教学才有良好效果，教学才会真正相长。

策略之四，强化个性化反思。

实施新课程改革以来，在教师专业成长方面使用频率最高的一个词语就是反思。其实，"反思"更应用于学生的阅读，反思应该成为学生阅读的一个重要环节，是学生个性化阅读的一个载体。因为，阅读过程的自我把握、反思和调控，是学生形成阅读能力、养成良好的阅读习惯的有效方法。教师要重视引导学生依据自己的"阅读期待"强化"阅读反思"，在自我反思、调控中，不断修正自己的错误，改进学习行为。

一般来说，实现阅读的反思和调控有三个途径。一是学生个体单独完成，即自我思考：我的理解最正确吗？还有没有不同的见解或更有说服力的答案？能不能换个角度或方法想想、做做？等等。以此调整、深化阅读活动。二是同学间的合作交流。通过生生之间的互动、合作、交流，发现他人思维、方法的独特之处，寻找自身的不足及原因，并获得调整思路、修正认识、改进方法的启示，达到集思广益、相互启发、取长补短进而加深对课文内容的理解的

---

① 于漪：《语文教学谈艺录》，上海教育出版社 1997 年版，第 49—53 页。

目的。

　　个性化反思的有效形式就是倡导学生写读书笔记。在读书笔记的各种形式中，读后感又是最能体现阅读个性化的。学记语文一直要求小学高年级的学生坚持写读后感。学生写读后感时，不一定强调文体要求，有话则长，无话则短，三言两语也未尝不可。

第四节　学记语文阅读教学的导读模式

　　学记语文阅读教学的导读模式，是指在学记语文思想的指导下，在阅读教学实践中建构起来的指导学生阅读的比较稳定的活动程序。在学记语文阅读教学的研究与实践中，我们一直把导读模式作为一个重要的内容。之所以着眼于"导读"，是因为学记语文注重"以学为重"，始终把阅读看作学生为主体、主动参与的活动。在这样的活动中，教师主要起着指导作用，随学而导，指导学生的阅读。经过实践探索，我们初步建构了问题导读模式、方法导读模式。现简要介绍如下。

一、问题导读模式

（一）基本定义

　　所谓问题导读，就是教师通过创设问题的情境，鼓励和启发学生针对阅读文本提出问题，并以解决问题为目标组织阅读活动的过程，指导学生开展阅读活动。

（二）理性认识

　　第一，用问题唤起学生的阅读兴趣。兴趣是阅读的先导。学生阅读的兴趣从哪里来？来源于问题。兴趣的源泉在于动脑筋发现问题，并自己寻求问题的答案。学生发现有价值的问题，会兴奋不已；当问题得到解决时，又会产生无与伦比的快乐的阅读体验，这样的快乐会转化成永久的阅读内驱力。

　　第二，用问题启迪学生的思维。早在两千多年前孔子就说过："学而不思则罔，思而不学则殆。"（《论语·为政》）光学习不思考会迷惘无知。阅读与思维密不可分，没有思维就没有有效的阅读。如何把学生引进思考之门？用问题。学生一旦发现问题，就会努力地去解决问题。此时，思维就成了解决问题最好的"钥匙"。学生阅读能力就是在不断发现问题和解决问题的过程中得到发展的。教师要想方设法让学生喜欢上思考，并学会思考。让会思考的学生多思、深思，让不会思考的学生爱思、会思。在教学过程中，教师要不断拧紧学生思维的"发条"，使它转动起来，不断开启学生思维的门扉，引导他们发挥自己的聪明才智。

第三，用问题发展学生的语言能力。在阅读教学中，思维训练和语言训练应放在同等重要的位置。思维是对外界事物概括的、间接的反映，思维是借助于语言来实现的。语言是思维的工具，没有语言的思维是不存在的；思维是语言的内容，没有思维就不可能有语言。学生阅读的对象是语言，他们先从语言现象中发现问题，再运用思维研读语言解决问题，在解决问题的过程中习得语言和生成语言，"学会语言文字运用"。从这个意义上说，没有问题就不可能有语言能力的发展。

第四，用问题发展学生的创造能力。阅读是一项创造性很强的活动，学生的个性化阅读其实质就是一种创造性阅读。创造性阅读的起源是富有创造性的问题。在阅读中，学生如果能够提出具有创造性的问题，就会运用创造性思维解决问题。每一个问题，都裹着挑战的外衣，而其中必是创造的惊喜。其间，创造力也自然得到了发展。

（三）操作程序与策略

问题导读模式的主要操作程序为：创设情境，提出问题→研读文本，解决问题→总结学习，拓展延伸。

这是问题导读模式的一个基本组织程序，是教师合理指导学生阅读活动的重要指引，我们称之为"基本式"。然而，在实际的阅读中，由于问题的来源千变万化，生搬一个模式自然是不科学的。因此，在这一"基本式"下，我们根据问题的来源，还设计了两个"变式"："思考练习"导读模式和"自主质疑"导读模式。

"变式"之一："思考练习"导读模式。

这是根据教材的特点所做的一个导读模式。现行的课程标准实验教材"导学"的功能十分突出。课后"思考练习"的编写，教材编者改变了过去重机械语言训练的做法，注意全面提高学生的语文素养，促进学生学习方式的转变，淡化理性分析的训练，引领学生充分利用课程资源，更加充分地体现了为学生的语文学习服务的思想。文本后的"思考练习"要求，往往明确提出了阅读中要解决的问题，导读的作用十分明显。在以往的教学中，教师一般是在教学中解决"思考练习"中的问题，注重的是结果；现在，由于"思考练习"的功用价值已经发生变化，既注意导学，又注意导教，教师要充分利用这一变化来指导学生学习。

这一模式的结构为：看"思考练习"，明确问题→紧扣问题，开展研读→

回归问题，总结学习→走向课外，延伸阅读。

现以"人教版"五年级教材《桥》的导读为例，加以说明。

教材所编的"思考练习"如下：

◎ 有感情地朗读课文。

◎ 课文中的老汉是个怎样的人？你是从哪些地方感受到的？

◎ 课文在表达上很有特色。如，课文最后才交代老汉和小伙子的关系；文中有多处关于大雨和洪水的描写。你发现了什么？找出来，和同学交流这样写的好处。

导读的过程如下：

第一个环节：看"思考练习"，明确问题。

本文共编排了三道"思考练习"，分别从三个方面提出了阅读本文的要求。一是朗读，要有感情地朗读课文；二是理解，认识人物形象；三是学习表达方法，学习语言文字运用。阅读开始时，教师和学生一起读"思考练习"，明确阅读本文要解决的三个问题。

第二个环节：紧扣问题，开展研读。

第一步，师生一起朗读课文，先把课文读正确，读熟练，读顺畅，认识新字生词。

第二步，解决认识人物——老汉是个怎样的人的问题。根据教材编者的提示，教师指导学生细读文中的语言，抓住对老汉的细节描写，感受老汉的人物形象。

第三步，解决学习表达的问题。着眼于三个方面：一是通过"课文最后才交代老汉和小伙子的关系"这一问题的提示，了解作者巧妙的构思和小说的结构安排；二是通过"文中有多处关于大雨和洪水的描写"这一问题的提示，认识环境描写与烘托人物的关系，了解环境描写的作用；三是回顾文中描写老汉的语言，学习语言描写。

第三个环节：回归问题，总结学习。

在对三个问题的阅读、讨论结束以后，教师引导学生回看文后的"思考练习"，形成教学的"首尾照应"，并结合阅读过程，总结阅读的经验与方法。

第四个环节：走向课外，延伸阅读。

介绍相类似的作品，让学生在课外阅读，巩固课堂阅读的成果。

综合起来看，"思考练习"导读式，充分地发挥了教材编者的作用，使阅读的指向更加明确，阅读内容删繁就简，阅读过程更加清晰，课时效应非常强。

"变式"之二:"自主质疑"导读模式。

这一模式从培养学生"提出问题、分析问题和解决问题"的能力出发,把语言与思维紧密结合起来,以促进学生的和谐发展。构建该模式的基本前提是:学生是学习的主人,相信学生的潜力。

模式的结构为:创情激趣,自主质疑→教师归疑,突出重疑→读议解疑,不断发疑→以疑作结,延读追疑。

下面分述之。

第一个环节:创情激趣,自主质疑。

阅读开始前,教师创设问题情境,激发学生问的兴趣,鼓励学生提出问题。

在策略上,一是创设问题的情境,让学生爱问。教师或者结合要阅读的文本,以故事的形式创设情境;或者把要阅读的文本和学生的生活紧密结合起来,创设出一种生活化的情境;或者以多媒体导入,创设情境;或者通过对前面阅读内容的回顾,创设情境;或者直接用充满激情的语言,创设情境。这些都是创设情境的有效手段。

二是建立平等、和谐的关系,让学生敢问。陶行知先生曾经说:"只有民主才能解放最大多数的创造力,而且使最大多数人之创造力发挥到最高峰。"要引导学生敢于大胆思考,敢想敢问,首先须建立一个平等、和谐的关系。对不敢大胆提问的学生,不论他们提的问题质量如何都要给予鼓励;对提错问题的学生也绝不批评,而是启发他们用另一种方法思考,树立自信。这样的教学民主,消解了学生的害怕心理,使他们敢问。

三是引导帮助学生提问,使他们会问。面对新的阅读文本,学生往往不会问,或者问不到"点子上",这一点在低年级学生的阅读表现中尤为突出。这时就需要教师的引导和帮助。要给学生作出示范,把自己当成学生,提出问题;把时间和空间还给学生,让他们去想,让他们去讨论,发现问题;要教给学生提问的小窍门,如可以针对文中不懂的字词来提问,针对重点句子来提问,就阅读中不理解的内容来提问,抓住课题质疑,抓课后习题质疑,就表达手法质疑……训练的次数多了,学生在读书的过程中自然会质疑、会思考了。

第二个环节:教师归疑,突出重疑。

"归疑",就是对学生所提的问题进行归纳;"重疑",就是学生所提出的有价值的、重点的问题。

在阅读的初始,学生可能会提出一大堆问题,这些问题多而杂。如果把这些问题全部拿到课堂上讨论解决,时间显然不够;但如果不解决,学生不答应。怎么办?策略一,就是教师归疑,即对学生所提的问题进行归纳和整合。二是能当场解决的问题就当场解决,如一些字词以及比较简单的问题。三是引导学选择有价值的问题，作为下一步阅读活动的重点。教师可以告诉学生：其实你们提出的有些问题很简单，你们马上就能找到答案，这样的问题最好在小组内讨论解决。有些经过思考还找不到准确答案的，必须要联系全文才能找到答案的，这样的问题就是比较有价值的问题，要记下来，让全班同学来思考来讨论。四是要充分发挥学习小组的作用，以小组为单位提问，这样在一定程度上可以避免学生提问多而杂的问题。

第三个环节：读议解疑，不断发疑。

师生通过归纳，找到阅读要解决的核心问题以后，就可以抓住这一核心问题，展开阅读，读议解疑。在读议解疑的过程中，学生又可能发现新的问题，这就是不断发疑。

读议解疑的过程是学生阅读的过程。但是一旦把主动权交给了学生，教学就具有了很多不确定性。学生会愿意先解决哪个问题？教师怎样根据学生的意愿调整自己的指导，在学生的"学"与教师的"教"中如何找到一个平衡点？……这对教师来说是一个巨大的考验。请看一位实验教师的体会：

其实，学生提出的问题虽多，但是这些问题往往有着千丝万缕的联系。解决了问题 1，问题 2、问题 3 也会跟着迎刃而解，或者在解决问题 1 的过程中，必然要先解决问题 2 或者问题 3。而这个问题 1 是什么，教师心中要有数。课前教师必须潜心钻研教材，正确解读文本，对课文内容了然于心，对关键问题了然于心，对学生会如何思考这个问题了然于心。如《可贵的沉默》一课，只要带领学生读懂了"沉默"，其他由"沉默"衍生的问题都不在话下；《生命生命》一课，要读懂"生命是什么"；《一面五星红旗》的关键问题则是为什么"我"宁死也不愿意和面包店老板交换国旗。教师心中有数了，无论学生愿意从哪个问题开始解答，只需轻轻点拨，带领他们读懂关键问题即可。教学就变得简单了。

第四个环节：以疑作结，延读追疑。

以疑作结，就是根据课堂讨论的问题来进行学习总结；延读追疑，就是开展延续性阅读，在课外的阅读中继续追寻疑问。学习总结时，既要总结内容，又总结方法，同时还要总结学生的学习表现，鼓励学生坚持这样的阅读。

在"自主质疑"导读模式中，还要关注一个问题：把重点放在"学习语言文字运用"上，把精力放在解决问题的方法上。在实践中，我们发现学生的质疑往往都集中在对文本内容的理解上，解决问题时多偏重于对文本内容的分析，忽视了"学习语言文字运用"，忽略了解决问题的方法。这样不利于学生语言能力的发展和提高。为此，下面这位教师的经验值得我们借鉴：

"自主质疑"导读模式是围绕学生提出问题、解决问题展开教学，可是如果仅仅是就内容的理解提问解决问题的话，语言的训练任务似乎没有完成，这是我执教《生命 生命》一课所得到的启示。整节课就是围绕学生提出的问题，引导学生理解文章内容，而品词析句的力度显然不够。

另外，"自主质疑"导读模式提倡学生自己阅读，阅读的主体是学生。教师必须正确处理好"导"与"读"的关系。要以学生为主，关注全体学生，随学而导，顺势而为。

二、方法导读模式

（一）基本定义

所谓方法导读，就是在进行阅读指导时，从阅读方法入手，明确阅读方法，引导学生用方法展开阅读活动。

（二）理性认识

关于"方法"的认识，我们在本书的第三章第三节中已经作了比较全面的讨论。阅读教学的"方法导读模式"的建构，就是基于对科学方法的深刻认识而设计的。其宗旨就是通过方法的引导，给学生阅读指出一条"学路"，学生的"学路"又是教师引导阅读的"教路"，进而做到"学路"与"教路"的完美统一。

（三）操作程序

方法导读模式的主要操作程序为：明确方法→用法读书→总结方法→拓展阅读。

导读时，教师首先心中"有法"；阅读开始前，让学生明确方法；阅读过程中，用方法展开阅读；阅读结束后，师生共同总结方法；拓展阅读时，让学生继续运用方法。由于不同的文本各有自己的个性特征，阅读的方法也就有所不同。因此，方法导读模式因文而异，又可以产生出很多的"变式"。下面针对不同的阅读文本列举六种。

"变式"之一：文言文《伯牙绝弦》（"人教版"六年级）"四读式"。

根据文言文独特的文体特点，结合小学生阅读文言文的特殊要求而设计。其操作程序为"四读"：读正确、读明白、读得有味道、读得背下来。

请看本文的方法导读设计：

导读目标：通过读书，把课文读正确，读明白，读得有味道，读得背下来，进而掌握阅读文言文的方法，培养对古代文学的兴趣，打一点文言文学习的基础。

导读难点：阅读文言文的方法；体会本文中的思想情感。

导读时间：一课时。

导读要点：

一、交流方法

引导学生交流阅读古代文言文的方法。

二、明确目标

讨论学习课文要完成哪些任务。

三、用法读书

1. 把课文读正确。

要求能做到正确停顿，读得流畅。

2. 把课文读明白。

（1）古今结合，读懂课文的大致意思；

（2）抓住"知音"，读懂课文的思想和情感。

3. 把课文读得有味道。

结合前面的读正确、流利，通过内容的拓展、想象以及节奏的把握，读出文章的情感。

4. 把课文读得背下来。

在读正确、读明白、读得有味道的基础上，把课文背下来。

四、总结拓展

引导总结阅读文言文的方法，升华课文的情感，培养对古代文学的兴趣，并在课外自主读一些简短的文言文。

"变式"之二：议论文《真理诞生于一百个问号之后》（"人教版"六年级）"六读式"。

怎样引导小学生读议论文，进而为今后议论文的阅读打下基础？这是教学本文的关键所在。为此，我们设计了"六读"：读准读顺、读懂词语、读懂内容、读出理解、读懂写法、读熟成诵。

请看本文的导读设计：

导读目标：通过阅读本文，了解议论文的阅读方法；从具体事例中正确理解"真理诞生于一百个问号之后"的含义；初步感受议论文的特点；能够读议论文，写简单的议论文。

导读难点：阅读议论文的方法；了解议论文的特点和写法。

导读时间：两课时。

导读要点：

一、交流方法

认识文体特点，引导学生交流阅读议论文的方法。

二、明确目标

讨论学习本文要完成哪些任务。

三、用法读书

1. 读准读顺。

通过自由读书，把字音读正确，把文章读得熟练而流畅。

2. 读懂词语。

本文中有很多词语，学生一下子难以理解，而读懂词语又是理解文本的关键要素，所以在学生读熟文章后，采取质疑的方式，引导学生读懂词语。

3. 读懂内容。

帮助学生从整体上把握文章内容，同时学会整体把握议论文内容的方法：观点+事例，即找到观点，了解论证观点的事例。

4. 读出理解。

依据文后的四个"思考练习"要求，理解本文的内容，并有自己独特的理解。

5. 读懂写法。

讨论：通过本文的学习，你了解到了议论文的哪些写法？（结构和语言）

6. 读熟成诵。

（1）指导学生朗读议论文；

（2）把本文中的精彩段落背诵下来。如文章的第一、二、六、七、八自然段。

四、总结拓展

（1）引导总结阅读议论文的方法，培养读议论文的兴趣；

（2）推荐课外阅读几篇议论文。

"变式"之三：散文《生命 生命》（"人教版"四年级）"四用式"。

《生命 生命》是一篇散文，文章语言隽永，思想深刻。怎样引导四年级的孩子们读文章？我们设计了"四用式"：用口读、用脑读、用心读、用手读。

请看本文的导读设计：

导读目标：通过阅读本文，感悟作者对生命的思考，懂得珍爱生命，尊重生命，善待生命，让有限的生命体现出无限的价值。同时，锻炼自己读书的能力。

导读重点：锻炼读书的能力。

导读时间：两课时。

导读要点：

一、交流方法

认识文体特点，引导学生交流阅读本文的方法：用口读、用脑读、用心读、用手读。

二、用法读书

1. 用口读。

自由读书，读出声来，把字音读正确，把文章读得熟练而流畅。

2. 用脑读。

（1）想一想作者写了哪几个事例，整体了解文章的内容；

（2）想一想，作者通过这几个事例想告诉我们什么；

（3）想一想，你从文章中读出了哪些属于你自己的理解。

3. 用心读。

把自己的心放进文章里去，带着感情朗读文章。

4. 用手读。

拿起笔，写下自己读书的体会，写下自己对生命的感悟。

三、总结拓展

推荐课外阅读几篇类似的文章，用这样的方法开展读书实践。

"变式"之四：故事性文章《将相和》（"语文S版"六年级）"五读式"。

《将相和》是一篇传统课文，我们的教学不再像以往把教学"盯"在一个"和"字上，而是从引导学生读书入手，充分发挥文本的价值。设计"五读式"：读中懂内容、读中识人物、读中明历史、读中悟人生、读中学语言。

请看本文的导读设计：

导读目标：通过读书，读懂课文，认识人物，明白历史，感悟人生，积累语言。

导读重点：学习语言。

导读难点：认识人物，感悟人生。

导读时间：一课时。

导读要点：

一、交流预习方法

围绕课后思考题，交流课前自读方法和自读的情况。

二、引导深读

1. 读中懂内容。

了解课文的主要内容，了解三个故事。

2. 读中识人物。

课文中的两个主要人物，你最喜欢哪个？为什么？

3. 读中明历史。

这个故事发生在哪个时期？这个时期对今天的中国有什么意义？

4. 读中悟人生。

从两个主要人物的身上，你学习到哪些做人的道理？

5. 读中学语言。

文中的哪些句子写得好？为什么？

三、总结拓展

1. 本节课你有什么收获？

2. 读完课文后你还准备做什么？

"变式"之五：小品文《端午节的由来》（"语文 S 版"四年级）"六读式"。

《端午节的由来》是一篇小品文，我们的教学不能走入对"由来"的内容分析当中，而要从引导学生读书入手，充分发挥文本的价值。设计"六读式"：读准读顺、读解词语、读懂内容、读懂写法、读熟复述、读后写字。

请看本文的导读设计：

导读目标：通过"读准读顺、读解词语、读懂内容、读懂写法、读熟复述、读后写字"六步读书法，了解端午节的由来，锻炼阅读能力。

导读重点：六步读书法。

导读时间：两课时。

导读要点：

一、交流方法

引导学生交流阅读方法。

二、明确目标

讨论学习本文要完成哪些任务。

三、用法读书

1. 读准读顺。

读中识字，把字音读正确，不丢字，不加字，把句子读通顺。

2. 读解词语。

找出自己不理解的词语，用自己的办法理解它们的意思。

3. 读懂内容。

默读课文。

（1）想想文章主要写的什么内容？

（2）从文章写的内容中，你读出了自己的哪些理解？

4．读懂写法。

默读课文。

（1）想想作者是按什么顺序写的？

（2）文章中的哪些语句写得好？为什么？

5．读熟复述。

用自己的话说说端午节的由来。

6．读后写字。

写一写文中的生字。

四、总结拓展

1．本节课你有什么收获？

2．读完课文后你还准备做什么？

"变式"之六：小说《穷人》（"语文S版"六年级）"四读式"。

《穷人》是一篇短篇小说，我们不能把富有个性的小说文本当作一般的"课文"来指导学生阅读。我们应该让学生学会读小说，为此设计"四读式"：认识文体，研究读法；读准读顺，整体把握；感悟细节，认识形象；总结读法，拓展阅读。

请看本文的导读设计：

导读目标：通过"认识文体，研究读法；读准读顺，整体把握；感悟细节，认识形象；总结读法，拓展阅读"四步读书法，学会读小说。

导读重点：学会读小说。

导读时间：两课时。

导读要点：

一、认识文体，研究读法

1．了解小说的一般特征；

2．研究读小说的主要方法：抓住细节读小说。

二、读准读顺，整体把握

1．读中识字，把字音读正确，不丢字，不加字，把句子读通顺；

2．小说主要讲了一个什么故事？

三、感悟细节，认识形象

1．小说中的哪些细节给你留下了深刻的印象？（找细节）

2. 从这些细节中你认识到了怎样的人物形象？（想形象）

3. 如果不这样描写，你能想到这样的形象吗？（品细节）

四、总结读法，拓展阅读

1. 本节课你有什么收获？

2. 读完课文后你还准备做什么？（推荐阅读）

以上，我们结合具体的教材，列举了方法导读模式的六种"变式"。综合起来看，方法导读模式有几个共同的地方，即在操作策略上要注意以下问题：

第一，以学为重，为学而教，以学定教，随学而导。阅读教学就是为了指导学生学会阅读，教学中一切从此出发。

第二，注重文体特征，因文而导。根据文体的不同，指导的方法也不同。

第三，记用相行，内外相辅。不唯"内容分析"，把语言内容和语言形式紧密结合起来，注意语言能力的培养。

第四，和谐共生，教学相长。教学中，学生自主地读书，教师灵活地指导，师生的活动量都很大，确实做到了共同成长。

第五节　学记语文的阅读教学案例

一、《生命 生命》课堂教学实录与反思

课堂实录：

师：准备好了吗？咱们今天要上一篇什么课文？看老师写课题。

（师板书课题，生齐读课题。）

师：你们今年几岁？

生1：9岁。

生2：10岁。

师：你们已经有了9年或者10年的人生经历，那按照你的生活经验来看，你们认为生命是什么？

生：生命是很宝贵的。

师：为什么宝贵呢？

生1：因为生命只有一次，所以我们要珍惜。

生2：我认为生命就是我快乐的童年。

师：哦，在你看来生命是你的童年，那生命对我来说不就是中年，对爷爷来说也就是老年了。（生笑）

生：生命就是活着吧。

师：是啊，生命就是活着！

生：生命只有一次，我们要好好使用它，不能糟蹋它。

师：说得真好，那么作家杏林子又是怎么理解生命的呢？

师：（简介杏林子）杏林子，原名刘侠，出生在陕西扶风县，后来到了台湾。12岁的时候，他得了一种奇怪的病——少儿类风湿关节炎。这种病咱们可能都没听说过吧。这种病让她肌肉萎缩，疼痛难忍。她只有长期以医院为家，和病床做伴，因为要不停地打针，浑身布满针眼，连医生都不忍下针。可是每当这时杏林子总是说："医生，你打吧，我要活！"后来，她成了台湾著名的作家。她写过许多优秀的文章，出过十多本专著。今天我们就来读这样一个人的文章。你觉得这样的文章该怎么读？

生：有感情地读。

师：没错，咱们要用口有感情地朗读！除了要用口读，咱们还要用什么读？

生：用心读。

师：是啊，还要用心读，（指指脑袋）用脑读，（摇摇手）用手读，做到这四读。（板书：口、脑、心、手。）

师：首先，咱们用口读，把课文读通，读顺。请大家自由地读读课文。

（学生自由地读课文。）

师：课文有几个自然段？

生：课文共五个自然段。

师：现在你们表现的机会来了。每个人都有生命的权利，每个人都有读书的权利，机会靠自己把握。谁愿意读？别人读时你们该怎么做？

生：认真听。

（教师请一位同学读第一自然段。）

师：有一个词读得有问题，哪个词？

生：跃动。

师：一起读读这个词。

师：这个词是什么意思？

生1：跳动。

生2：挣扎。

师：飞蛾在怎样跃动？

生1：它扑着翅膀，挣扎着，想从我手里飞出来。

生2：它使劲扭动着身体。

生3：它不停地挣扎着。

师：这就是——跃动，它这样跃动是想……

生：挣扎出来，活下去。

师：对，谁再来读读这一句？

（生读句子："但它挣扎着，极力鼓动双翅，我感到一股生命的力量在我手中跃动，那样强烈！那样鲜明！"）

师：读出了这种跃动，真好！谁来读第二自然段？

（指名读第二自然段。）

师：你们觉得她读得怎么样？

生：读得有些快了。

师：老师却觉得她读得很好，因为只有读熟练了，才能这样快，她的朗读真正做到了顺。我们在听别人读时，不要只发现问题，还要想想，他的朗读可以给我什么帮助。

（指名读第三自然段。）

师：你觉得自己读得怎样？

生：（不好意思地）还行吧。

师：（笑）更自信些，要善于发现自己的优点，你读得很棒！

师：最后一个自然段大家一齐读。

（生齐读最后一个自然段。）

师：非常好，咱们读书就要这样读，大声地读通、读顺。接下来默看一遍，用脑子读，一边读一边想。想什么？在读中发现问题。读的时候你想到了什么问题呢？

（生读课文，想问题。）

生1：生命是什么？

生2：题目中为什么要把生命重复一遍？

生3：为什么会感到生命在跃动？

生4：为什么香瓜子长得那么好？

生5：怎样让生命体现出无限的价值？

生6：为什么生命是短暂的？

师：这个问题有谁能回答吗？

生1：因为人都是会死的，所以生命是短暂的。

生2：我觉得生命就像是在走一条路。这条路是有终点的，当我们走到路的尽头，生命就结束了。

师：说得太好了，路是有终点的，就如我们的生命，也是有尽头的。但是，我们的人生之路却可以走得很长很长，为什么呢？杏林子告诉了我们。

师：现在我们来看看同学们提出的问题。你们提出的问题可以归纳为三类。一类是关于文章的，一类是关于人生的，还有一类是关于生活的，是不是？

师：接下来我们就来一边读一边想这三个方面的问题。请大家看着课后思考题第二题，请个同学读读第二题的第一句话。

生：（读）作者从三个事例中引出了对生命的思考。

师：课文写了哪三个事例？快速读课文，找出三个事例，越快越好。

生：第一个事例是写飞蛾求生的欲望。

师：简单一点概括，就是——？

生：飞蛾求生。

师：很好，第二个事例呢？

生1：香瓜子顽强的生命力。

生2：香瓜子不屈服，苗壮成长。

师：咱们也可以简单地概括为香瓜子——？

生1：顽强。

生2：求生。

师：嗯，香瓜子的顽强也表现在它要活下来，也可以用求生概括。第三个事例呢？

生：我要好好使用我的生命。

师：作者举了一个例子。什么例子？

生：他在听自己的心跳。

师：咱们也可以简单地概括为——？

生：静听心跳。

师：好的，请你们把我们所概括出来的事例用小标题的形式写在每一段话的旁边。

师：课后思考题说作者由这三个事例引出了对生命的思考，那么通过飞蛾求生、香瓜子求生、静听自己的心跳这三个事例，作者对生命的思考分别是什么呢？到文中去找找相关的句子或词语。（板书：生命）

生：在飞蛾求生一事中，我认为作者对生命的思考是飞蛾那种求生的欲望。

师：是啊，对飞蛾来说，它努力跃动双翅，事实上就是一种求生的欲望支配着它，它想活下去。（板书：欲望）

师：香瓜子求生这个事例对生命的启示又是什么呢？

生1：顽强的生命力。

生2：冲破坚硬的外壳。

生3：不屈服，茁壮成长。

师：说得很好。香瓜子的这种顽强，这种不屈，这种向上，就是一种意志。（板书：意志）每一种生命都要活得有意志，有意志的生命才是顽强的，坚强的，不屈的，才能茁壮成长。

师：杏林子静听自己的心跳，又是怎样思考的呢？

生：作者认为"我"的生命，单单是属于"我"的。

师：再读读这句。你感觉到了什么？

生：生命是"我"自己的。

师：用手摸摸自己的心跳。我们班有65人，就有65颗心，65条生命。每个人的生命都只属于自己。（板书：自己）

师：杏林子了不起，从三个事例中就得到了三个启示。生命是什么？生命是一种求生的欲望，生命是一种意志，生命是属于我们自己的。杏林子得出的思考仅仅只有这三个方面吗？谁来读读思考题二。

（指名读思考题二：让我们联系生活实际，交流交流对课文最后一段话的理解。）

师：我们一起读最后一段。

（生齐读最后一段。）

师：找出这一段中的反义词，画下来。

生：有限，无限。

师：你怎样理解这段话？

生：我们不能糟蹋生命，要多做一点事。这样，生命才有价值。

师：价值怎样理解？

生1：就是有用的。

生2：有意义的。

师：怎样活才是有价值的？

生1：做对别人有用的事。

生2：帮助别人。

生3：没有白活一场。你帮助了别人，就算你死了，别人也会记得你的。

师：哦，你就是这样理解有限的生命和无限的价值的。好！

生1：就是活着多做一些事情，做好它，这样才是有价值地活着。而不是随便浪费生命，到头来事都没做成，白白糟蹋了生命。

生2：比如做个科学家，发明很多东西，这就是有价值地活着。

师：现在大家基本上理解了怎样才叫活得有价值。让我们再来看看杏林子的话，对于我们的生命，我们可以——？

生：好好使用它。

师：也可以——？

生：白白地糟蹋它。

师：那在将来的日子里，你们准备怎么做？

生1：好好使用它。

生2：抓紧时间，好好学习。

生3：做一些有意义的事。

师：看来大家有一个共识，我们都要好好珍惜生命，让自己的生命更加光彩有力。真好！现在我们来看看板书，刚才同学们提的那些关于文章、人生、生活的问题，现在解决了吗？瞧，咱们用脑读书，一下子解决了这些问题。我们用脑读了，还要用心读书。用心读，要做到一个"情"字，读时融进自己的感情。想听老师读课文吗？

生：想！

师：听老师读的时候，如果你听着听着，自己想读了，就小声地和老师一起读，好吗？

生：好。

（师生共同朗读课文。先是老师朗读，学生小声跟读。渐渐地，学生的声音大了起来，老师干脆让学生读。）

师：这篇课文留给我们深深的感动，也给了我们深深的启示。读了它，我明白了自己的人生之路该怎么走下去。让我们把掌声送给杏林子。（掌声）让我们把掌声送给刘侠。（掌声）

师：让我们怀着对生命的热爱齐读课题。

生：（充满激情地）生命！生命！

师：让我们怀着对生命的敬畏齐读课题。

生：（坚定地）生命！生命！

师：让我们对自己说——

生：（小声地齐读课题）生命！生命！

师：让我们对所有人说——

生：（大声地齐读课题）生命！生命！

师：课文读到这里，我们已经做到了用口读，用脑读，用心读，最后怎么用手读呢？

生：就是用手写。

师：对，把自己的读书体会写下来。请同学们下去后把自己读完这篇课文的感受写下来，读给你的爸爸妈妈听听。好吗？

生：（情绪高昂地）好！

师：这节课就上到这里，下课！

教后反思：

2010 年 10 月 18 日，我到城区沔州小学进行教学视导。在听完两节课以后，老师们要求我教一节课。我选了杏林子的《生命 生命》一文。

《生命 生命》一文是人教版四年级下册的课文，现在要拿到四年级上学期让孩子们来读，有一定的难度。我让学校的胡荣老师复印好课文，引导孩子们读了几遍课文后，我和孩子们走进了课堂。

首先，关于教学的定位。生命，本来就是一个沉重的话题，而杏林子在文章中对生命的感悟更是深刻。看着面前这些稚嫩的孩子们，我首先思考的是应该怎样教孩子们读这篇课文。我面临两种选择：一是为"文"而教，读懂课文，注重对课文内容的分析和理解；二是为"人"而教，学读课文，注重对学生进行读书的指导，让学生学会读书，在读的过程中学会思考，产生对生命的初步思考和体验。我选择了后者。这样定位以后，让教学彻底地从内容的分析讲解中跳了出来，进而把课文作为阅读的例子，把作者对生命的理解作为引发学生思考生命意义与价值的起源。这个定位是反传统的，但事实证明是正确的。

其次，关于教学目标。人教版教师用书上是这样定的：1. 认识 5 个生字，会写 8 个字。正确读写"鼓动、跃动、欲望、冲破、坚硬、不屈、苗壮、沉稳、震撼、糟蹋、短暂、有限、珍惜"等词语。2. 正确、流利、有感情地朗读课文，背诵课文，积累好词佳句。3. 理解含义深刻的句子，揣摩其中蕴涵的意思。4. 感悟作者对生命的思考，懂得珍爱生命，尊重生命，善待生命，让有限的生命体现出无限的价值。我的思考是：一篇课文涵盖了很多东西，这些东西不一定都要让学生掌握，更何况关于生命这样的话题，加之我们的孩子还很小。因此，我把这节课的目标确定在"对生命价值的初步思考"上，具体只解决一个问题，即课后的思考练习第二题："作者从三个事例中引出了对生命的思考。让我们联系生活实际，交流交流对课文最后一段话的理解。"把它作为这堂课教学的"航标灯"，引领学生阅读。

再次，关于读书的指导。阅读教学重在指导学生读书，怎样指导？我主要做到四步：用口读，把课文读正确，读流畅；用脑读，读懂作者对生命的思考，读出自己对生命的思考；用心读，有感情地朗读课文，用有声的语言传递作者的心声；用手读，写一写自己读课文后的体会。这四步一环紧扣一环，既是老师指导的思路（即教路），又是学生读书的步骤（即学路），做到"教路"

与"学路"的统一。

另外，还有一个值得注意的问题：书，是靠学生自己读出味道来的。学生永远是阅读的主人。这一点在我的教学中体现得也很充分。比如，在教学伊始的对话中，我说："你们已经有了9年或者10年的人生经历，那按照你的生活经验来看，你们认为生命是什么？"这一问就把学生置于主体地位，尊重了学生的生活，尊重了学生最初的生命体验，也唤起了学生的情感认同。在关于最后一段的理解中，我也没有强加"说教"，而是让学生自由畅谈，学生说："就是活着多做一些事情，做好它，这样才是有价值地活着。而不是随便浪费生命，到头来事都没做成，白白糟蹋了生命。""比如做个科学家，发明很多东西，这就是有价值地活着。"这就是学生生命在得到充分尊重和解放后所焕发出来的光彩。

二、《将相和》课堂教学实录

课堂实录：

师：（课前板书课题：将相和。）同学们，今天我们学习的这篇课文很长，但是我们的学习时间只有一个课时，四十分钟。在这之前老师要求同学们进行了预习和自读。现在我想请同学们汇报一下你是怎样预习课文的。哪位同学把你的预习情况和我们大家交流一下。

生：标出自然段，然后把那些不懂的句子和词语圈出来。

师：只做了这两个工作？啊，那你的预习做得太少了。还有哪位同学做的工作和他不同？

生：把课后习题的答案从辅导书里抄出来。

师：这个习惯不好，大家手里现在是不是都有《全意通》呢？建议大家现在都把它收进抽屉里。今天上课不准用。学习靠自己的思考，是不是？必要的时候可以参考一下，首先还是要靠自己思考。哦，这是你做的，是吧？还有哪位同学，你是怎么预习的？

生：了解课文中心思想和主要内容。

师：哦，坐下。下面我来提一个问题，课文读了几遍？

生：十遍。

师：好，出乎我的意料。读熟了吗？

生：读熟了。

师：好。我记得我给你们的预习要求是这样的：第一，把课文多读几遍，读熟；第二，完成课后的思考和练习的要求；第三呢，做好充分的准备，准备在课堂上发表自己的见解。这些要求大家都做到了没有？

生：做到了。

师：同学们，我们一起来看课题。大家一起把课题读一遍。预备，起——

生：将相和。

师：我读书的时候有一个习惯，我喜欢研究题目。我觉得这篇课文的题目，很值得我们研究。首先我们在字音的上面，就可以研究一下。"将""相""和"，这三个有不同读音的字组成了这样一个题目，我们再来读一遍，把音给读准了。

（生齐读，读音正确。）

师：三个字的读音各有各的区别，这三个字的意思也各有各的指向。这个"将"指什么？

生：将军。

师：对，是将军。你看，我们读的时候读 jiàng，意思是将军。这个"相"呢？

生：宰相。

师："和"呢？

生：和好。

师：和好。"将"在我们的课文中指的是谁呀？

生：廉颇。

师："相"在我们的课文中指的是谁呀？

生：蔺相如。

师：哦，我们把课文的题目连起来想一想就知道课文讲了什么事情。

生：课文讲的是将军和宰相和好的事情。

师：真聪明！讲的是将军和宰相是怎样和好这样一件事。同学们，概括文章的主要内容是我们阅读的第一项基本功。那么怎样去概括文章的主要内容呢？今天，我们是不是学到了一个方法呢？由课文的题目就可以想到文章讲的是什么内容。大家说，研究题目有没有意思？

生：有。

师：注意我在这个"和"的下面画上了一个三角符号。为什么画这个三角符号呢？因为这个"和"还有值得我们研究的地方。不过，把它放到后面再研究，好不好？

生：好。

师：大家已经预习了课文，现在把课本翻到课后的思考题。第一道思考题：朗读课文，简要说说课文讲了哪三个故事，再分别给每个故事加上小标题。做了没有？

生：做了。

师：第一个故事的小标题，哪位同学到黑板上来写？第二个故事，第三个故事，我不点，谁第一个举手谁上去！大家看一下，他们写的和你自己想的是不是一样。

师：（三位同学写好后）大家的看法一致吗？写得真好！我们把这三个故事的小标题一起来读一读。

生：（齐读）完璧归赵，渑池之会，负荆请罪。

师：那么，这三个故事之间有什么联系呢？注意扣这个"和"字，哪位同学说一说。

生：既照应了题目，又点明了中心。

师：我对你的回答不是很满意。"既照应题目"，你认为它是怎样照应题目的？

生："将"和"相"都和好了。

师：都和好了，你是从哪个故事知道他们和好了？

生："负荆请罪"这个故事。

师：那么前面的两个故事和负荆请罪有什么联系呢？

生：前面是……

师：好，你坐下，让别的同学来说一说好不好？哪位同学说一说。

生：前两个故事是"负荆请罪"的起因。

师：那么"负荆请罪"呢？

生：……

师：就是前面两个故事的——？

生：发展。

师：发展吗？

生：是结果。

师：对，结果。一个很简单的起因和结果就把这三个故事的联系弄明白了，是不是？"完璧归赵"和"渑池之会"是"负荆请罪"的起因，"负荆请罪"是前面两个故事的结果。那么这个起因是什么？看课题，是和还是——？

生：不和。

师：对！前两个故事是"不和"。那么"负荆请罪"是什么呢？

生：和。

师：为什么"不和"呢？用最简单的话来说一说这两个故事。

生：因为蔺相如的官比廉颇的官大，廉颇嫉妒蔺相如，所以他们就闹"不和"了。

师：找出文中说明蔺相如的官比廉颇还大的两处句子，读一读。

生：这就是完璧归赵的故事，蔺相如立了功，赵王封他做上大夫。

生：蔺相如在渑池会上又立了功，赵王封蔺相如为上卿。职位比廉颇高。

师：他职位比廉颇高，所以廉颇就不服气了。同学们，通过预习，通过刚才我们的梳理，这篇课文的内容大家搞清楚了没有？

生：搞清楚了。

师：读懂了没有？

生：读懂了。

师：读懂了是不是？课文也读懂了，那么我们这节课就上到这里吧，好不好？

生：不好。

师：课文也读懂了吧，读懂课文就行了。

生：没有。

师：为什么还没有读懂呢？你觉得还有什么问题没解决？

生：课后思考题。

师：还有一个课后思考题？两个思考题我们都解决了。

生：还有第三个思考题没有解决。

师：第三个思考题？第三个思考题是什么要求？一起读一读。

生：结合课文内容说说你喜欢哪个人物，为什么？

师：哦，还有这样的一个任务没有完成。同学们，我们刚才的读懂只是浅浅地读。读书啊，还有一个由浅入深的过程。那么，怎样才算是真正的读懂了呢？我们还有几个任务要完成啊，刚才这个女同学提出，第三个问题没有解决。结合课文内容，来说一说你喜欢哪个人物，为什么？

生：我们要真正认识蔺相如和廉颇这两个人物。

师：（板书：识人。）除了识人之外我们还要做什么呢？同学们，这篇文章讲的是历史故事，我们读完了这篇文章也就知道了那段历史，这叫——？

生：明史。

师：（板书：明史。）我觉得还有一个问题，我们要以史为鉴。用历史的经验来指导我们的人生，知道要怎样去做人。（板书：做人。）把这三个任务完成，这篇课文就真正地读懂了。为了帮助我们来更好地认识这两个人物，我们先来了解一下故事发生的历史背景。哪位同学把你知道的说一说。

生：在公元前 475 年，战国时期，当时一共有七个国家，齐、燕、赵、魏、韩、楚、秦。在这七个国家里中，秦国的实力最强，它先后灭掉了六国，统一了中国。

师：那是一段特殊的历史时期，就在这样的历史时期发生了今天我们学习的特殊的历史故事，出现了两个特殊的人物：蔺相如和廉颇。那么蔺相如和廉颇你喜欢谁？为什么？认真地读课文，注意那些描写蔺相如和廉颇那些语言和动作的句子，仔细地品读，说出你的理由。

（学生自由读课文，思考，讨论。）

师：好，现在开始交流。今天我们把两个历史名人研究一番，蔺相如和廉颇你喜欢谁，为什么？我希望同学们各抒己见。

生：我喜欢廉颇，因为他攻无不克，战无不胜。

师：我相信还有不同的声音。最好能说得具体些。

生1：我喜欢蔺相如，因为他智勇双全，以大局为重，这可以从渑池之会和负荆请罪中看出来。

生2：我喜欢蔺相如，因为他机智勇敢，胆识过人。我是从这句话看出来的：这块璧有点小毛病，让我指给你看看。他用璧的小毛病诱惑了秦王。

师：从这里可以看出——？

生：他很机智。

师：对，就这样回答问题，思考问题。先说观点，然后再找证据来验证自己的观点，就这么简单。好，你来。

生1：我喜欢蔺相如过人的胆识。在和秦王见面的时候，蔺相如说：我现在就离你不远，如果你不兑现你的诺言，我就连同这块璧一起撞碎在柱子上。谁有胆子这样？只有蔺相如。

生2：蔺相如真是一个大智大勇的人，我也喜欢他！

生3：我认为蔺相如不仅有大智大勇，而且大人有大量。

师：对你的看法，我很感兴趣！说来听听！

生：当廉颇说出侮辱蔺相如的话时，连他旁边的人都看不过去了，而蔺相如却劝他们："我所以避着廉将军，为的是我们赵国啊！"从这里可以看出蔺相如的胸怀宽阔，有大量！（掌声）

师：在同学们的眼里，蔺相如有大智、大勇、大量，不愧为"大人"。同学的见解精彩！（板书：大智、大勇、大量——大人。）

生：我觉得廉颇也很了不起。廉颇也有大勇，也有大量。

师：哦?!

生：廉颇在每次战斗中，都能攻无不克，战无不胜，没有大勇能做到吗？在听到蔺相如的话以后，他脱下战袍，背上荆条来蔺相如门前请罪，没有大量能做到吗？

师：同学们的看法呢？

生：他这样说也有道理。我也觉得廉颇是一个很可爱的人，就像《水浒传》里的李逵。

师：哈哈，廉颇可比李逵早活好多年啊！（笑声）是啊，廉颇能够做到知错就改，这是一种非常了不起的品质。我们生活中，好多人都知道自己的错误，可是他就是不改正。这样对吗？

生：不对。

师：还有谁来讲讲？我还希望听到大家更加精彩的发言。好，你说。

生：我喜欢蔺相如，因为蔺相如以国家为重。他说："大家知道，秦国不敢进攻我们赵国，就因为武有廉颇，文有蔺相如。如果我们两个不和，就会削弱赵国的力量。秦国必然趁机来打我们。"从这里可以看出蔺相如以国家为重。

师：我不同意，这只能说明蔺相如的胆子太小了。做男人怎么能随便地怕一个人呢？怕廉颇怕得要死呢！我不同意你的观点，有谁来说服我。蔺相如是真的怕廉颇吗？

生：不是。

师：他说了一句话。

生："我为的是我们赵国啊。"蔺相如为的是一个国家的利益，他宽阔的胸怀里装着的不仅是凡人凡事，还有国事啊！

生：我觉得蔺相如还有一点也是值得我们学习的。他在接受赵王交给他的任务时，不是马上就拍胸脯说："没问题，行，这个问题我去完成。"而是"想了一会儿"才做出决定。从这里可以看出蔺相如做事情很稳重，心很细。

师：老师首先觉得你很了不起，你的心也很细啊！给他掌声！课文中这么细小的一处让你发现了，而且品出了味道，不简单！其他同学，你们注意到了吗？

生：（有的摇头）没有。

师：同学们，我们每一个人都要学习蔺相如。我就有这样一个毛病，有时候人家有事找到我面前来了，我说："没问题，包在我身上。"结果呢，没有给人家完成，觉得不好意思。但是蔺相如他不是这样的人，他认真地思考一下，权衡一下，自己能不能去完成这个任务。这是一个人非常优秀的品质。在座的每一个男同学，你们会长大成男人；在座的女同学，你们也会长大成女人。在今后的人生路上，你们可要学习蔺相如。

生1：老师，我认为也要学习廉颇，学习他的果断，知错就改。

生2：我认为两个人都值得我们学。廉颇英勇善战，知错就改；蔺相如有勇有谋，大人大量。

师：（示意学生坐下）同学们，我们不能说只去学习蔺相如，也不能说只去学习廉颇。实际上，每一个人都有自己的优点，每一个人身上也都有自己的缺点。廉颇，我们班上的人喜欢他的很少，但是我告诉大家，我喜欢他。廉颇的勇敢，不怕牺牲的精神，战斗精神，才让赵国不怕秦王。没有廉颇的勇猛，赵国这个国家是不安全的。一个将军保住一个国家的安全，这个人可敬不可敬啊？可敬。但是我又喜欢蔺相如，他的大智，他的大量，他的大勇，他的细心，这都是我们平常人难以具备的，所以他也值得我们学习。你看，一个人能够吸收他们的优点，这个人的人生是多么美好啊！是不是？

生：是！

师：但是，我有一个问题要告诉大家，在廉颇的身上存在着致命的弱点。他的致命的弱点是什么？

生：不顾国家利益，为自己争一口气。

师：可是他后来维护国家利益了。真正的原因是什么？

生：他太冲动。

师：嗯，我们有一句话是什么？冲动是——？

生：魔鬼。

师：还有什么？

生：廉颇的嫉妒心太强了。

师：嫉妒心强好不好啊？

生：不好！

师：所以廉颇身上的这些弱点是值得我们引以为鉴的。告诉大家廉颇后来的遭遇。廉颇经历了赵国三代的皇帝，在我们这个故事发生的这个朝代，廉颇是将军，和蔺相如成了赵王的左膀右臂，成了赵国的支柱。可是到赵国下一代皇帝，廉颇就不受重视了。他就去了魏国。你看，一个赵国的将军，你投奔到魏国，魏国的皇帝会重用你吗？不会。于是呢，廉颇跑到了楚国。在楚国还是一直不被重用，郁郁而终，所以廉颇的结局是悲惨的。

同学们，今天我们学习的这个故事出自《史记·廉颇蔺相如列传》。《史记》是司马迁写的。我们不是学习了一些阅读古文的方法吗？我建议大家，回到家里用我们今天学习文言文的方法把这个故事找来读一读。

生：好！

师：读了故事，有什么心得，有什么体会，可以上网和我聊一聊。同学们，今天我们的学习就到这里。再见！

生：老师再见！

教后小记：

教学《将相和》，传统的教学总是在"和"字上面做文章，为什么不"和"？怎么"和"的？"和"的意义是什么？在对"和"的探讨和研究中认识廉颇和蔺相如两个人物的精神品质。这样教学的结果是学生怎么也走不出文本，在文本这个狭小的圈子里东奔西突，不会有多少精彩的生成，所得十分有限。

　　我努力让自己从文本里"跳出来"，从学生学语文的角度来思考教学。首先引导学生思考我们为什么读这个故事，讨论中学生会明白，我们学这个故事是为了了解历史、认识人物、感悟人生、积淀语言；然后让学生带着这些目的阅读课文，亲历学习的过程。这样教学的结果，学生不仅认识了人物，还思考了历史和人生，积淀了语言，锻炼了语文能力，提升了语文素养。从生成的角度讲，学生在课堂上的表现异彩纷呈。

三、《西风胡杨》课堂实录与点评

第一课时

一、课前谈话

　　师：我听说我们班上有几十位同学都写了小说，写了小说的请举手。（大多数同学都举起了手。）写得最长的是多少字？

　　生：5000 字左右。

　　师：5000 字啊，不简单！（竖起大拇指）大家都特别喜欢阅读是吗？

　　生：（齐）是的。

　　师：你都读过哪些书？或哪些文章？

　　生1：给我印象最深的一篇文章是《评价标准》。

　　生2：给我印象最深的是《西游记》。因为里面夹杂着文言文和白话文，我读不懂，所以印象很深。

　　师：阅读能够给你们带来什么样的好处呢？

　　生1：我觉得阅读可以让我们学得知识。

　　生2：阅读可以让我们的生活变得多姿多彩，能够让我们快乐。

　　生3：阅读可以让我们知道人世间的真、善、美，假、丑、恶，让我们知道人世中的很多哲理。

　　师：那我送给大家一句话，这句话是我自己带给大家的：阅读能够让我们的生活像唐诗一样美丽。（学生记录）

二、交流阅读经验

　　师：我也读过一些文章，我也时常被一些文章感动，我也喜欢将一些好文章推荐给大家阅读。今天给大家推荐的文章是《西风胡杨》。（板书课题）

　　师：拿到这篇文章的时候你都做了些什么？

　　生1：我初次拿到这篇文章，首先就浏览了一遍，然后仔细地读、认真地揣摩，走进作者的心灵。

　　生2：我首先把这篇文章快速浏览了一遍，然后发现文中有字词障碍，就借助工具书查阅，最后再慢慢地体会作者的用意。

师：大家都有自己的阅读积累和阅读的经验。刚才二位同学的回答，给了我一个很重要的信息，拿到一篇文章以后我们要快速浏览。浏览是最重要的阅读方法。很多东西都等着我们去阅读，在浏览中可以获得大量的信息。我非常高兴这种方法已经成了大家最主要的阅读方法。

生：首先看课后习题，然后瞻前顾后结合这些问题再读文章，把自己初步理解的内容批注在旁边。

师：阅读要注意整体的联系，要瞻前顾后。在阅读文章的时候，带着问题，带着想法走进文本。阅读后，把自己的感受批注下来，写在文章的旁边。"不动笔墨不读书"。

三、交流阅读的初步感受

师：听、说、读、写，其中特别是写字，是我们非常重要的语文能力，是我们的语文素养之一，作为一个中国人我们一定要写好我们中国的汉字。下面，我们来写一写课文中的生词。

（听写生词：绝品、演绎、悲壮、屏障、坚韧、宁死不屈、祭奠、甘露、挚爱、绝不放弃、美丽忠直。）

师：读了这篇文章后，你们难道不想说点什么吗？

生1：人类真残忍。

生2：我们应该保护胡杨，保护大自然。

生3：胡杨那种坚强不屈的精神，非常值得我们学习，我也希望人们能够想到现在胡杨的困境，能够去解救它们，保护环境。

生4：茫茫的大漠不可能永远存在于世上。因为我们有胡杨和热爱环境的人们。（掌声）

生5：读了这篇文章，我觉得还有一个字能形容胡杨，那就是"耐"。正因为胡杨耐得住艰苦，耐得住寂寞，耐得住高热高寒，耐得住干旱，才保住了这片胡杨林。

生6：我觉得胡杨真了不起。它耐干旱，御风沙。我们一定要保护好胡杨。

生7：我向生活在大漠地区的人们提出一个请求：我祈求人类将上苍原本赐给它们的那一点点水留下。

生8：我想号召大家给胡杨谱写一曲悲壮之歌。

生9：从这篇文章中我体会出了作者对胡杨的赞美和怜爱。他赞美了胡杨坚忍不拔、无私的精神。同时，现在胡杨已成了世界上的珍品。我希望人们能够保护它们，留住它们，让它们得到繁衍。

师：每读文章我们都会有所感受。如果一篇文章我们读不出什么感受来，那么我们的阅读就没有意义了。这篇文章大致写的是个什么内容呢？

生：文章写的是胡杨的精神，呼吁保护胡杨。

生：作者写了胡杨与西域文明的联系，与历史的联系。

生：还写了胡杨与环境的联系。

师：同学们读了这篇文章后，有什么不理解的？

生：这篇文章的题目为什么叫"西风胡杨"，而不是"胡杨精神"之类的？

师：这个问题非常有价值。

生：胡杨和西域文明是什么关系？36 国的西域文明究竟是什么？

（课件出示：西域三十六国，西汉时分布在新疆地区的三十六国和游牧部落政权的总称，它们分别是女若羌〔今若羌〕、楼兰、且末、小宛、精绝〔今尼雅遗址〕……）

师：西域三十六国给我们非常神秘的感觉，这是古代三十六国。（课件出示地图）三十六国分布在新疆地区。那么西域不仅仅指新疆地区，西汉时从玉门关往西的大片领土都属于西域。

师：还有什么问题吗？

生：没有了。

师：同学们稍事休息一下，下节课接着学习。

第二课时

四、品读课文

师：同学们，下面我们接着学习。上节课，我们交流了阅读的经验，谈了读完本文后的初步感受。这节课，就让我们深入地读课文，去体会文章的内容，去了解作者的心。请大家看要求。

（课件出示：西风胡杨给你留下了怎样的印象，西风胡杨最让你感动的是什么？）

（学生明确要求后，开始默读课文，批注。）

师：通过刚才的读，相信大家又有了新的收获，又有了新的认识。下面我们开始交流。

生：胡杨能在这么恶劣的环境下，不放弃，顽强地生存下去。在生活中，我们也会遇到挫折，我们也应该像胡杨一样奋起，努力战胜困难。难道我们不应该吸取它们的这种精神品质吗？

师：你是从哪个句子中体会到的呢？

生 1：（朗读）"不怕侵入骨髓的斑斑盐碱，不怕铺天盖脑的层层风沙，它是神树，是生命的树，是不死的树。"我是从这句话中体会到的。

生 2："胡杨，秋天最美的树，是一亿三千万年前遗留下的最古老树种，只生在沙漠。"这里的"一亿三千万年前"，给我很深的印象。因为这个数据证明了胡杨是多么了不起。胡杨生长在沙漠，在空旷的沙漠天空下，它是孤独的；

但是它又是那么坚强，奇迹般地在大漠中伫立着。为了大漠深处的完美，为了看不见的远方，它坚持着。

师：它坚持了多少年？

生：（齐答）一亿三千万年。

师：是的，胡杨的生命是多么顽强啊！

生："两个天敌彼此对视着，彼此僵持着，整整一亿年。"这句话也可以体会出胡杨在"坚持着"。

师：胡杨在沙漠中生存了一亿三千万年，它一直在和沙漠进行着斗争。所以两个天敌彼此对视着，彼此僵持着，整整一亿年。真是不简单。它依然要生存下去。

生：我从"我站在这孑然凄立的胡杨林中，我祈求上苍的泪，哪怕仅仅一滴；我祈求胡杨，请它们再坚持一会儿，哪怕几十年；我祈求所有的人们背着行囊在大漠中静静地走走，哪怕就三天"这些句子中，体会出了作者想让上苍拯救胡杨，想让胡杨再坚持一下，想让所有的人们去体会胡杨所受到的煎熬与孤寂，去静静地沉思一下，去反省一下，去保护那些在大漠中生活的胡杨。

师：请大家给她掌声！让人们沉思、反省，让我们也感受到作者一颗善良的心，感受到作者对生命的热爱，对生命的敬畏，对生命的关注。

生："我祈求所有的人们背着行囊在大漠中静静地走走，哪怕就三天。"从"静静地走"中，我体会到作者是想让人们体会到胡杨的一种精神，理解它们的困惑和心灵。我猜作者在写这段的时候，大概也会哭出来，不是被泪水洗刷脸庞，是在心里为胡杨哭泣。

师：无声地哭，无泪地哭！欲哭无泪！（掌声）

生：从第七段中，我体会到胡杨很傻。

师：（惊讶地）胡杨傻？

生：因为胡杨不顾自己的生死存亡，为人类抵御风沙，使人类有个安居乐业的地方，而那自私的人类，只顾及眼前的钱财利益，而不顾及身后的危险。我觉得胡杨这样做没有意义。

师：这是一种特别的看法，同学们可以发表意见。（旨在挑起争论）

生1：我觉得这不是一种傻，而是一种无私！从"胡杨是挡在沙漠前的屏障，身后是城市，是村庄，是青山绿水，是并不了解它们的芸芸众生"中可以看出：人们都不了解它，尽管这样，它还是为人们生下来，活下去，斗到底。它们是无私的，这种无私的精神一直激励着它们为人们挡住风沙，使人们不会重温荒漠残城的恶梦！我觉得胡杨不是"傻"，而是"无私"！（掌声）

生2：我认为这是胡杨的一种责任感，因为它"身后是城市，是村庄，是青山绿水"，在身后有那么多需要它帮助的人们，所以我认为胡杨的举动不是

"傻"，是有责任心的表现。

生3：刚才张伟元认为胡杨"傻"，我认为他并不是真这么认为，他是想借助胡杨的表现来呼吁人们保护环境。张伟元，你说是吗？

（那个叫张伟元的学生点了点头。）

生：不对，张伟元的观点很明确，就是说胡杨"傻"！但是这种"傻"并不因为自己，胡杨只知道无私地为人们奉献。这种"傻"是因为人们，人们不知道怎么样去报答它们，不但没保护它们，反而伤害它们。所以我认为这种"傻"是因为人们。

师：（示意学生暂停争论）胡杨"傻"吗？但我们好像看到胡杨真的很"傻"，实际上傻的是谁？（生齐答：人类。）作者正是用胡杨的"傻"衬出人类的无知。（对张伟元）从你的发言中，我还意识到一个问题：我们在认识某一个事物的时候，要有一种辩证的观点。那么，这样比较后你还认为胡杨傻吗？（张伟元答：不傻。）

生：我从"胡杨生下来千年不死，死了后千年不倒，倒下去千年不朽"这句话中，体会到胡杨是真正的勇者。因为它悄然死去后，也要捍卫自己不屈的灵魂。（掌声）

师：（激动地）胡杨是真正的勇者。说得好！我们很多人把胡杨称为英雄的树。胡杨是三千年永垂不朽的英雄，胡杨是真正的勇者，胡杨是真正的壮士！（生鼓掌）

生：从课文第四自然段中，我体会到胡杨很像我们生活中的梅花，只不过梅花能够得到更多的荣誉，而胡杨没人欣赏。它却能默默奉献，所以我觉得胡杨和梅花都有同样的精神。

师：胡杨比梅花更加美丽，美的不是它的形状。（课件出示胡杨照片）论外形，它不能和其他事物相比，但胡杨美的是心灵、是精神！

生：文中还有这样一句话："英雄有泪不轻弹，胡杨也有哭的时候。"胡杨是奋勇杀敌的英雄，但英雄哭了，它为什么会哭？是被人们逼的。它无私为人类奉献，可人类还在伤害它，所以在这里我呼吁人类也对胡杨无私地爱一次吧。（掌声）

师：我记得课文中有这样一句话，"逢烈日蒸熬，胡杨树身都会流出咸咸的泪"，"英雄有泪不轻弹，胡杨哭了"。胡杨是不是哭了？不是。它的根须可以达20米，把地下水分吸收到自己身上。在烈日蒸熬下，胡杨的树身会有一种液体分泌出来，叫作"碱"。但是作者认为胡杨分泌出来的是什么呢？是泪。这就正如这位同学所说的"胡杨哭了"一样，实际上并不是胡杨哭了，是作者哭了，是我们的同学们哭了。

生：读了第四自然段，我觉得胡杨的精神可贵。它的一生不求美丽、不求名利、不求人们的赞叹与欣赏，也不求回报，只是默默将自己的一生奉献给人类。它是我们的守护者，更是我们的榜样！

师：同学们，交流到这里，我越发钦佩大家。在阅读中，你们的认识变得越来越深刻。我建议大家把掌声送给自己！（掌声）

师：我还有个问题，作者仅仅是在写胡杨树吗？

生1：不是。其实是写胡杨的精神。

生2：是从胡杨的精神反衬出人类的自私、自利。

师：作者写的不仅仅是胡杨，而是生命。他歌颂的是胡杨，他歌颂的更是像胡杨一样的生命。（板书：西风胡杨——你演绎着生命的悲壮！）

师：胡杨与西域文明是一种什么关系呢？

生：西域文明之所以灿烂，是因为胡杨阻挡了风沙，胡杨孕育了整个西域文明。

（生齐读："两千年前，西域为大片葱郁的胡杨覆盖，塔里木、罗布泊水域得以长流不息，水草丰美，滋润出楼兰、龟兹等三十六国的西域文明。"）

师：有水就会有生命，有生命就会有创造，有创造就会有文化，有文化就会有文明。西域胡杨挡住了前来的敌人，和风沙战斗着，它保护了大片的土地，使这些地方生机勃勃，人类得以繁衍生息。于是文明就出现了。所以说西风胡杨也还凝聚着文明的辉煌。（板书：你凝聚着文明的辉煌！）

师：课始大家提出胡杨与环保有关系。有了胡杨才能抵挡住风沙，人类才能继续生存和发展下去。本周在新闻中我看到北京、新疆、甘肃等地发生了沙尘暴。为什么会出现这样的现象，联系课文来说。

生：因为胡杨少了。

师：是啊，没有了胡杨才会有沙尘暴。所以胡杨与我们人类的关系是特别密切的。我们还可以用一句话概括：你守望着人类的未来。（板书：你守望着人类的未来！）

师：刚才有同学说到，文章写的不是胡杨，写的是一种精神。胡杨是坚忍的，是无私的，是悲壮的，是无所畏惧的。所以我们还可以用一句话概括：你闪耀着精神的光芒。（板书：你闪耀着精神的光芒！）

师：课文写的是胡杨，但又不是在写胡杨，写的是生命、历史、是文化、人类的未来。所以我们说——

师生：（看板书齐读）西风胡杨，你演绎着生命的悲壮！你凝聚着文明的辉煌！你守望着人类的未来！你闪耀着精神的光芒！

师：同学们，这就是胡杨！我被胡杨深深感动了，我想读书了。我为大家朗诵一遍课文吧！（学生鼓掌）

（课件展示背景与音乐。在音乐中，老师深情地朗诵全文。朗诵结束后，全场响起热烈的掌声。)

师：听老师读完了课文，你们也想读吗？

生：想！

（学生自由地朗读课文，每一个学生读得都很投入。）

师：在开始学习本文之前，有位同学提出"为什么这篇文章的题目叫西风胡杨"，现在有人能解答吗？

生1：题目体现出了环境的恶劣。

生2：文章的最后一段可以回答，"烈烈西风中有无数声音回答：我是胡杨"可以体现大漠中的意境美，更能突出胡杨锲而不舍的精神。

生3：我觉得这个题目更加突出了胡杨孕育了西域文明。

生4："西风"二字不仅表现了环境的恶劣，更加表现了一种精神：蔑视恶劣环境的精神。

师：为什么要用"西风"二字？感受一下，现在吹的是什么风？吹在身上很舒服，暖洋洋的。想象一下沙漠的风是什么风？"呼——"什么风？是狂风，卷起的是沙。在这烈烈西风之中，胡杨挺立着。胡杨前加"西风"二字，更突出胡杨的悲壮！

五、拓展升华

师：同学们，读完这篇文章，你们想说什么？想写些什么呢？你们在写的时候我也写，我也想写几句话赞美胡杨，大家一起开始吧。

生1：胡杨，你坚强，你果敢，你执著，你蔑视自然。你静静地立在茫茫大漠之中，见证了大西北在干旱中变成荒漠。望着你的泪，我知道你即便倒地，也要看到千年的变迁。你是塔里木河的歌者，你是死亡之海里的生命魂，你用一个曾经被遗忘的倔犟灵魂，不管在哪里，都默默地期待一个又一个明天。胡杨，你是烈烈西风中的勇士，胡杨，你是孤独而又美丽的神话！（掌声）

生2：我为胡杨写了一首小诗——《生命中的渴望》："随着风吹去的是漫漫的黄沙，随着云飘去的是无数的赞扬，随着鸟儿飞去的是大漠中的翅膀。而站在这大漠中的胡杨，正是生命的向往！"

生3：我的诗名字叫《沙漠颂》："你生长在沙漠中，备受环境的煎熬。你生长在干旱中，备受缺水的煎熬。你生长在痛苦中，备受风沙的责难。你生长在城市前，阻挡风沙前进。你生长在村庄前，阻挡干旱前进。你生长在青山绿水前，阻挡困苦前进。你是谁？你是胡杨！"

师：老师建议你把题目改为《胡杨颂》，好吗？听了你们的感言和诗歌，我很感动。我也写了一首诗，《我的胡杨》："在这大漠深处，你演绎着不老的悲壮，跨千年不死，死千年不倒，倒千年不朽。茫茫戈壁回荡着你的千古绝唱。我的胡杨，英雄的胡杨，我生命因你变得坚强。我的胡杨，不要流泪，让

我们携手共赴骄阳。我的胡杨!"(掌声)

师:有机会,我建议大家一定要去新疆,一定到茫茫的大漠里面,去静静地走走,去亲身感受一下胡杨,去看看这英雄的树,去看看这顽强的生命!

下课前,我还送给大家一句话:你阅读,你的人生就会美丽。让我们将阅读进行到底!

教师点评:

对话之中,生成精彩

最近有幸聆听向爱平老师执教的《西风胡杨》,受益颇多。静下心来回顾一番,整个教学环节无不让人回味。关于课堂教学,有一位教育专家曾作如下阐述:课堂教学之所以成为艺术,是因为课堂实施中的不可预知性,课堂的动态生成。而所谓生成,即指课堂中依据学生的现场思维成果和疑难问题,及时调整预设的教案而重新生成的教学流程。其主要特点是偶然性和差异性。生成的契机也因师生、文本及师生互动程度而异,因而它是一个具有勃勃生机的、独一无二的、无法复制的智慧碰撞过程。

一、看似"闲话"却精彩

艺术没有主题就成不了艺术,而"闲话"如果没有明确的目的,那就真是闲话了。而这里的"闲话"之所以不成为真正意义上的闲话,是因为教师心中有着明确的指向性,能针对教学环境、教育对象及教学环节想好"闲话"内容,做到胸有成竹,有的放矢。在《西风胡杨》教学伊始,向老师给孩子们说了一段话,让孩子们谈自己听出了什么,看似"闲"聊,实则在培养孩子们认真倾听的习惯,为整堂课的教学奠定了基调:让孩子们会听,会欣赏,会解读。这一带有明确方向性的对话与文本内容无关,却与大语文的学习观有关。接下来的谈话以阅读为主题展开,让孩子们围绕自己读书的体会来读,孩子们在教师这一亲切的交谈氛围中放飞思维,谈到了诸多好处,如可以丰富知识、丰富生活,可以懂得人生哲理,可以滋养我们的精神生命……可此时,向老师每一句都不是随口而出的"废话",而是在与学生思维碰撞之后形成的深思熟虑的"会话",这无不在激励和唤醒学生,最大限度地激发学生的学习兴趣。让孩子们走近文本内容时,向老师没有直入文本,而是把以往的学习经验加以罗列、归纳,让孩子们明了一定的阅读方法:1. 先浏览;2. 整体联系;3. 带问题读;4. 批注。让孩子们在头脑中形成知识链,为孩子们形成良好的阅读习惯奠基。

这样的例子在《西风胡杨》课上屡见不鲜。"闲话"作为一门特殊的语言艺术,比一般艺术更复杂,具有多样性和多变性的特点。它好比音乐中的"变奏曲"或"回旋曲",初听好似很平常,也很简单,可细听,会让人深思,而这样的"闲话"需要老师去设计，有意去讲。一位教育专家这样说过："可以追求的艺术，不是艺术；刻意学习的艺术，不成艺术。当一个教师的学、识、情、才等齐备之时，才是教学艺术臻于成熟之日。"而向老师的课为"讲"正名，给了"闲话"精彩与活力。

二、"傻"字激起千层浪

在品读《西风胡杨》一文时，向老师让学生谈对胡杨的感受，孩子们读出了胡杨坚强不屈、高温耐寒等特点。课堂上突然传来了不协调的声音："胡杨很傻"。向老师顺势引导："胡杨傻吗?"孩子再次潜心读文，据理力争，进行现场争论。一个"傻"字引发了学生思维深层次的思考，既联系了文本，又谈了道理。透视这个过程，我们不难发现，学生们的讨论源于文本，又跳出了文本，他们的理解达到了一定的高度。这样的课堂从学生实际出发，学生自主读书，自由思考，语文能力和个性甚至是思维方式得到提升，可谓是一个"傻"字激起了千层浪。

回观这个教学细节，小学生由于知识经验、理解能力等方面的差异，对同一个问题会有不同的意见和看法，如果我们教师"唯书是从"，压抑学生个性，推崇统一，就会僵化学生思维，怎么会有"傻"的出现? 有了问题，给孩子们独立阅读、思考的时间，这样才意味着学生是知识学习的主角。如果向老师没能注意到这点，没有抓住辨析"傻"字的瞬间，学生那一个个闪动着智慧的火花就不会迸发，那流淌的音符就会休止，那充满生机的场面就不会生成。"水尝无华，相荡乃成涟漪；石本无火，相击而发灵光。"因此，教师在课堂上抓住每一个契机，给孩子们搭建一个个展示个性的平台，给他们创造一个个充分表达思想、抒发情感的机会，便尤为重要。是啊，我们在教学过程中，如能抓住契机，就会让孩子们在争论中明是非，悟道理，求发展，求创新。

三、让写焕发光彩

向老师在教学《西风胡杨》伊始，就给孩子们传输了一种"不动笔墨不读书"的思想。在整堂课中，"写"焕发出了不同的光彩：写好汉字，让孩子们掌握生字新词；做好文章的批注，在文本空白处留下自己的感受；感悟文本时的想象和创造，深度思索谈体会，碰撞思维练写话；对胡杨说些什么，进行写诗训练……是啊，写让这节课增色不少。古人读书讲究眼到、口到、心到、手到，这既是阅读的方法，又是阅读的习惯，体现着完整的阅读历程：用眼睛去接触文本，用诵读去转换、表现文本，用大脑去思考、体验文本，用文字去表达自己对文本的感悟和由此获得的启迪、乐趣。

阅读教学"要书声琅琅，也要静思默想，还要妙笔生花"。阅读教学不应排斥书写，没有书写的阅读教学不是完整的教学。写，是一项重要的语文基本功；写，也更有利于我们深入地、全面地了解学生的阅读情况。因此在《西风胡杨》课上学生交流读书体会时能侃侃而谈，是因为孩子们"写"出了自己独特的情感体验。回归整体，"读文章仅仅是在写胡杨吗？"这一问题促发了孩子们深思，引导他们走进去，跳出来，让孩子们明了"精神与生命"的内涵。"情动而辞发"，此时的孩子们提笔写话，写诗，无疑是恰到好处，而此时教师的下水文则又给课堂锦上添花。教师声情并茂地朗诵自己的下水文，既给孩子们一个范例，又给了孩子们创造的灵感，具有一定的指导与示范作用。

这样的"写"让孩子们在理解文本内容的基础上都有收获，都有提高。向老师的"写"这一细节，给我们以后的教学带来启迪：给孩子们时间去亲近文本，给孩子们空间去展示内涵，感受他们思想与灵感的火花，触摸孩子们心灵深处的困惑、认识和偏差，根据他们共同的问题倾向和思考文本的方向走，捕捉随机生成的教学资源和信息。

"课堂应是向未知方向挺进的旅程，随时都有可能发现意外的通道和美丽的图景，而不是一切都必须遵循固定线路而没有激情的行程。"（叶澜）生成是新课标倡导的一个重要理念，它从师生、生生的互动中、从心与心的交流中、从思与思的搏动中、从情与情的触摸中流出来了。生成使教师和学生的积极性都被调动起来，使课堂出现动态变化、生机勃勃的新特点，出现了浪花闪耀、高潮迭起的精彩场面。

（点评者为仙桃市大新路小学刘辽军）

四、《真理诞生于一百个问号之后》课堂教学实录
第一课时

师：知道我们今天要学习的是一篇什么课文吗？

生1：讲哲理的课文。

生2：是与科学有关的课文。

生3：告诉我们生活中的小事要用心去观察，要用心去选材，发现问题，去研究它。

师：告诉我们一个道理，这是什么文章？

生：一篇有争议的文章。

师：还有谁说？

生：用小故事说大道理的文章。

师：好了，同学们。我们为这样的文章取一个名字——议论文。

（师板书：议论文。）

师：像这样的文章在这之前大家读过没有？

生：读过。

师：读过，是篇什么文章？

生：（小声地）议论文。

师：是的，是议论文，类似的文章你们说读过，那请举个例子。

（生沉默了。）

师：因为你们用的是湘教版的书，是吧！所以我不了解，在我们湘教版的书里面有没有类似的文章啊？是哪一篇？

生：《十七个杨柳》。

师：《十七个杨柳》这篇文章我很陌生。但是我想的话，是哪篇文章不重要，但有一点非常重要，就是我们现在上小学六年级，也就是小学快要毕业了，那么进入到初中以后，再到高中以后，我们就要读很多很多这样的议论文。我们不仅要读议论文，我们还要写议论文。我们今天要读的这篇文章，谁写的？

生：叶永烈。

师：对。那么今后同学们也要写出这样的文章出来。写得好的文章可能还要提供给你们的下一代，再下一代，是不是？

生：是。

师：所以，今天我们就来读这样一篇文章，看老师板书课题。

（师板书：真理诞生于一百个问号之后。）

师：请同学们把课题一起读一遍。预备，读。

（生齐读课题。）

师：大家读这个课题的时候，我觉得有两个词我们要读得重一些，是哪两个词？

生：（齐）诞生。

师：（摇头）不是。

生：（齐）真理。

师："真理"是第一个，还有呢？

师："问号"。这两个词我们要读得重一些，我们再来读一遍。预备，读。

（生再齐读课文。）

师：这样的议论文，我们该怎么读？大家给自己想想办法。你觉得这样的文章我们该怎么读？

生：我觉得这样的文章应该大家齐读，去理解这样的课文。

师：哦，要理解它。也就是说我们要读出自己的什么呀？不，就他说的要读出自己的理解。

（师板书：读出理解。）

师：是的，文章写了什么，我们肯定要读出自己的理解，是吧！那么，还应该怎么读呢?

生:要读出议论文议论的含义。

师:它的含义也就是我们自己的理解,这是一个要完成的任务。除这个任务以外,还有什么?

(生沉默。)

师:还有什么?不知道了?

生:我们应该怀着疑问的心情去理解它。

师:哦,还是要读出自己的理解。注意,今天我教给大家六步读书的方法。这六步读书的方法今天大家会了,到初中读议论文不怕,到了高中读议论文不怕,到大学读议论文不怕。拿到一篇文章,我们首先要把文章怎么样?

生:读熟。

师:对,读准读熟。(板书:读准读熟)这是第一个要做的。那么第二个我们要做的是什么呢?要读懂词语。(板书:读懂词语)第三个要做的就是读懂内容。(板书:读懂内容)第四个要做的就是读出理解。那第五个要做的是什么呢?(板书:读懂写法)读懂它的写法。第六,对于好的议论文,对于文章最精彩的段落,我们要读得背下来。(板书:读得背下来)今天的《真理诞生于一百个问号之后》我们就按这六步来读,好不好?

生:好。

师:一步一步地做。文章事先已经发给大家了,大家已经读了吧?

生:读了。

师:(问一女生)你读了几遍?

生:读了五遍。

师:不错。(指另一女生)你呢?

生:我读了三遍。

师:三遍。你呢?

生:我读了两遍。

师:两遍。有没有超过五遍的?(向读了五遍的那位女同学伸出了大拇指。)不管读了几遍,我现在还给一点时间,大家自由地再读一遍。有一个要求,读的速度要快。看谁读得最快而又字字入目。开始。

(生自由快速地读课文,师巡视。)

师:好了,没有读完的同学请停下来。我们已经是六年级的学生了,在读课文的时候既要读得快又要读得好,这才叫读熟。第一位是我们这位同学,他用时三分钟。我想请你把课文的第二自然段读给我们大家听一听,好不好。我来给你拿话筒。

(生读第二自然段。)

师：别坐下。大家听出问题来了没有？

生：听出来了。

师：读熟之外还有一个标准，还要读准。所谓读准是什么？字音要读准，而且不添字，不减字，不改字。那么第二个自然段，谁再来读一下。

（指名一女生读。）

师：噢，我发现问题了，怎么多了一个字呀，原来你们的课文和我书上的有区别。好了，我还想请一个同学读一读课文的第三自然段。谁来读？

（指名另一女生读。）

师：你的声音很好听，我喜欢听你读书，读得好。看来课文大家都读得不错了，现在来完成第二个任务。这篇文中有很多词语，现在你们把自己不理解的词语提出来，我们大家一起来解决。有哪些词语不懂？

生：见微知著。

师：哪位同学能够帮她解决这一词语的意思？

生：见到事情的一小部分就能想到它的主要内容。

师："微"的意思是微弱呢？还是细微、细小？或者说细节？

生：（齐）细小。

师：那么"著"呢？

生：（个别）大的意思。

师：噢，"著"就很大的意思，全貌的意思，整体的意思，全面的意思。大家看"见微知著"是一个什么呀？

生：（个别）含有反义词的。

师：对，是含有反义词的成语。所以，我们理解它相反的词语的意思后，这个成语的意思我们也就读明白了。还有哪些词语大家不理解的，再提出来。

生：司空见惯。

师：哪位同学能帮助她？

生：什么时候都能看见的事物。

师：这是你的理解。还有哪位同学的理解和她的不一样？

生：很平常，天天都可以见的事情。

师：他们两个的理解都是差不多的，但是哪个更准确些呢？（指第二个同学）噢，就是司空见惯，平时，随便都是可以见到的。比如，我们很多人在大街上吐痰，我们大家就司空见惯了。我们有的人随手就把自己的垃圾扔在街上，这也叫——？

生：司空见惯。

师：当然，这些司空见惯的现象也正是我们生活中要改变的。好啦，第二个词"司空见惯"解决了。

生：无独有偶。

师：噢，"无独有偶"在哪里？找出来了没有？那么这个词语的意思是什么呢？

生：不止一个，还有很多很多的事情或人。

师：大家看，这个成语我们不能从字面上去理解，那你要联系什么呀？

生：生活。

师：噢，联系上文，联系下文。我觉得他的这个理解有点问题。大家看上文，它讲的是什么？你看第一件事"洗澡水的漩涡"讲完了之后然后就说"无独有偶"，一件事之后又出现一件事，才是"无独有偶"。正好与它的情况相同的不止一件，是这么一个意思。明白没有？

生：（齐）明白了。

师：好。还有没有要提出来的？

生：打破沙锅问到底。

师：这个我觉得好理解啊，这是我们生活中的一句——？

生：（齐）俗语。

师：嗯，一句俗语。是什么意思？用我们课文中的一个词语来解释。

生：（齐）追根求源。

师："追根求源"是什么意思呢？

生：（齐）打破沙锅问到底。

师：对，就是"打破沙锅问到底"。"打破沙锅问到底"就是"追根求源"，所以我们在读一篇文章的时候遇到一些不好理解的词我们可以联系上下文，就能把它解决掉。还有没有？

生：偶然的机遇。

师：用我们刚才理解的那个词语来给它解释吧。

生：无独有偶。

师：嗯，正好可以怎么样？碰上。还有没有？

生：真理。

师："真理"这个问题提得好。什么叫"真理"？

生：它本身存在一定的道理。

师：我觉得很多事情和话它本身就存在着一定的道理，但有的是真理，但有的就不是真理。那是为什么呢？好，这个问题我们暂且把它放下来，大家记住真理这个问题还没有解决。我们在"读出自己的理解"的时候再来解决好不好？

生：好。

228

师：那么说基本的词语的意思大家都能够读得懂，是不是？

生：是。

师：没有不懂的词语啦？还有，赶快提出来呀！

生：百思不得其解。

师：哪位同学来告诉她？我觉得这简单呢！

生：想了无数次还是没有想出来。

师："思"是什么意思？

生：（齐）思考。

师："解"是什么呀？

生：（齐）理解。

师：理解、解答。想了好多好多遍，把后脑勺都给抓破了还是没有解决问题，这就叫什么呀？

生：（齐）百思不得其解。

师：还有什么？没有啦？那我提出几个词语啊。看你们谁能理解？"锲而不舍"在文章中是什么意思？

生：不找到真理永远不会放弃。

师：这是你的理解，大家认为她的理解对不对？

生：（齐）对。

师：对，坚持下去，不断探索，绝不放弃。这就叫什么？

生：（齐）锲而不舍。

师：还有一个词，看哪位同学能够回答？"纵观"，找到没有？第二自然段的第一句话，这里的"纵观"是什么意思？

生：放大视线观看。

师：放大视线观看，把眼睛睁得更大些再来看，是这个意思吗？我觉得不是很准确。

生：随意地观看。

师：呵呵，不对，不是随意地观看。

生：探索。

师：有这么个意思，但是不准确。注意，关键是如何理解这一个"观"字。"观"不一定就是"看"的意思。这个"观"有了解、纵览的意思在里面，所以"纵观"也就是从大的上面来看、来了解、纵览这样一个意思。好啦，同学们还有什么词语不理解的？

（学生表示没有不理解的词语了。）

师：课文中的词语我们都读懂啦。一是以字解词，二是联系上下文，三是给它找近义词来进行理解，像这样一些方法都是我们今后阅读中要常用的方法。不错，同学们很优秀。好了，同学们，《真理诞生于一百个问号之后》这篇课文究竟给我们讲了什么呢？请大家看课后思考题第二题：作者是用哪些事例来说明自己的观点的？你还能够补充哪些事例？注意这一道思考题就告诉了我们应怎样去把握课文的主要内容。请大家把第一个问题齐读一遍。有两个词要重读，看你们读的和我想的是不是一样的。

（生齐读第一个问题。）

师：太棒了，给自己一点掌声。读议论文的方法和读一般的记叙性的文章、散文、诗歌的方法不一样。所以说，我们要读懂议论文的内容就从两个方面来抓，第一方面是抓它的什么？

生：观点。

师：对，抓观点，议论文首先抓观点。这篇文章的观点是什么？

生：（齐）真理诞生于一百个问号之后。

师：也就是我们的课题。就是作者的什么呀？

生：（齐）观点。

（师板书"观点"。）

师：那么作者为了说明这个观点，他用了哪些事例呢？

生：洗澡水的漩涡。

师：第二个事例呢？

生：紫罗兰的变色。

师：第三个事例呢？

生：睡觉时眼珠的转动。

师：是不是这三个事例？

生：（齐）是。

师：知道了还是要说出来，我把自己的想法和同学们一起交流，这叫什么呀？这叫分享。所以我们每个人有想法后要交流。在生活中，在我们的学习中交流往往是一件非常重要的事情、愉快的事情。我请一位同学把这三个事例写在黑板上的大括号里。

（指名生写。）

师：其他同学，这个问题后面还有一个问题。大家一起交流一下，联系你的科学课、数学课、平时看的书，想想还有哪些事件？想出来了就可以举手。

（生交流，师巡视。然后师请四名同学再上黑板补充他们知道的其他事例。）

师：纠正一个字，发现没有，你写错了。漩涡的漩要有三点水，不过没有三点水也叫旋涡，也有这么写的，那么有三点水的漩涡和没有三点水的旋涡的意思是一样的，但是我们国家关于这些词语有一些规定，国家要求的通用的写法应该是加上三点水。好啦，大家看，作者首先提出自己的观点——真理诞生于一百个问号之后，然后用"洗澡水的漩涡""紫罗兰的变色""睡觉时眼珠的转动"，还有我们同学所提供的"牛顿发现地球引力""鲁班发明锯子""爱迪生发明电灯""帕斯卡发现声学振动的原理"这些事例来证明自己的观点，这就叫什么呀？

生：（齐）议论文。

师：文章的内容大家读懂了没有？

生：（齐）懂了。

师：同学们下课休息十分钟。

第二课时

师：同学们，我们接下来继续学习好不好？

生：好。

师：上一节课，我们读熟了课文，在读的过程当中应用我们平常的读书方法读懂课文的词语，我们还知道了怎样去抓议论文的主要内容，那就是先抓它的观点，然后再抓它的事例，这样就能把议论文的基本内容把握住了。下面，我们要读出我们的理解了。请大家注意课后的第三道思考题。我想请一位同学把课后第三道思考题读给我们大家听一听，哪位同学来？

（一生读。）

师：也就是说我们要从文中读出自己的理解。课文的编者给我们提供了两个例句，实际上在这篇文章里面还有很多这样发表议论的句子。找出来，是哪几个自然段？

生：第二、六、七、八自然段。

师：大家在这些自然段的起句画上三角符号，这是作者发表议论的句子。我们要读出自己的理解就要善于抓住这些句子。好，我们来看一看第二自然段中的一个句子，也就是我们课后思考题所提出的那个句子，谁能够回答括号里的问题？

生：问号代表提出的疑问，感叹号代表解决了疑问，找到了真理。这样表述更能够突出"只要你见微知著，善于发问并不断探索，那么当你解答了若干个问号之后就能发现真理"。

师：这是你的理解。有哪位同学的理解与她的不一样？好，班长说。

生：作者这样表达的好处就是能更清楚地让我们去思考，去想。

师：这是你的理解。

生：作者这样表述的好处是只有问号和感叹号是息息相关的，只有提出了问题才会去解答，它们两个的关系非常亲密，如果没有提问的话怎么可能去解答呢？

师：坐下，这是你的理解。好，三个同学的理解大家都要认真地听，然后再仔细去想。

生：这样表述更能极大地突出从不解到解决问题的过程。

师：也就是说突出了解决问题的过程。好，最后一位。

生：作者这样表述更能够突出"科学并不神秘，真理并不遥远"，只要我们锲而不舍地探索，就能"从中有所发现，有所发明，有所创造，有所成就"。

师：我们首先把这个句子齐读一篇，开始。

（生齐读。）

师：这里的问号是指发现问题。但仅仅是指发现问题吗？

（生小声议论。）

师："最后把问号拉直"，这里的"拉直"是什么意思？

生：经过不断的努力找到了真理。

师："拉直"是不是很简单？

生：（齐）不是。

生：需要锲而不舍地付出努力。

师：找出课文中相关的话语来说明"拉直"的意思，在第六、七、八三个自然段找到能够印证"拉直"的话语。

生：只要你见微知著，善于发问并不断探索，那么，当你解答了若干个问号之后，就能发现真理。

师：对，就是这一句。还有，就是……

生：锲而不舍。

师：还有，就是……

生：独立思考。

师：对，独立思考。就是什么？有准备的人。是不是随便就可以把它拉直的？

生：（齐）不是。

师：首先要有准备，有准备的人才能够去发现问题，发现问号。首先是要求有准备的人才能去拉直问号，但是仅仅是有准备就能够把问号拉直吗？

生：不能。

师：还要什么？

生：独立思考。

师：还要什么？

生：锲而不舍。

师：还要什么？还要"打破沙锅问到底"。还要……

生：追根求源。

师：只有这样才能把问号拉直为感叹号。才能够找到……

生：真理。

师：现在我们把"问号"这两个字放到句子当中去，把感叹号换成"真理"两个字，这样的表述还会有效果吗？放进去试着小声地读一读。

（生齐读替换后的句子，再读课文中的原句。）

师：哪个句子的表述好？

生：原句。

师：好在哪里呀？好在两个方面，第一个方面它好在能够引起我们深刻的思考；第二个方面好在它语言表达的方式、方法，这样写显得特别形象、特别生动，而且还很有趣。这个句子的表述特别幽默而且有艺术。接下来看一看第二句话，谁来回答这个问题，我想第一个问题难不住大家吧！那么第二个问题呢？找一找这一句话在哪里。

生：在第七自然段。

师：对。把它画上波浪线。

（生给句子画波浪线。）

师：好，我们把课文的第一自然段再读一遍。

（生齐读第一自然段。）

师：再读第二自然段，预备，读。

（生齐读第二自然段。）

师：再读这一句话。

生：（齐）只要你见微知著，善于发问并不断探索，那么，当你解答了若干个问号之后，就能发现真理。

师：这是什么关系呀？

生：前后呼应。

师：前后呼应的关系。是的，从形式上来看是前后呼应的关系。那么从观点的这个角度来说，前面提出观点，后面通过几个事例来证明这个观点，实际上作者用这句话是在进一步强调自己所说的观点，是这样的一种关系。知道了吗？

生：（齐）知道了。

师：所以在这里边我们又读出了议论文的一种特殊的写法，即先提出问题，接着用事例证明自己的观点，然后再来强调自己的观点。议论文一般从三个方面来写，先提出观点，再证明观点，再强调观点。由问题产生真理简单不简单？

生：（齐）不简单。

师：不简单。它要经过一个漫长的"拉直"的过程。这个"拉直"啊，不是我们很简单这么一拉就拉直了，而是在这个简单的过程里面有多少次失败，有多少次痛苦，有多少次思考，有多少次研究、推翻、再研究、再推翻。这样的一种精神是一种什么样的精神啊？

生：（齐）锲而不舍。

师：对。大家把课文最后一句话读给我听一听。

（生齐读。）

师：最后一个"人"字读得还要再响一些。

（师范读最后半句。）

师：来，三个"给"读得一次比一次高，好不好？

生：好。

师："只能给那些……"，预备，读。

（生读。）

师：同学们，读到这里，这一篇文章给我们每个人的启示是什么呀？

生：科学的灵感不是坐着就可以等来的。

师：科学的灵感不是坐等来的，你说的话本身就是一句真理。你创造了真理，再给她掌声。（掌声）

生：真理要我们去不断探索，不断探究。

师：你的这句话本身也是真理。（掌声）

生：只要你见微知著，善于发问并不断探索，那么，当你解答了若干个问号之后，就能发现真理。

师：你也做好了准备，准备在发现问号以后，经过艰苦卓绝的"拉直"的过程，找到自己的真理。我为你的精神而感动，希望你是我们未来的科学家。

生：追求真理要有所发现，有所发明，有所创造，有所成就。

师：四个"有所"，我们大家把这个句子齐读一遍。

生：（齐）善于"打破沙锅问到底"的人，就能从中有所发现，有所发明，有所创造，有所成就。

师：所以这位同学，你刚才在说它对你的启示的时候丢掉了前面的非常关键的句子。我说如果没有善于"打破沙锅问到底"的这种精神，同学们一起回答：你能够有所……

生：发现。

师：有所……

生：发明。

师：有所……

生：创造。

师：有所……

生：成就。

师：还有……吗？

生：（齐）没有！

师：是的，要有所发现，要有所发明，要有所创造，要有所成就，需要具备一个最基本的前提，就是……

生：（齐）善于"打破沙锅问到底"。

师：用书面语回答就是善于追……

生：追根求源。

师：就是要锲……

生：锲而不舍。

师：就是要有所……

生：准备。

师：就是要……

生：独立思考。

师：这样才能够有所成就。这位同学知道了吗？这才是真正的启示。同学们，还有自己的理解吗？

生：在科学史上这样的事例还有很多。说明科学并不神秘，真理并不遥远。

师：什么意思？它给你什么启示？

生：科学在我们身边，真理在我们身边。

师：我用一句话帮助你回答，我相信你以后也能够去解决科学的问题，也能够去发现真理，说不定哪天你也会成为全球知名的人物，告诉我你的名字。

生：张明莲。

师：未来的全球公益人物！还有谁说说你的启示。

生：《真理诞生于一百个问号之后》给了我这样的启示：成功在提出、发现并解决问题时付出了无数次的失败、无数的汗水、无数次的实践之后。

师：所以在今后的学习当中碰到挫折、遭遇到失败之后，你……

生：努力克服。

师：就这样，不怕挫折，不怕失败。

生：只要我们拥有好奇心，不断探索，最后就能把问号拉直变成感叹号。

师：就能够找到什么？

生：真理。

师：好，最后一个机会。

生：我们只要善于从细小的、司空见惯的自然现象中看出问题，不断发问，不断解决疑问，追根求源，最后就能找到真理。

师：坐下。那就是说生活中任何一件事情，哪怕是非常细小的事情，只要我们细心地发现，能够做到见微知著并不断探索就能够找到什么？

生：真理。

师：就能够找到真理吗？

（生小声议论着。）

师：生活中的一个问题解决了，就变成真理啦？

生：不是。

师：那真理究竟是什么？这是我们第一节课留下来的问题。真理究竟是什么？会解决问题就是真理呀？

生：不是。

师：这个人丢了一张纸屑，我把它捡起来放到垃圾桶里，说希望所有的人都讲文明。唉，我发现真理啦！这是真理吗？

生：不是。

师：那真理究竟是什么呢？我们的班长总是在最关键的时候举起手来，而且回答问题的时候还是很有学者风度的样子，我们大家侧耳听听他的看法。

生：在发现问题的时候努力去探索，努力去追求，不断地产生问题、解决问题，这样经过别人认可之后得到的答案就是真理。

师：给他掌声。12 岁，我今年 48 岁，我多活你多少年，但是你能说出这样的话来不简单，我觉得你已经理解真理了。哪位同学给他再补充点，你认为真理就是什么？

生：探讨有原则的问题得出的答案。

师：有原则的问题，这到底是什么问题？

生：有讨论价值、意义的问题。

师：也就是有价值的问题。真理就在有意义的问题中产生，在有价值的问题中产生，有道理。哪位同学再来谈一谈，这真理到底是个什么东西呢？

生：本身平淡又能给人启迪的道理就是真理。

师：真理能够给人以启迪，有道理。经过所有人的论证以后，它变成了真理？同学们，并不是解决问题就能找到真理，也并不是每个人说的话都是真理。真理来源于有价值的问题，真理来自于艰苦卓绝的探索、实践，真理要经过所有人的共同实践，真理还要能够经得起千百年，甚至上万年的实践的检验，这才是什么？

生：（齐）真理！

师：我说一句富有哲理的话，大家看我说得有没有道理。如果有道理就给点掌声，如果没道理就不鼓掌，好吗？

生：好。

师：同学们，我们每一个人都是真理的发现者，真理就在我们的生活中，真理就在我们每一位同学今后成长的道路中。

（学生鼓掌。）

师：这样一篇优美的文章，我们要把它读得背下来。另外还有一个问题，读议论文和读一般的记叙文、散文不一样。朗读议论文的时候要读得有"气"。读议论文的时候，我给大家一个建议，不是用嘴巴来读，而是用什么来读？

生：气。

师：（板书：气。）请大家看第六、七、八自然段。

（师读第六自然段。）

师：我有气没有？

生：没有。

师：我快断气了。（生笑）那该怎样读呢？哪位同学读给我听听？

（指名让一女生读。）

师：我觉得你读得不是很好，这"气"没出来。谁觉得自己比她读得更好？

（另一女生读。师参与读。）

师：这一段落的朗读，这"气"要出在哪里？"气"就出在四个"有所"。大家一起来，拿出气势来读这段话。预备，开始。

（生齐读。）

师：还有一个问题，给大家提醒一下，并不是声音大就有气势，声音大不代表有气势，读得有力度才是有气势。语音稍微地往上扬一点，这个气势也就出来了。好，第七自然段，谁读？危难之处显身手，班长。

（班长读第七自然段。师指导朗读，范读。班长再读。）

师：好，读得好。最后一个自然段，谁来读？

（指名一女生读。生读到一半时……）

师：我觉得还是读得很好的，但是并不是每个句子都是一个调啊，这个读书就像唱歌一样。我们大家一起把最后一个自然段读一读。

（生齐读最后一个自然段。）

师：还有一个问题要提出来。"准备"要读得重一些，"善于独立思考"要读得重一些，"锲而不舍"要读得重一些。我们最后再来一遍。

（师引，生再读。）

师：同学们，我相信你们就是有准备的人，你们就是善于独立思考的人，你们每一个人都是具有锲而不舍精神的人，祝你们能够发现自己的真理，发现属于全人类的真理。这节课我们就上到这里。一篇议论文，我们该怎么读，大家知道方法是什么吗？

生：知道。

师：今天学会了这个方法，相信你们走遍初中、高中、大学都不怕。还有一个问题，我们不仅要读，还要写，我们知道议论文首先要有一个观点，然后用事例来证明它。大家看课文的最后一个要求，有一个小练笔。（师读小练笔的要求。）

师：试着写一写属于自己的议论文，好不好？

生：好！

五、《穷人》课堂教学实录

第一课时

师：我首先恭喜大家，恭喜大家今天都跳级了！因为我们今天学的课文是六年级下册的一篇课文。我们是五年级，一下子都跳到了六年级，高兴不高兴？

生：高兴！

师：有没有信心？

生：有！

师：大家看，题目上出现了三个词语。（课件出示：小说、故事、细节。）从这三个词语中你发现了什么信息，或者说你知道了什么？同桌之间相互讨论一下。

（生生讨论，师巡视。）

师：我在下面听，不错！我听到同学们不是孤立地在讨论这三个词语，而是把这三个词语连起来。谁来说？

生1：小说中都是故事，故事中应该有细节。

生2：今天我们学的《穷人》这篇课文是一篇小说。小说里面应该有很多故事需要我们去了解，而故事里面有很多细节，需要我们逐字逐句地去理解。

生3：我认为应该是：这篇小说叫什么名字，这篇小说讲了一个什么故事，故事中有哪些句子令你感动。

师：其他同学认同他们的观点吗？

生：认同。

师：真好！掌声送给他！（掌声）

师：简单地说，小说就是在讲故事。只要有故事发生，就会有细节。那么我们在读一本小说的时候，我们既要想它的故事，又要去看它的细节。

师：第二道题，请看大屏幕，连一连。（屏幕显示）

人物   小说的骨架

情节   小说的依托

　　　　　　　　环境　　　　　　　　小说的核心

师：也可以商量一下。

（生生讨论。）

生：我认为人物是小说的依托，情节是小说的核心，环境是小说的骨架。

师：这是你的看法。

生：我认为人物是小说的核心，情节是小说的骨架，环境是小说的依托。

师：你为什么这样看呢？

生：因为我认为环境是背景，所以说是小说的依托。情节是用来具体描写的，所以情节是小说的骨架。人物是小说的核心，因为他要体现出什么。

师：两种答案，其中只有一种正确，你们认为是哪一种？为什么？

生1：我认为第一种正确。

生2：我认为第二种比较正确。因为我们读一篇小说的时候，发现环境都是做后面的衬托，也就是小说的依托；情节如果作为核心，那什么都要围绕情节转来转去，这样写的时候就会很麻烦，所以它得作为骨架，把人物的品质性格衬托出来；以人物为核心，我们不难看到在很多的小说里面都是围绕人物，写他的品质，写他身上发生的事，而不是围绕情节。

师：请看正确答案。（大屏幕显示答案。）

师：刚才这位同学说得很有道理。所有的小说，无论是长篇小说，短篇小说，中篇小说，还是小小说，人物是小说的核心。我们其他同学如果说的答案跟这不一致，不要紧，因为这道题目说实话太难了。但是你们的表现又让我特别惊奇，真不错！今天我们再来读一篇小说，这篇小说的名字叫《穷人》。（师板书课题：穷人。）

师：这篇小说的作者我们大家都知道是——

生：列夫·托尔斯泰。

师：哪位同学来读一读有关他的介绍？（大屏幕显示）

（生读）

师：读书要注意停顿、断句。

托尔斯泰是世界上非常有名的作家。我读过他的《战争与和平》《安娜·卡列尼娜》。《复活》我没看过。今天我们要读他的小说《穷人》。我们知道小说有人物、故事、环境。那我们拿到《穷人》这篇课文的时候怎么读呢？我想问一下同学们平时是怎么读小说的。

生：我平时先了解小说的大概意思，然后再深入地去理解作者的思想感情和自己的体会。

师：你是先整体地把握，然后再深入到里面去体会思想。不错！

生：我和他的做法不同。我不是很刻意地理解小说里面所包含的深刻的品质、感情。我是反复地去读这本小说，一直读一直读，有体会就自然而然地记在心里了。

师：你是反复地读，把好的地方记下来，那么在写作文的时候，所记的这些好东西就不知不觉一下子跳到我们的笔端了。

同学们，实际上我们在读每一篇课文的时候，我们教材的编辑老师是我们最好的帮手。拿到一篇课文的时候，我们要关注这篇课文在什么地方，先要看一看它的"单元导语"。现在我把《穷人》这篇课文所在的"单元导语"读给大家听一听。大家要认真听，听完要回答问题。

（师读"单元导语"）

师：这一段话我们五年级的教材上有没有？

生：没有。

师：但是这种形式的话有没有？

生：有。

师：所以我们大家再去读课文的时候，一定要看一看这段话，就知道这个单元的文章应该怎么读了。听了刚才这段话，告诉我们应该怎样做。

生：体会课文的思想感情，以及人物的动作、语言、神态。

师：看来听得还不是很全面。

生：我认为应该是掌握文章的主要内容，体会作者怎样从神态、语言、动作来描写人物的品质。

师：他听得比较全面。两个要求：第一，把握主要内容；第二，抓住文章中的动作、语言、神态、心理的描写来体会人物的感情。那么我们把文章中的动作、语言、神态、心理的描写用一个词概括，就是——？

生：细节。（课件出示：细节）

师：这是"单元导语"的一段话。我们再把这本书往后面翻，在后面的"百花园地"里又有一段话，叫"拓展与交流"。这一个栏目也是来帮助我们阅读本单元文章的。我请一个同学来读一读。

（生读）

师：我们读小说的时候要关注细节。同学们再看看课后的练习题，编辑老师在告诉我们该怎样读。今天我们读《穷人》这篇课文，第一件要做的事是什么？

（生读习题一）

师：默读课文，它讲了一个怎样的故事？第二个要求是？

（生读习题二）

师：也就是要读课文，找出文中描写人物细节的语句，然后通过细节来概括穷人究竟是怎样的人。同学们都知道人物是小说的核心，所以每一个作家在写小说的时候，最大的成就就是能够给我们塑造活生生的人物形象，而这些人物形象的描绘和刻画都离不开细节。第三道思考题是什么要求？

（生读）

师：也就是说在写的时候，我们要使用一些标点符号。一个标点符号往往能够起到非常好的作用。第四道思考题是让我们积累课文中的一些词语。今天我们阅读《穷人》这篇小说主要是解决前面的两个问题，要求知道了吗？

生：知道了。

师：好了，我们把这两个问题简单概括一下，今天在读的时候（板书：读），我们要抓住什么来读？

生：细节。（板书：细节）

师：那么我们读课文要学会抓住细节，还要通过我们的读来学会什么？

生：写。（板书：写）

师：学习作者怎样写细节。如果你能够写好细节，你就能够写什么呀？

生：小说。

师：课文在此之前，大家都读了吧？

生：读了。

师：大家的预习都做得很认真。这篇课文感觉到有哪些地方不好读的？提出来。

生：我觉得课文第八自然段，"屋子里没有生炉子"，我抓不住这一段的主要内容，所以不太好读。

师：你能不能把这一段读给我们大家听一听？

（生读第八自然段。）

师：请坐。刚才大家听这位同学读了这一段，你们觉得他这样读行不行？

生：其实我的同桌读这一段还算不错，只要再把里面的情节用不同的语气读出来，读得更深一些，那就更好了。比如他读：首先投入眼帘的是对着门放着的一张床，床上仰面躺着她的女邻居。她一动不动，只有死人才是这副模样。桑娜把马灯举得更近一些，不错，是西蒙。她头往后仰着，冰冷发青的脸上显出死的宁静。

师：大家觉得我们这位同学的建议怎么样？

生：很好。

师：是的，注意语气的变化。还有哪位同学对这一段提出建议？

生：这一段多数讲的是环境的描写。我觉得他还没有把那种"死一般的宁静"的环境读出来。

师：那你读一读。

（生读："她一动不动，只有死人才是这副模样。桑娜把马灯举得更近一些，不错，是西蒙。"）

师：（范读）"不错，是西蒙。"桑娜把马灯举得更近一些。

师：这样，你再读一读。

（生再读）

师：你看，"是西蒙"表示很惊讶，肯定是她。然后再写西蒙死的样子，这时就要求读的语气要低一点。

（生有感情地再读）

师：什么叫"死的宁静"？冰冷发青的脸上显出死的宁静。

生：我觉得死人是不会说话的，所以非常宁静。

师：读"死的宁静"就要突出那种宁静的感觉。

（生再读）

师：是啊。这一段还要纠正几个错误，不是环境描写，而是对西蒙死去的场面描写。告诉你们，每当我读这一段的时候，我就特别特别揪心。我给大家读一遍，好不好？

（师有感情地读。掌声起。）

师：每当我们读到这一段的时候，我们会有一种感觉，这是一种鲜明的对比。什么对比？母亲——

生：死了。

师：孩子——

生：睡着了。

师：换一个词。

生：活着。

师：母亲死了，孩子活着。这是一种生与死的鲜明对比。就在这鲜明的对比当中，我们才真正地认识到穷人的生活，太穷了，所以我们在读这一段的时候要注意把当时的情境读出来。我非常感谢你（提出这一段的同学），你提出了这篇小说很不好读的一段。下面请同学们自由地把这一段读一遍。

（生自由练读）

师：听到同学们的读书声时，我的眼前出现了一幅非常悲惨的画面。看来大家在预习课文时，确实认真地读书了。注意一点，我们在预习课文的时候，书一定要认真地读，读正确，读流利，读出自己的感情。书我们已经读得比较熟，那我们现在开始解决第一个问题：默读课文，想一想，这一篇小说给我们讲了一个怎样的故事？

（生默读）

生：我认为这篇小说讲的主要内容是：丈夫外出打鱼，桑娜将已死的邻居的孩子抱回家，但她害怕丈夫不愿意收养孩子。丈夫回来了，但出人意料地同意收养孩子。

生：我觉得这篇小说主要讲了渔夫和妻子以打鱼为生，起早贪黑，还难以维持自己的生活，但在西蒙死后，主动把她的孩子抱过来抚养。

生：渔夫和妻子生活贫困，但是他们心地善良，在邻居西蒙死后，他们俩一致同意把西蒙的两个孩子抱回家中抚养。虽然他们家已经有五个孩子，但还是把西蒙的两个孩子抱回家中抚养，可见渔夫夫妇的善良。

师：你不仅给我们讲了故事，而且还谈了对人物的认识。是的，刚才三位同学所说的就是《穷人》这篇小说的故事梗概。但是现在同学们要用一句最简单的话，把这篇小说的内容概括出来。你们想一想，该是一句怎样的话呢？

生1：小说讲的是西蒙死了，善良的夫妇主动提出收养她的孩子。

生2：小说讲的是渔夫和他的妻子桑娜在邻居死后收养了她的两个孩子的故事。

生3：故事讲的是渔夫的妻子桑娜收养了西蒙的孩子，并和丈夫的想法一致。

生4：小说讲了桑娜和丈夫不顾自家的困难收养了邻居两个孩子的故事。

师：实际上大家都说出来了，小说讲的是渔夫和他的妻子桑娜收养邻居西蒙孩子的事。所以我们在把握小说主要内容的时候，先要说一说它的梗概，然后在梗概的基础上学会用一句话来概括。知道了吗？

生：知道了。

师：我们马上要学到的小说单元——名著之旅。谁知道有什么内容？

生："名著之旅"里面有《凡卡》《少年闰土》。

师：太对了！看来他已经读到后面去了。所以我们在读后面的《凡卡》《少年闰土》这些小说时，也要学会像这样对小说的内容进行整体把握。小说讲了一件什么事，我们知道了，但是我们在整体把握小说内容的时候，还有一件事要做：桑娜和丈夫在收留西蒙的孩子的时候，经历了哪三个情节的变化呢？再默读课文，我们把这几个情节理一理：先写什么？接着写什么？最后有些什么？

（生默读课文）

（生互相交流）

师：在同学们的交流中，我发现了一个问题。我们在寻找小说故事情节的时候，主要是抓事件，它写的是桑娜收养西蒙的孩子，但是事件有一个发展的过程。我们就要把这个发展的变化过程找出来。好，哪位同学来？

生1：我认为先讲了桑娜收留了西蒙的两个孩子，然后讲了桑娜对收留孩子感到有些后悔，最后讲了渔夫回来后同意收留两个孩子。

生2：我认为第一个情节是看望邻居，第二个情节是收养孩子，第三个是桑娜心里忐忑，第四个情节是渔夫同意收养孩子。

生3：这篇小说有三个情节，第一个是桑娜焦急地等待出海的渔夫平安归来；第二个是桑娜把死去的邻居的两个孩子抱回了家，桑娜希望丈夫能收留他们；第三个是渔夫答应收留两个孩子。

生4：我也分了三个情节。第一个是桑娜在家等丈夫；第二个是桑娜收养了邻居的两个孩子，心里忐忑不安；第三个是渔夫和桑娜都同意抚养孩子。

师：我们把几个同学的发言总结一下，第一个情节是写桑娜在家等丈夫（板书：等丈夫）；第二个情节也是三个字……

生：抱孩子。（师板书：抱孩子）

师：第三个呢？

生：同意收养孩子。

师：也用三个字：得支持。（师板书：得支持）

师：大家看（指板书），这篇小说是不是按这样的情节来发展的？

生：是！

师：课文讲了这样一个故事，按照这样的情节来写。同学们第一节课就上到这里。

第二课时

师：找一找课文中描写人物、动作、语言、心理的句子，体会体会，想一想他们是怎样的人。课文中的哪些描写，哪些细节给你留下了最深刻的印象？你从这些细节当中认识到渔夫夫妇是怎样的人呢？

（生默读课文）

师：我发现了几个惊喜，也发现了几个问题。惊喜是因为有几个同学主动找到我，把自己对某一处细节描写的体会和理解讲给我听。但是我也发现几个问题，有的同学找到文中某一处细节描写，而其他的就不找了，这样行不行？

生：不行。

师：所以要沉下心去读书，认真地去体会。还给大家一点时间，同学们不仅可以自己去体会，写批注，而且相互之间还可以做一些交流。

（生再次默读、交流）

师：我在前面听到同学们非常精彩的观点和理解。我们自己有了理解，别人和我的理解不一样，那么我们就会把理解说出来，让别人也来分享我们思考的成果。

生：（读）"他会说什么呢？这是闹着玩的吗？自己的五个孩子已经够他受的了……是他来啦？……不，还没来！……为什么把他们抱过来啊？……他会揍我的！那也活该，我自作自受……揍我一顿也好！"我从这一组细节描写中知道了他们很贫穷，但桑娜不顾个人安危，收养了西蒙的两个孩子。尽管她知道收养这两个孩子会有危险，但是她不想眼睁睁地看着两个孩子这么饿死在西蒙家，所以不顾个人安危收养了西蒙的两个孩子。

师："不顾个人安危"，为什么这样认为？

生：因为她丈夫可能把她打伤，也有可能把她打死。（众笑）

师：你是通过哪一句话感受到的？

生："他会揍我的！那也活该……"。

师：把这组句子画出来的同学举手。

（众生举手）

师：没有画出来的同学，先画出句子，再听听其他同学的精彩理解。刚才是他的理解，有谁觉得自己的理解比他更精彩？

生："他会揍我的！"，也就是说，只要丈夫同意，桑娜心甘情愿被丈夫揍，桑娜的心甘情愿体现了她的善良。她知道这样做会给丈夫带来非常大的负担，所以说她很担心丈夫揍她。但她愿意挨揍，我感受到了她思想的崇高，我觉得现在的社会中没有像她这种愿意为别人付出而自己受罪的人，因此我非常敬佩她。

师：哦，给他掌声！（掌声）

师：我们现实中的生活和作品中穷人的生活不同，现实生活中像桑娜这样的人不是很多，所以在他的心里桑娜不仅仅善良，但更重要的是——？

生：崇高。

师：真好！这是他的理解，妙！还有谁有自己的观点？

生：从这段话中，我发现有很多省略号。从这些省略号中能看出桑娜心里有着很多复杂的情绪在进行着激烈的斗争。一开始（读），"他会说什么呢？这是闹着玩的吗？自己的五个孩子已经够他受的了"，她是怕丈夫回来责备她。（读）"是他来啦？……不，还没来！"这又可以看出她很担心，万一他回来了，这两个孩子如果他不同意收养，那该怎么办？（读）"……为什么把他们抱过来啊？……他会揍我的！"这也看出她对自己的担心，收养的两个孩子可能给丈夫带来巨大的负担，丈夫可能会气急败坏地将她狠狠地揍一顿。（读）"那也活该，我自作自受……揍我一顿也好！"这可以看出她想了想，为了让那两个孩子活下去，自己挨一顿揍也值得。

师："丈夫会揍我的"，有同学提出，这个丈夫不是很暴力吗？她的丈夫是不是一个残暴的丈夫？

生：我听他说，桑娜的丈夫已经背负了五个孩子的负担，再加上两个孩子，我问他（提出观点的学生）："如果是你，你会揍桑娜吗？"他就点头了。（众笑）

师：你认为他应该点头吗？

生：不应该。

师：所以结合作品的前后来看，桑娜的丈夫是不是一个暴力的人？

生：不是。

师：这组细节描写是动作细节描写还是心理细节描写？

生：心理细节描写。

师：同学们在理解的时候，是从这一组细节当中，读出了细节里面所含着的意思。（师板书：含义）这藏在细节里面的，是善良，是崇高！

师：读得不错，甚至还读出了暴力。问题在于我们在读这个细节的时候，还在思考一个问题——如果这一组细节描写里面没有那么多省略号的话，这样的含义我们能不能读出来？

生：不能。

师：现在我们把这组细节中的省略号全部删掉，同学们再读。

（生读）

师：感觉怎么样？

生1：去掉了省略号，我就体会不出桑娜说话的断断续续和她的心理活动。

生2：去掉了省略号，我就读不出桑娜心里那种担心和害怕了。

师：读起来还觉不觉得它是一组细节描写呀？

生：不是。

师：所以我们在写细节的时候，还真得学会用标点符号。这样才能把桑娜当时的内心写活，写得真实、深刻、动人。

师：文中只有这一处细节描写吗？还有没有呢？

生：我抓住的句子是："糟糕，真糟糕！什么也没有打到，还把网给撕破了。倒霉，倒霉！天气可真厉害！我简直记不起几时有过这样的夜晚了，还谈得上什么打鱼！谢谢上帝，总算活着回来啦。……我不在，你在家里做些什么呢？"

师：找到这一处的同学举手。

（生举手）

师：读小说要注意一个问题，读细节，从细节里面学写。读细节要善于用眼，用脑，去发现文章的细节。（板书：发现）请你接着谈一谈。

生：我从丈夫说的"我简直记不起几时有过这样的夜晚了，还谈得上什么打鱼！"，体会到了当时的恶劣环境。我还从"总算活着回来啦"体会到当时的恶劣环境使丈夫差点送了命。丈夫打不到鱼，这对贫寒的桑娜家无疑雪上加霜，但桑娜还是将失去母亲的孤儿抱回家，我体会到了桑娜的勇敢与善良。

师：这里体现了桑娜的勇敢与善良吗？有谁有不同的观点？

生：结合后面的文章来看，应该是写了渔夫的善良。课文的后面部分说了，（读）他搔搔后脑勺说：“嗯，你看怎么办？得把他们抱来，同死人待在一起怎么行！哦，我们，我们总能熬过去的！快去！别等他们醒来。”

师：这一处细节的描写是写谁？

生：是写渔夫。

师：请大家找出这一处细节，并画出来。看来你是把两处结合起来理解的，这种方法就叫——？

生：联系上下文。

生：结合上一段话可以体会出不仅桑娜善良，渔夫也非常善良。当得知西蒙死了以后两个孩子没办法活下去，他就赶紧叫桑娜将两个孩子抱回家。“我们总能熬过去的！快去！别等他们醒来。”可以看出渔夫非常善良，虽然自己家里已经有五个孩子了，但他们还是把两个孩子抱来抚养。

师：同学们，我们把这段话齐读一遍。我觉得这一组对渔夫的细节描写真的太传神了！

（生齐读：“渔夫皱起眉……别等他们醒来。”）

师：请一个同学站起来读这段。咱们班上谁的书读得最好？

（请一女生上前读书：“渔夫皱起眉，他的脸变得严肃，忧虑。”）

师：“渔夫皱起眉，他的脸变得严肃，忧虑。”把这个句子改一改，去掉“皱起眉”行不行？

生：可以是可以，但是如果加上这一句，后面描写的效果更好一些。

师：为什么？

生：渔夫皱起眉和他脸上的严肃和忧虑，说明是在思考问题，他后面所说的——“你看怎么办？得把他们抱来，同死人待在一起怎么行！哦，我们，我们总能熬过去的！快去！别等他们醒来”，这也是他皱起眉思考的一些观点。

生：我觉得不能去掉。因为我们仅从“渔夫皱起眉”这短短的五个字里体会出渔夫有很多复杂的感情。如果去掉了，只写出脸色的严肃、忧虑。这样读起来感觉上没有那么好。

师：你停一停，我想问一下“皱起眉”这叫什么描写？

生：神态描写。

师：通过“皱起眉”这样一个很简单的神态描写表现了渔夫非常复杂的感情，究竟是怎样复杂的感情？

生1：左右为难。

生2：犹豫不决。

生3：他在想这件事情时变得左右为难、犹豫不决，他明白自己的家庭已经很困难了，再收养两个孩子那更是雪上加霜。但是他内心的善良不允许他放弃那两个孩子，他要把两个孩子收养，将他们抚养成人。（掌声）

师：这种感情确实是一种复杂的感情啊！

（教师表演）假如我就是渔夫，我在风暴当中回到家里来。"倒霉！倒霉！真倒霉！什么鱼也没打到，总算活着回来了。没丢命，就是好事了。接下来，妻子就对我说：邻居西蒙死了，两个孩子……真是问题呀！我就感觉一下子麻烦来了。我的生活够困难了，压力够大了。好在我个子高，还能承受，如果我的个子矮，那我真的会被压垮。"但是，如果渔夫的个子不够魁梧，而是瘦弱、矮小，渔夫知道这件事后，他会做出同样的决定吗？

生：会。

师：为什么？

生：我觉得虽然他个子小，但善良的本性还是在的。

师：对，他不会拒绝，他还是会决定接受这两个孩子。

师："皱起眉"简单的三个字让我们看到了这样一个魁梧的、黝黑的渔夫的高大形象。

（生接着读课文："他的脸变得严肃，忧虑。"）

师：为什么变得严肃、忧虑？

生：因为这个问题是非常严重的，自己的经济条件养不了那么多孩子，但是不养这两个孩子他们就会被饿死。

（生再读课文："'嗯，是个问题！'他搔搔后脑勺说。"）

师："嗯，是个问题！"如果没有这个语气词"嗯"，你有什么感觉？

生：我觉得这个"嗯"字体现出渔夫左右为难。

师：看来这个"嗯"字不能丢掉。

师：我们再来看渔夫的一个动作"搔搔后脑勺"，去掉"搔搔后脑勺"行吗？

生：不行。

师：为什么？

生：因为他"搔搔后脑勺"代表他正在思考。

师：实际上他"搔搔后脑勺"就是他正在思考。就是这么一个细小的动作却反映出了渔夫当时的思想，当时的心理，当时的情感。

（生接着读课文："哦，我们，我们总能熬过去的！快去！别等他们醒来。"）

师：把"哦"去掉，自己试着读一读。

（全班试读句子）

师：有没有区别？

生：有。

师：区别在哪里呢？

生：我觉得"哦"有点决定的意思。

师：大家异口同声地说"哦"，表示渔夫已经做出决定，没问题了，还是想把他们抱过来。

生：我从"熬"字看出渔夫一家子以前的苦日子，又从"快去"看出渔夫已经准备好了为这两个孩子付出更多的辛苦劳累，我感受到了渔夫坚强的性格和关心别人的品质。

师：同学们，拿起笔画出这个"熬"。这个字能不能换成别的字？哦，我们总能生活过去的。哦，我们总能挺过去的。哦，我们总能熬过去的。为什么要用这个"熬"字？大家看课题。

生：因为穷。

师：课间休息时，一个同学问我，全篇没有一个"穷"字，但为什么叫"穷人"？从这个"熬"字里面又看出什么？

生：我体会到这篇课文为什么以《穷人》为题，就是要我们通过体会旧社会穷人的生活，珍惜今天来之不易的生活，不能生在福中不知福。

师：也是联系今天的生活来说的。也就是说这"熬"字能不能换成其他的字？

生：不能。

师：全篇没有一个"穷"字，但处处能体会出"穷"。但是人穷，志不能穷，心——

生：不能穷。

师：所以我们在仔细阅读这些细节时，在想它们这些含义的时候，还要回过头来看一看作者为什么这样写。现在我把这一段话再改一改，你们和原文进行比较，看这样还能凸显渔夫的形象吗？

师：（读）渔夫的脸变得严肃，忧虑。"是个问题！"他说，"你看怎么办？把他们抱过来吧，同死人待在一起不行！我们，我们总能过去的！快去！别等他们醒来了。"

生：我觉得渔夫是在命令他的妻子，没能体现出他的关心。

师：对。前面说"他会揍我的"，有人不是说他暴力吗？在这段里面你还能感受到他的暴力吗？

生：不能了。

师：这说明渔夫和他的妻子两个人之间的地位是——

生：平等的。

师：夫妻之间是非常平等、和谐的，遇到这样的事情是两个人之间在相互商量。他们是穷人，尽管穷，他们的生活却是甜蜜、幸福的！大家说这一段能不能像我这样来写？

生：不能。

师：这就说明在今后写文章的时候，你要去描写人物的形象，一定要注意你的细节描写是为了表现人物的形象，不能写粗，也不能写偏，要写细。该用的字，该用的词，该用的标点符号，我们都要用。这篇文章里面还有很多处细节的描写，课后我们再去交流。上一节课，这篇小说我们读出了生与死的对比，我觉得其中还有很多对比在里面，你读出了哪些？

生：贫穷与富有的对比。

师：他们在物质生活上是贫穷的，但在精神生活上是富有的。还有呢？同学们，今天我们在五年级时读了这篇小说，六年级时还要回过头来读这篇小说，你们到了我 48 岁时可能还会读到这篇小说，说不定你们会像我今天一样，拿着粉笔，拿着话筒，来教面前的孩子们学习这篇课文。随着我们年龄的增长，我们对一部作品的理解会不断变化，因为我们生活的阅历会帮助我们再来深刻理解。但是有一点，我们要永远记得无论读什么样的作品，我们不仅要读出对作品的理解，还要通过对作品的理解学习说好话，写好文章，就像我们今天对两处细节的体会一样。怎样去把细节写好呢？大家今天应该发现并掌握了一些窍门，要写好细节就要用……

生1：标点符号。

生2：句子。

生2：神态、动作。

师：更重要的是细节的描写一定要突出一个字——

生：细。

（课件出示：课后延伸）

师：（读）桑娜和丈夫收养了西蒙的孩子，他们后来的日子过得怎么样？请你展开想象，接着写出小说的第二章，第三章……

师：我们今天读的是一个短篇小说，在同学们笔下能不能把它变成一个中篇小说或者是长篇小说？我们大家看一看，当桑娜把西蒙的两个孩子抱到家里的时候，作品中他们还没有名字，所以在写的时候，还要给他们取一个好听的俄罗斯名字。祝你们成功！

第七章
学记语文的口语交际教学

第一节　学记语文的口语交际教学观

一、对口语交际性质的理解

什么是口语交际？根据《现代汉语词典》的解释：口语是"谈话时使用的语言（区别于书面语）"，交际是"人与人之间的往来接触"。广义的口语交际是以口语为载体，实现人与人之间交往的活动。狭义的口语交际是交际双方出于特定的目的，在特定的环境里，运用口头语言和适当的表达方式传递信息、交流思想、表达情感的双向互动的言语活动。[①]

怎样理解口语交际这一内涵，进而抽象出口语交际的本质特征？

学记语文认为，口语交际不是"口语"与"交际"两个词语的的简单拼合，而是教育哲学层面的概念结合。一般来说，"口语"就是用口头语言表达思想和意识，表现为具体的方式就是听话、说话；而"交际"就是交往，表现为具体的方式就是人与人之间的关系互动。实际上，在口语存在的形式中，除了人的"自言自语"这一特殊的口语表现形式以外，其他都表现为人与人之间的对话。对话即交流，有交流就肯定有交往，有交往就肯定有交际，有交际就肯定有关系的建构，有关系的建构就意味着一种人的社会生存力。因此，从这个意义上讲，口语交际就是在人与人之间的对话过程中，通过交流实现一种交际关系的建构。人的口语交际素养的本质是一种对话构建中的能力，是个体社会存在的基本方式和生存的元能力。

---

① 费蔚：《小学口语交际教学理论与示例》，人民教育出版社 2009 年版，第 1 页。

口语交际课是语文课程改革的一种创新。在传统语文课程内容中，人们已经非常重视口语的训练。但是，传统课程对口语的理解只是限定于听、说两个方面。之所以这样限定，是因为受学科教学论的影响，主要从语文能力的角度来思考，也就是把听、说能力看成了语文能力中的形成要素，而没有从人适应社会与生存的角度来思考问题。当今的语文课程改革更加关注人的发展，关注人的社会生存能力和创造能力，就必然要突破学科课程的界限，实现课程内容的充分整合。"口语交际"就是这种整合后的产物。这一课程内容给学生带来的影响不仅仅是听、说的影响，更是态度、知识、言语、技巧、思维、情感、艺术、心智等许多方面的综合影响，直接关系到学生作为生命个体在社会生活中的生存方式和生存能力。

一句话，着眼于人，关注对话，强调交往中建构，并通过对话、交往、建构培养人的社会综合素养，这是口语交际和口语交际课程的特殊性质。

二、学记语文口语交际教学的指导思想

基于学记语文对口语交际本质属性和口语交际课程任务的理解，学记语文认为开展口语交际教学应该遵循如下指导思想：

（一）语文教师要充分认识到口语交际教学的重要性

语文课程标准把口语交际作为课程的重要目标与内容之一加以明确，但是，在现实的教学中口语交际教学仍旧没有得到普遍的关注，重视还不够。一是受中国传统社会语言统一问题及信息传递模式影响，人们只重视书面语言的训练，大大忽视了口头应对能力的培养。二是仍旧有许多教师没有弄清口语交际的内涵，认为口语交际就是听话与说话，而人的口语能力是十分自然的——只要一个人的听觉、智能及说话官能都正常，他便能够使用日常接触的语言来表情达意，因而错误地认为不需要特别的训练。由于这些教师曲解了口语交际教学的功能，因此并不热衷于口语交际教学活动，而进一步把全部精力放在读与写的教学活动上。三是考试依旧对口语交际教学起着"指挥棒"的作用，考试中涉及口语交际检测的内容很少（有的甚至没有），考得少或者不考，平时教学就可以置之不理，这已经是不争的事实。诸如此类相关因素的影响，导致了语文课程改革所强调的口语交际在语文教学目标与内容中处于弱势。学记语文"以学为重"，把口语交际作为学生的重要素养进行培养，强调每一位语文教师都应重视口语交际教学。

（二）口语交际教学要充分从学生的成长需要出发而教

口语交际教学不是为"教"而教，为"考"而教，而是为学生主动适应社会生活所需的口语交际基本素养的形成与发展而教。那么，小学生口语交际

的基本素养包括哪些方面？

《义务教育语文课程标准（2011 年版）》在课程"总体目标与内容"中提出："具有日常口语交际的基本能力，学会倾听、表达与交流，初步学会运用口头语言文明地进行人际沟通和社会交往。"在"各学段目标与内容"中又针对不同年龄的学生提出了具体的要求。从中我们可以抽象出小学阶段学生在口语交际基本素养方面的需求：

1. 口语交际态度。积极参与、虚心求教、认真倾听、说话负责、以理服人、自然大方、谈吐得体、尊重他人、理解他人、有主见、有自信、有礼貌等，是未来公民应当具备的良好素质。具体来说，首先，要有交际兴趣和欲望，这是学生主动参与生活中口语交际的基础；其次，要有自信心，这是学生敢于参与生活中口语交际的前提；再次，要懂得尊重和理解，这是学生能否顺利在生活中开展口语交际活动的必要条件；第四，要有正确的价值观，在口语交际生活中表现出对人和事物的正确判断和理解，不入歧途；第五，态度要认真，情感要真实。

2. 口语交际技能。主要包括语言技能和行为技能。

在语言技能方面，要用普通话与人交流，交流时的语气、语调恰当，语言能够准确、清楚地表达自己或者他人的意思，抵制不文明的语言，注意语言美等。

在行为技能方面：

①要能倾听。学会倾听，既是一种态度，也是一种行为能力。能够倾听，这对学生口语交际能力的形成至关重要。

倾听能力包括听的注意力。注意力是学生倾听的基础，要求学生能持久地、专注地从事听的活动，做到不分心、不走神、不随便地说话、不做小动作等，以形成良好的倾听习惯。

听的记忆能力。记忆是听力的"仓库"，如果只听不记，等于没听。正如苏霍姆林斯基所说的："如果学生没有在听讲时就把教师的演讲、解说的内容简要地记录下来的技能，那就根本谈不上掌握知识。"但事实是小学生还不具备边听边记的能力。因而，训练听的记忆能力是小学阶段听力训练的一项重要内容。

听的辨析能力。口头语言是语音和意义的结合体，它要求学生在听的过程中能正确辨识语音、声调，能从所听的话语中准确判断句子和词语，甚至要能从所听到的话语中，辨识说话人是谁。

听的应变能力。人们在进行语言表达时，其说话的速度、频率及语音的高低轻重是不稳定的，它们随着说话人的感情变化而变化。这就要求学生有敏捷的反应能力，随不同信息的输入而积极思维并作出适当的回答。

听的理解能力。理解是倾听的核心能力。它要求学生能听懂说话者的意思，理解说话的内容和含义。

②要善于表达。包括能积极参与讨论，表达自己的思想；能转述他人的意思；表达清晰、有条理，较好地把握情感的分寸。

③要会沟通。包括能运用有效的手段（如体态语言、生活中的即时资源）辅助自己的表达；能在交流和讨论中作出及时的反馈；能对别人的交流作出恰当的评价。

综上所述，学记语文的口语交际教学应该为学生具备未来公民应有的良好素质打下坚实的基础。

第二节　学记语文口语交际的教学特征

一、前瞻性特征

口语交际教学不同于现实生活中的交际。现实生活中的交际有时没有明确的交际目的，往往是随机发生的。但是，课堂上的口语交际教学则带有十分明确的目的指向。口语交际教学的目标，一般要高于学生现有的水平，因而，其前瞻性特征十分明显。课程标准所确定的第一学段口语交际的"目标与内容"是一二年级的孩子们还不具备的，要通过训练才能达到。这一特征告诉我们，在确定口语交际教学目标时，要注意学生的年龄与心智发展规律，既不能过分超前，也不能落后于学生现有的能力和水平。

二、主体性特征

口语交际活动的主体是学生，只有学生亲身参与口语交际活动，才能获得素养，因此，口语交际素养不是老师能教出来的，而是学生在实践中锻炼出来的。但是，在现实的口语交际教学中，我们的老师们太关注自己的"课堂"了，考虑最多的是自己如何把这堂课教下去。这样，教学的注意力就"盯"在了教学过程的设计上，教学就是在"走程序"。我们应该思考，我们的课是为谁设计的，不是为自己，而是为学生；没有学生的活动，再巧妙的设计都是"无用功"。口语交际的教学质量主要指标是看学生是不是最大化地参与了活动。具体来说，就是口语交际教学要充分体现学生的自主性和主动性。

一位教师以"奇妙的动物世界"为话题，指导学生开展口语交际活动，先后进行了两次教学。先看他第一次的教学：

1. 导入游戏。动物们听说小朋友们在上课，忍不住也想来看看呢。接下去，我们做个有趣的小游戏。

2. 展开游戏。

（1）放音频，你能从它的叫声中判断出它是谁吗？左边两组的小朋友先来猜猜。右边的小朋友想想猜得对不对。学会用多种形式表扬左边的小朋友。

（2）放音频，换右边的小朋友猜，左边的夸。

（3）还有谁也来了？放音频，男孩子猜，女孩子夸。

再看他的第二次教学：

师：今天我请了几个小嘉宾和我们一起聊聊奇妙的动物世界。想知道他们是谁吗？

生：想！

师：他们就是现在听讲最认真的×××，眼睛最亮的×××，坐得最端正的×××，说话声音最响亮的×××。让我们用热烈的掌声请他们上台！

师：（面向嘉宾）你们会模拟小动物的叫声吗？

生：会！

师：请你们每人学一种动物的声音，让大家来猜，好吗？

生：好。（生分别模仿动物的声音。）

（其他学生猜，让谁来猜由嘉宾决定。）

比较两次教学，我们会发现：第一次教学，学生虽然也参与了活动，但在活动中没有自主权，完全以教师"教"为主，"我"让"你"怎么做，"你"就怎么做，"程序"走完，课也就结束了；第二次教学，教师把活动权交给了学生，请几位"嘉宾"上台主持游戏，课堂的主体角色来了个彻底转变，每位"嘉宾"有自己的个性，有自己的"朋友圈"，由谁来猜，不再由老师决定，主动权掌握在"嘉宾"手中，然后"嘉宾"和下面的学生开展互动，学生一下子变得主动与积极起来。当然，以学生为主体并不意味着教师无事可干。教师的责任就是认真观察学生活动的状况，适时予以引导，甚至直接参与到学生的活动中来。

三、生活性特征

口语交际教学的终极目标就是为学生适应生活、学会生活和创造生活打下基础。口语交际要服务于学生生活，就必须紧密联系学生生活，生活是口语交际教学的"源头活水"。因此，课程标准强调，要让学生"在日常生活中锻炼口语交际能力"。学记语文口语交际的生活性特征表现在："从生活中来，到生活中去。"

一是"从生活中来"。选择贴近生活的话题，让生活中有意义的话题走进口语交际的课堂。请看一位教师的案例：

这学期，学校安排我教一年级语文课。走进教室，一张张稚嫩的小脸蛋兴奋得泛着红光。我让小家伙们安静下来，可我大声说了好几遍，教室里仍旧闹哄哄的。我马上意识到了一个问题：怎样让这些刚进学堂的小家伙们养成良好的学习习惯？

我做了一件有趣的事。那天早上，我给六年级的同事们说了自己的想法，他们都高兴地竖起了大拇指……

上课了，我走进教室。好不容易让小家伙们安静了下来。我给孩子们说："今天，我们去参观。"我把学生按班级组别分成四组，然后分别带着他们来到了六年级教室的窗外，告诉孩子们看看那些大哥哥大姐姐们在做什么……先前还打打闹闹的小家伙们，一下子变得安静起来。他们趴在窗户上，看得那么认真……

回到教室，我开始引导孩子们交流："你们刚才都看到了什么呢？"

孩子们的话匣子打开了，抢着举起小手。

"我看到大哥哥在写作业。"

"我看到一位大姐姐在读书。"

…………

一阵混乱的抢答之后，我又引导说："我们要向这些大哥哥大姐姐学些什么呢？"

"上课不能讲话。"

"要听老师的话！"

…………

一个个"规矩"在孩子们你一言我一语中出炉了……

没有想到，在开学的第一周，我就上了一堂特别的口语交际课。更重要的是，这堂课带给我的思考太多了……

正如这位教师所说，"这堂课"的确能带给我们太多的思考。从口语交际教学的角度看，从学生生活中产生的话题，更能影响和改变学生的生活。

二是"到生活中去"。口语交际的教学不能局限于课堂。"到生活中去"，就是把口语交际活动从课堂延伸到课外的生活中去。在学生的日常生活中，存在着大量的交际活动，教师要善于引导学生利用这些活动开展学习和锻炼，在生活中实践、积累、发展、提高自己的口语交际能力。如学完了《四季》（一年级上册）一课，可以让学生说一说自己曾经观察到的春、夏、秋、冬的美丽景色。学过《小松鼠找花生》（一年级上册）一课，可以请学生课外收集资料，讲述其他自然常识。再如，学完一篇课文之后，可向学生布置这样的作业："同学们，你们想不想把今天学的课文讲给家里人听啊？看哪一位同学讲得好。"或是学校开展了某项活动，启发学生："请你把学校开展的拔河比赛、运动会、朗诵会、文艺汇演等活动，向爸爸、妈妈讲述好吗？"这样使学生不仅在学校与老师、同学之间进行口语交流，而且还把这种交流延伸到家庭、社会，拓宽了学生的交往时空。另外，还可带领学生到大自然中去"旅行"，去观察周围的自然界，激发学生口语交际的兴趣。总之，对学生口语交际能力的培养，应渗透到学生的生活环节，通过各种渠道，丰富语言源泉，不断地补充源头活水，力求创设出更多、更好、更生动的口语交际情境，触动学生口语交际之"弦"，让孩子们在生活的蓝天下自由地飞翔。

四、整合性特征

《义务教育语文课程标准（2011年版）》指出："重视在语文课堂教学中培养口语交际的能力，鼓励学生在各科教学活动以及日常生活中锻炼口语交际能力。"口语交际本身就具有很强的综合性，因此，口语训练不能孤立进行，要加强内容与方式的整合。

一是加强听、说、读、写的联系。听的能力越强，不仅能够摄取更广泛、更丰富的说话材料，而且能加深对口语交际中所传达意思的理解，使口语表达更准确，更丰富。读既能够积累语言，又可以利用获得的语法等知识使语言表达更规范，另外有些阅读材料本身就提供了生动的说话范例。而写的严密性与条理性，能够矫正说话过程中常出现的语病，提高说话质量。听、说、读、写的能力是紧密联系、相互制约而又相互促进的。

二是加强口语交际与观察、思维、想象训练的联系。观察是学生认识客观事物、获取感性材料的又一重要途径，学生只有细致地观察，才能了解事物的具体特点和事情的诸多联系，才能把内容说完整，说具体，说准确。而口语训练与思维训练的关系更是密不可分。口语交际与思维的发展是同步的，说话的条理性、层次性、逻辑性，都反映在思维活动上。思维敏捷则语畅，思维迟缓则语塞。同样，丰富的想象不仅使学生有话可说，更能让他们把内容说得生动有趣。

三是在语文教学的各个环节中培养口语交际能力。教师的整个教学过程，就是师生交流的过程，也是训练学生口语的过程。教师要在备课、上课、作业批改等各个环节中寻找口语训练因素，促使学生口语表达能力的提高。

四是与其他学科的教学活动联系起来，让各个学科的教师联起手来，形成教学的整体合力。

五、情境性特征

在现实生活中，口语交际都是在一定的情境中进行的。情境性是口语交际活动的重要特征。口语交际教学不能脱离情境进行，没有具体的情境，学生就不可能开展有实际意义的口语交际活动，也不可能有双向互动的实践过程。情境创设的恰当与否，将直接影响学生口语交际能力的形成。因此，课程标准指出，口语交际"教学活动主要应在具体的交际情境中进行"。

口语交际教学的情境性特征主要表现在两个方面：

一是由现实生活现象引发的口语交际情境，即情境的真实性。生活化的交际环境，才具有真实性。真境孕育真情，真情引发真言，从而产生自然而然的、具有实际意义的、真实的口语交际活动。情境的真实性，不是对生活的模拟，而是以真实的现实生活为蓝本，进而使学生的交口语际活动具有"现实意义"。

二是根据课堂口语交际内容的需要，创设一种模拟生活的情境，即情境的模拟性。比如，一位教师以教材《小兔运南瓜》为内容进行口语交际教学。课堂上，她带来了一只大南瓜。当她抱着南瓜走进教室时，学生们都说："我帮您！""为什么你们觉得我需要帮忙呢？"老师问。学生们回答："老师都快走不动了，脸都红了。""说得好，那现在请学生们想想办法，怎样不费力地让南瓜再回到办公室。"学生们积极性可高了，一下子议论开来。教师要求学生们把小组讨论的办法说清楚，选择办法最好的组来完成"送南瓜回家"的"光荣使命"。为了能获此殊荣，学生们讨论得更欢了，口语交际活动进行得十分顺利。

六、交往性特征

口语交际是人与人之间交换思想、看法、意见，交流经验、成果、情感，或者买卖东西、寻求帮助、交涉事情等待人处事的活动，必须要有交际对象，构成交际关系，形成双向或多向互动的交往方式才能进行。这就是口语交际的交往性特征，也叫互动性特征。口语交际教学的交往性特征主要表现在：

一是内容的互动性，即选择的交际内容能促使互动的形成。

二是角色的转换性，即教师和学生在教学中要有双重的角色意识，注意角色的转换。除指导点拨时师生之间构成教与学的双边关系外，师生之间、生生之间要像日常社会口语交际那样互为对象，构成交际关系，并模拟生活实际双向互动地进行训练，才能体现出口语交际训练的特点，切实锻炼和发展学生的口语交际能力。

三是交往的全体性。课堂上的口语交际活动不同于生活中的交际活动，主要是交际的对象较多。一个班级几十个学生，教师都要让其参与到交往活动中来。其最显著的方式就是组织学生间的小组合作学习或者全班式的集体讨论，甚至包括走出课堂与人们交流。这种方式，学生的参与面更广，接触的人更多，探究的问题更深入，效果会更明显。如组织以"请到我家来"为主题交际活动，一位教师安排了三个环节：1. 同学们，找到你们的好朋友，热情地请他到你家里做客吧！2. 同学们的家真好玩，老师也想去你们家，谁来请我呢？3. 听课的同学和老师也想到你们家去看一看，你愿意与他们交个朋友，请他到你家里去吗？拿上你的名片，热情地邀请他们吧！这样，生生、师生、群体互动，场内场外融为一体，学生的参与面就很广了。

第三节　学记语文口语交际的教学建模

学记语文把口语交际的课堂教学分为两种类型：一种类型是以学生的现实生活为起点，从学生的现实生活入手，建构课堂口语交际活动的课，谓之生活型口语交际课；一种类型是以教材为凭借，根据教材提供的训练话题，建构课堂口语交际的课，谓之教材型口语交际课。下面，对两种类型的口语交际课堂教学建模进行具体说明。

一、生活型口语交际课

（一）基本定义

所谓生活型口语交际课，就是教师着眼于学生的现实生活，从学生生活中发现值得交际的、让学生感兴趣的话题，组织学生在课堂上展开交流和讨论，以获得对问题的正确认识，培养学生的口语交际能力。

（二）理性认识

在上一节，我们已经讨论了口语交际的生活性特征。正是基于对这一特征的认识，学记语文才建构了这一交际课型。对这一课型的认识如下：

第一，生活型口语交际课以学生的现实生活为口语交际的"源头活水"。话题的选择、交际的过程以及交际的效果等等，都从学生的实际生活出发，从生活中来，到生活中去。这样的口语交际课，减少了许多教学组织的环节，直达生活，十分利于培养学生的口语交际素养。

第二，生活型口语交际课的教学目标十分明确，即着眼于讨论生活现实问题，但解决问题不是交际的目的。真正的交际目的，是培养学生的口语交际能力，同时在交际过程中培养学生对生活中问题的认识和理解能力，进而影响和改变学生的生活态度和生活方式。

第三，生活型口语交际课在教学关系的处理上充分体现学记语文的师生关系，即以学生为主体，教师为主导。教师的主导作用表现在观察学生的生活，以自己独特的职业敏感，发现能走进学生心灵的话题，并组织和指导学生开展口语交际活动；学生的主体性表现在，口语交际的内容来源于学生自己的生活，他们既是交际话题的发现者，又是交际的主人，在教师的组织下，自觉进入交际情境，主动参与交际活动。

第四，生活型口语交际课在情境的创设上，提倡创设真实的生活化的情境。真实的生活化的情境必须与学生的现实生活紧密联系，并为学生所熟知，同时又利于提高学生的生活认知水平。

第五，生活型口语交际课重视生生、师生之间的交往和互动，它不是教师的说教课，也不是某位学生的演讲课，其课堂存在的主要形式就是讨论与交流。

（三）生活型口语交际课的操作程序与教学策略

生活型口语交际课的主要操作程序为：发现交际话题→进行交际准备→开展交际活动→延伸交际生活。

第一个环节，发现交际话题。

话题的发现者既可以是教师，也可以是学生。一般来说，在小学的低年级，交际话题的发现者最主要的是教师，到了中、高年级，学生有了自主发现的能力，教师可以引导学生提出他们自己感兴趣的生活话题。

第二个环节，进行交际准备。

准备分为两种情况：如果是教师发现的交际话题，其准备工作主要由教师来做，学生事先可以不知晓。如果准备过程中必须让学生参与，教师也可以不必把准备的动机和原因告诉学生，以增加交际活动的神秘感，唤起学生交际的欲望。如果是学生提出的交际话题，其准备工作主要由学生完成，教师对学生的准备进行指导，同时教师本人视交际话题的性质与内容做相关准备。

第三个环节，开展交际活动。

这一环节主要是指课堂上所进行的交际活动。应该注意以下相关要素：

1. 创设生活情境，引入话题。这一环节要注意三点：

情境的创设者。情境的创设，可以由教师来做，也可以由学生来做，还可以师生合作来做。

情境的内容。具体情境要视交际的内容而定。

营造交际氛围。创设情境时，还要注意营造出平等、和谐、民主的交际氛围。

2. 紧扣交际话题，讨论交流。讨论与交流是这类交际课的主要形式，要形成生生、师生和全体互动的课堂局面。在这一过程中，小组交流是最主要的方式。要注意以下几个问题：

时间控制。每一次小组活动针对一个问题进行。通常的做法是由教师统一控制活动时间长度。而其长短完全由教师的主观意愿和感觉确定。这样的弊端有二：一是讨论时间长短的确定没有科学依据。时间太长，无谓的消耗。时间太短，失去意义。二是不能照顾到学生的差异。因此，这样的活动要么就成了个别优良生展示的天地、多数中下学生附和的舞台，要么就成了课堂的一个点缀。活动时间不统一规定，由学生自己把握。让讨论意见一致或还存有疑问但不能解决的这部分学生，先个人思考、整理讨论结果，等待尚未讨论结束的同学。教师和学生均可以据此把握讨论的进程。这样既照顾了全体，又不浪费时间，使活动实效得以落实。

行为调控。一般的做法是，论题一出，随即让学生展开讨论。细致的教师应该能发现，中、下层次的学生参与讨论时几乎是听众。这些学生并没有自己的认识和理解，所以就没有实质性地参与活动，只是听取思维敏捷的学生的结论。当然，他们的能力就没有真正得到提高。比较科学的做法是，话题提出之后，先安排学生独立静心思考几分钟，当每个学生有了自己的认识之后（可通过举手调查），再进行小组交流讨论。这样学生更便于进行充分的交流探讨，也更能培养学生的独立学习意识。

第四个环节，延伸交际生活。

这个环节有两层意思：

一是视学生交际的进展情况和时间，适时对交际活动进行总结。一节课里还没有讨论和交流好的话题，还可以在另外的时间里进行。可以再用专门的课堂教学时间，也可以让学生在课外时间里继续讨论和交流。

二是课堂讨论不是为了交际而交际，更重要的是能引导学生认识生活。因此，一次课堂的讨论并不要求立刻解决什么问题，要让学生带着思考走进自己真实的生活，在生活中体验、锻炼和成长。

（四）典型案例

请看下面的案例：

有一段时间，我们学校的孩子流行玩一种玩具——孩子们称之为溜溜球。一时间，玩溜溜球蔚然成风，甚至有的孩子忍不住上课也要偷偷玩一会儿。

溜溜球究竟有着怎样的吸引力？我决定一探究竟。

下课了，我跟一个孩子借来一个溜溜球，在办公室里摆弄起来。令我大吃一惊的是，我居然总是玩不好这个小玩意儿。看来，还得请教我的"弟子"了。请谁来教我呢？不如……

上课了，我什么书都没有带，就拿一个溜溜球进了教室。孩子们莫名其妙，有的人有些紧张了，莫不是又要挨批评了？我环视了一下全班，微笑地说："同学们，今天老师真是有些尴尬。你们的拿手好戏溜溜球，老师弄了好久也玩不好。这节课老师拜师来了，你们愿意教教我这位大朋友吗？"

这声音一下子像炸雷一样，孩子们马上议论开了："老师也想学？难道老师也喜欢玩溜溜球？""那东西我最会玩了。""哈，我更厉害，都玩了好几个溜溜球了。"……

"怎么，你们不愿意教我？"

"愿意。"孩子们按捺不住激动和兴奋，异口同声地回答。

"好，那就请同学们准备准备，想想这个溜溜球该怎么玩？同桌之间可以交流一下经验。谁想好了，准备充分了，我就请他来当老师的小教练。"我抓住时机，布置"任务"。

看来孩子们对这个任务实在很感兴趣。教室里马上像炸开了锅一样，就连平常不是很爱说话的同学也津津乐道，似乎还沉浸在玩溜溜球的喜悦中。

交流以后，我请同学们来当小教练。孩子们热情高涨，争先恐后，都想来给老师"传经送宝"。结果，孩子们一个比一个说得完整，一个比一个说得生动，一个比一个说得精彩。在孩子们的细心解说下，我这位"笨手笨脚"的老师终于学会了。孩子们特别高兴，我也会心地笑了，我的目的达到了。我拿出粉笔，写下了这次口语交际的内容：《溜溜球玩出的名堂》。"同学们，我们不但要把溜溜球玩好，还要把溜溜球的玩法说好。我们不但要交流玩溜溜球的方法，还要交流玩溜溜球的感受、趣事，好不好？"

同学们一下子"幡然醒悟"，原来这又是老师精心策划的一个"圈套"。

但同学们的热情并没有因此而减下来。对溜溜球，他们有着深厚的感情，有着似乎永远也说不完的话题。有的小组一边说还一边用手势比画着，有的小组不断传来开心的笑声，有的小组居然还向我提出了一个"不情之请"——可以拿出溜溜球来演示一下，进行口语交际吗？我没有拒绝孩子们的请求，但我告诉他们："这堂课可以，但是其他的课就绝对不行了。"在孩子们热烈的讨论中，我和他们坐到了一起，听着他们像个小大人一样讲述，分享着他们的喜悦……

几分钟之后，我请同学到讲台上与全班同学一起交流，很多同学都说得很好，甚至还能用上一些优美生动的词语，例如"刚柔相济、忽上忽下、瞅准时机、难以忘怀、哈哈大笑、不分胜负"……太让我感到意外了，这只是二年级的孩子啊，居然能把他们的玩法、趣事说得如此生动！

二、教材型口语交际课

（一）基本定义

所谓教材型口语交际课，就是教师根据教材所编排的口语交际内容组织学生开展的口语交际活动，以培养学生的口语交际能力。

（二）理性认识

以教材编排的口语交际内容开展口语交际教学，这是小学最主要的口语交际教学方式。现行教材根据课程标准的要求，从小学一年级开始就编排了口语交际，一般每学期编排八次。教材编排的口语交际内容，充分体现了课程标准的"学段目标与内容"，具有针对性、学段性、复杂性的特点。通过由低级到高级的口语交际训练，逐步提高学生的口语交际素养。因此，我们要对教材中的口语交际内容进行研究，提高口语交际课堂教学的质量。

（三）主要操作程序

教材型口语交际课的主要操作程序为：创设交际情境→进行交际互动→总结交际活动。其具体的操作环节应视教材中的具体交际内容而发生变化，产生诸多"变式"。

（四）策略运用

第一，要认真研究教材，把握教材的特点。

现行课程标准实验教材在口语交际的编排上，注意与生活紧密联系，充分设计了一些体验性活动，给教师和学生都留下了比较广泛的空间。比如"人教版"一年级下册第一单元的口语交际：

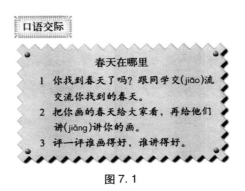

图7.1

在本单元的第一课学习以后，教材编者就设计了"寻找春天"的体验性活动：

图7.2

很明显，教材编排的这次口语交际活动是以学生的体验为基础的。先安排体验性的活动，然后在课堂上进行体验汇报。但是，在教学中，我们发现很多教师没有注意到教材的这一特点，而把课上成了"在课堂上寻找春天"。这显然违背了教材编者的意图。因此，要利用教材上好口语交际课，首先必须钻研教材，要有联系的观点，注意教材内容的整合。

第二，要简化教学过程、形式和手段，给口语交际课"松绑"。

目前的口语交际课，在做法上，形式繁杂，过程复杂，手段多样，教师辛苦，学生受累。很多教学环节和形式手段的运用对学生的口语交际活动没有多大的作用，来"花"的，来"虚"的，就是不来"实"的，其结果导致学生的口语交际活动没有多大的收益。还是以"春天在哪里"为例，一位教师是这样展开教学的：

教学开始，教师点击课件，屏幕上出现了春天的画面，喇叭里响起了《春天在哪里》的歌声，学生跟着一起唱了起来。在歌声中，老师说："同学们，让我们坐上小火车，在歌声中去寻找春天吧！"

接下来做游戏，老师当火车头，学生牵着老师的衣服，迅速地连接成了一列"火车"。老师带着学生在教室里转圈，"寻找春天"。

"小火车"到站了，学生回到座位上，开始汇报自己"找到的春天"。（其实，学生只是看到了教室四面的墙壁。）

接着，老师让学生把自己"找到的春天"画下来。于是，交际课又变成了学生的绘画课。

学生画完了，就介绍自己的画。而此时下课铃声已经响了……

这位教师的做法比较具有代表性。一些教师为了让学生积极参与交际，想了许多办法，但实际的收效不大，反而增加了教师和学生的负担。因此，学记语文提倡要简化口语交际课的教学头绪，给口语交际课"松绑"。

第三，要突出交往这一关键要素，体现口语交际课的特点。

在诸多特点中，交往是口语交际课最本质的特点。离开了交往，口语交际将如无本之木，无法实施。

一是在内容的选择上，要能有效调动学生主动参与。如《猜谜语游戏》，老师先出谜语，请同学们猜，谁猜到卡片上的谜语，美丽的卡片就送给谁。然后，再出示几则谜语。不过这次不但要猜出谜底，还要说说是怎么猜出来的。接着，让学生把自己收集的谜语说给大家猜猜。指名并交代：想让谁猜就请谁，而且要记得问问他是怎么猜出来的。最后，请每组的组长把该组选出的谜语贴在教室的周围，等会儿请其他组的同学猜一猜。如果猜对了，就把谜语送给他。猜谜语这个话题本身就具有很强的交际性功能。这位教师先出示自己收集的谜语让学生猜，构成了教师与学生之间的互动，然后让学生互猜谜语，构成了学生与学生之间的互动。

二是在情境的创设上，能激发学生参与的兴趣与欲望。如《奇妙的动物世界》。教师先引导学生回忆身边有哪些动物？然后创设情境，播放《动物世界》录像，让学生进一步了解各种动物。在观看录像的基础上请学生说说了解了哪些动物的习性，除了录像里介绍的动物，还了解哪些动物的习性。学生选定自己比较了解的一种小动物，向组里的小朋友介绍它的生活习性，谈谈自己和小动物之间发生过的有趣的事。同学讲的要用心听，有不明白的地方可以随时提问；讲的同学要给予说明，其他同学也可以补充。组内选代表讲给全班同学听，大家提问，请发言的同学补充。录像所呈现的情境是动物介绍，这一情境丰富了学生的知识，激发了他们参与交际的兴趣。在这一情境中，先是教师学生交流互动，接着学生在小组内交流互动，最后是全班学生都参与了交流。

　　三是在构成口语交际活动的路径上突出交际性。口语交际的要素一般有四个，即交际的主体，交际的话题，交际的媒介（口头语言），交际的环境。四个要素中，交际主体和交际对象之间的互动过程就成为交际的路径。也就是说，口语交际的过程是互动的过程。如《保护有益的动物》，先引入话题，让学生自由交流自己所了解到的动物面临的危险。接着播放有益动物被伤害的录像，让学生交流自己所看到的。然后，进行角色转换，让学生把自己想象成被伤害的动物，说说感受，并由己及彼，在小组内交流自己所知道的伤害有益动物的现象。最后，全班学生共同讨论如果人类继续伤害、捕杀有益动物会造成怎样的后果。

　　第四，要落实口语交际过程中的评价。

　　这里所说的评价，主要是指在课堂交际情境中的评价。口语交际的评价主体是教师和学生，其关系如下图：

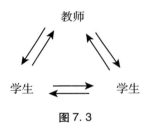

图 7.3

　　首先，作为评价主体的教师，心中应该时刻装着学生，要充分地尊重学生。在评价中，要用自己温柔的眼睛看着学生，用平和的语言与学生交流，用细微的动作关爱学生。其次，作为评价主体的学生，要尊重同学，语言文明，落落大方。课堂评价实际上是教师与学生、学生与学生之间的交流过程。如一位教师教学五年级《劝说》一课时，就有如下的评价情形：

　　师：你真会观察！这位同学的意思我听出来了，他认为这位"爷爷"在劝说的时候不仅要注视对方，还时刻要注意自己的身份，注意自己是以老爷爷的身份在和别人交流，交流的效果才好。哪位同学还能从"说"的角度评一评谁说得好？

　　生：我觉得"班主任"说得很好，比如当老爷爷说"学校就是学知识的园地，不是劳动的地方"时，"班主任"马上就说"劳动是知识的源泉"，我觉得她能够以理服人。

　　师：是啊，这位"班主任"很善于引经据典，用名人名言来增强语言的说服力！你听得真仔细！你的口才真好！长大后你的口才肯定会成为你工作中致胜的法宝。

生：我觉得"教导主任"在表演的时候有点欠缺，因为生活中劝说别人的时候不应该结巴，应该说得非常流利，这样才能让别人心服口服。

…………

不难看到，教师非常重视教学评价的激励作用；评价不是教师一人说了算，不是进行枯燥、空洞的讲解，而是让学生参与其中，设法引导学生自主评价；循着学生的发言，又采取肯定他人的方法，把交际的策略潜移默化地"教"给学生，达到了"润物细无声"的效果。

第八章
学记语文的作文教学

第一节　学记语文的作文教学思想

写作水平和写作能力的高低，是衡量一个人语言素养的重要标准之一。我国封建社会实行"以文取士"的制度，把"文章"提到了一个至高无上的地位。今天，我们虽然摒弃了古人把写作完全"神化"的思想，但是从当今社会对人文素养的素质需求高度来看，作文仍旧是我们语文教学的重点。

那么，我们的语文教学是怎样对待这个重点的呢？由于受应试教育的影响，为应试教作文已经成为目前中小学作文教学的重要目标。然而，越是这样教作文，学生的作文就越是无话可说，分数就越是不高。作文教学的理想与现实之间存在着巨大的差距。我们作文教学的理想是什么？是人人爱写，人人能写，人人善写。我们作文教学的现实是什么？是教师怕教，学生怕写，学生叫苦连天，教师事倍功半。

怎样改变这种作文教学"高耗低效"的现状？首先要端正我们作文教学的思想。学记语文的作文教学思想，可以概括为"把握一个核心，实施两个影响，关注三种生活，建构四大体系，做实五类课型"。下面分述之。

一、把握一个核心

这个核心就是：作文教学要为"人"而教。

能否正确地处理"人"和"文"之间的关系，这是作文教学首先要面临的问题。长期以来，在作文教学中，我们往往把教学的立足点放在一个"文"字上，忽视了写作文的"人"，忽视了作文主体的存在，学生写作的内驱力没有被激发起来。他们是在用思维写作，而不是用情感在写作，在写作中关紧了心灵的大门。这是造成作文教学质量不高的关键原因。学记语文认为，作文教学能不能真正实现由"要我写"到"我要写"的转变，与教学的出发点有着直接的关系。作文教学要为"人"而教，不能为"文"而教。

这样说，道理其实很简单。

首先，从写作原理来看，写作的主体是谁？当然是人。人作为写作主体，应该具有强烈的写作意识和一定的写作素养，通过写作能动地反映生活，创造生活。那么，人用什么来进行写作？对此有许多回答。一个人要进行写作，一要具备起码的科学文化知识，对社会、人生具有起码的了解，然后在此基础上做横向的扩展，纵向的挖掘；对写作主体来说科学文化知识和社会人生知识都是必要的。二是写作需要敏锐、深刻的洞察力，优良、持久的记忆力，丰富、新颖的想象力，缜密、深邃的思考力，灵活、迅速的应变力，以及立意选材、布局行文的表现力。在写作活动中，作者对信息的接受力、储存力、组合力、创造力，就依赖于他的感知力、记忆力、想象力、思维力。作者只有通过感知，才能收集材料；只有通过记忆，才能积累材料与经验，巩固技能与技巧；只有通过想象与思维，才能对零散的原始材料进行梳理、归类、分解、组合、推导、概括、选择、判断、加工、开掘、提炼。它们都是从事写作活动不可缺少的心理能力，都是在长期实践活动中逐渐形成起来的。此外，也是十分关键的，写作需要心灵的参与，正如作家王蒙所说，"生活并不能直接化为创作。只有经过作者心灵的吸取、选择、消化、感应、酝酿、裂变、升华、飞跃，变成作家心灵的一种负载、力量、火焰以后，作家才有可能进入创作过程"，没有心灵的参与就不会有打动人的作品。

其次，从作文教学的角度来看。我们作文教学的目标是什么？是要把学生锻造成一个个作家吗？当然不是，我们的作文教学是为了让学生"能具体明确、文从字顺地表达自己的见闻、体验和想法。能根据需要，运用常见的表达方式写作，发展书面语言运用能力"。作文的主体是学生，作文是学生生活的需要，是学生自我表达和与人交往的需要，而不是为了完成老师布置的任务，更不是为了应付作文考试。如果作文教学只盯住文章，忽视了写作主体的积极参与，我们就只会关注作文技法和作文形式，而不会关注学生的兴趣，不会关注学生的情感，不会关注学生在写作过程中生命活动的质量，到了写作时学生就总是以局外人的身份完成任务式地应付作文。这样教学要想学生写好作文，简直是"天方夜谭"。因此，作文教学必须充分认识到生命主体的存在，做到为"人"而教。

二、实施两个影响

两种影响是：作文教学要用"人"影响"人"，用文学影响"人"。

首先，作文教学要用"人"影响"人"。我们先来看一位学生的作文：

"吹"老师

我的语文老师姓崔，我们称他"吹"老师。

他这人爱吹是出了名的。记得他刚做我们的班主任时，一进教室就向我们丢了句炸弹一样的话："会写的同学碰上我，是你的运气！"我暗想，这老师，一来就吹牛。我转眼看大家的反应，有的满面笑容，有的在下面翻白眼。但他没停止吹，说他以前教的学生曾在几十种刊物上发表文章，说他们在全国得过大奖……头一节课就吹个没完没了。我们从此叫他"吹"老师。

我们还发现，"吹"老师和别的语文老师有所不同，他从不布置作业，不要我们抄写 N 遍生字词，不要我们下课待在教室里……他的作业就是看书，积累。

一天，他搬来一大堆书给我们看，人手一册。他边发书，边微笑着看我们。不久，班上骚动了，因为每一本书，都有他的大名，有的是他写的文章，有的是他辅导的学生文章，还有好几本书，是他编写的。我们恍然，原来，他并没有吹啊！

说老实话，崔老师在课堂上总把中外古今的小说讲得绘声绘色，强烈地吸引了我们。古诗名词，他信手拈来；典故逸事，他张口便说；至于作文，他拿起粉笔当堂就写。他的课堂笑声纷飞，大家双眼晶亮，别班同学常常美慕地站在窗外不忍离去。偶尔，还会有邻班同学从后门偷偷地溜进来听他神"吹"。

我们发现，不爱举手的同学开始抢着回答问题，不爱说话的同学打开了话匣子。作文讲评，他一个个地点评赞美，还说看这架势，不得了，不到两个月就会有高手发表文章了。我们笑了，说"吹"老师，你就吹吧，我们喜欢听。

果然，不久后的一天，他兴冲冲地跑进教室，高高地扬起手中的报纸，大声宣布，张树同学的作文发表了！我们蜂拥而上抢报纸看，兴奋得满脸泛红。写作，一时成为班上的热潮，我们的文章也换来一张张稿费单。

随着"吹"老师的名声越来越大，几个家长都来学校拜访他，问他用什么魔法"吹"得他们的孩子爱上作文……

啊，我可敬可爱的"吹"老师。

从孩子的作文中，我们的确看到了一位了不起的教师。孩子的作文给我们的作文教学带来一个深刻的启示：作文教学的过程是一个"人"影响"人"的过程。

人是写作的主体，人也是作文教学的主体。作文教学是教师和学生作为生命主体，运用语言进行交流和表达的双向互动的活动。在作文教学的众多关系中，重要的不是"人"与"文"的关系，而是"人"与"人"的关系，作文教学在很大程度上说，是"人"对"人"的影响。但是，这一重大关系很少得到人们的重视。用"人"影响"人"，也就是用"人"激励"人"，用"人"帮助"人"。这里的两个"人"字中，第一个"人"字，包括教师、作家、家庭成员、同学、朋友等，第二个"人"指的就是学生。学记语文高度关注这一关系，明确提出作文教学要用"人"影响"人"的思想。

其次，作文教学要用文学影响"人"。文学是有力量的。文学起源于人们的生产生活，是语言文字的艺术，是社会文化的一种表现形式。一方面，优秀的文学作品通过各种方式，表达人类社会的一些共同的基本准则，也表达了人类最美好的感情，以及对美和理想的永恒的追求。它能够潜移默化地影响人们的心灵，帮助人们抵御现实生活的种种诱惑，从而建立起自己正确的审美观、道德观和人生观。文学塑造着人格，培育我们的心灵，营造精神家园。另一方面，从学生作文的角度来看，优秀的文学作品往往能激发学生的写作兴趣，丰富学生的写作素养，这已被许多人所证明。因此，学记语文主张在作文教学中植入文学的因子，用文学带动学生的作文。

三、关注三种生活

三种生活是指与学生成长息息相关的校园生活、家庭生活和社会生活。

语文课程标准指出，作文教学"应引导学生关注现实，热爱生活，表达真情实感"，意在强化这样的理念——正因为习作是用来表达思想、与人交流的，是适应实际生活需要的一种交际工具，所以，学生作文必须回归生活，作文教学必须着眼于学生的生活。

对此，叶圣陶先生曾经打了个比方："生活犹如泉源，文章犹如溪流，泉源丰盈，溪流自然活泼泼的，昼夜不息。"这就是说当学生对生活的感受和情绪的储备达到了比较丰满的程度，心中的写作欲望就会逐渐萌动和强化，在成熟到呼之欲出、不吐不快的时刻，受到教师的恰当点拨和某种灵感的诱发，就会不可抑制地产生通过文字倾吐心绪的冲动。故此，作文教学不要急于用文体的框架去束缚学生，不要急于教他们开头结尾、谋篇布局之类的习作套路，而首先要引导他们学会在日常生活中自觉观察，领悟思考，获得认识。其次激发他们的表达欲，讲真话，抒真情。写什么，怎么写，给他们充分的自由。久而久之，养成习惯了，有了兴趣，有了热情，在这个基础上再适当做一些方法的点拨，也许由此就可以走出一条作文教学的康庄大道来。

学生的日常生活包括校园生活、家庭生活和社会生活。

作文教学要走进学生的校园生活。校园生活在学生的成长历程中占有重要的地位，而教师在学生的校园生活中扮演着十分重要的角色，是学生校园生活中的同行者和引路人。在与学生一同走过的日子里，定会有许多美好的足迹。作文教学的任务就是引导孩子们用语言记录下这些足迹。一方面，我们要求学生循规守矩：上课守纪律，作业要认真做，字要一笔一画地写端正；另一方面，我们又要以理解、宽容、开放、自由、平等的态度面对学生，尊重学生的思想和意愿，鼓励他们敢说，敢做，敢想，敢爱，敢恨。让孩子们的思想拥有更多的自由空间，让他们的灵魂遨游在神奇的追梦的世界里。

作文教学要走进学生的家庭生活。对于学生来说，当他们走进家庭时就进入了一个相对独立的生活时空。家庭生活中的悲欢离合、喜怒哀乐，给我们的孩子们提供了多少可以表达的内容啊。学生的家庭生活虽然有很多不为教师所知，但是并不意味着教师就可以不关注。作文教学承担着写作和育人的双重任务，平凡的作文教学有着不平凡的教育使命。让孩子们都能够健康、快乐地成长并乐于表达家庭生活中的事情和感受，这是我们语文教师的神圣职责。

作文教学要走进学生的社会生活。相对于校园生活和家庭生活来说，学生的社会生活面要窄一些。但是，孩子们并没有脱离社会而存在。他们可以通过社会实践、网络、传媒等各种方式，了解社会，认识社会，产生思考。《义务教育语文课程标准（2011年版）》强调要在语文教学中渗透社会主义核心价值观念，意味着语文教学要与学生的社会生活联系起来，作文教学也理当担起重任。

四、建构四大体系

四大体系即指作文教学的目标体系、内容体系、方法体系和评价体系。

教学论认为，要用系统方法来研究教学，作文教学当然也不例外。小学作文教学体系是小学作文教学的若干方面构成的整体。如果教师对于作文教学的体系认识不足，在作文教学中就会出现随意性，教学成效不大。因此，学记语文认为有必要认识和明确作文教学的体系，明确各学段各年级作文教学的特点，明确前后内容之间的联系，用发展的眼光看待作文教学，才能避免作文教学中的随意性。

学记语文依据语文课程标准，对小学作文教学进行了梳理，将整个作文教学分解成目标体系、内容体系、方法体系和评价体系。

第一，建构作文教学的目标体系。目标体系由各学段的作文教学目标序列构成，规定着习作教学应该达到的程度，标志着习作教学应达到的境界。

第二，建构作文教学的内容体系。内容体系由各学段不同的作文训练内容构成，主要解决作文教学应该"做什么"的问题。

第三，建构作文教学的方法体系。作文教学的方法体系由各种不同的作文教学方法构成，主要解决作文教学"怎么教"的问题。

第四，建构作文教学的评价体系。评价体系由一系列作文教学评价方法构成，主要解决作文评价的相关问题。

关于学记语文作文教学四大体系的具体建构情况，本书将在下节中单独予以阐述。

五、做实五类课型

五类课型是指作文课堂教学的五个类别的课，包括说写结合课、作前导写课、读写结合课、技法训练课、赏读评改课。

课堂教学是指在特定空间、单位时间内组织确定的对象进行一定内容的教与学的活动。作文课堂教学是一种独特的作文教学形式，它立足于提高学生写作能力这一教学目标，通过独立形成的教学流程，运用科学的教学方法和手段，在特定的时间和空间里展开作文训练活动，让学生在学习中作文，在作文中学习。学记语文认为，进行课堂教学是作文教学中必不可少的。作文教学虽然不仅仅局限于课堂，学生的写作活动也不可能局限于课堂，但是作文教学必须要经历课堂教学，必须通过特定的内容和组织形式在教与学的活动中训练和提高学生的写作能力。

关于五类课型的教学，我们将在后面进行具体说明。

第二节　学记语文的作文教学体系建构

一、学记语文的作文教学目标体系

（一）建构依据

《义务教育语文课程标准（2011 年版）》关于作文教学的"总体目标与内容"和"学段目标与内容"的说明。

（二）目标体系分析

第一学段称为"写话"，第二、第三学段都称为"习作"，到第四学段才称为"写作"，旨在放低门槛，放缓坡度，体现了写作能力由低到高、循序渐进的发展过程。"写话"和"习作"的目标也随着年段的不同而逐步提高。

一是注意培养写作兴趣。第一学段的表述是"对写话有兴趣"，第二学段的表述是"乐于书面表达，增强习作的自信心，愿意与他人分享习作的快乐"，第三学段是"懂得写作是为了自我表达和与人交流"。写话对学龄初期的儿童来说，要掌握绝非易事。因为难，学生对写话易产生畏难情绪，而这种负面的情绪会影响表达水平。只有儿童喜欢写，才能写得好；只有乐于表达，才能表达好。所以，课程标准在第一学段强调培养写话的兴趣。到第二学段，提出乐于进行书面表达，要求让学生在写的过程中尝到写的快乐，进一步提高写作的兴趣。第三学段"懂得写作是为了自我表达和与人交流"，是要培养学生的写作意识。因为有了"写作意识"，学生才会知道写作的意义，产生长久的写作动力。综合起来看，作文教学对学生兴趣的培养经历了"唤起兴趣—巩固兴趣—写作意识"的渐进过程，兴趣培养的终极目标就是让学生具有稳固的"写作意识"。

二是引导学会观察。在第一学段"留心周围事物"的基础上，第二学段提出要"观察周围世界"，第三学段提出"养成留心观察周围世界的习惯"。可以看出，中年级的"观察"比一开始的"留心"提高了一步，不仅是一般的"观"，还要"察"，即要求看得细，且要动脑筋去思考、去研究。到第三学段，要求"养成留心观察的习惯，有意识地丰富自己的见闻"。既是"习惯"，就需要学生将观察视为自我需求，做到主动地观察、经常地观察。显然，课程标准对学生观察的要求，是逐步提高的，以一步步扩大和加深学生对世界的认识，同时为学生提供取之不尽的习作源泉。

三是要丰富写作内容。第一学段的目标中提出"写自己想说的话，写想象中的事物"，意味着低年级儿童的写话内容可以自主。通俗地说，儿童想写什么就写什么，想象到什么，就写什么，没有限制和束缚。第二学段提出"能不拘形式地写下见闻、感受和想象。注意把自己觉得新奇有趣或印象最深、最受感动的内容写清楚"，在低年段的基础上，提高到写自己的"见闻""感受"和"想象"，"不拘形式"仍旧意味着自由表达，而表达不一定"成篇"。第三学段则要求"有意识地丰富自己的见闻，珍视个人的独特感受，积累习作素材"，"能写简单的记实作文和想象作文，内容具体，感情真实"。综合起来看，在写作内容上主要分三步走：一是写纪实作文，二是写想象作文，三是写简单的应用文。

四是倡导自由表达。第一学段提出"写自己想说的话"，"在写话中乐于运用阅读和生活中学到的词语"；第二学段强调"能不拘形式地写下自己的见闻、感受和想象，注意把自己觉得新奇有趣或印象最深、最受感动的内容写清楚"；在第三学段提出"珍视个人的独特感受"。综合起来看，从低年段的自由写话到高年级的写成篇的作文，都提倡表达的自由性。

五是关注语言能力。第一学段提出："在写话中乐于运用阅读和生活中学到的词语。""根据表达的需要，学习使用逗号、句号、问号、感叹号。"第二学段提出："尝试在习作中运用自己平时积累的语言材料，特别是有新鲜感的词句。""根据表达的需要，正确使用冒号、引号等标点符号。"第三学段提出："做到语句通顺，行款正确，书写规范、整洁。根据表达需要，正确使用常用的标点符号。"综合起来看，由词到句到段到篇，重视学生语言运用能力的培养和提高。

六是重视习作交流。写作的兴趣和自信，作为一种内驱力，还来源于在写作的合作和交流中所产生的成就感，而这一点是过去被忽略的，课程标准对此有意作了强化。第二学段提出"愿意与他人分享习作的快乐"。第三学段提出"懂得写作是为了自我表达和与人交流"。

七是突出习惯养成。有留心观察的习惯，如第二学段"留心周围事物"，第三学段"养成留心观察周围事物的习惯"。有自觉积累的习惯，包括知识的积累和生活经验的积累，如第二学段"尝试在习作中运用自己平时积累的语言材料，特别是有新鲜感的词句"，第三学段"有意识地丰富自己的见闻，珍视个人的独特感受，积累习作素材"。有主动修改的习惯，如第二学段"学习修改习作中有明显错误的词句"，第三学段"修改自己的习作，并主动与他人交换修改"。有自觉交流的习惯，如第二学段"愿意将自己的习作读给人听，与他人分享习作的快乐"，第三学段"懂得写作是为了自我表达和与人交流"。

二、学记语文的作文教学内容体系

（一）建构依据

《义务教育语文课程标准（2011 年版）》关于作文教学的"总体目标与内容""学段目标与内容"的说明，以及关于写作教学的建议。

（二）具体内容

1. 作文内容体系。

第一学段：写自己想说的话，写想象中的事物。写日记和请假条等简单的应用文。

第二学段：写自己的见闻、感受和想象，写书信和便条等简单的应用文。

第三学段：写简单的记实作文和想象作文，写读书笔记，学写常见应用文。

2. 作文形式体系。

第一学段：从写一句话开始，逐步过渡到写几句话；从写几句话逐步过渡到写一段话和几段话。

第二学段：从不拘形式地写几段话开始，逐步过渡到写由几段话构成的短文，初步培养"篇"的意识。

第三学段：写简单的成篇的作文，不限制文体。

3. 作文技法体系。

第一学段：把话写清楚、完整，能运用生活和阅读中学到的词语。学习使用逗号、句号、问号、感叹号。

第二学段：能围绕一个中心意思、按照一定的顺序来写，把内容写具体。

第三学段：初步了解作文过程中观察、审题（命题）、选材、结构、语言、联想与想象、叙述、描写、抒情、开头与结尾等方面的方法，并在作文中学会运用。

4. 作文思维体系。

第一学段：初步学会想象。

第二学段：初步学会联想，想象逐步丰富。

第三学段：能进行联想和想象，思维能进行初步发散。

（三）内容体系分析

学记语文在作文教学体系的设置上，体现了循序渐进、螺旋上升的特点。

第一，关于作文的内容体系。

学记语文的作文内容体系的建构基本上分为三个方面：

1. 以学生的校园生活、家庭生活和社会生活为主要内容的写实作文。各学段均要求学生写自己亲眼看到的、亲耳听到的、亲身经历的，写出真实的场景和自己的真情实感。这就需要学生平时注意多观察，多体验，关心周围世界中的人物、事物、景物，"丰富自己的见闻"，做到"言之有物"。

2. 以想象为主的想象作文。由低年段的想象写话，到中、高年级的写想象作文，有一个明晰的脉络，又有坡度，蕴涵着特殊的意义和价值，其目的就是发展儿童的创造性。

3. 为了适应生活的需要，写简单的、常见的应用文。应用文由于应用性强，在交往中显得很重要。随着信息社会的到来，社会生活需要用最简洁的语言传递信息、接受信息，应用文的使用将更为普遍。课程标准对写应用文提出了明确的要求，因此学记语文把应用文的写作训练也作为一个重要的内容纳入作文的内容体系中。

第二，关于作文的形式体系。

从写一句话开始，逐步过渡到写几句话；从写几句话逐步过渡到写一段话和几段话（第一学段）；从不拘形式地写几段话开始，逐步过渡到写由几段话构成的短文，初步培养"篇"的意识（第二学段）；最后，到写简单的成篇的作文，不限制文体（第三学段）。可以看出，作文形式体系的建构根据学生的心理发展规律和写作规律，体现了一个由简单到复杂的渐进过程。这里有三个关键问题必须注意：

1. 注意阶段性。各学段有自己的训练重点，做好自己该做的事情，不能操之过急，做"揠苗助长"的事情。

2. 强调自由表达。所谓"不拘形式"就是让学生自主，学生想怎么写就怎么写。课程标准对于作文教学的理念就是"自主表达""自由表达""创造性地表达"。也只有做到"自主""自由"和"创造"，才能写出各自的独特感受，才能表达自己想写的、高兴写的内容。

3. 不限制文体。传统的作文教学特别重视文体的要求，实践证明，限制文体在一定程度上影响了学生的表达，束缚了学生的手脚。反之，不限制文体，学生的表达就自由了许多，无疑是对学生作文有帮助的。因此，学记语文在作文形式上也提出不限制文体的要求。当然，不限制文体并不等于彻底抛弃文体观念，根据写作能力的发展情况，我们在低中年段不提文体的要求，但是到了高年段是可以渗透一些文体形式的训练的。

第三，关于作文的技法体系。

学记语文认为，作文还是要讲技法的。但是，讲技法要看对象。在第一学段完全不提技法，只要求"把话写清楚、完整，能运用生活和阅读中学到的词语。学习使用逗号、句号、问号、感叹号"。第二学段提出最简单的三个要求，"能围绕一个中心意思、按照一定的顺序来写，把内容写具体"。到了第三学段，在学生已经有了一定写作基础的前提下，提倡进行一些基本的技法训练，即"初步了解作文过程中观察、审题（命题）、选材、结构、语言、联想与想象、叙述、描写、抒情、开头与结尾等方面的方法，并在作文中学会运用"。这样做，对学生写好作文是有帮助的。

第四，关于作文的思维体系。

作文能力可以分解为语言能力、思维能力、书写能力等。其中思维能力是作文能力的核心。思维能力贯穿作文的全过程，从观察到审题立意，到选材组材，到表达方式和语言运用，直至修改定稿，都离不开思维。小学生写作文的主要困难，一是语言的困难，二是思维的障碍。因此，作文教学必须特别注意强化学生的思维训练。作文教学的思维训练的内容很多，其中小学作文教学中最重要的有三种。一是联想思维训练。联想丰富就可能导致创造性思维，产生优秀文章。二是想象思维训练。爱因斯坦说，"想象比知识更重要"。特别是创造性的想象思维，是写作成功的关键。三是发散思维训练。发散思维主要用于作文的构思阶段，是选材立意的必要过程。有时发散思维也用于文章一个部分的构思上。此外还有创造性思维，这是各种思维方式的综合运用。创造性思维训练不仅可以使学生写出有新意的佳作，更重要的是有助于培养创造性的人才。值得注意的是，小学生的思维过程是一个心理能量消耗的过程。因此，学记语文在建构思维体系时，注意了学生心理发展的进程。

三、学记语文的作文教学方法体系

（一）建构依据

《义务教育语文课程标准（2011年版）》"关于写作教学"的建议。

建议是针对整个义务教育阶段的作文教学提出来的。学记语文研究的主要是小学阶段（义务教育的前三个学段）的作文教学，所以，在建构方法体系时充分考虑了小学教育的特点。

（二）具体方法

作文教学的方法因人而异，因境而异，各有千秋。学记语文提倡"百花齐放，百家争鸣"，作文教学方法不可统一而论。下面列举几种：

1. 指导作文素材的搜集和积累的教学方法。小学生写作文主要是写他们自己的生活，由于小学生不善于留心观察周围事物，缺乏从生活中搜集作文素材的能力，导致在作文时感到没有内容可写。因此，教师必须深入了解学生的生活，细心指导搜集素材的方法，包括观察生活、体验生活、捕捉生活中新鲜有趣的事物等方法。小学生的素材积累应包括两个方面，一是观察、搜集生活的原始素材，二是在观察生活中产生思想认识和情感体验，两者缺一不可。如设置"素材搜集本"，以便学生在观察、体验生活时能及时地记录下来，以免遗忘。在具体指导时，教师要注意培养学生的观察、分析能力，引导学生细致观察自己周围的人和物，并将观察的事物与自己由此产生的真实感受及时记录下来。为了帮助这方面有困难的学生，还可以结合学生自己的生活，师生合作出一些小题目，有目的地进行一些定向的素材搜集活动。

2. 指导学生写活动体验的教学方法。游戏和活动是孩子们最喜闻乐见的，游戏和活动最能展现孩子们生命的活力，是激发学生学习作文的最佳形式。在游戏活动过程中，他们要亲自动手动脑，要思索感受，既有成功的喜悦，又有失败的体验。丰富多彩的活动体验，有助于学生写出生动、精彩的作文。一般是先设计适当的活动，教师认真组织学生在活动中充分体验和感悟，然后淡化文体，简化写作要求，通过活动感悟，激发学生的作文热情，鼓励学生大胆写作。

3. 读写结合的教学方法。将阅读教学和作文训练通盘考虑，在每一单元的教学之前，深入研究本单元的单元主题，在阅读教学中适当渗透习作教学的任务，例如布置观察、搜集资料、积累语言以及总结归纳课文的表达方法等等，这就为课后习作奠定了很好的基础，做好了充分的准备。读写结合重点强调阅读教学和作文训练之间的密切关系。阅读与作文关系极为密切。阅读中有作文，作文中有阅读。通过阅读教学，让学生积累语言材料，体会思想感情，开拓知识视野，领悟写作方法，进行随堂练笔，激发作文兴趣；通过作文教学，使语言材料融会贯通，写作知识和方法得以内化，拉近了阅读与生活的距离。

4. 创设情境，鼓励写想象作文的教学方法。情境作文是从作文内容入手，通过创设情境，营造特定的课堂心理氛围，引导学生进入特定的情境之中，引发思考，产生体验，激起情感共鸣，激发联想和想象，写想象作文。创设作文情境的方法很多，例如课堂表演、课堂活动，创设活动情境；利用多媒体技术，播放音乐、视频、图片等，创设模拟情境；利用导语、故事、对话等，创设语言情境；利用实物、道具等，创设特定的生活情境；利用各种联想方式，创设想象情境等等。

5. 自由表现生活的教学方法。引导鼓励学生积极地参与生活，感受生活，引导学生去观察周围美好的人和事。有了收获就写，有了感受就写，及时把生活中真实的见闻、真切的感受写下来。不限制时间，不限制地点，学生随时写作。

6. 随文练笔的教学方法。大型的习作训练每学期八次，教材的安排是有限的，对于提高学生的作文能力远远不够，因此在阅读教学中教师要根据教学的需要及时组织随文练笔的训练。

四、学记语文的作文教学评价体系

（一）建构依据

《义务教育语文课程标准（2011 年版）》"关于写作教学评价"的建议。

（二）具体内容

作文教学评价对提高小学生作文水平和能力发展具有十分重要的意义和价值。作文教学的评价不仅能考查学生的作文是否达到了预定的目标，还是检验教师作文教学质量的标准。有效的作文教学评价，应有助于改进学生的作文活动过程，改善作文课程的设计，完善作文教学的过程，最终促进学生作文素养的发展。

学记语文的作文评价综合性地吸收了过程性评价、发展性评价、激励性评价等多种现代教学评价思想，并从隐性评价和显性评价两个方面构建多元化评价方案。隐性评价主要渗透在作文教学指导的全过程中，显性评价则是本课程创建的两阶段三环节的评价操作流程。主要包括：

1. 过程性评价。小学生作文的过程性评价包括对作前的素材准备、作中的构思表达和作后的检查修改等各个环节进行及时、适宜的评价。作前的素材准备不仅要具体考查学生是否占有真实、丰富的材料，更要考查他们是怎样搜集、积累各种材料的，以引导学生平时注意观察周围的人和物，学会从生活中选取作文材料，逐渐学会捕捉生活中生动有趣的、印象深刻的素材，或各种新奇的人物和事物，以及由此产生的真实想法和生活体验。作中的构思表达要看学生是否做到独立构思、自主表达，抒发的是否是自己的真情实感。作后检查修改则要关注学生修改作文的态度、过程、内容和方法。在教学中，教师要敏感地及时捕捉学生在作文过程中的各种表现和变化，对学生作文过程中表现出来的闪光点要及时予以表扬，对存在的问题和困难要及时予以指导和帮助。只有从作文前、作文中、作文后各个环节对学生的作文情况进行有针对性的及时评价，才能真正做到把作文教学的过程变成提升学生作文能力和综合素养的过程。

2. 发展性评价。发展性评价是根据不同学段的作文教学目标和要求，综合考查学生作文水平的发展状况，包括作文的兴趣、良好的习惯、语言的表达、作文的质量等要素，根据不同学段、不同个性的学生在作文中的发展变化，实施有差异的评价，即从起点看变化，从终点看发展。由于小学生的作文水平是参差不齐的，因智力水平、个性心理、生活经验、认识程度、表达能力等方面的差异而存在不同的情况。教师在具体评价时要正视这些差异，对不同年级不同水平的学生要有不同的要求。在具体操作中，教师还要仔细考查不同水平学生在某一阶段作文中的发展变化程度，如原本作文较差的学生忽然在某次作文中有了质的飞跃；原本作文好的学生在某一阶段似乎进入了"瓶颈期"。在评价时就要采用不同的评价策略，以促进各类学生的发展。

3. 激励性评价。作文评价不单纯是对学生某一次作文给出一个终极性的结论，而是通过评价激发学生再次写作的欲望，促进学生作文能力的不断发展，因而既是上一次作文的评价又是下一次作文的起点。在评价中，教师要尽量从正面的、激励的角度去评价学生的习作，对优秀作文要充分肯定，对基础较差的作文也要尽可能多地挖掘闪光点，让每一个学生都在讲评和修改中体验到成功的乐趣，不断增强作文的自信心，不断获得继续写好作文的动力。

在具体的评价策略上，我们采用"两阶段、三环节"的评价方法。

"两阶段"就是初稿点评和正稿终评；"三环节"则是指单项达标评价、篇章结构评价和语言基本功评价，每个环节的评价均要在讲评修改的基础上进行。

第一阶段，初稿点评。根据本次作文教学的特定目标进行有针对性的初步评价。以"评改交流会"的形式，在学生自评的基础上进行修改。

第二阶段，正稿终评。这个阶段主要分两个环节进行评价和修改，一是从作文的布局谋篇这个角度进行评价，二是从一般语言表达的角度进行评价。这两个阶段的评价都是通过师生互评互改后进行。以"修改建议卡"的形式，引导学生根据修改建议审视自己的习作，誊清正稿后进行终评。

最后，以"发表活动厅"的形式，对评为优秀的正稿或有显著进步表现的作文，通过各种途径和方法予以发表，既是对优秀学生的习作进行表彰，又能对其他暂时达不到优秀水平的学生起到一种示范效果。发表形式也是多种多样的，有作文朗诵、辩论赛、童话剧表演、感恩卡片、成长档案、风景画册、个人风采栏等，让学生在展示自己作品的同时感受到成就感，进一步激发学生的习作动机，促进学生写作情感、态度、知识、能力、个性等方面的全面发展。

第三节　学记语文的作文教学课型

一、说写结合课

（一）课型定义

所谓说写结合课，就是把口语交际与写作文结合起来，在口语交际的基础上先说后写的一种作文课堂教学活动。

（二）课型分析

说写结合课，是基于一条我国传统的宝贵写作经验——"我手写我口"。"我手写我口"，出自近代著名诗人黄遵宪的五言古诗《杂感》中"我手写我口，古岂能拘牵"一句，是黄遵宪的诗歌创作主张。后来被作为一条十分宝贵的写作经验，传诵至今。"我手写我口"，十分明确地指出了"说"与"写"的辩证关系，"说"是"写"的基础，"写"是"说"延续。从语言发展的角度来看，"说"是用口头语言表达，"写"是用书面语言表达，而人的语言外在表现形式也无外乎这两种。把"说"和"写"结合起来，能促进人的综合语言能力的发展。从写作心理学的角度来看，先"说"后"写"淡化了写作的意识，降低了写作的难度，怎么说就怎么写，利于提高书面语言的表达水平。小学生刚开始写作文时是怕写的，但是他们喜欢说话。让学生先"说"后

"写"，知道了"作文就是用笔说话"，说什么就写什么，想什么就写什么，想怎么说就怎么写，无疑有利于学生尽快进入写作的状态。《义务教育语文课程标准（2011 年版）》也明确提出，"要重视写作教学与阅读教学、口语交际教学之间的联系，善于将读与写、说与写有机结合，相互促进"。

按照说话内容的不同，小学阶段的说写结合课可以分为两类：生活说写结合课、想象说写结合课。其中，想象说写结合课，又可以分为话题想象说写结合课和看图想象说写结合课。

生活说写结合课，就是以学生实际生活中的见闻和感受为话题，在充分交流的基础上，把自己说的写下来。

话题想象说写结合课，就是围绕一个想象的话题，先展开想象，然后把自己的想象说出来，在说的基础上写下来。

看图想象说写结合课，就是为学生提供图画，学生在观察图画时产生思考，引发想象，先说后写。

说写结合课，适用于义务教育的各个学段。展开教学要视学段的目标与教学内容而定。

（三）课型结构

说写结合课的一般结构是：提出目标与内容、开展口语交际、动笔写成文字、互相交流评议。

根据学段、目标与内容的不同，这一结构也应发生一些变化。提倡过程不宜复杂，简单为好。

（四）课型案例

学段：四年级模拟访谈说写课。

一、教学说明

模拟访谈是模仿记者采访的形式进行口语交际的一种训练方法。这种训练可以在师生间开展，可以在生生间进行；可以一问一答，可以几人问一人答；可以访谈一个话题，可以分几个小组访谈不同的对象、不同的话题。这种形式多样、自主性较强的模拟访谈训练使学生不仅喜爱交际，而且能学会一些交际的技巧。访谈时，一边访谈一边记录，在访谈结束后，进行总结，并用几段话写下来，就是作文练笔了。

二、教学目标

通过模拟访谈，了解夺取奥运冠军的奥秘，并把访谈结果写下来。

三、教学过程

（一）确定访谈话题

通过对学生的了解，得知近来学生对我国奥运健儿在北京奥运会上夺取冠军很感兴趣，是学生的热点话题。所以，确定的访谈话题是：夺取奥运冠军的奥秘。

（二）安排访谈事宜

1. 确定访谈人员。

以小组为单位开展访谈。每个小组三个人，两名学生扮演"记者"，一名学生扮演某位"运动员"。

2. 做好访谈准备。

"记者"编写采访提纲，设计出一些具体问题，先谈什么，后谈什么，分次序进行，否则东一榔头西一棒槌，问题难以展开、深入，也令"被访者"应接不暇；"被访者"也要设想对方可能会提出哪些问题，并做好应答准备。

3. 确定访谈地点。

地点可以在教室里，也可以在教室外面。

（三）把握访谈过程

1. 以小组为单位分别开始访谈。访谈时间 20 分钟。

2. "记者"在访谈时笔录访谈内容。

3. 用几段话写出本次访谈的收获。

（四）讲评访谈得失

1. 以小组为单位汇报访谈结果，即所写的访谈收获。

2. 教师和学生互相讲评。讲评要全面，既要讲评"记者"的提问，也要讲评"被访者"的答话；讲评要中肯，肯定优点，指出不足。总结时还要探讨解决问题的方法，让全班同学出谋划策，这样就为下一次访谈提供了经验。

二、读写结合课

（一）课型定义

这里的读写结合课不是指常规意义上的读写结合训练课，是指在单位时间里完成阅读鉴赏和仿写作文两项任务，用读导写，以写促读，达到读与写共同提高的目的。

（二）课型分析

模仿是创新的前提，任何一种技能都是这样一种规律。从仿形到仿神同样也是习作者的必经之路，所谓"操千曲而晓声"就是这个道理。对于优秀文本的多层运用是对其营养的最大限度的吸收，在单纯地为写作服务的鉴赏课之后，我们要坚持"宁在点上打井，不在面上挖坑"的观点，运用"只及一点，不及其余"式的读写结合策略，既定向深掘文本的价值，拓深学生对文章的理解度，使得入之愈深，得之愈博，用之愈活，又找到了读与写两种技能的最佳契合点，使得信息的输入在输出中巩固，信息的输出有了充足的储备而走出囊中羞涩的困窘处境，还避免了写作中闭住眼睛摸麻雀的盲目行为，为学生写作搭建了一个信息与技能的宽阔平台，确保写作的顺利进展。这类课型要注意四点：

第一，把握读的分寸。这里的阅读不同于一般的阅读教学，既不能像精读课文那样教学，也不能像略读课文那样教学。这样的阅读带有非常明确的指向，即阅读的文本能帮助学生掌握某种作文的方法，直接针对的是写作。教学时，在学生读懂文本内容的基础上，做写的鉴赏，重点指导学生从文本中学到写作的方法。

第二，注意写的尺度。这样的课堂上，学生的写作多为仿写。在仿写中，学生运用的是相同的作文形式，但内容还是不同的。在内容上要提倡写真实的、个性的东西，在形式上可以不强调自己的个性，但必须要求学生能运用文本形式。在学生初学写作的阶段，形式上有相同的东西并不是坏事。

第三，找好结合点。实际运用中，教师要注意多从学生薄弱之处寻找两者的结合点，诸如立意的另辟蹊径、选材的淡中出奇、谋篇布局的纵横捭阖、表达的文采斐然、结构的浑然一体以及表现手法的运用自如等。总之，要选好、讲透并指导准确运用。

第四，这类课型多适用于高年段的作文教学。

（三）课型结构

读写结合课的教学结构一般为：揭示内容、定向赏读、讲解要点、示范运用、操练指导、验收讲评。

揭示内容。在教学开始时，从学生生活中感兴趣的内容入手，和学生展开交流，让学生有内容可以写。

定向赏读。根据学生要写的内容，有针对性地提供一篇或者几篇文本，引导学生阅读，在读懂内容的基础上，重点赏读作者的表达方法。

讲解要点。在学生赏读表达方法的基础上，教师进行方法的讲解。

示范运用。教师给学生做示范，现场或者提前"下水作文"。

操练指导。学生仿写作文。

验收讲评。交流学生的作文，互相讲评。

（四）课型案例

学段：五年级读写结合课。

一、教学说明

在小学高年级，怎样让学生学会写描写景物一类的作文，是作文教学中一个较难的问题。本课的教学，通过指导学生阅读《百泉村（四章）》，帮助学生领悟到写景物的一些方法，提高学生描写景物的水平。

二、教学目标

阅读《百泉村（四章）》，领悟写景物的一些方法。

三、教学过程

（一）链接生活导入

1. 教师给学生播放一组当地景色的图片，唤起学生的兴趣。

2. 提示学生：如果要大家把刚才欣赏到的景色写成文字，该怎样写？

（二）指导阅读鉴赏

1. 出示阅读材料《百泉村（四章）》。

2. 学生自由阅读文章。

3. 教师赏读文章。（重点是朗读）

4. 讨论：你认为文章的哪些地方写得好？为什么？

（三）讲解要点

1. 小结讨论的结果：要写好景物，要注意哪些方面？

2. 讲解描写景物的要点。

（四）示范运用

教师就某一个要点，现场"下水"写一处景色。

（五）学生操练。

学生当堂写一处景色。

（六）交流点评。

三、技法训练课

（一）课型定义

作文技法训练课，就是在专门的课时里，对学生进行某项作文方法的训练。

（二）课型分析

在小学作文教学中，一些人认为不能教给学生作文的技法。其实，对这个问题是有争议的。从写作的规律来看，一个人要学会写作，必须要懂得一定的方法；没有方法，满腹的话语说不出来，或者说不好，写有何用？

我们提倡"不拘形式"地写，让学生自由自主地表达，但是并不等于不教给学生方法。只是教不教作文技法要视具体的学习对象和学习内容而定。学记语文主张，在小学的低年段，技法的教学可以淡化一些；到小学的高年段，应该进行技法的训练。重视基本技法的训练，让学生写出基础扎实的文章是必须着力解决的问题。用法的前提是学法，我们必须严格遵照写作中要运用到的技法，一课一练，一课一得，走先分解后综合的道路。学生反复操练，务求掌握，扎扎实实地练好基本功，自会有融会贯通、运用纯熟的一天。

为此，学记语文在小学的高年段特设"技法训练课"，对学生进行作文基本技法的训练，给学生打下作文的"底子"。这类课的教学要注意两点：

一是训练什么？根据学记语文的内容体系，在作文技法上，主要训练一些最基本的方法。即如前所述的"初步了解作文过程中观察、审题（命题）、选材、结构、语言、联想与想象、叙述、描写、抒情、开头与结尾等方面的方法"。

二是怎么训练？一课一练，一课一得，走先分解后综合的道路。

（三）课型结构

技法训练课没有固定的结构，视训练的内容而定。

（四）课型案例

六年级的开头、结尾方法训练课：

一、教学说明

到了六年级，但是还有部分学生不知道怎样开头、结尾。为此，特别进行开头、结尾的训练，力求让学生了解到一些开头、结尾的方法。

二、教学目标

了解作文开头、结尾的一些方法，并能在自己的作文中运用。

三、教学过程

（一）故事导入

给学生讲述作文没有开头的故事，导入学习，激发兴趣。

（二）引导交流开头和结尾的方法

写了几年的作文了，你知道哪些开头、结尾的方法？怎么用的？

（三）阅读赏析

提供一组文章，引导学生欣赏文章的开头、结尾，领悟新的开头、结尾的方法。

（四）操练实践

1. 提供几篇没有开头和结尾的文章，让学生给文章加上开头和结尾。学生写完后，出示原文的开头和结尾，引导学生比较。

2. 给学生部分命题，让学生写开头和结尾。

（五）交流讲评。

四、作前指导课

（一）课型定义

作前指导课，顾名思义就是在学生写作之前，教师对学生进行写作指导，也叫作导写课。

（二）课型分析

《义务教育语文课程标准（2011 年版）》在"教学建议"指出："写作教学应抓住取材、立意、构思、起草、加工等环节，指导学生在写作实践中学会写作。"课程标准十分明确地指出了"指导"的重要性。

指导目的：为学生的作文引路。

指导的内容：

一是激发作文情感与动机。情感与动机激发这个环节要解决的是"为什么写"的问题。小学生作文的心理过程一般是从产生表达动机、产生作文欲望开始的。因此，在作前指导中要让学生认识到本次作文活动的目的和价值，激发学生主体的表达欲望，使学生由"要我写"转变为"我要写"。

二是学生审题与选材的指导。审题与选择这个环节要解决的是"写什么"的问题。审题指导很重要。由于作文知识和经验的不足，小学生往往不能很好地把握作文的范围和要求，产生跑题、离题现象。新课程倡导的自由作文虽然有助于学生思想情感的自由表达，但对作文能力的发展帮助不大，特别是我国应试教育的影响已渗透在各级各类考试评价中，审清题目要求，确定写作范围也是一种基本的作文能力，同时，提高审题能力对培养学生精细的思考和注意力也是很有必要的。因此，作文教学中要加强这方面的训练。选材则是在作前指导素材积累的基础上，通过类似"头脑风暴"的思维过程，从已有的素材中选择适宜的作文材料。学生一旦掌握了选材的方法并形成习惯，对其在后续的作文活动中减轻思维过程的心理能量消耗具有积极的作用。

三是构思与表达的指导。构思这个环节要解决的是"怎么写"的问题。构思能力是学生作文的核心能力之一，是创造性表达不可或缺的心理要素。这就需要根据小学生思维与个性的特点进行适时而恰当的指导，包括如何打开思路，如何布局谋篇，如何选择合适的文体样式，如何实现自己的表达需要等。由于作文属于问题解决的学习样式，因而这个环节的指导有一个两难问题：指导得过细容易束缚学生的思维，不利于富有个性的创造性表达；指导过粗又会产生放羊式的效果，学生思维收不拢，影响作文的质量，同样不利于作文能力的发展。而作文指导的粗与细又很难具体衡量，这需要教师根据自己的教学经验灵活处置。

在学生完成作文的构思后，就进入了作文表达的环节。这时的学生是一个完全的主体，教师基本处于"不作为"状态。在学生写之前，教师只要提示学生，尽量把自己想到的、构思好了的内容用笔写下来。学生写作时，教师有针对性地对作文知识和技能表达等方面做适当的指导，但是不宜提过高的要求。

（三）课型结构

课型结构实际上涉及的是怎么指导的问题。一般的结构为：激发兴趣、链接生活、拓展思维、唤起欲望、运用示范、点击文法。

作前指导课没有固定的程式，因为指导的内容和对象不同，会有许多的"变式"。这里不一一列举。

（四）课型案例

低年段作文指导叙事示例：

一次快乐作文叙事

"作文"成了许多小学生的心理障碍。为了扫除这种心理障碍，就得特别注意小学低年级的起步作文。如何搞好起步作文呢？关键就要培养小学生的写作兴趣，让他们感到作文是一件快乐的事。

在以往的作文教学中，我习惯用成人化的方式教学生。写一道作文题，简要地说出写作要求，就让学生坐在课堂上冥思苦想，结果许多学生咬着笔杆发呆，无从下笔。为此，我尝试改变这种毫无生气的作文教学模式，探求一条能激发学生写作兴趣、符合儿童心理特征和认知规律的作文教学新路。

有一次作文训练是写"我喜爱的一件玩具"。为了让学生体会到写作的快乐，我设计了一个系列活动：激发兴趣—指导训练—登台表演—加工成文。

激发兴趣。课前，我和小朋友谈话，问他们都有些什么玩具，他们争着回答"我有激光枪""我有小汽车""我有金狮狗""我有布娃娃"……这么多的玩具，简直可以开个玩具店了。我又问这些玩具好玩吗？"好玩极了！"趁着小朋友的高兴劲儿，我说："我们定个时间大家都把自己最喜爱的一件玩具带来，搞一个玩具展览会。每位小朋友都要当讲解员，把自己的玩具向大家介绍介绍，好不好？"小朋友欢呼雀跃，齐声说"好"。

指导训练。生活犹如一座储量丰富的矿藏，如何才能把这些矿藏挖掘出来呢？这就要教给孩子们"采矿"的方法。方法之一就是"观察法"。能抓住事物的特点，是认识事物的一种本领。为了让学生对自己喜爱的玩具有更好的了解，从而能把它的可爱之处说出来，我教给小朋友如下观察方法：先从整体看，获得一种整体感觉；再按一定的顺序观察，可以从上到下、从左到右、从外到内、从头到尾、从前到后等；接着要注意事物的形状、颜色、大小、材料等，可用手摸摸，用鼻子闻闻，会发出声音的，还要仔细听听；最后要抓住事物的特点，注意它与其他事物的区别与联系。我要求小朋友运用这些方法观察自己最喜爱的一件玩具，并试着口头介绍一遍。

登台表演。经过几天的充分准备，语文课上，小朋友都把自己喜爱的玩具带来了。我用红粉笔在黑板上端正地写着——我喜爱的一件玩具。然后简单地讲了几点要求：先举手，后发言；凡发言的小朋友，带着自己的玩具，到讲台上面对全班学生讲解自己喜爱的玩具。课堂一下子热闹起来。大家纷纷举手发言，把自己喜爱的玩具说得栩栩如生，就连那些平常一言不发的小朋友也不甘落后，怕40分钟过去了还没轮到自己说。因此小手一个比一个举得高。如有个小朋友介绍"金狮狗"时，是这样说的："金狮狗活泼可爱。全身长着金红色的毛。在大大的面孔上嵌着一对黑溜溜的大眼睛，显得特别有神。眼睛下面有一个翘鼻子和一张歪歪的小嘴，脖子上还戴着一块闪闪发光的金牌。身后一条毛茸茸的小尾巴总是向上翘着，看上去神气极了。"听了他的描述，仿佛有一条活泼可爱的金狮狗向你走来。下课的时间临近了，我告诉小朋友把课堂上所说的在作文本上记下来，就成了一篇作文。我话刚说完，有位小朋友情不自禁地说："呀，这次的作文真好写！"望着这群以前怕作文而今天好作文的孩子，我高兴地笑了。

第二天作文本收上来了。美丽的布娃娃，精致的小汽车，慈祥的圣诞老人，变幻莫测的魔方……一件件玩具似乎展现在我眼前。这一篇篇描写生动、语言活泼的作文，竟然出自小学低年级学生之手。我抑制不住内心的激动，思考着这次作文训练之所以成功的"奥秘"。我想，要培养小学生的写作兴趣，首先就要引导他们从自己身边熟悉的事物中寻找写作素材，这样就可以使小朋友有话可说，有话想说；从他们表现欲强的心理特征出发，设计一些活动，让他们动口，动手，动脑，先说后写，化静为动，在有趣的活动中获得作文成功的快乐。

五、赏读评改课

（一）课型定义

赏读评改课，就是把作文欣赏和修改结合起来，在学生写作之后，教师就优秀的作文引导学生欣赏，同时指导学生在比较中修改自己的作文。

（二）课型分析

目前，作文批阅已经成为了教师的繁重的"教业负担"。教师批阅作文时，缺乏交往和互动。对于教师辛勤批阅的作文，学生基本没有关注教师评阅的内容，致使作文批阅费时低效。

鲁迅先生在《不应该那么写》的文章中就明确告诉我们，写作"是必须知道了不应该那么写"才会明白原来应该这么写的。作文讲评课就是解决这一问题的课型。有些教师对讲评课任务不甚明了，故而把它上成了佳作宣读课或者学生当堂自批互批课，更有甚者干脆取消，也就起不到讲评课的作用。学生不知道自己作文中存在的问题，即便知道也无从改正，长此以往，学生作文的毛病得不到及时、有效的纠正，而教师又仅满足于教学任务的完成，教与学当中缺乏反馈，势必脱节成两张皮。这种教与学各行其道的结果就是劳而无功。

（三）教学策略

学记语文主张，要改变作文批阅的方式，变教师封闭批阅为师生共同参与的开放批阅，变教师一个人的批阅为学生互相帮助的评阅，变单一的作文修改为欣赏与修改相结合。具体来说：

一要明确讲评目的：体验成功，享受快乐，修改提高。

二要遵循讲评原则：以学生为主体。

三要注意讲评过程：在激励中培养自信，在欣赏中感受成功，在点评中发现提高。

四要丰富讲评形式：整体欣赏，精彩展示，分项点评，教师示范，学生互评。

第四节　学记语文的作文个性化教学策略举隅

一、日记，记录学生的"心灵旅程"

在老师们的办公桌上，我们时常看到堆得很高的学生日记本。翻开本子，映入眼帘的除了孩子的文字，再就是老师留下的红色修改符号与文字，还有一些等级或者红旗、苹果、笑脸之类的评价与奖励。老师把学生的日记作为必看必做的教学任务，有的学校规定老师必须批阅学生的日记……

这种现象引发了笔者的思考：老师们辛勤的劳动换来的是什么呢？老师能看学生的日记吗？

无独有偶，前不久，笔者接到一位老师的咨询。她向我讲述了自己的困惑：她教五年级，让班上的学生写日记。有些学生写得很主动，这些主动写的学生作文水平有的提高了。但有些学生不愿意写，有的干脆不动笔，面对这样的学生，该怎么办？

听了这位老师的疑问，笔者又想到了一个问题：我们为什么要学生写日记？

所有这些都是我们必须认真思考的问题。

我们先来讨论第一个问题：为什么让学生写日记？

带着这个问题，笔者曾询问了一些老师，他们的回答近乎一致：要学生写日记，是为了帮助孩子们学会留心观察生活，常练笔，进而提高作文水平。我也曾询问了一些学生，他们的回答也很干脆：写日记就是记下生活中的一些事情，以便写作文的时候有材料可写。

写日记是为了写好作文！师生们的回答还真的让笔者沉默了半晌。从教者的角度看，我们这样理解写日记的目的，其实忽视了一个十分关键的人物，那就是日记本的主人。那是些鲜活的生命啊！他们有自己的生活，有自己的情感，有自己的爱好，有自己的个性，还有自己的思想。日记，是他们的朋友，是他们知心的人。他们可以对其讲述自己的故事，倾吐自己的情感，描绘自己的生活，一句话，他们在日记中记录自己心灵成长的旅程。站在学习者的角度分析，孩子们在写日记的过程中，可以倾诉自我，解剖自我，描述自我，可以感觉到自己的真实存在。写日记，其实是对生命的关注和尊重。

因此，学记语文认为写日记不是为"写"而"写"，为"记"而"记"，更不是为了写好作文。这样做，我们得到的只会是学生在日记中的虚假和做作，甚至是无声的反抗和消极怠工。如此，我们就不难理解前面那位老师的困惑了。孩子为什么不写？因为日记成了他们的负担，这种负担不可能给他们带来欢乐，反而会让他们处在焦虑不安的煎熬中，感到极度厌烦。记得有位学者说过，负担过重会导致肤浅。有的孩子即使写了日记，但我们很难看到富有真实的生命灵性的东西。孩子生命的潜能和智慧没有得到应有的滋养和生发，反而被我们无情地扼杀了。

不是"要我写"而是"我要写"。日记应该成为孩子们的一种内需，是他们愿意做而且主动去做的事情，是他们生活中一个富有意义与色彩的内容。

现在我们来讨论第二个问题：老师能批阅学生的日记吗？

笔者的回答是"不能"。为什么？这里有一个真实的例证：笔者单位同事的女儿今年才6岁，在读一年级的时候，便要妈妈给自己买一个日记本，而且还是能上锁的。妈妈问她为什么要买上锁的日记本，孩子的回答让妈妈觉得女儿一下子长大了："因为日记里有我的秘密。"一个6岁的孩子就知道保守自己的秘密，就开辟了自己的个人空间，更何况那些正在长大的和已经长大的学生呢。

日记是记录孩子心灵旅程的，是孩子成长足迹的拓本。那里有喜怒哀乐，有不为人知的故事和秘密。老师批阅他们的日记，就好像是脱掉了孩子的衣服，就好像是屠宰着孩子的心灵，就好像是偷窥孩子的隐私。做这样的"偷窥者"不是一件光荣的事情。

再来看看那些让老师批阅日记的学生，反正日记是为了完成老师的任务，随便写写交差了事，于是，在他们的日记中多了拼凑，少了鲜活；反正日记老师是要看的，不能写自己的真心话，于是，在他们的日记里多了虚假，少了真实。在这种情形下，我们想走进学生的心灵空间，几乎是梦想！还有这样的学生，他们有两个日记本，一个是当作业交给老师改的，一个是自己精心呵护并保存的，他们在老师的面前做起了"两面人"。凡此种种，这就是我们批阅学生日记的"报酬"，是我们用辛劳换得的悲哀。

也许有的老师会问，学生的日记难道就真的不能看吗？我们的回答是可以看，但是必须是学生愿意给我们看，必须经得孩子的同意和认可。实质上，我们的任何教育行为，都必须以尊重学生生命主权为基本前提。

讨论了上面的两个问题，笔者想给老师们（当然包括那位咨询我的老师）几个建议：

如果您正在或者准备批阅学生的日记，请您马上停下来。把日记本还给孩子们，并且在孩子面前郑重宣布："从今天起，我不再侵犯同学们的主权，我不再看你们的日记了。因为你们的日记不是写给老师看的，是写给自己看的。我没有权利随便看你们的日记。如果大家愿意给我看，那我将为能分享你们的喜怒哀乐而感到荣耀和自豪。"笔者相信，当您说完这番话的时候，孩子们一定会报以热烈无比的掌声。

如果您的学生不喜欢写日记，不愿意写日记，我们建议您和孩子来一次或者几次真诚的交流：写日记不是写作文，而是给自己照相。你有高兴的事儿，可以在这里记述；你有痛苦，可以在这里倾吐；你有珍贵的记忆，可以在这里存档……总之，它就是你的朋友。你有写的就写，没有写的就不写。在日记面前，你是主人，你有支配的权利和自由。在交流中，您用友善和期待的目光注视着他们，并伴以轻柔的抚摸。我相信，有了这样的交流以后，孩子们会重新找到自信，进而产生写的冲动。

如果您的学生要把自己的日记给您看，您千万不要以"等会儿""我明天看"等为托词，那样您将失去一次与孩子进行心灵交流的良机。当您拿到学生日记的时候，千万不要有太多指责和批评，那样您将剿灭孩子心灵里的那棵幼芽。当您发现日记中的错误，您千万不要提笔就改，您可以与孩子商量，并给他们以真诚的建议，鼓励他们自己动手修改。

我们相信，在实践中，您还会有更多更好的做法……

我们的孩子正在茁壮成长，让日记帮助他们记录成长的经历。

让我们尊重孩子的心灵旅程，聆听他们成长和拔节的声音，那时，我们会感到无比的幸福！

二、造句，作文训练的"微缩景观"

先看一位老师的课堂实践：

上课了，我满脸笑容地走上讲台。

"同学们，这节课大家用'一……就……'造句，看谁造得最多，最好！"

我的话音刚落，同学们纷纷举起了小手回答：

1. 上课铃响了，李老师一走进教室就给我们上课。

2. 我回到家里，一放下书包，就做家庭作业。

3. 妈妈一回到家里就做饭。

4. 早操时，我们一听到铃声就出去站队。

5. 我一打开电灯开关，灯就亮了。

显然，我不能满足于这几个学生的造句，我继续鼓励大家：

"老师就不相信五年级的同学们造不出属于自己水平的句子来！大家再试试看。"

片刻的沉寂之后又有同学举起了小手：

6. 放学了，我一回到家里，妈妈就唠叨个没完："婷婷啊，别贪玩，快做作业吧。做完了作业就吃饭。"天天都是这样，听得我耳朵都快要生茧子了。

7. 上课铃响了，教室里乱哄哄的，同学们有的说笑，有的打闹，可是老师一走进教室，教室里就鸦雀无声了。

8. 我最喜欢看电视动画片了，我爸爸也喜欢看电视。不过，他喜欢看的是"新闻联播"节目。一到晚上七点钟，电视机就成了我爸爸的专利。

我的脸上开始露出满意的笑容。我将两组句子对称地板书到黑板上，然后让同学们比较哪一组造得好，为什么？

一石激起千层浪。同学们马上展开了热烈的讨论，大家一致认为，第二组三个句子造得好，可说不出所以然来。

我继续启发道："从句子的长短看，句子是写长些好，还是写短些好？"学生说："当然是写长些好，因为这样可以把句子写得更为生动、具体。"我又问："从句子的内容看，你认为造句时要写些什么内容？"学生说："造句时，要联系自己的实际生活。"我说："造句的内容只有联系生活实际，才能做到丰富多彩。"接着，我又问："造句时总吃人家嚼过的馒头有味道吗？"学生说："没有。"我说："造句要联系自己的生活实际，要造出新意。而要造出这样的句子，同学们必须怎么做？"学生议论后，我把结果归纳成几条板书到黑板上：

1. 要善于观察生活，把目光投向课堂内外；

2. 要善于选择材料，把生动、活泼的生活事件作为造句的内容；

3. 要善于创新，造出别人造不出的句子，造出自己的水平来；

4. 要善于表达语言，把句子写具体、写生动、写通顺。

接下来，我让学生用"一……就……"造一个最能代表自己水平的句子。

教学进行到这里，谁都以为这堂课的教学任务已经完成了。然而情况并非如此。学生造句时，我进行巡查，对学生造出的句子稍加品评后，突然话锋一

293

转："同学们，作文和造句有区别吗？"

学生们一愣，注意力很快又集中了。

我接着说："有，又没有。有区别是在它们篇幅的长短，造句是写一句话，作文是写一篇话；没有区别是造句要做到的，作文也要做到。你们能造出这样的好句子来，也一定能写出同样好的作文来。下面，我们就将刚才造的句子，扩充写成作文，好不好！"

全班学生情绪高昂。

我选取了一位叫邓玉玉同学的造句，板书到黑板上：

"我的妈妈对我的要求特别严格，从不让我自由活动。每当放学回到家里，一进家门，我就被小山似的作业压得喘不过气来。唉，我真累呀！"

我先让邓玉玉站起来给大家讲讲她的作业"苦恼"；然后让学生根据邓玉玉的故事和所造的句子思考、讨论：假如把它写成作文，可以加上什么题目，怎样把经过写具体，怎样写出自己的真情实感。在思考和讨论中逐渐打开了学生作文的思路。最后，我让同学们仔细读读自己的造句，认真想想围绕造句中的内容所发生的故事，自己加个题目，写成作文。

学生欣然动笔，那样子不像是写作文，而像是在对谁讲述着自己心中的故事……

这是在一次学记语文习作教学研讨活动中一位老师的课堂教学现场。听完课，老师们顿觉耳目一新。这堂别开生面的作文训练课，引发了大家的思考：造句，不就是作文训练的"微缩景观"吗？

（一）造句训练浓缩了作文教学的所有要求

造句与作文有没有区别呢？正如老师们所说："有，又没有。有区别是在它们篇幅的长短，造句是写一句话，作文是写一篇话；没有区别是造句要做到的，作文也要做到。"

首先，作文要观察生活，选择材料，表达真情实感。只有这样，作文才能做到内容丰富多彩，生动活泼，真实感人。而造句则能十分有效地对学生进行观察生活的教育，培养学生选择材料表情达意的能力。像课堂上所出现的第二组句子，如果没有学生对生活认真仔细的观察，没有选择材料的能力，就不可能造出如此活泼而富有生活情趣的句子来。

其次，作文要求学生有较强的语言表达能力，而学生语言表达能力的训练又是从造句起步的。在造句训练中，让学生学会准确用词，学会把句子写通顺，学会把句子写得生动具体，这正是在培养学生最基本的语言表达能力。可以说，造句是训练学生语言表达能力的最好途径之一。

再次，作文要求学生善于构思，但是构思文章的能力不是那么简单就能形成的，更不是与生俱来的。与作文构思要求相比，造句的构思要求虽然比较简单，但是学生要造出有分量的、能代表自己水平的句子，同样必须经过认真的思考，造句中的思维训练可以说是作文思维过程的浓缩训练。长久的思维训练，必定能促进学生思维能力的发展，提高学生的构思能力。一句话，造句训练是作文教学的高度浓缩，会造句的孩子，作文水平肯定不会差。

（二）造句训练是作文教学的"活性细胞"

作文教学的训练途径很多，如从读到写、读写结合，从说到写、说写结合。而这位老师从造句入手，开展作文训练，可谓独辟蹊径，十分有效地抓住了造句的"活性细胞"特点。细节是文学的"活性细胞"。生活中的细节往往能成为文学创作的"兴奋点"，引爆写作激情，触动写作灵感，激发写作欲望，进而使小细节生长为"作品之树"。把文学创作的理论运用到我们的造句与作文教学中来，就会发现，造句正好是记录生活细节的最简洁的语言形式。学生通过造句捕捉到一个个生动、活泼的生活细节，这就使他们写出成篇的作文有了可能。因此，造句可以说是作文教学的"活性细胞"。

这种"活性细胞"功能突出地表现在：一是便于学生及时地抓住生活中的事物，使学生的造句与作文内容丰富而生动；二是造句训练的形式灵活，它能让每个学生都能参与，都有发展，都有提高，也从根本上改变了作文千人一面、众口一腔的局面；三是从造句训练入手进行作文训练，适合学生的心理特点和认知发展规律。从练造句发展到练作文，降低了作文训练的难度，学生都乐于参与，作文能力在不知不觉中得到提高。

这位老师的课堂教学实践告诉我们，造句是作文训练的"微缩景观"。在这道"微缩景观"里，充分发挥造句"活性细胞"的作用，展开"活"的作文教学活动，效果奇佳。

三、细节，作文教学的"活性细胞"

有作家说，细节是文学的"活性细胞"。由此，我们曾将这一"活性细胞"移植到作文教学中来，展开"活"的作文教学活动。做法是：

（一）用"活性细胞"激发学生的观察兴趣

作家蒋孔阳说："一个艺术家在观察和描写时，不可忽视细节。"学生在观察时，往往喜大求全，结果让那些千差万别、多姿多彩的生活细节悄悄地从眼皮下溜走了。因此，我们要求学生在观察时从细节着眼。

首先，引导学生欣赏一些文学作品中的典型细节。在资料齐备时，边欣赏边给学生讲述作家们掘取细节的经过，使学生对细节这一"活性细胞"的生命价值有了极为深刻的认识，激发了他们观察生活、捕捉细节的兴趣。然后，要求学生各备一个日记本，常带在身边，时刻记下那些吸引自己的语言细节、行为细节、肖像细节及一些生活场面，甚至自然景物的瞬息变化等，并且每周交老师检查或集体交流一次。渐渐地，学生尝到了其中的乐趣，感到自己真正成了生活的"淘金者"。

（二）用"活性细胞"提高学生对生活的洞察力

学生认识生活、理解生活的能力直接影响着文章的立意。一些生活细节往往蕴藏着十分深刻的内涵，折射出理性的光辉，是训练学生对生活洞察力的最佳材料。比如有一个六年级学生抓到了这样一个语言细节。在公共汽车上，有两个农村女青年在谈话：

A 姑娘说："这次到东莞去打工，我妈死活不让我去。"

B 姑娘说："我妈也是，说我一个女孩子在外不放心，但她拗不过我。"

教师问这个学生："你怎样理解这两位姑娘的谈话？"她说："我听她们的语气，猜想她们是背着家里的人走的，这样做需要勇气。"教师提醒她能不能站在一定的高度来认识。她思考了一会儿，又说："现在的青年人都想在外闯一闯，一方面是想见一下世面，另一方面是为了锻炼自己的生活能力，而人才的流动则给他们提供了'鱼跃'的机遇，使他们都能找到一个属于自己的位置，这既说明青年人的生活观念变了，也说明了市场经济发展的优越性。"瞧，这样理解就深刻多了。

毋庸多说，我们的大部分学生缺少的正是这种具有一定深度的洞察力。教师让学生在抓细节的同时，也谈出自己的认识，这样促使学生把观察与思考结合起来，提高了他们认识和理解生活的能力。

（三）用"活性细胞"指导学生形式多样地进行语言表达

细节以其"细"而"小"、"灵"而"活"的特点，在训练语言表达方面，显示出极为鲜活的生命力。在教学中，教师可以指导学生从细节的"扦插"开始，多角度地写文练"能"。如在获取前面所举的细节以后，我们可以设计以下的训练要求，让学生练笔：

1. 描写出两位姑娘的外貌。

2. 根据两人说话的语气，推测出两人的性格特征，然后用词语准确概括出她们的语气和性格。

3. 如果两人真是背着家人走的，家人不知，请写两份"寻人启事"，一份寄给省报，一份寄给省电视台。

4. 如果 B 姑娘带有她哥哥（或姐姐）写给她的一封信，请你以这个人的语气，写出信的内容。

5. 在此细节上升华，写一篇作文，题目自拟。

要说明的是，由于学生采撷的细节不同，因此在指导练笔时，要注意个体练笔和集体练笔相结合，即提取有价值的细节指导学生共同练笔，同时针对学生写作中暴露出来的弱点，运用学生自己所获取的细节，设计训练要求，进行个别练笔。这样，让每个学生都有发展，都能提高，也从根本上改变了作文千人一面、众口一腔的局面。

教学实践证明，细节是文学的"活性细胞"，更是作文教学的"活性细胞"。用"活性细胞"展开"活"的作文教学活动，别开生面，效果奇佳。

四、指导，激活学生的"生命潜能"

（一）关注作文更须关爱孩子

"爱孩子"与"写作文"，看似两个完全不相干的话题。其实，这二者之间有着相当紧密的联系。一位教师曾遇到这样一件事：班上有一位叫张琴的同学写过一篇考场作文，题目是《难忘啊，老师的不理睬》。在作文中，张琴将课堂上老师没有关注她发言的事情记录了下来。原来，在指名发言的时候，因为张琴的思维一向很活跃，答案也很正确，这位老师便很少让她发言，而是把更多发言的机会给了其他的学生。没想到，老师看似对孩子信任的做法，却对孩子造成了如此大的伤害。但孩子对老师是宽容的，当这位老师读到"我知道做一个十全十美的老师很难很难，不过我相信您一定会办到的"的时候，非常自责。同时，她又感到高兴，因为张琴没有把这件事埋在心里，而是在作文中和自己进行了交流。老师也没有回避，当着同学们的面向张琴赔礼道歉。这个案例说明，作为老师，只要你爱孩子，每个孩子都是你的"天使"，你就能用"爱"改变他们的作文，改变他们的学习，甚至改变他们的人生。

（二）让孩子的心灵长出耳朵

让孩子的心灵长出耳朵，这是学记语文从学生作文中得到的启发。

一位老师的班上有一个叫周婵的孩子，写过一篇作文《淡淡的清香》，讲的是放学的时候老师顺便带她回家的事情。那天放晚学时，老师离校较晚。当她骑着电动车出校门时，看见周婵同学一个人在路上走着，便让她坐上车，顺便带她回家。

没有想到，就是这样一件小事却被周婵敏感地抓住了，写成了作文。在文章中，她写道："我坐在老师的自行车后，闻到了老师身上飘散出来的淡淡的清香。我感到那清香一直萦绕在我的身边，感受到了老师深沉的爱。"文字里，感激之情溢于言表。

周婵为何能写出这篇让我们激动的作文？是因为老师顺便带她回家吗？不是！从这篇作文中，我们分明看见了孩子那颗善感的心灵。

孩子的心灵有耳啊！从大处讲，作文教学要注意培养学生感受生活的能力；从小处着眼，作文要让孩子写真事抒真情，就要让孩子的心灵长出耳朵来。只有这样，孩子的作文才会释放出醉人的生活的清香。

（三）让学生的眼睛锐利起来

许多学生认为作文无话可说，其实在作文时，他们往往放着自己生活中十分鲜活的事例不写，而去东拼西凑，写一些假而空的东西。这使学生的作文脱离了生活的实际，也使学生失去了对生活的感受能力，作文的潜能得不到发掘。所以，作为老师，我们必须想方设法让学生的眼睛锐利起来，主动发现生活。

一位老师的班上有一个孩子叫刘竹，平时作文总是感觉无话可说。有一次，老师抓住课堂上的一个偶发事件，引她走进了作文之门。

那天，老师在上语文课，刘竹在下面做小动作，玩文具盒。老师走过去把她的文具盒收到了讲台上，没有想到，这孩子居然与老师玩起了"对抗"：老师收走一件，她玩另一件，直到没有东西玩了，她就玩起左手和右手。老师有意识地对她说："老师不再收你的东西了，下课后你把东西都拿回去吧！"趁她来拿东西的时候，老师和她谈起了话，并让她把今天的事情写下来。没有想到的是，刘竹居然写出了让老师高兴的作文《严肃与微笑》。从这篇作文以后，刘竹感受到了作文的快乐。后来她又写出了《老师的微笑》等优秀作文。

（四）架起作文与生活的桥梁

如果我们学生的作文，既无凭空臆想，又无矫揉造作，童心童趣跃然纸上；如果我们学生的作文中能透视到他们的内心世界，他们的喜怒哀乐，他们的理想和追求；如果我们学生的作文有血有肉，有情有感，新鲜活泼……那么，我们的作文教学将会进入多么美好、多么理想的境界。

我们不必去责备我们的学生，他们是"人"，他们有着灿烂活泼的童心，有着丰富多彩的童年生活。一句话，他们有写好作文的"本钱"。我们应该反思自己的教学，我们忘记了生活是写作的源泉，把作文教学与生活割裂开来了。怎样引导学生关注生活，抒写生活的感受？我认为做老师的要有"嫁接"学生习作与生活的本事，在学生习作与生活之间架起一道桥梁。

一位教师架设的这道桥梁是在"百字小练笔"中"三言两语话感受"。具体的做法是，在每天的语文家庭作业中，让学生用很简短的文字写下生活或心灵的感受，没有规定，没有要求，有可写的就写，一切完全自由、自主。

袁欢同学写道：

"老师，告诉您一个小秘密吧！我以前最怕写百字小练笔了，一听到要写就心烦。可是现在，我知道其实可以在这里和您聊天。嘻嘻！我也挺会吹牛的。我经常说，我的语文老师无所不能，神通广大。不错啊，是您培育我的。

在这里我要说声谢谢您！"

杨雨佳同学在"三言两语话感受"中写道：

"糟糕，老师！我对这'三言两语话感受'已经走火入魔了，一天不写心里就不踏实。以后升入初中没有这项作业了，我该如何是好呢？想着想着，我的心中一种说不出的酸楚油然而生。"

冯池文同学也在"三言两语话感受"中写道：

"老师，今天听到您念的一篇文章《单挑谁怕谁》。我突然间想起了张琴曾对我说过：'我要和你单挑，可迟迟没有实现。'本文中的小作者想到把他经历的事写下来，为什么我不会呢？难道是因为我懒吗？不，不是，是因为我根本没有想到过要把和张琴之间发生的故事写下来。看来，我以后还得多留心身边的事儿，及时把它们记下来。相信，我一定会有很好的文章给您，你等着看吧！"

不要小看这"三言两语"，孩子们把它当成了与教师沟通的桥梁，把它当成了记录生活的小型"DV 机"。他们有话则长，无话则短，有的孩子一写就是五六百字。他们在其中抒写生活的感受，吐露自己的烦恼和委屈，表达自己的期望和心声。

此外，这样的"三言两语"更多地反映了学生对生活的观察和思考，许多都是有价值的东西，稍微加工就可以成为一篇作文。不是有人说过要关注细节吗？是的，正如上文所讲的，细节有时可以长成作品之树！这样的例子在笔者学生的作文中不胜枚举。

（五）鼓励学生放开写作文

在作文教学中，要让学生写有所"长"，教师必须给其"长"创造发展的环境。小学作文不应该给诸多的条条框框，套上各种各样的"规矩"。如果那样，就只能限制其"长"的发展。因此，作文教学应给学生自由的天地，尽可能地让学生有自由作文的空间。

学记语文的做法是"三不一强调"：不给学生规定作文的题目，让学生自己命题；不给学生规定作文的内容，让学生自由选择材料；不给学生上固定的作文指导课，让学生想什么时候写就什么时候写，想写什么就写什么，想怎么写就怎么写；强调学生必须动笔写，每周要有三言两语或作文交给老师看，可以选自己满意的给老师看，而且可以随时把自己的作文给同学读。这样做，极大地激发了学生作文的兴趣。

实践证明，一个学期下来，许多学生就不再害怕作文了，相反作文成了他们乐于参与的一种快乐的学习活动。我们有一个实验班 40 个孩子，平均一个学期要写 20 篇作文。我们不敢说篇篇作文都充满生活的灵气，不敢说每篇作文都是优秀的，但是我们可以肯定每个学期每个孩子至少都有一篇让自己满意的作文。

（六）把作文当成一位可以与自己对话的人

一个人能用语言表达自己的思想感情，那是一件十分幸福的事情。但是，在我们的小学生中能做到这一点的人并多见。以往的教学，我们过多地强调学生要"吾手写吾口"，强化作文课上的"说"的功能。在这种情况下，学生想说而不敢说，即使说了，也不说真话，不露真情。这也是造成学生作文缺少真情实感的一个重要原因。因此，在教学中，教师要鼓励学生多写自己的真情实感，让他们把作文当作一位可以与自己对话的人，在作文中倾吐自己的心声。这样做，很有效果。从孩子的作文中，我们看不出矫揉造作，多的是自然活泼。心灵的释放冲淡了八股的气息。

（七）让孩子们展开想象的翅膀

我们的学生正处在富于想象的年龄。能想象即意味着能创造。在作文教学中，教师没有必要强调学生一定要写记实作文，要鼓励学生想象，在作文中表现自己的童心童趣。一位老师的班上有一个叫刘倩的同学，她写过这样的一篇作文：

我们的教室

哎，今天老师布置了一篇日记——《我的教室》，怎么写也不新颖。我走到教室前，教室对我说："你好，又是你第一个来呀！我呀，天天都为你们遮风挡光，比你累多了，不过我为有像你们这样好的同学而骄傲，你们在清洁大扫除中总把我擦得亮晶晶的，我会一直保护你们的！"

它看我垂头丧气的样子，问："咦，你怎么啦？有什么不顺心的事啊！说来听听，或许我还帮得上忙呢？"

我点了点头，说："老师说写《我的教室》这篇作文，说什么我也是班里成绩算好的学生啊，怎么能不完成任务呢？可是，想来想去，却不新颖。你能帮帮我吗？"

"嘿，你呀你，不会写就问呗！来，听它们介绍介绍吧！"教室说。

"我的身体像个宝，谁都知道它用处多。古今中外，天文地理，知识再多也能装得下。"西面的黑板抢先一步介绍了起来。

天花板上的电风扇听着也开了口："话儿可不能这么说，我的功劳更大些，夏天为你们带来凉爽，冬天来当装饰品。"

"我的功劳最大了，同学们看我有信心，做事都能一丝不苟，你说我好还是它好？"东面墙上的标语"业精于勤荒于嬉，行成于思毁于随"也不甘心了。

"我是小作家"栏也议论了起来："说起好，我也不错呀！下课了，同学都围成一团看我，在里面学了许多知识。看，人才就在身边嘛！"

"说起来，我更行，因为我是'我能行'。丰富多彩人愿看，小报、绘画一张张。"弧形的活动墙上的"我能行"用轻快的小调介绍了自己。

"身上穿着蓝衣服，天天书儿肚里装，同学不愿用笔画，这就是我们——课桌椅。"教室中间摆着的32张课桌椅也异口同声夸自己。

"夏天我为人解渴，冬天我为人保暖，有热有冷多方便，个个夸我好样的。"西北角上的一个普通的饮水机也不甘于人后。

"我是小小电灯泡，白天没啥大用处，晚上同学学奥赛，我就帮了一个忙。"天花板上的电灯也想出名儿了。

"好了，介绍完了，我可知道怎么写作文了，谢谢你们了！"我刚准备走上座位，门左上角有个小东西——喇叭又开了口："小马虎，你别忘了我，嘟嘟嘟嘟听广播，英语、做操离不开我，有通知就来找我。"

嘿，说起来，我还真忘了小喇叭了！

看，在刘倩同学的这篇作文里，没有了呆板的说明，却多了天真的童趣，写得多么有新意呀！现在，这位教师班上的同学也写出了许多想象作文，如许卓沁的《害虫？益虫？》，邹晨思的《又是一只小鸟》《天鹅之湖》《花精灵的翅膀》，刘晶的《这是为什么》等，都是想象丰富的优秀作文。

（八）引导学生围绕专题写系列作文

小学生能不能围绕一个专题写出系列作文来？实践证明是可以的。问题就在于你的专题是否立在了学生的心坎上，激活了学生的表达欲望。比如，我们的学生就写过下面的一些专题："我眼中的自己""我眼中的他人""在童话中创造生命奇迹""天才美女系列""读后感系列"等等。

（九）让孩子们从读中学写

在教学中，我们要重视引导孩子们从读中学写。这里介绍一位教师的做法：

一是在教阅读时引导学生学习写作。我们知道，阅读教学一般要经历两个过程：第一个过程是从语言到内容，侧重于内容理解和感悟；第二个过程是从内容到语言，侧重于学习作者的表达方法。教学时要特别重视第二个教学环节的落实。每次学习一篇课文，都应让学生谈谈自己从文章中学到的作文方法。这样做，对提高学生的表达水平很有好处。

　　二是开设"美文赏析"课。做法是：第一，要求学生每人准备一个"美文赏析本"，每天都要求学生在课外阅读优秀的文章，阅读时要写眉批和总评，并可以写整篇的读后感；第二，每周用一到两个课时的时间，专门选取优秀的文章集中进行欣赏活动，文章可以由学生推荐，也可以由老师推荐。关于欣赏的文章，我也有要求，一般限制他们看小学生写的作文，鼓励他们多看中学生的习作，多看当代的"时文"和名家的文章，以提升孩子们阅读的层次。孩子们从读中尝到了乐趣，很爱上这样的课，有时还盼着上。孩子们的阅读欣赏能力得到了明显提高。

五、评改，学生作文的"快乐旅程"

（一）用孩子的眼光看孩子的作文

　　在作文评改中存在着一种非常普遍的现象，就是教师喜欢站在自己的角度批改学生作文。在作文评改中，我们不知不觉地犯着"揠苗助长"的错误。

　　其实，学生作文所反映的是学生自身的认知能力，表现的是学生自己对生活的发现和感受，闪烁着童心，充满了童趣。学生的作文无论哪一篇，都洋溢孩子特有的原始、稚拙、可爱的语言特点，以及新奇、大胆的想象。评价这些作文时，就应该给他们以充分的肯定。实践也证明，用学生的眼光评价学生作文后，在学生作文中我已经看到了久违的、令我们为之心动的孩子的灵气。

　　为了让每一个学生都看到自己作文的成功与失误之处，我们采用了"1+X"的评改方法。所谓"1"，是指对学生作文的总体评价；所谓"X"，是指从内容、语言、形式等方面，对学生作文进行分项评价。在评价时，注意评价语言的新颖性，吸引学生认真阅读评语，明确努力方向。如"好神奇的想象""唉，好遗憾，如果写写你心里的想法，岂不更好"……

　　用孩子的眼光看孩子的作文，我们自己也会回到难忘的童年！

（二）"我的文章我来读，大家评"

　　举行"我的文章我来读，大家评"的活动，也就是引导孩子们阅读欣赏自己的习作。这样做的好处：其一，可以提高孩子们写作的自信心；其二，可以帮助孩子们发现习作中的问题，提高欣赏、修改习作的能力；其三，团结就是力量，培养孩子们互帮互助、团结合作的精神品质。我们有位教师一般很少自己动笔修改学生的作文，把学生的话大段大段地换成自己的话，这并不高明。她的学生已经习惯了自己改作文或互相帮助改作文，他们对习作的欣赏与修改能力得到很大的提高。

（三）让作文中的"闪光点"成为永久的写作动力

　　学生的作文中有没有"闪光点"？回答应该是肯定的。哪怕是差生的作文，一篇作文没有，那么第二篇、第三篇……一定会有，可能是一个词，可能是一句话。就是这么一个词、一句话，往往是学生作文兴趣的"激发点"，作文情感的"引爆点"。因此，教师要善于发现"它们"，并且一旦发现，就应倍加呵护，激活它们，使其生长为"作文之树"。

比如，我们教过一个叫章心蕾的学生，她的作文能力并不强。一次在批阅她的日记时，我们发现那篇日记写得真切感人，虽然在语言表达方面有些语句不通，但是我仍给予较高的评价，并鼓励她做一些修改，写成一篇作文。下面便是她后来写成的作文：

温　暖

今天，是期中考试的日子。可是，我一点准备都没有。我知道：数学还可以，可语文的字词还有点不行。一会儿就到了要考试的时候了，我心里怦怦地跳个不停，嘴里不停念："菩萨保佑考好点啊！"试卷下来了，我快速地看了一遍语文试卷。"唉，难！"我小声叹气道，一边赶快拿出笔做起来。时间一分一秒过去，老师说"收卷"。我急得冷汗不停地往外冒，因为作文还没写完，可是考卷还是被王果收走了。下课了，我突然鼻子一酸，眼泪不由自主掉下来。这些都被同学们看见了，他们拥过来安慰我。夏可说："别哭，哭了眼睛会看不见的。"王书艺说："别哭了，我考得也不好可我没有'掉金豆'！"……他们和我一起玩着，说着。顿时，一股暖流流遍了我的全身。我擦干了眼泪，也和他们一起玩着，逗着……那次，我笑了，笑得是那样甜，那样美！啊！我爱这充满温暖的"家"！

这篇作文虽然写得不长，但是写出了真实的感受。正是通过这篇作文，章心蕾同学的作文热情被激发出来。她渐渐喜欢上了作文，作文能力也得到了明显提高。班里编作文集时，她一口气交了8篇。

（四）让作文的评语"暖"起来

习作评语作为一扇师生进行心灵交流的窗口，对孩子兴趣的培养、信心的树立可谓功不可没。学生对作文的看法，对自己的评价，对老师的情感，乃至对自己今后发展的信心，全在教师这"千斤重"的笔端。可是曾几何时，"句子通顺，条理清楚，结构完整，中心明确……"是老师拟作文评语时信手拈来、用之皆准的"万金油"，丝毫引不起学生的兴趣，也起不到实际的指导作用，更谈不上激发学生习作的自信心和积极性。

有这样一则寓言故事：北风和南风比威力，看谁能把行人身上的大衣脱掉。北风先去猛刮一阵，结果行人为了抵御北风的侵袭，把大衣裹得更紧了；南风则徐徐吹动，顿时风和日丽，行人因觉得温暖，始而解开纽扣，继而脱掉大衣。最后南风获得了胜利。这就是所谓的"南风效应"。它在习作评价方面留给了我们太多的启示：在对学生的习作进行评价时，应该像南风那样用人文化的语言使学生感到温暖，进而驱动学生不断前进。

1. 要给予激励，用情评价。在每个人的潜意识里都有被承认、被肯定的愿望。学生由于年龄、知识、经验所限，冥思苦想写出的作文，如果篇篇换回的都是老师的指责，这必然导致他视写作为畏途，因而失去写作的乐趣与信心。美国的教育家杰丝·雷耳说过这样一句话："称赞对鼓励人类灵魂而言，就像阳光一样，没有它，我们就无法成长开花。"兴趣是最好的老师，鼓励是最好的方法。我们在评价学生的习作时，尽可能地找出学生习作中的闪光点，用放大镜加以扩大，用上明显的标志加以赏识，使学生享受成功的喜悦，激发创作的动力。

一位教师曾遇到这样一个孩子，她的名字叫谭妮。一件非常有趣的事在她的笔下会变得黯淡无光，一场美景在她的笔下也显得毫无生机。每次拿到她的作文，这位教师总是尽量去挖掘她文中的亮点，从一个词到一个句子。"你看见了××词语下面的小圆圈吗？那是老师赞许的微笑。""那根根的浪线已告诉老师，你是一位有潜力的学生。多阅读，多积累，相信你会更棒！"一年过去了，她的习作发生了巨大的变化，事情写具体了，文字也生动起来了。

2. 走进心灵，用心评价。言为心声，习作是心灵的自然流露，阅读孩子的作文就是触摸孩子的心灵，教师要善于抓住儿童天真、活泼、单纯的性格特征，用发自内心的真挚情感，用亲切温柔的语调进行阐述，让学生在健康、愉悦的情感空间中朝着老师诱导的方向前进。如有一个学生写过这样的一篇习作《讨厌，"三八"节的坏心情》，写的是"三八"节这天，为了给妈妈一份快乐，她精心作了一幅画，可画被妈妈的同事在未经过允许的情况下拿走了。她在气愤之余，把妈妈的节日丢到九霄云外了。为此，她很伤心。读完她的习作，教师在她的文章后留下了这样一段话："你的这篇习作老师不想用等级来评价，可老师想轻轻对你说：生活中总免不了遇到一些错误，如果你把别人的错误当作锻炼自己、提高技艺的机会，相信你的不满与气愤会漠然冰释，你的生活也会美丽起来。孩子，忘了这不快的事，让自己快乐起来，也让身边的人快乐起来。"把学生当作朋友交心谈心，用温馨的批语点燃孩子心灵的火花，这样才能使他们在今后的习作与生活中齐放异彩。

3. 美化语言，诗化评价。有人说，习作评语本身也应该是作文，教师评价性的语言会对学生产生潜移默化的影响。如果教师的评语文质兼美，妙语连珠，便会带给学生一种美的享受，会给学生带来一种示范作用。基于此，我们给学生的一篇习作《秋风吹起浅浅的笑》写的批语是："微笑是一种无声的亲切的语言，是一种无声的动人的音乐。拥有了微笑，我们的生活里就拥有明媚的阳光。"在给《这就是我》这篇习作下批语时，写道："作文如种花，做人也如种花。人不能如树高，如花香，但人能如一株小草用自己独特的绿装点整个世界。只要把握好自己，活出独特的个性，同样有一种魅力，一种美丽。"这样诗一般的语言使学生感受到扑鼻而来的清新气息，让学生在无形中受到熏陶感染，学生的习作也会如诗一般美起来。

　　教学实践使我们深深地体会到，在作文教学中，只要我们珍视学生生命参与，激活学生的身心，关注学生的生活体验，就可以给学生开辟一个新的作文天地。在作文教学中，我们都致力这个新天地的开发。在这个天地里，学生以积极明朗、乐观愉快的情绪表达心声，用自然清新、稚嫩纯洁的笔触抒写自己和自然、和社会、和生命发展不断融合的进程。

　　这，不正是学记语文所追求的理想境界吗？

第九章
学记语文的教学质量评价

第一节　学记语文教学质量评价的整体改革探索

在新课程改革的背景下，需要学记语文对语文课程评价进行重新认识和思考，需要我们具有与新课程相适应的语文课程评价观，需要我们建立符合新课程理念的语文课程评价体系。这是因为：

第一，传统的语文课程评价，过分强调甄别和选拔的功能，忽视了改进与激励的功能。

第二，传统的语文课程评价，过分关注对结果的评价，忽视了评价过程本身的意义和作用，忽视了对过程的评价。

第三，传统的语文课程评价，在评价内容上，过分关注语文知识与技能，忽视了对学生的情感领域、动手操作领域、表现领域和潜能发展领域的评价，评价内容单一。

第四，传统的语文课程评价，在评价方法上，过分注重"量"的呈现（即"定量"），而忽视了"质"的呈现（即"定性"）；过分关注书面考试，而忽视了评价主体的多元化。

此外，语文课程的特点也决定了我们必须对现有的评价方式进行改革。语文不全是一门认知课程，具有十分明显的人文特色，其教学内容和教学过程是多元与综合的。学生语文素养也不单是语文知识与技能的综合相加。因此，学生的语文素养不能用一节课、一个单元或一个学期的成绩来做量化评定。而传统的语文课程评价，其目的就是让学生获得某些规定项目的"高分"，并以学生的"考分"来评判教师的教学水平和教学业绩。在这种"功利主义"的导引下，学生尽可能求全务多地"死记"知识，教师也尽可能地把有关的语文知识按时传授给学生。十分明显，传统的语文课程评价与新课程评价"促进发展为本"的理念、与语文课程的特点是相悖的，必须加以变革，以促进新课程的实施。

从 1999 年秋季学期开始，我们就开始了学记语文的小学语文评价改革。当时，我们的改革仅仅停留在对传统的书面考试的改革上。在改革中，我们虽然重视了对知识与技能、过程与方法、情感态度与价值观的整体评价，但是因为评价体系不健全，而大多没有得到落实，改革仍然囿于传统。进入新课程实验以后，这种评价办法与实施新课程的矛盾已经暴露出来，成为教师们十分关注的热点问题。如果不加以改革，就必将阻碍我们小学语文新课程改革实施的进程。

一、评价理念

《义务教育语文课程标准（2011 年版）》对于语文课程的评价提出了具体建议。据此，我们在改革中牢固树立了如下评价理念：

第一，评价应体现以"人"为本，而不是以"知识"为本。评价要从语文素养的高度出发，关注学生的生存环境和发展需要，尊重学生个体的差异，以促进每个学生最大限度地发挥其优势，发掘语文的潜能，提高语文的素养。因此，作为人的发展过程中最重要的生命元素——情感、态度和价值观以及过程与方法等，应该成为评价的重要内容。

第二，评价是与教学过程并行、同等重要的过程。评价不是语文教学活动中的一个环节，只是到了期中和期末进行。评价用来辅助语文教学，促进学生学习与教师教学发展，应与语文教学活动共生共存。它是一个持续的过程，是一个动态变化的过程，贯穿于语文教学的全过程，渗透于语文教学的每一个环节。

第三，评价为语文教学提供丰富的人文信息资源。评价的根本目的是教育、激励和促进学生的发展，促进师生的互动成长。评价既为学生的成长与发展服务，也为教师提高语文教学水平、促进专业化发展服务。一句话，是为了"人"的终身发展服务。

二、评价策略

语文评价的内容具有综合性，评价的形式和过程复杂。针对语文评价的这些特点以及语文课程标准对实施评价的建议，我们确定了以下的评价策略：

第一，评价内容的多元化。评价内容紧紧围绕知识与技能、过程与方法、情感态度与价值观等领域进行设计。同时，把学习兴趣、学习习惯、创新意识和实践能力等也纳入评价的范围。在评价中努力体现综合性和整体性，力求比较全面地评价学生的语文素养。

第二，评价过程的动态化。评价不仅仅关注结果，更要关注学生成长与发展的过程。把形成性评价和终结性评价结合起来，加强形成性评价，把评价活动贯穿于日常的语文教学行为中去，使评价的实施日常化。在形成性评价中，做到实时性评价与阶段性评价相结合。

第三，评价方式的多样化。定量评价和定性评价是两种不同的评价方式。定量评价是一种赋值的做法，在对人的评价方面，赋值只是为了将人分成三六九等，这种评价显然不利于人的发展。当然必要的量化评价是应该有的，但不是为了将学生分类分等，而是为质性的描述（即定性评价）提供依据。因此，在评价方式上走定量评价与定性评价相结合的道路的同时，更应重视定性评价。要对学生的语文学习档案资料和考试结果进行分析，客观地描述学生语文学习以及语文素养的发展状况。同时，要正确地、科学地运用考试评价方式，做到平时观察与阶段测试相结合、口头测查与书面考试相结合，使考试的方式多样化。

第四，评价主体的互动化。实施评价不仅仅是教师的事。在评价过程中，教师、学生乃至家长等都应该是评价的主人。要变评价主体的单一性为评价主体的多样性，变学生被动接受评价为主动参与评价，变家长被动接受评价结果为主动配合、参与评价过程。因此，我们必须清楚地认识到评价过程中的主体存在，实现评价主体之间的相互沟通、交流与合作，努力体现评价的民主和平等。要重视各类评价主体的评价活动，如自评、互评等，使评价形成主体参与的"立体互动"的评价格局。

三、实施途径

在以往评价改革的基础上，我们充分运用新的评价理念和评价策略，进一步完善评价方案与措施，初步形成了"教师牵头、家长参与、学生自主，形成性评价与终结性评价相结合，知识与技能、过程与方法、情感态度与价值观共关注"的"立体评价"格局。

（一）建立促进教师与学生共同发展的评价体系

要正确地实施评价，就必须建立在新课程理念指导下的评价标准体系。评价标准体系建立的核心问题是要解决"评价什么"和"怎么评价"的问题。根据已经确定的评价理念和语文课程标准关于评价的要求，我们制订了《学记语文小学生语文素养发展状况评价标准（＿＿年级＿＿学期）》《学记语文课堂教学评价标准》《学记语文小学语文教师素养发展状况评价标准》以及《学记语文小学语文教师教学基本功评价标准》。在"评价什么"的问题上确定具体的评价指标，在"怎么评价"的方面制订出切实可行的操作方法。

四项评价体系如下（见表9.1—9.4）：

表9.1　学记语文小学生语文素养发展状况评价标准（一年级第一学期）

姓名：　　　　　学校：　　　　　班级：　　　　　语文老师：

评价领域	评 价 内 容	评价等级	评 价 人			
			自己	同学	老师	家长
知识与技能	认对、读准声母、韵母、整体认读音节。					
	读准四声，准确拼读音节。					
	准确认读345个生字。					
	正确书写160个生字。书写规范，姿势端正，文面清洁。					
	能联系情境和语言环境理解常用的词语和句子，积累一定的词语。					
	朗读、背诵指定的课文。					
	会朗读，正确停顿，读出不同语气。					
	认识句号、问号、感叹号。					
	用普通话进行口语交际，声音清楚，态度大方。					
	根据提供的材料说一句或几句完整的话，讲述简单的事件。					
过程与方法	课堂学习认真，注意力集中。					
	把自己的想法说出来，发言积极。					
	积极参加课堂讨论，敢于发表意见。					
	注意听同学的发言，并做评价。					
	积极参加小组活动，与人合作。					
	能独立地解决一些问题。					
	有初步的观察、想象能力。					
	能想到好办法解决问题，有创造性。					

评价领域	评价内容	评价等级	评价人			
			自己	同学	老师	家长
情感、态度与价值观	喜欢学语文，有学好语文的信心。					
	积极参加语文活动，表现突出。					
	喜欢读书，听故事，讲故事。					

说明：评价等级分为甲、乙、丙、丁四个等级

表 9.2　学记语文课堂教学评价标准（修订稿）

A 级指标	B 级指标	权重	得分
教学思想 5%	1. 贯彻以学生学习和发展为主体的思想，充分体现学记语文的教学理念。	5	
教学目标 10%	2. 根据"课标"要求，充分考虑教材内容（个性）及学生实际，从"三维"角度制订教学目标。	5	
	3. 在课堂上以一定的方式呈现目标，紧扣目标教学。	5	
教学内容 15%	4. 理解教材正确深刻，处理教材具有创造性。	5	
	5. 恰当处理工具性与人文性的关系，能根据目标对教材中的语言与人文因素进行合理选择、取舍和重组，抓住重点和难点，并善于挖掘和运用课程资源。	5	
	6. 教学内容的设定注意了学生的可接受性以及教材的联系性、整体性。	5	
教学过程 30%	7. 充分发挥师生双方在教学中的主动性和创造性，师生互动，生生互动。	8	
	8. 优化教学策略，有效组织自主、合作和探究学习。	10	
	9. 以语言实践活动为主线组织教学，实实在在地开展综合的语言实践活动。	8	
	10. 教学环节合理，课堂结构完整，时间分配恰当。	4	
教师素质 20%	11. 具有较深厚的文学底蕴、知识功底以及宽阔的学科视野。	5	
	12. 教学态度端正、亲切，作风民主，与学生平等对话，善于交流情感。	7	
	13. 教学基本功（语言、板书、教态）扎实，教学心理健康，能"收"能"放"，灵活及时地调控课堂。	8	

A 级指标	B 级指标	权重	得分
教学效果 20%	14. 学生的情绪状态：氛围融洽，学生兴趣高涨，情绪饱满。	5	
	15. 学生的活动状态：学生主动参与学习，活动多，范围广，过程长。	5	
	16. 学生的思维状态：学生的思维活跃，思考的时间长，空间大，程度深。	5	
	17. 目标的达成状态："三维"目标明显整合，并在不同学生身上都有较高的达成度，既有近效，又有远效。	5	

表 9.3 学记语文小学语文教师素养发展状况评价标准

A 级指标	B 级指标	C 级指标	权重	得分
教师德性	教师的善	1. 热爱学生，关心学生，真诚对待学生。	5	
	教师的公正	2. 在教育学生的态度和行为上，公正平等，正直无私，不偏袒，不偏心，对待不同质性的学生一视同仁，时刻关注每一个学生。	5	
	教师的责任感	3. 对自我负责，对学生负责，对工作负责，扎实履行自己的职责和义务。	5	
	合作态度	4. 心理健康，有适度的心理调适能力。	5	
		5. 有合作精神，善于与同事、学生、家长建立良好的关系。	5	
文化素养	文学语言	6. 具有较深厚的文学底蕴和语言功底。	5	
	文化视野	7. 文化视野宽阔，具有基本的百科意识和生活常识，能沟通学科与知识点之间的联系。	5	
	学科知识	8. 熟悉本学科基本体系，掌握本学科的基本概念，了解本学科的动态与发展，灵活运用本学科的基本方法。	5	

A级指标	B级指标	C级指标	权重	得分
教学能力	教学基本功	9. 教学语言无杂质、具有感染力，粉笔字书写美观，擅长用简笔画以及多媒体辅助教学。	6	
	教学设计	10. 能以学为重，为学而教，运用新的课程理念，进行创造性的教学设计。	10	
	学习诱导	11. 根据学生学习情况的变化，做到以学定教，随学而导。	10	
	课堂调控	12. 有灵活的教育机智，能主动灵活地调控好课堂节奏、氛围，用积极的情感感染学生，激发学生主动投入并超越自己。	10	
专业发展	专业学习	13. 加强学习，不断获得新知，为职业素养不断补充知识养分，不断地实现自我更新。	8	
	实践反思	14. 扎实开展教学实践，夯实实践过程，主动实施个人发展规划。	8	
		15. 能对自己的教学实践进行认真反思，常写教学札记，形成有价值的经验总结与论文。	8	

表9.4　学记语文小学语文教师教学基本功评价标准

教师姓名：

项目	评价要点	分值	得分
讲授基本功	1. 普通话标准，能用普通话进行教学。	10	
	2. 粉笔字书写规范，板书设计科学、合理。	10	
	3. 会作简笔画，并运用简笔画进行教学。	10	
	4. 能根据教学内容整合教学资源，独立制作课件，进行课件操作。	10	
	5. 能熟练操作电子白板。	10	

学记语文——新课程背景下语文教学的新视界

项目	评价要点	分值	得分
导学基本功	6. 教学态度变化技能。能够充分体现以学生为本的教育理念，具有"为学而教"的思想，把课堂变为"学生舞台"。	10	
	7. 编写导学设计技能。能够根据学生的学习情况和教学需求，编写设计导学方案。	10	
	8. 课堂导学调控技能。能有效确定学生的课堂学习目标，做到"用标导学"；教学时能够根据学生的学习情况，及时调控教学，做到"以学定教，随学而导，因学而变"。	10	
	9. 教学策略和方法指导技能。教学中能够对学生进行学习策略和方法指导，效果明显。	10	
	10. 课堂教学评价激励技能。具有评价学生学习的语言能力，及时评价学生的学习活动；能有效采用一些激励手段，激励学生学习。	10	

（二）建立促进教师与学生共同发展的考试体系

考试作为一种特殊的评价方式，在促进学生与教师发展方面起着十分重要的作用。根据新的课程理念，我们改革了传统的考试办法，建立了如下新的考试体系：

第一，改革考试过程。注意考试的阶段性和连续性，把考试过程划分为平时观察、阶段检测和期末测试三个部分。平时观察即在日常的教学过程中观察学生的语文学习发展状况；阶段检测即将学生的语文学习过程划分为几个阶段（一般根据教材的学习单元划分），在每个学习阶段的末尾开展检查和测试；期末测试即在学期末进行比较全面的综合测试。

第二，改革考试内容。从语文知识与技能、过程与方法、情感态度与价值观等"三维目标"出发，具体的考试指标则根据《学记语文小学生语文素养发展状况评价标准》来确定，力求比较全面地检测学生的语文素养发展状况。

第三，改革考试形式。由于考试过程、考试内容和参与考试活动主体的不同，因而考试的形式也不一样，在形式上力求"多元化"。其中，平时观察和阶段检测因其动态性，由教师自己确定。对于期末考试，则由教科院学记语文研究小组统一确定了比较规范的考试形式（当然，教师的平时观察和阶段检测也可以参照此办法）。具体来说分三种形式进行：

形式之一，师生互动检测式。即在期末复习的阶段，由教师和学生互动完成相关的检测任务。教科院学记语文研究小组命制出师生互动检测试卷的参考样卷，学校和老师可以根据实际情况自主再命测试卷。

形式之二，家长联动检测式。即让家长参与到对学生的学习检测中来。在期末复习阶段，由教师通过致家长信或开家长会的形式，向家长说明检测的意义与方法，并发放检测试卷，家长在家里对孩子进行检测。教科院学记语文研究小组命制出家长联动检测试卷的参考样卷，学校和老师可以根据实际情况自主再命测试卷。

形式之三，书面综合检测式。即书面考试。由教科院学记语文研究小组命制试卷，学校自主组织测试，学校和老师也可以根据实际情况自主再命测试卷。

在以上各种检测活动中，我们注意各类评价主体的参与，并且充分尊重各类评价主体，尽量满足他们的需要。为此，我们又着重强调了以下几个方面：

一是承认个体差异，注意延缓评价。不同的学生有着不同的起点，就是同一个学生在不同的学习环境下也有着不同的表现。学生在原有的基础上有了进步就是成功。对于学生在某个阶段的某些方面的不足，可以适时采用延缓评价的方法。当学生在某些方面认为自己还不能得到满意的成绩时，教师、家长可以暂不评价，给学生以自我发展和完善的机会，待学生达到满意的成绩以后再给予相应的评价。在家长联动检测中，如果家长对孩子的结果不满意，也可以延缓一段时间后再评，直到满意为止。

二是引导学生自评和互评。在各种评价形式中，教师与家长应注重引导学生自悟、自评、自省，同时引导学生逐步学会客观、公正地评价他人，引导学生学会欣赏和赞美。

三是改变考试题的"唯一性"和"唯师性"。教师可以根据学生的学习差异命制试题，一个班级的一次考试，可以有几套不同层次的试题，为学生提供一些"菜单"，让学生自己选择。同时，试题也不必全是教师命制，家长和学生也可以参与到试题的命制活动中来。如教科院学记语文研究小组所命制的有关试题可以为样题。当然，这样做主要是为了保持和激励学生的学习兴趣，促进学生的可持续学力的发展。

第四，改革成绩评定。采用定量与定性相结合的办法。其一，定量评定，在期末考试中打出具体分数，所打出的分数只作为质性描述的依据。其二，定性评定。采用"等级+描述"的方式，共分四个等级，即甲、乙、丙、丁，没有不及格；能得哪个等级，学生自己先有发言权；在评定等级的同时，必须有对学生知识与技能、过程与方法、情感态度与价值观等方面发展状况的质性的描述。值得注意的是，这种质性的描述，不仅仅在期末的素质报告单上写，更要贯穿于平时的成长记录之中，贯穿于平时与学生、与家长的对话之中。

（三）建立促进评价体系正常运转的督察机制

新课程背景下学记语文的评价改革彻底改变了过去那种单一的考试与评价方式，内容多了，操作的过程复杂了，教师的工作量也随之加大了。这样，极有可能出现一些教师在评价过程中不负责任、走过场的情况。为保证评价的落实，必须建立有效的督察机制。一是建立督察网络，从市到镇到校，层层落实；二是制订《学记语文新课程实验督导评估条例》，把评价纳入督察的内容；三是督察落实，教科院学记语文研究小组会同有关部门，依据条例对课程改革评价的落实情况进行检察。如为督察教师对学生平时观察、阶段检测和期末检测的落实情况，我们要求学校必须加强对评价情况的检查，仔细察看学生的成长记录袋，监察教师对学生各项学习内容的检测过程。学校在教师检测的基础上，要按班级学生数的10%进行抽样检测，对不负责任和抽样检测不合格的教师，要在教师教学绩效的评估中扣分。这样，就有效地保证了评价改革措施的落实。

四、问题思考

在实践的过程中，我们也发现了一些值得研究的问题。

第一，评价主体的参与问题。实施新的评价方式以后，我们更加重视评价主体的多元互动，努力构建一种"立体互动"的评价体系。首先，把家长由过去评价结果的接受者转变为了评价过程的参与者。但是在评价过程中我们发现：城镇学生的家长大多能积极配合，主动参与；而农村学生的家长则大多参与不了，因为许多家长出门在外打工，孩子跟着爷爷奶奶过日子，爷爷奶奶不会做评价，使得一些评价活动不能得到落实。其次，一些教师在评价过程中，认为学生年龄偏小，还不会自评和评价他人，取消了学生的自评和互评活动，使得作为评价主体的学生反而失去了参与评价的资格。这种现象在农村小学比较普遍。因此，真正构建一种多元主体参与的、"立体互动"的评价体系还需做大量的工作。

第二，评价成绩的呈现问题。新的学记语文评价观要求"不唯分数"，提倡等级评价和质性描述相结合。但是，一些教师和家长的教育观念并没有转变过来，受传统评价观的影响颇深，仍旧把评价的目光盯在分数上。在一些教师和家长互为反馈的评价信（表）中，约85%的是分数。尽管我们在试卷上要求对学生多做质性的描述，但质性的描述并不多见，质的评价还没有得到充分的运用。他们的理由很简单，小学如果不重视分数，那么到了中学，学生怎么冲过中考和高考的"关口"？

第三，管理机制制约评价的问题。在现有的管理机制中，有的已经不能适应新课程改革，突出表现在对教师教学绩效的评价机制上。学校在很大程度上注重的是教师的教学质量，很少从关注教师素养发展状况的层面去评价教师。比如，我们认真分析了评价中质性的描述为什么不能得到充分运用的问题，其中一个很重要的原因，就是学校对教师工作绩效的认定大多实行量化，仍以学生的考试分数为依据来评价教师的教学成绩。在这种情况下，教师仍死抓住分数不放，实在是不得已而为之。又如，我们在考试问题上尝试了试题"菜单"，让学生自选或自命试题，但是学校领导认为，如果这样做，学校对教师的教学情况就不好评价了，因此，还必须来一个"统一考试"。

第四，评价的课题研究问题。一是缺乏评价课题研究的意识，一些教师往往只做评价的执行者，没有做评价的研究者，还不能主动地去发现、分析和研究评价过程中的问题；二是评价研究的课题尚需统筹，研究行为尚需规范。

第五，评价的档案整理问题。学校的评价档案资料管理还很欠缺，学生个人的评价档案资料（如成长记录袋）有待完善和规范。

第二节　学记语文书面考试命题改革的探索

课程标准明确提出"恰当运用多种评价方式"。书面考试是小学语文学习评价中的一个重要的子系统。怎样让书面考试充分发挥其评价和指导作用？学记语文也在命题上做了一些新的探索。

一、命题的基本思想

（一）书面考试命题的指导思想

第一，通过考试，检测学生本学期语文学习水平发展状况。

第二，引导小学教师以新的教育观、质量观和评价观反思和改进教学，促进教师成长和学生的全面发展。

第三，帮助学校语文教研组开展针对性的教学研究、指导和决策工作，进一步推进小语课堂教学改革。

（二）书面考试命题的基本原则

第一，关注科学性和人文性。依据《义务教育语文课程标准（2011年版）》的教学学段目标与内容，采用生动活泼、贴近儿童、指向明确的语言做题干，运用情景对话、图表等丰富而又符合儿童心理发展特点的表现形式，使问题情境的设置具有知识性、真实性、综合性、人文性和趣味性，使测试活动成为肯定学生进步的愉快的学习过程。

第二，关注全体性和基础性。按照《义务教育语文课程标准（2011 年版）》中关于教学目标与内容的基本要求，面向全体学生，重点考查基本知识、基本能力、基本方法、基本习惯和基本态度。

第三，关注整体性和综合性。着眼于从知识与技能、过程与方法、情感态度价值观几个方面进行评价，既关注基础知识和基本技能，又注重过程性知识和方法性知识的考查，关注学生的语文学习过程，全面考查学生的语文素养。

第四，关注指导性和发展性。考试应成为进一步激发学生学习兴趣、增强学习自信心、促进学生进一步发展的过程，同时也是对教师改进教学、深化语文课程改革的引导。

（三）书面考试命题的基本依据

第一，依据《义务教育语文课程标准（2011 年版）》。

第二，依据现行的小学语文教材。

二、试卷的结构和形式

过去的小学语文试卷一般有以下两种结构和形式：一是由汉语拼音、字、词、句、阅读和作文等组成"六块式"结构；二是将汉语拼音、字、词、句、标点、修辞等综合为"语文基础知识"一块，另加上阅读和作文，组成"三块式"结构。这两种试卷结构形式都是以语文学科所涉及的知识板块为序的。这样的结构形式限制了书面考试的范围，不利于全面检测学生的语文水平。

为使书面考试全面检测学生的语文水平，我们根据《义务教育语文课程标准（2011 年版）》关于"学段目标与内容"的分类，将以往"单一型"试卷结构改革为"复合型"试卷结构，即试卷由识字与写字、阅读、作文（写话）、口语交际和综合性学习等五个部分组成，尽量使书面考试体现出语文课程标准的精神。

三、试卷的内容和题型

各年级的试卷内容严格依据《义务教育语文课程标准（2011 年版）》关于"学段目标与内容"的要求，在题型的设计上既关注检测的功能，又重视"导学"和"导教"等方面的指导作用。下面以部分题目为例，略作说明。

第一，把语文学习习惯放在首位。从卷面上可以看出学生的学习态度和情感。为了加强检测的针对性和全面性，在试卷上明确写出要求：1. 有认真的学习态度和良好的语文习惯；2. 做本卷时，做到卷面规范、整洁、清晰，没有乱涂乱画的现象。

第二，重视识字与写字。主要考查两个方面的内容：1. 识字，考试题型为听写汉字，所听写的汉字是本学期要求学生学会的字，同时考查学生自识自会的字。2. 写字，在试卷中明确提出做卷时的用笔和写字要求。低年级写铅笔字，中、高年级写钢笔字，不提倡用圆珠笔写字，写出的字要达到"大纲"规定的要求。如："①用钢笔做本卷。做本卷时，书写工整，字体大小适中一致，行款符合要求。②在田字格里听写汉字。③写出 5 个你自己学会的汉字。"

第三，强调语言基础与能力并重。课程标准将相关的语言基础知识和基本能力融合在"阅读"的目标与内容中，因此，命题也遵循这一思路。比如：

读下面的一段话，做题。

我们本想在知春亭畔喝茶，哪知道知春亭畔已是座无隙地！女孩子、男孩子，戴着红领巾的，把外衣脱下搭在肩上、拿在手里的，东一堆，西一簇，叽叽呱呱地，也不知说些什么，笑些什么，个个鼻尖上闪着汗珠，小小的身躯上喷发着太阳的香气。<u>也有些孩子，可能大概是跑累了，背倚着树根坐在小山坡上，聚精会神地看小人书。</u>湖面无数做满儿童的小船，在波浪上荡漾，一面面鲜红的队旗，在东风里哗哗地想着。

(1) 画"___"线的句子中有两个错别字，找出来并改正在下边的横线上。
答：_____、_____。
(2) 联系上下文理解"座无隙地"是什么意思。
答：_____
(3) 写出两个与"聚精会神"意思相同或相近的成语。
答：_____、_____。
(4) 画"～～～"线的句子是一个病句，改正过来。
答：_____

第四，注意阅读综合能力的考查。考查课文知识综合阅读、课文片段（语段）阅读和课外短文阅读。课文知识综合阅读主要考查学生对教材内容的掌握情况；课文片段（语段）阅读主要考试学生对课文重点片段（语段）的理解分析能力；课外短文阅读主要考查学生的课外阅读能力。

第五，关注作文的阶段性要求。考查学生的语言表达能力。命题时，改变单一的命题作文形式，提示作文的内容或思路，提出作文的要求，学生自由命题作文。

第六，落实对口语交际的考查。把口语交际纳入书面考试之中，引导教师重视口语交际的教学。如：

请你认真听监考老师讲一个故事，回答问题。

听了这个故事，我懂得了_____

监考老师讲故事的水平怎样？想一想，你应该怎样评价老师？把你想说的话写下来。我的评价是_____

第七，重视对综合性学习的考查。根据课程标准和教材编排的综合性学习要求命制试题。如：

请看下面的漫画：

1. 这幅漫画真有趣！我用几句话写出这幅漫画的意思。
2. 在课外收集健康小常识，给此人提几点戒烟建议。

四、命题改革的几点思考

小学语文书面考试命题的改革，对我们的语文教学改革落实素质教育起到了积极的推动作用。实践使我们深深体会到，改革小学语文书面考试命题方式必须注意落实以下"三性"。

一是把握基础性。小学语文是一门基础学科。通过这门基础学科，小学生要能正确理解和运用祖国语文，丰富语言的积累，具有初步的听说读写能力，养成良好的语文学习习惯，并受到思想教育以及意志、个性、审美等各方面的熏陶和感染。对小学生上述各方面进行考试和评价，必须切实把握以上各项基本要求。我们在命题改革中，力求从四个方面体现基础性，即基础知识、基本技能、基本能力和基本态度。如识字写字是语文基础中的基础，在命题时，我们一方面考查学生是否掌握了应该掌握的生字，另一方面又考查学生自主识字的能力，同时通过写字还考查学生在语文学习中的基本态度。

二是坚持导向性。考试对改进教学具有十分鲜明的导向作用。我们认识到，传统的命题方式只能将语文教学圈定在传统中原地踏步。只有改革命题方式，才有可能将语文教学的步伐引向改革之路。在命题改革中，我们的导向是十分明确的。比如理解句子含义是书面考试中的重要内容。传统的考试内容是选择教材中的重点句子，致使师生为了应对考试，不惜花大量的时间抄背课文句子的含义。为了帮助师生改变这种只重死记硬背而忽视能力训练的做法，我们在考查该项内容时，坚持不考课文句子的含义，而在课外短文阅读中考句子含义。这样一来，死记硬背句子含义便毫无作用。教师在教学中必须重视教给学生领悟语言的方法，培养学生分析理解语言的能力，进而使"大纲"规定的"要让学生充分地读，在读中整体感知，在读中有所感悟，在读中培养语感，在读中受到情感的熏陶"的要求，在阅读教学中得以真正落实。

三是体现开放性。语文考试要有利于促进学生语文能力的发展，就应该改变封闭的命题模式，变封闭命题为开放命题。如关于词语积累的考查，过去我们多以"把词语补充完整"的题型出现。现在我们在保留这类题型的同时，增加了开放性的词语积累题目，要求学生能从句子中找出几个自己认为值得一记的词语。这类题变机械记忆为灵活发现，既考查了学生积累词语的习惯，又考查了学生积累词语的能力，确实有利于激发学生的兴趣，促进学生语文学习水平的提高。当然，在试卷中出现的开放性题目，绝不能是难题、怪题、偏题和烦琐、机械的题目。

第三节　学记语文书面考试试题案例

改革书面考试命题我们已经走过了十二年的时间，到今天，我们的命题风格已经基本成熟。本节列举 2012 年春季学期部分年级的期末考试试题，以供大家参考。

一、2012 年春季学期二年级语文期末考试试题

（本试卷依据的教材版本是"语文 S 版"二年级课程标准实验教材）

仙桃市 2012 年春季学期期末考试
小学二年级语文

（命题人：仙桃市教育科学研究院　向爱平）

项目	学习习惯	语海畅游	会读善识	能说会写	总分
得分					

说明：本卷总分为 100 分。

学习习惯

一定要有学习的好习惯。做这张卷子时，我们要做到干净、整洁！（5 分）

语海畅游

一、看拼音，写词语。（8 分）

wēn nuǎn　　yán shí　　cāng kù　　jiāng lái

wān qū　　xīng fèn　　jīng dòng　　kè rén

二、读一读，连一连。（4 分）

tán　　dàn
弹奏　　弹弓

lè　　yuè
乐曲　　快乐

cháng　　zhǎng
成长　　长短

jué　　jiào
感觉　　睡觉

三、加上部首，组成新字，再组词语。（8 分）

中___（　　）___（　　）　方___（　　）___（　　）

半___（　　）___（　　）　力___（　　）___（　　）

四、查字典，填空。（5分）

1．"晃"字用音序查字法先查音序（　　　　），再查音节（　　　　）。

2．"述"字是（　　　　）结构，用部首查字法，要先查部首（　　　　），再查（　　　　）画，最后在字典正文中找到这个字。

五、把词语补充完整。（8分）

一（　　）（　　）苟　　温故（　　）（　　）

深（　　）浅（　　）　　（　　）（　　）释卷

一股（　　）　一枚（　　）　一扇（　　）　一片（　　）

六、照样子，连一连。（8分）

前人栽树　　　　更进一步
万事俱备　　　　后人乘凉
种瓜得瓜　　　　始于足下
百尺竿头　　　　只欠东风
千里之行　　　　种豆得豆

我还能说出一些这样的成语。

七、读句子，用带点的两个词语写一句话。（4分）

我就像彩色的指挥棒在夜空中飞舞。

_____

我会说：彩色的蝴蝶在……

_____

八、用下面的标点符号各写一个句子。（6分）

。_____

？_____

！_____

会读善悟

九、背一背，填一填。（9分）

xiāo

1．萧 萧梧叶送_____，江上秋风动_____。

2．路人_____遥_____，_____不应人。

3．_____惜细流，_____爱晴柔。

4.

悯（mǐn）农

［唐］李绅

锄（chú）＿＿＿＿＿＿＿＿，

汗滴（dī）＿＿＿＿＿＿＿＿。

谁知盘中餐（cān），

粒（lì）粒皆（jiē）辛苦。

十、读一读，做一做。（11分）

小猴做新衣

小猴打算为自己做一件新衣。

他向大象伯伯请教："我做一件衣服要用多少布料？"大象伯伯说："我看最少也得五丈。"小猴有点不相信，又向松鼠叔叔请教。松鼠叔叔说："我看五寸就够了。"

到（底 低）谁说得对呢？小猴为难了，决定（再 在）向山羊阿姨请教。山羊阿姨在小猴身上量了量说："不是五丈，也不是五寸，而是五尺。"

小猴买了五尺布，请山羊阿姨帮他做新衣。新衣服做好了，小猴穿上新衣服来到湖边一照，啊！正合适（shì）。小猴高兴极了。

1. 短文共有（　　）个自然段。（3分）

2. 在第三自然段括号里画出正确的字。（2分）

3. 小猴做新衣，先请教＿＿＿＿＿＿，又请教＿＿＿＿＿＿，小猴听了他们的话为难极了，这是因为＿＿＿＿＿＿＿＿＿＿＿＿＿。小猴最后又向＿＿＿＿＿＿请教，做出了合适的衣服。（4分）

4. 找出正确的说法，在括号里打"√"。（2分）

这个故事告诉我们：

①做衣服买多少布要问别人。　　　　　　　　　　　　（　　）

②做衣服买多少布要根据自己身体的大小。　　　　　　（　　）

能说会写

十一、写留言条。（9分）

6月29日的早晨，小华要去同学小晶家玩儿，刚巧妈妈不在家。请你帮小华给妈妈写一张留言条。注意格式。

十二、快乐写话。（15 分）

亲爱的同学，假如你是一滴水，你会是怎样的一滴水，你又会去哪些地方呢，会做些什么呢？请你以"假如我是一滴水"为题，把你想到的写下来吧！（不会写的字写拼音。）

_____

_____

_____

_____

_____

_____

_____

_____

_____

_____

_____

二、2012 年春季学期四年级语文期末考试试题

（本试卷依据的教材版本是"语文 S 版"四年级课程标准实验教材）

仙桃市 2012 年春季学期期末考试
小学四年级语文

（命题：仙桃市教育科学研究院　向爱平）

题号	一	二	三	四	五	总分
得分						

说明：本卷总分为 100 分。

一、识字与写字（共 10 分）

1. 抄写下面的句子，把字写漂亮、工整。（2 分）

没有大胆的猜测就没有伟大的发现。

——牛顿

2. 看拼音，写词语。(5分)

cán kuì　　mǐn jié　　qī wǔ　　jiàn kāng　　yóu yù

3. 查字典，填空。(3分，每空0.5分)

(1) "拥" 字用音序查字法应先查大写字母_____，再查音节_____。组词为_____。

(2) "酷" 字用部首查字法应先查_____，再查____画，"酷" 的字义为：①残暴；②极，程度深。"酷暑" 中的 "酷" 的意思为第____项。

二、阅读（共40分）

4. 诵读古诗句和名言，填一填。(8分，每空1分)

(1) 遥望洞庭山水翠，_____。

(2) 日出江花红胜火，_____，能不忆江南？

(3) 西塞山前白鹭飞，桃花流水鳜鱼肥。_____，_____，_____。

(4) 乡村四月闲人少，_____。

(5) 写出一条关于友谊的格言_____。

(6) 写出一条孔子的名言_____。

5. 读下面的一段话，做题。(8分，每题各2分)

　　我们本想在知春亭畔喝茶，哪知道知春亭畔已是座无隙地！女孩子、男孩子，戴着红领巾的，把外衣脱下搭在肩上、拿在手里的，东一堆，西一簇，叽叽呱呱地，也不知说些什么，笑些什么，个个鼻尖上闪着汗珠，小小的身躯上喷发着太阳的香气。<u>也有些孩子，可能大概是跑累了，</u>背倚着树根坐在小山坡上，聚精会神地看小人书。<u>湖面无数做满儿童的小船，在波浪上荡漾，一面面鲜红的队旗，在东风里哗哗地想着。</u>

(1) 画 "____" 线的句子中有两个错别字，找出来并改正在下边的横线上。

答：_____、_____。

(2) 联系上下文理解 "座无隙地" 是什么意思。

答：_____

(3) 写出两个与 "聚精会神" 意思相同或相近的成语。

答：_____、_____。

(4) 画 "﹏﹏" 线的句子是一个病句，改正过来。

答：_____

6. 读下面的两段话，做题。(10分，每个答题项各2分)

　　我们的船渐渐逼近榕树了。我有机会看清它的真面目，真是一株大树，枝干的数目不可计数。枝上又生根，有许多根直垂到地上，伸进泥土里。一部分树枝垂到水面，从远处看，就像一株大树卧在水面上。我见过不少榕树，这样大的还是第一次看见。

　　榕树正在茂盛的时期，好像把它的全部生命力展示给我们看。那么多的绿叶，一簇堆在另一簇上面，不留一点缝隙。那翠绿的颜色，明亮地照耀着我们的眼睛，似乎每一片绿叶上都有一个新的生命在颤动。这美丽的南国的树。

　　（1）画"＿＿＿"线句子中，第一个"真"的意思是＿＿＿＿＿＿＿，第二个"真"的意思是＿＿＿＿＿＿＿。

　　（2）句子"从远处看，就像一株大树卧在水面上"中，一个"卧"字写出了＿＿＿＿＿＿＿＿＿＿＿＿＿＿＿＿＿＿＿＿＿＿＿＿＿＿＿＿＿＿＿。

　　（3）画"～～～"线的句子，写出了榕树的什么？

　　答：＿＿＿＿＿＿＿＿＿＿＿＿＿＿＿＿＿＿＿＿＿＿＿＿＿＿＿＿＿

　　（4）朗读"这美丽的南国的树"一句时，应该怎样停顿？请你用"／"线在下面的句子中画出来。

　　　　这 美 丽 的 南 国 的 树 。

　　7. 阅读下面的短文，做题。（14分）

千纸鹤

　　"老师来了！"坐在窗户旁边的赵勇宣布。

　　喧闹的教室立刻安静下来，大家的目光不约而同地投向第二排靠墙的座位。那是周庆的座位，已经空了大半年了。从那天体育课受伤、流血不止起，周庆住进医院就没回来过。医生查出，他得的是白血病。

　　"星期五下午，全班同学放学后一起去看周庆。"眼巴巴等了半天，老师只说了这么一句话。

　　小小心情沉重地回到家里，全班同学一起去看，肯定是周庆的病情加重了。星期五还有三天才到，三天能为周庆做点什么？

　　电视在播《人与自然》，一只丹顶鹤优美地从湖面划过。

　　"千纸鹤！"小小记起千纸鹤的传说，有人病了，爱他的人如果为他折1000只纸鹤，他的病就会好。小小决定一个人为周庆折1000只纸鹤。

　　第一天，她折了239只。第二天到晚上九点，共折了587只。

　　第三天晚上，小小更努力了。快到深夜12点，她折到了最后一个纸鹤。裁去边角时，小小的手抖了一下，纸鹤头部的锐角戳着了小小食指的指尖，角并不锋利，可是小小的指头已经磨破。鲜红的血渍印在了纸鹤的头上。当最后这只"丹顶鹤"完成时，小小向闹钟望去，长短针刚好在"12"那儿重叠。

星期五一放学，小小和老师以及全班同学一起到了医院。透过一层封闭的玻璃墙，他们轮流看周庆。小小踮起脚，看见他躺在那里，全身插满管子，虚弱地向着小小微笑。

小小拿出了自己折的千纸鹤。所有的人都看着她，小小的心像是要蹦出来，简直可以听见它"咚咚"跳动的声音。

突然，从医生办公室里传来一个声音："找到了，在台湾骨髓库找到了可以匹配移植的骨髓。"

小小的胸膛被欢乐胀满了。"我的丹顶鹤，你飞到台湾去了吗？"

人们都在欢笑，没有人注意小小说什么。

一只温暖的大手握住了小小的小手，轻柔地抚摸她那包着创可贴的手指。小小抬头，她看到了老师微笑的眼睛。

（1）读懂词语。（2分）

联系上下文看，"不约而同"的意思是_____。

（2）读懂内容。（4分）

文章主要讲了一件什么事？

答：_____

（3）读出理解。（6分，每题2分）

① 从画"﹏﹏"的句子中，你体会到了小小怎样的心情？

答：_____

② 文章结尾说小小看到了老师微笑的眼睛。从老师微笑的眼睛里，你体会到了什么？

答：_____

③ 从小小的身上，你学习到了什么？

答：_____

（4）读中品味语句。（2分）

你认为文中哪些句子写得好，找出两句来，画上"﹏﹏"线。

三、口语交际（共10分）

8. 在生活、学习中，有时候我们自己受到了委屈，有时候也委屈过别人。当你知道自己委屈了别人的时候，应该怎么道歉呢？请把你想说的话写下来。

_____

四、综合性学习（共10分）

9. 一个深刻的道理，包含在一个有趣的故事中，这就是寓言的主要特点。有的寓言故事表面上讲的是动物之间的事，其实还是为了教育人，我们读后会受到很大的启发。请你写出四个自己读过的寓言故事。（4分）

答：_____

请你选择一个自己喜欢的动物寓言故事，完成下面的读书卡片。（6分）

故事题目	主要内容	包含的道理

五、作文（共30分）

10. 请你按要求写一篇作文。

题目：《难忘的_____节》

提示：我们经历过很多的节日，哪个节日里发生的事让你难忘？请你先把题目补充完整，再写清楚这个节日里的故事。

三、2012 年春季学期六年级语文期末考试试题

（本试卷依据的教材版本是"人教版"六年级课程标准实验教材）

仙桃市 2012 年春季学期期末考试
小学六年级语文

（命题：仙桃市教育科学研究院　向爱平）

题号	一	二	三	四	五	总分
得分						

说明：本卷总分为 100 分。

一、识字与写字（共 10 分）

1. 亲爱的同学，请你用钢笔做题，做到全卷书写行款整齐，力求卷面整洁、美观，用最漂亮的书写习惯成就自己美好的人生！（5 分）

2. 下面几个字是本学期要认识的字，你认识它们吗？请你在括号里写一个与它读音完全相同的字。（5 分）

鼎（　　）　潜（　　）　悼（　　）　墅（　　）　浒（　　）

二、阅读（本大题 40 分）

3. 古诗文默写与欣赏。（6 分，每题 1 分）

（1）《七步诗》：本自同根生，＿＿＿＿＿＿＿＿＿＿＿。

（2）《石灰吟》：＿＿＿＿＿＿＿＿＿＿＿＿，要留清白在人间。

（3）《芙蓉楼送辛渐》：洛阳亲友如相问，＿＿＿＿＿＿＿＿＿＿＿＿。

（4）《己亥杂诗》：＿＿＿＿＿＿＿＿＿＿＿，不拘一格降人才。

（5）《浣溪沙》：门前流水尚能西！＿＿＿＿＿＿＿＿＿＿。

（6）《竹石》一诗中，诗人郑燮赞美了立根破岩的劲竹，含蓄地表达了自己＿＿＿＿＿＿＿＿＿的高尚情操。其中"咬"字极为有力，充分表达了劲竹的＿＿＿＿＿＿＿＿＿＿＿＿＿＿＿＿＿＿。

4. 读下面的一段文字，做题。（9 分，每个答题项各 1 分）

　　龙，是中华民族的图腾。它并（　　）一种实有的动物，（　　）一种艺术形象，是我们的祖先通过想象创造出来的。龙在我们民族的心目中，＿＿A＿＿着吉祥（xiáng　qiáng），＿＿B＿＿着神圣，又是力量的化身。致今，不少建筑物和生活用品，都以龙做为装饰，人们把它＿＿C＿＿在房椽上、桥梁上、舟船上，＿＿D＿＿在胡琴上、拐杖上、刀剑上。节日里或庆典上，舞龙是最隆重的活动。

父母希望孩子有所作为也被称（chēng　chèng　chèn）作"望子成龙"。在我们的日常生活中，更有许多表示赞颂或祝福的带有"龙"字的成语，比如……

（1）用普通话朗读这段话，画去括号里不正确的读音。

（2）圈出画横线的句子中的两个错别字，改正在括号里：（　　）、（　　）。

（3）画波浪线的句子中，括号里应填下面的哪个关联词？画上"√"号。

不仅……还……（　　）　不是……而是……（　　）　既……又……（　　）

（4）在 A、B、C、D 四处填上词语，最恰当的是下面的哪一组？画上"√"号。

① 代表　　象征　　雕　　刻　　　　　　　　　　　　　　（　　）
② 象征　　代表　　刻　　雕　　　　　　　　　　　　　　（　　）
③ 代表　　象征　　刻　　雕　　　　　　　　　　　　　　（　　）
④ 象征　　代表　　雕　　刻　　　　　　　　　　　　　　（　　）

（5）你知道哪些表示赞颂或祝福的、带有"龙"字的成语？写三个下来。

答：＿＿＿＿＿＿＿　、　＿＿＿＿＿＿＿　、　＿＿＿＿＿＿＿　。

5. 读下面的一段文字，做题。（7分，每个答题项各1分）

我不是有腿病吗，不但不利于行，也不利于久坐。我不知道花草们受我的照顾，感谢我不感谢；我可得感谢它们。在我工作的时候，我总是写了几十个字，就到院中去看看，浇浇这棵，搬搬那盆，然后回到屋中再写一点，然后再出去，如此循环，把脑力劳动与体力劳动结合到一起，有益身心，胜于吃药。要是赶上狂风暴雨或天气突变，就得全家动员，抢救花草，十分特别紧张。几百盆花，都要很快地抢到屋里去，使人腰酸腿疼，热汗直流。第二天，天气好转，又得把花儿都搬出去，就又一次腰酸腿疼，热汗直流。可是，这多么有意思呀！不劳动，连棵花儿也养不活，这难道不是真理么？

（1）查字典。用部首查字法查"益"字，应该先查部首（　　），然后再查（　　）画，"有益身心"中"益"的意思是（　　　　　　　　）。

（2）用"＿＿＿＿"线画出文中写"如此循环"的句子。

（3）把画"〜〜〜〜"线的句子改为陈述句。

答：＿＿＿＿＿＿＿＿＿＿＿＿＿＿＿＿＿＿＿＿＿＿＿＿＿＿＿＿＿

（4）画"＿＿＿＿"的句子是一个病句，请你改正过来。

答：＿＿＿＿＿＿＿＿＿＿＿＿＿＿＿＿＿＿＿＿＿＿＿＿＿＿＿＿＿

（5）任选一种鲜花，描写它盛开的样子，恰当地用上比喻或者拟人的修辞手法。

答：＿＿＿＿＿＿＿＿＿＿＿＿＿＿＿＿＿＿＿＿＿＿＿＿＿＿＿＿＿

6. 读下面的一篇古文，做题。（4分，每个答题项各1分）

两小儿辩日

孔子东游，见两小儿辩斗，问其故。

一儿曰："我以日始出时去人近，而日中时远也。"

一儿以日初远，而日中时近也。

一儿曰："日初出大如车盖，及日中则如盘盂，此不为远者小而近者大乎？"

一儿曰："日初出沧沧凉凉，及其日中如探汤，此不为近者热而远者凉乎？"

孔子不能决也。

两小儿笑曰："孰为汝多知乎？"

（1）理解文中带点字词的意思。

故：＿＿＿＿＿＿＿＿。　　决：＿＿＿＿＿＿＿＿。

（2）写出画"＿＿＿＿"线句子的意思。

答：＿＿＿＿＿＿＿＿＿＿＿＿＿＿＿＿＿＿＿＿＿

（3）从两小儿辩日的过程中，我们可以悟出什么道理？

答：＿＿＿＿＿＿＿＿＿＿＿＿＿＿＿＿＿＿＿＿＿

7. 读下面的一段说明文，做题。（4分，每个答题项各1分）

太阳系中唯一还可能存在生命的星球是火星。火星与地球有不少相似之处：地球自转一圈是 23 小时 56 分 4 秒，火星自转一圈是 24 小时 37 分；地球自转轴与轨道平面有 66 度 34 分的倾角，而火星的倾角为 66 度 1 分，所以火星和地球一样有昼夜，有四季；火星的两极也和地球一样，被冰雪封冻着。更有趣的是，1879 年，意大利的一位天文学家观察到火星表面有很多纵横的黑色线条，人们猜测这是火星人开挖的运河。人们还观察到火星表面的颜色随着季节而变化，有人认为这是火星表面的植物随着季节的变化而改变了颜色。

（1）这段话是围绕哪句话来进行说明的？画上"﹏﹏﹏"线。

（2）在这段话中，作者运用了哪几种说明方法？请在下面的括号里打上"√"号。

举例子（　　）　　列数字（　　）　　作比较（　　）　　打比方（　　）

8. 读下面的一段议论文，做题。（2分，每题1分）

只有科学家才能做研究吗？一个叫笨笨的孩子随父母来到美国后不久，总是让爸爸妈妈带他去图书馆。父母并不知道儿子要做什么，其实，笨笨是在做一项研究：蓝鲸是怎样进食的？一个月后，笨笨终于完成了他的研究报告：蓝鲸。论文共分四个小部分：一般介绍，蓝鲸吃什么，怎样吃，以及蓝鲸的非凡之处。每一部分不过寥寥几句话，可谓是开门见山式的文章。从一开始收集资料、分析和整理资料，到后来形成观点，再到最后成文，所有这一切都是由笨笨自己独立完成的，而笨笨只是一名小学二年级学生。看来，并不是只有科学家才能做研究啊！

（1）这段议论文的观点是：_____。

（2）为了证明观点，作者用的事例是：_____。

9. 读下面的一篇短文，做题。（8分，每题2分）

_____

你还在我家乡那长着许多杨柳的乡村小学吗？亲爱的老师。你还在背着我家乡的弟妹涉过那条湍急的小河吗？亲爱的老师。

你走出城市师范的大门，没有在繁华的街市里逗留，就踏进我们偏远的村庄。

家乡的田野那么多沟坎，那么多泥泞，你在泥泞的小路上颠簸得那么久，把生命最美丽的部分，撒在我故乡的土道上。想起故乡秀丽的翠竹，想起故乡蓝蓝的流水，就想起你，我亲爱的老师。

那时你才十八岁，像我们的大姐姐。在多风多雨的季节里，放学时你总是带着我们回家。你把裤筒卷得高高，光着脚丫子，一个一个地背着我们涉过那条脾气暴躁的小河，那条在河岸上长着一棵大榕树的小河。我还记得，你背着我时，我看到浪花溅到你的脸上，雨水打湿你乌黑的头发。我悄悄地拂去你发辫上的小水珠，你知道吗？

我们在小河这边，你在小河那边。你向我们频频招手叮咛：路滑，慢点儿走，明早我来接你们。我们喊着和你告别。你的声音和我们的声音让小河的波浪带到很远很远的地方。

我看到你微笑了，这开放在小河边的微笑，这像我故乡的杜鹃花一样美丽的微笑，永远不会消失，在我的梦境中，在我的心坎里，总是那样甜蜜，总是那样温暖，总是那样神圣。

（1）读中概括。作者具体回忆了老师的哪一件事情？（答案不超过20个字。）

答：_____

（2）读中理解。从作者的叙述中，你看到了一位怎样的老师？

答：_____

（3）读中品味语言。这篇文章的语言十分优美，请你用"﹏﹏"线划出自己最喜欢的一个句子，写下你喜欢的理由。

答：_____

（4）读中学写。一篇好文章，要有一个好题目。下面的题目都来自于文中的一句话，你认为哪个作为本文的题目最佳，打上"√"号。

偏远的村庄（　　）　　　　我亲爱的老师（　　）　　　　开放在小河边的微笑（　　）

三、综合性学习（本大题 10 分）

10. 小学毕业了，六年的小学语文学习结束了。请你小结一下自己的语文学习收获，回答下面的问题。

你掌握的最好的阅读方法是什么？　_____

你对自己的语文学习作出什么评价？　_____

四、口语交际（本大题 10 分）

11. 一个夜晚，你做了一个梦，梦见小凡卡来到了你的房间。凡卡一眼看到了你桌上的电脑，特别惊奇。于是，你和凡卡有了下面的一段对话。（不要写出自己的真实姓名，注意标点符号。）

看到我桌上的电脑，凡卡惊奇地问道：_____

五、作文（本大题 30 分）

12. 请按照下面的提示，写一篇作文。

题目：《成长的路上，_____牵着我的手》

提示：从咿呀学语的婴儿到十一二岁的少年，你一路走来，该有多少成长的故事。在成长的路上，总有人关心着你，呵护着你，他是谁呢？请你先把题目补充完整，横线上可以填亲人的称呼，如爸爸、妈妈、爷爷、奶奶；可以填老师、同学；还可以填人称，他、她、你……然后写一件事。要求内容具体，语句通顺，分段表述，文面整洁。

_____

_____

_____

_____

_____

_____

_____

_____

_____

_____

_____

第十章
学记语文的教研方式变革

在学记语文的研究与实践中，我们思考，我们探索，我们洒下了辛勤的汗水，与此同时，我们也有许多收获，也有深刻的反思。本章里，我们将对学记语文的研究与实践经验以及教研方式的变革进行总结。

第一节　学记语文研究的整体构思

我们所开展的学记语文研究不是个人行为，而是区域性的研究；不是一个人的教学行为变革，而是全市小学语文教师的教学行为变革，是区域性的小学语文教学改革。既然如此，就必须对研究进行整体规划和实施。

一、提出研究目标

将我国古代教育论著《学记》中的进步教育思想和当代语文新课程改革联系起来，针对目前小学语文教学改革中的热点和难点问题，在认真解读语文课程标准的基础上，构建出"学记语文"教学的新体系，促进学生发展和教师专业成长，提高语文教学效率。

二、细化研究内容

根据研究目标，我们将学记语文的研究内容进行了细化，提出了 30 个研究项目，构成了学记语文研究内容体系。

1. 学记语文与《学记》理论联系研究。
2. 学记语文的思想内涵研究。
3. 学记语文的教学理念研究。
4. 学记语文中的师生关系研究。
5. 学记语文中的文本解读要点与策略。
6. 学记语文中的目标研究。
7. 学记语文中的导学系统与策略。
8. 学记语文中的师生心理研究。
9. 学记语文的教学原则研究。
10. 学记语文为学而教的策略。
11. 学记语文中的"随学而导，因学而变"。
12. 学记语文的教学模式。
13. 学记语文的教学组织形式。
14. 学记语文的课堂教学过渡。
15. 学记语文的教学评价研究。
16. 学记语文中的师生交往策略。
17. 学记语文中学生学习方式的变革。
18. 学记语文中的教师成长。
19. 学记语文怎样处理好积累与运用的关系。
20. 学记语文怎样处理好语言与思维的关系。
21. 学记语文怎样实现教师与学生的解放。
22. 学记语文中的汉语拼音教学模式与策略。
23. 学记语文中的识字教学模式与策略。
24. 学记语文中的阅读教学模式与策略。
25. 学记语文中的习作教学模式与策略。
26. 学记语文中的口语交际教学模式与策略。
27. 学记语文中的综合实践教学模式与策略。
28. 学记语文课堂教学中的教学评价策略。
29. 学记语文的课堂教学评价。
30. 学记语文的教研方式变革。

三、制订研究策略

（一）明确研究原则

我们提出了如下五个方面的研究原则：

实事求是的原则。坚持实事求是，不弄虚作假，不走过场，不搞花架子。

理论与实践相结合原则。坚持以先进的理论做指导，加大理论与实践交叉点上的研究力度，及时捕捉实践中具有理论价值和普遍性的问题。

多样性原则。努力从各个层面、多个角度地去研究，寻求方法的多样性、结论的丰富性。

创造性原则。勇于实践、大胆创造，努力取得原创性的成果。

有序性原则。有目的，有计划，按步骤，由表及里，由浅入深地开展研究试验工作；整体把握，分层推进，突出重点，提高实验研究效率。

（二）运用科学的研究方法

根据我市小学语文教学的实际情况，我们提出运用如下的研究方法：

1. 观察法。

观察，是指人们对周围存在事物的现象和过程的认识。这种认识是基于研究者对事物的现象和过程的理解。但是，科学的观察，并不是指人们对观察的一般理解，即不仅仅是"仔细察看"，而是在自然存在的条件下，对自然的、社会的现象和过程通过人的感觉器官或借助科学仪器，有目的、有计划地进行察看。这种科学的观察，就是教育科学研究中的观察法。所谓"自然存在的条件"，是指对观察对象不加控制、不加干预、不影响其常态；所谓"有目的、有计划"，是指根据科学研究的任务，对于观察对象、观察范围、观察条件和观察方法做了明确的选择。观察法，则是指在教育科学研究中运用科学的观察对有关教育现象进行研究的一种基本方法。

观察法的类型有以下几种。

抽样观察法。包括时间抽样观察法、场合抽样观察法和阶段抽样观察法。时间抽样观察法，是专门观察和记录在特定的时间内观察对象的现象和过程的一种方法；场合抽样观察法，是有意识地选择某个自然场合，观察研究对象行为表现的一种方法；阶段抽样观察法，选择某一阶段，对观察对象的状态进行观察。

追踪观察法。这是一种长期、系统、全面地观察研究对象发展过程的方法，目的在于获得对象发展变化过程的材料，以便研究发展变化的规律性。这种方法常常用在对特殊学生的个案研究上，是一种实验观察类型。

隐蔽观察法。为了在对人进行观察时，使观察对象自然、放松，往往采用通过单向透光玻璃、电视、纱幕或潜视系统等等进行观察，让观察对象不知不觉，这就是隐蔽观察法。这种方法的采用还常常不具备条件，但是，这种方法的精神是观察者应十分重视的。

综合观察法。客观事物都是相互影响、相互联系、相互制约的，要成功地对某一事物进行观察，必须将几种有关的观察方法有机地结合起来，才能获得最有价值的观察材料，才能找出事物发展的规律。这种综合观察有两层意思：一是指对某一具体观察对象进行观察时，要把眼光扩展到同观察对象有关的各个方面、各个因素上；二是指在观察某一对象时，不单是使用一种观察方法，而是根据具体情况，把几种相关的观察方法有机地结合使用。

问卷观察法。问卷是研究者用来收集资料的一种技术，它的性质重在对个人意见、态度和兴趣的调查。问卷的目的，主要是在经由填答者填写问卷后，从而得知有关被测者对某项问题的态度、意见，然后比较、分析大多数人对该项问题的看法，以作为研究者参考。

2. 叙事研究法。

叙事研究的含义。教育叙事研究是指教师通过对教育教学实践经验的描述与分析，从而发掘或揭示出内隐于这些生活、事件、经验和行为背后的教育思想、教育理论和教育观念，从而发现教育的本质、规律和价值意义。教师一旦以类似于"自然"的方式叙述自己的教育故事，也就意味着教师开始以自己的生命经历为背景去反思自己和观察世界，内在地承受着对自己言行给出合理解释的思想压力，这就促使教师不得不冷静地思考，不得不倾听自己内心深处的声音，不得不站在自己的角度反思和挖掘自我，从而可能激发出连自己都意想不到的想法。

叙事研究的特点。一是叙事研究所叙之事具有情节性。叙述是讲述曾经发生或正在发生的事件。讲故事不能仅有时间、地点、人物，还要有原因、经过、结果。素描也好，照片也罢，任何单幅的画，都不是叙事，因为它只抓住了一个瞬间，却看不到事件发生、发展的过程。叙事是将各种经验组成有现实意义的事件，是一个有情节的过程。它不同于记流水账，它要求所记叙的内容前后之间有内在的逻辑上的联系。二是教育叙事研究所叙之事是教师亲自参与过的事件。教师所叙述的故事，是自己教学生活中的实际遭遇和困惑、尝试解决的过程及自己的感悟，是将焦点放在特定教学情景的经历、体验、不断叩问，以探寻其生存、发展的意义。因此，叙事研究不要求教师用抽象说明和华丽的辞藻，需要的是言行一致、表里无违，教师必须有行动、有思考并且要善于抓住个人专业生活中的"关键事件"。这样的故事才感人，才耐人寻味。三是教育叙事研究是一个"行动—叙事—反思—行动"循环往复的过程。叙事研究并不是单纯叙事，记叙离不开素材，教师的素材就从平时的教育教学生活中来，叙说的关键是叙述之前有行动；如果教师不改变自己的行动，教师将无话可说。叙说教育故事不是为了炫耀某种研究成果，它的根本目的是通过教师讲述自己的教学故事来"反思"自己的课堂教学。由于教师的"反思"总是以某种教学理念来反思自己的教学行为，教师的个人化的教学理论以及教学行为将因这种"反思"发生转化，同时这种转化必定会体现在教师的课堂教学实践中。

怎样做叙事研究？任何研究都必须体现研究的价值和科学性，叙事研究也不例外，这就决定了叙事研究与一般的叙事不是一回事。叙事对广大教师来说不是一件难事，但做好叙事研究不是一件简单的事情。这需要教师在平时的教育生活中善于积累，善于提炼，善于采取积极的行动，善于在行动中反思。

教师每一天都经历许多教育事件，许多教学的秘密就隐藏在这些日常生活的细节中，因此教师应该善于把自己的教学生活如实地记录下来，教学日记、教学周记等都是教师保存自己教学生活片段的好方法。这些积累下来的教学片段将成为教师进一步研究的资料和素材，教师可从中提取"关键事件"进行反思。"关键事件"是指那些一直困扰着教师并对改善教师的教学状态和学生的学习状态有重大帮助的事件。教师所处的发展阶段不同，所在的外界环境不同，所面对的"关键事件"不可能完全相同。因此在选择教学的关键事件的时候教师必须从自己的实际出发，以自己长期的教学日记为立足点，真正把握住自己的"关键事件"，并结合当前的教育教学新理念，解决自己的问题。解决问题离不开行动，在确定了自己研究的"关键事件"后，就应该"想方设法"地设计教学活动，解决自己的教育困惑或是印证自己的教育设想，这个过程就是"反思"和"行动"的过程。这个过程是教师进行叙事研究的一个难点，教师往往能够提出问题，但对如何解决问题感到无计可施，这就需要教师在自我反思的基础上放开自己的眼界，汲取他人的经验，并将他人的经验转化为自己的设计和自己的行动。教师还可以向同伴讲述自己的教学故事，和同伴共同设计解决问题的方案，也可以向专家讲述自己的教学故事，听取专家在理论上的指导，从而开阔自己的视野和思路。总之，教师设计的过程不是一个自发的过程，它需要融入教师的智慧和辛勤的劳动。好的设计不一定会产生预期的结果，因为就教师的"上课"而言，教师一旦进入真实的课堂，面对具体的学生，就不得不保持某种教学对话的情境，在教学对话中根据学生的实际学习状况，根据教学过程中发生的意想不到的教学事件去灵活地调整教材，调整教案，而这些又将成为教师反思的素材。教师将自己在研究过程中的教学实践，将自己在研究过程发生的那些转变叙述出来，这本身就是一种思考，就是一种研究。

四、加强研究管理

第一，加强管理。任何一项研究没有制度的保障都无法最终完成使命，为此，我们健全管理体系，加强了对研究的管理。我们成立了由市教科院牵头的学记语文研究学术核心小组。该小组由笔者任组长，下设"学记语文"青年研究中心。组织承担决策咨询、科研指导、调查研究、管理服务、编制科研规划和有关规章等职能。在"学记语文"青年研究中心组织下面，建立了22个学记语文研究基地。各基地学校的课题研究工作形成由"校长亲自挂帅，教科室主任宏观控制，学科组长分兵把关，年级教研组长微观掌握，课题组成员人人参与"的管理体系，把任务具体化，把目标数字化。

第二，制度保障。为有效促进学记语文的研究与实施，我们建立了相关的管理制度。如《关于构建"学记语文"课堂教学模式的指导意见（试行）》规定：

第一条　为全面贯彻党的教育方针，切实加强"学记语文"教学工作管理，构建充满生命活力的语文课堂，促进语文教学质量不断提高，促进师资队伍的整体优化，促进"学记语文"教育科研的不断深入，特制订本条例。

第二条　提高对小学语文课堂教学中不良现象的认识：

（一）课堂教学缺乏质效意识，教学中随意性较大，从而导致课堂质效不高，少、慢、差、费现象严重。

（二）课堂教学方式以"先教后学"为主，学生主体地位没有得到落实，导致教师讲得多，学生活动少。

（三）课堂上缺乏生动活泼的教学过程，相当一部分学生对我们的课堂不感兴趣，对学习没有兴趣、积极性、主动性，从而导致我们课堂教学的总体质效不尽如人意。

（四）课堂上语文训练严重不足，包括知识的、技能的、能力的，还有情感、态度、价值观的，更有学生的质疑和创造能力的等。

第三条　所有小学语文教师必须解放思想，牢固树立"课堂教学是实施素质教育主渠道"的思想，充分认识"进行课堂教学改革，构建'学记语文'课堂教学模式"的重要性和必要性，积极投身"学记语文"的课堂教学改革，参与课堂教学模式的构建。尤其要克服如下思想问题：

（一）恐败心理。课堂教学应该是以学生为主体的教学，是学生自主学习、主动学习、创造性地学习的教学，要不断地探索、反思、改进、调整完善，为教育教学质量提供保障。

（二）守旧情结。正确认识自己过去的教育教学经验，要善于吸收和借鉴更好的、更科学的、更符合规律的课堂改革办法，不能守旧。

（三）畏难情绪。正确认识课堂教学改革中所遇到的种种困难和问题，做到不畏艰难，积极向上。

（四）懒惰习惯。彻底改变不思进取的懒惰恶习，敢于前进，善于创新。

第四条　加强语文教研组建设：

（一）语文教研组长须具备相当的组织、协调和管理能力，善于贯彻"学记语文"的改革思想，调动全员改革的积极性。

（二）教研组要认真组织教师学习"学记语文"的思想，学习杜郎口中学等名校的教改经验，明确"学记语文"的教改方向，积极进行教改实践。

（三）教研组老师之间要加强"学记语文"教学方法、教学艺术的交流、研究，平时相互间加强听课学习。

（四）鼓励学校语文教研组出经验、出成果，对改革成绩显著的语文教研组，市教科院将给予适当的评价奖励。

第五条 紧扣"学记语文"的课堂教学改革思路，加强课堂教学过程与方法的改革：

（一）突破语文预习瓶颈。预习是"学记语文"教学模式的关键要素，且是难以控制的问题环节，但又是必须解决的首当其冲的问题，要采取以下措施：

1. 适当简化预习方案；

2. 合理安排在校预习时间；

3. 整体调控组织预习；

4. 实施以知识为"组块"的教学，以节省时间。

（二）关注学习过程。课堂教学要突出"学记语文"的"展示、讨论、点评、创新"过程：

1. 展示。把学生预习所得尽量展示出来，使课堂活跃起来。

2. 讨论。把问题抛给学生，把难点、重点抛给学生，让学生去攻克。攻克的过程，就是探究的过程，就是学生内化知识的过程。

3. 点评。让学生多点评，老师也有点评，但更多的是点拨。

4. 创新。学生对课文、知识预习要有新的见解、新的思路和新的问题，要引导学生提出问题，分析问题，解决问题。

（三）强化语文学习小组文化建设：

1. 强化语文教师的纽带作用，语文教师要负责小组的组建、培训、协调、督察、小结；

2. 开展小组竞赛活动；

3. 建立小组合作的评价激励机制。

（四）弥补目前语文课堂教学的"三不足"：

1. 语文"双基"的训练不足；

2. 囿于书本，对学生质疑与创造能力（尤其思维能力）的培养不足；

3. 语文课堂人文素养熏陶不足（缺乏人文情怀）。

（五）缩小两极分化。

1. 对学习有困难的学生，教师要有爱心、热心、耐心，始终对学生充满信心，激发他们自觉发奋，杜绝用强制、高压的手段迫使学生学习。

2. 小学起始年级在开班时，要用一定的时间帮助学生梳理基础知识，强化基本技能；中、高年级对学有困难的学生要有补救措施（除了同学之间的相互帮助外）。

第六条　做好"学记语文"课堂教学评价改革，实行评价方式的彻底转变：

（一）变以评价教师的"讲"为主为以评价学生的"学"为主：

1. 教师要坚持以学生发展为中心，体现人文性、综合性和实践性（同时综合教师的备课情况）。

2. 评价学生要看学生在课堂学习中自主的程度、合作的效度和探究的深度。一看学生在课堂上参与的人数；二看学生参与的质量，语言表达是否通顺，态度是否积极、认真，情感是否投入，板演书写是否工整，词、句、符号、公式是否正确，等等；三看学生的预习笔记。

（二）变以终结性评价为主为以过程性评价为主：

1. 主动问答。学生要自主、积极地提出问题和回答问题。主动问答既是教学目标，又是教学手段、教学艺术。

2. 自主讨论。学生自选问题，并就这一问题自由交换意见或进行辩论，以解决问题或生成新的问题。

3. 自评互判。自评是全面认识自我，发现优点、鼓起信心、认识不足、反馈调节；互判是通过学习活动发现伙伴的优点，以此相互认识、相互激励、相互提高。

（三）变以掌握知识评价为主为综合评价：

1. 重视对知识的归纳、总结，对知识特征、规律的把握、感悟。

2. 重视对学生的语言、神态、动作、情感、书写等方面进行综合评价。

3. 重视对课堂学习情况的综合评价，尤其是生成性评价。包括：课堂气氛和谐、民主，学生敢问，敢说，敢离桌讨论，形成一种积极主动、争先恐后、紧张活泼的氛围；读、说、议、评、写贯穿始终；有拓展、挖掘、提高，重视能力培养；学生活动人次多，密度大，人人参与；课堂效率高，效果好，达标率高，等等。

第七条　学校要以相关考核评价制度，促进改革深入。考核评价、奖惩制度是落实课堂教学改革的保证。在课堂教学改革中，对那些积极参与并取得突出成绩的老师，学校要给予表扬、表彰和奖励，否则，要给予批评和惩罚。具体办法由学校依据实际情况制订。市教科院将在学期末进行研究阶段小结，并开展相关评比活动。

又如《仙桃市"学记语文"集体备课制度》规定：

1. 集体备课组的建设。

分为低（一、二年级）、中（三、四年级）、高（五、六年级）三个学段成立语文学科备课组。

2. 集体备课的内容。

（1）语文学科集体备课主要以单元整体备课为主。

（2）备课时，首先研讨已备课、上课、作业及练习中出现的问题；然后疏通下周教材，研讨如何引导学生自学、如何组织教学，达到三个统一：统一进度；统一教学目标；统一课内、外作业的设计。

（3）备课时做到"十有"：一有备课拟达成的目标；二有教材解读；三有目标制订与呈现方式；四有学生预习设计；五有教学思路的异构；六有教学方式与手段设计；七有板书设计要点；八有个性化教案设计；九有授课实践后的讨论与反思；十有备课活动的小结。

（4）研讨如何做好培尖及补差等工作。

3. 集体备课的环节。

集体备课要把握好如下四个环节：

（1）自备与主备：所有备课组成员都必须根据备课组长提出的备课内容，认真钻研教材，提前查找资料，搞好自备；中心发言人更要认真、细致地钻研教材、教法、学法，做好引导、小结的准备。

（2）交流与讨论：在集体备课时，由中心发言人提出问题，做好引导，其他人补充。

（3）整合与设计：各人根据集体备课时的交流与讨论，结合自己的实际情况进行整合，形成自己的个性化教案。

（4）实践与反思：个人根据自己的设计或者别人的方案进行授课，备课组成员要互相听课，并在授课后展开反思，在反思中改进教学。

4. 集体备课的要求。

（1）学校领导要有一人参加。备课组成员人人都必须准时参加，积极发言，各抒己见，不做与备课无关的事，如有不统一的观点以备课组长最后确定为准。

（2）集体备课对已确定的教学方案、计划及安排，任何人都必须认真、及时、高质量地完成。

（3）集体备课由组长提前安排一人为中心发言人，并布置任务。

（4）若有特殊情况不能参加，必须履行请假手续且得到批准后方可不参加，但事后必须到备课组长处"补课"。

（5）要有固定的备课时间。根据教材单元数安排集体备课次数和时间，每学期集体备课不得低于八次，每次两节课。

5. 集体备课考核及奖惩措施。

（1）各备课组长负责对本组教师的考核与记载，校长和教务处将随时抽查各备课组活动的情况。

（2）凡不参加备课组活动或没有按要求完成的老师与学校将追究其责任并给予一定的经济处罚。

（3）每学期结束后，学校将对各备课组进行综合考核，对评出的优秀备课组全体成员及备课组长进行奖励。

（4）备课组长需将每次活动的详细情况记录并保存，每学期结束后由教务处（教科室）考核与存档。

第三，加强培训，提高教师水平。教育科研课题研究工作需要先进的教育理念作指导。针对各校课题组成员理论素养参差不齐的现状，我们要求各校定期聘请有关专家、学者到校对教师进行教育理论讲座，向教师系统灌输国内外先进的教育理论、研究方法以及与研究内容相关的理论。学校要有固定的教师教育理论集体学习日，每位教师每学期要写 5000 字以上的理论学习笔记，中层以上领导要写理论学习笔记 8000—10000 字。同时学校要为各教研组订购相关专业知识刊物。每次教研教改活动后，教师要写出 600 字以上的学习心得。每位外出参观学习的教师都要做好笔记，写好心得，回校后马上做学习汇报。要力求通过这一系列做法，使教师的思想始终处于一种动态发展的状态，为课题研究活动的开展，提供可靠的理论保障，为教育科研的稳步发展奠定基础。

第四，细处入手，规范操作。课题研究存在的主要问题是贪多求大，操作不规范，结果事倍功半，收获甚微。我们要从细处入手，不搞拿来主义，不照抄照搬，注重过程，一点一滴地进行研究，使操作规范合理。

第二节　学记语文的教研方式变革

一、案例研究

所谓案例，是对一个特定的环境中所发生的事情的发展全过程的完整叙述。

一个案例应具备下面三个特征：一是全程性，这个案例表达的是完整的情节，表现为一个问题被解决的全过程；二是思想性，在这个案例中，渗透了一个基本的教育思想；三是全面性，这个案例表现了人的生活、参与动机、情感、误解、挫折和责任以及成功，它是一个全视角的反映。

我们研究的案例，一般有三种：一是一个完整的课例的课堂实录；二是某位教师或专家提供一节研究课；三是对某一教育或教学过程的完整、真实的书面描述。

我们研究的案例，有几条标准：第一，在这个案例中渗透了一个什么思想；第二，在这个案例中隐藏着什么操作技巧和艺术；第三，从这个案例中，我们可以提炼出一个怎样的结构或模式。

案例研究，它最适合于中小学一线教师。一个长篇的理论报告，教师有时听得昏昏欲睡，而一个鲜活的案例教师却能听得聚精会神。

几年来，案例成为我们推进学记语文研究与实践的有力杠杆。我们曾经对案例有这样的描述：案例是教育思想的形象描述，案例是教育过程的生动显现，案例是操作经验的有机渗透，案例是理论和实践联姻的结晶。

二、行动研究

所谓行动研究，就是"社会情境的参与者，为提高所从事的社会或教育实践的理性认识，为加深对实践活动及其依赖的背景的理解，进行的反思研究"，"是通过对社会实践情境的研究去提高该情境中行动的质量"。用通俗的话来解释，就是教师是教育情境的参与者，在教育情境中他们基于实际问题解决的需要，将问题转化成研究主题，并进行有系统的研究，以解决实际问题的一种研究方法。校本培训以教师所在的学校为主体阵地，以教师与学校的共同发展为价值取向和目标。在培训主体上强调教师的主体参与，教师既是受训者，也是主体参与者。在培训内容上，既要接受信息，又要处理信息，即提出问题、分析问题和解决问题。在培训的手段和方法上，强调培训的研究性，即教师既是受训者，又是研究者，并在研究中促进自身的发展。十分明显，行动研究以研究和解决问题为目标，其真正的价值取向在于提高教师的教学研究水平，使教师实现由"教书匠"到"作为研究者的教师"的转变，促进其专业化发展，使其成为一个"新教育者"。这正是校本培训所要达成的目标。因此，我们把行动研究作为校本培训的主要实践载体。

以行动研究为载体的校本培训模式结构包括"问题与设想、设计与实施、效果与讨论、反思与总结"四个部分。

1. 问题与设想。

"问题与设想"的确定应该基于校本培训最根本的价值取向，即是为了促进教师的专业化发展和学校的发展。根据这一基本的价值取向，再现实地分析我们教学情境中的表象，提出要解决的问题。问题的针对性要强，且确实通过研究以后能使问题得到解决。"设想"则是根据问题所设计出来的对问题解决的最理想结果的预期，这种预期必须有比较高的可"达成度"，而不是遥远的、无法实现的。

2. 设计与实施。

"设计"包括两个方面的意思：一是对整个行动研究过程的设计，如本次研究的问题和结果预期、研究活动牵头人的确定、研究过程的组织与开展以及研究结果的评估等等；二是对教学内容进行具体的设计。"实施"则是根据已经设计好的方案，开展活动。

3. 效果与讨论。

即对行动研究的结果进行分析和讨论。这是一个非常重要的环节，其中，要有教师的讨论，要有专业人士的评述和指导。

4. 反思与总结。

即将行动研究的过程与结果进行整理、反思和加工，写出本次行动研究报告。

下面结合小学低年级语文《坐井观天》一课教学的行动研究案例，进行具体说明。

《坐井观天》一课教学的行动研究案例：

问题与设想：

在新课程教学实践中，广大语文教师对新课程背景下的语文课堂教学产生了一些模糊性的认识与困惑。认识上的模糊必然导致课堂教学行为的缺失，进而阻碍了语文新课程改革的实施进程。因此，开展语文课堂如何实施新课程理念下的教学的行动研究就显得十分必要。

这次行动研究设想，通过对低年级一篇课文的不同教学行动的解剖，让教师在看得见、摸得着的教学过程中，把握新课程理念下语文课堂教学的行动轨迹，以达到澄清教师认识上的模糊性、转变教学观念、自觉在课堂教学中实施新理念、新方法的目的。同时，提高教师理解和处理教材、设计和实施语文教学的能力，力争使语文课堂教学有所突破和创新。

设计与实施：

1. 活动主体

仙桃市第二实验小学全体语文教师及其学区内的部分语文教师。

2. 专业引领人

仙桃市教科院向爱平老师。

3. 执教者

仙桃市第二实验小学唐美枝老师，女，教龄 10 年，仙桃市小学语文学科带头人。

4. 课例

所选课例是小学语文教材中的经典课文，经历了小学语文教学改革与发展各个不同的历史时期，经历了几代人教与学的过程。据此，特选人教版新课标实验教材《坐井观天》（二年级上册）。

5. 教学设计

采用集体备课的方式备课，设计教学。

（1）教学设计 A

教学目标：理解课文内容，懂得不要像青蛙那样目光狭窄还自以为是的道理；理解成语"坐井观天"的意思；认识"寓""际""信"三个生字，并会书写；朗读课文。

教学重点、难点：重点是青蛙与小鸟的三次对话；难点是对寓意的理解。

教学准备：生字卡片、小黑板。

教学思路（简记）：

①导入课题，板书课题。

②学生自由初读课文，思考：课文的主要人物是谁？他们共说了几次话？是在什么地方说话？每次说话的内容是什么？

③抓住青蛙和小鸟的三次对话，深入理解课文内容。a. 第一次说话：青蛙向小鸟提出了什么问题？小鸟怎么回答？b. 第二次说话：青蛙为什么说小鸟说大话？小鸟是真的说大话吗？为什么？c. 第三次对话：青蛙为什么要坚持自己的错误看法？小鸟劝青蛙做什么事？为什么要这样劝他？d. 在理解三次对话的意思时，指导学生朗读青蛙和小鸟说的话。

④朗读全文，说说这则寓言揭示一个什么道理。

⑤教学生字。

（2）教学设计 B

教学目标：朗读课文，把课文读熟、读懂，读完课文后能说出自己从这则寓言中明白的道理或受到的启发和教育；理解成语"坐井观天"的意思并记住这个成语；结合课文内容展开想象；认识"寓""际""信"三个生字，并会书写。

教学重点、难点：重点是朗读好青蛙和小鸟的三次对话；难点是感知课文中蕴涵的寓意。

教学准备：生字卡片、青蛙和小鸟的画片头饰、小黑板。

教学思路（简记）：

①快乐入题，板书课题。教师先在黑板上用简笔画画出"井"，然后在"井"里贴上一只大青蛙和图片，借此入题。

②指导学生读熟课文。学生自由读课文，读准字音，读顺句子，不丢字，不加字，把课文读顺。

③指导学生朗读课文中的三次对话。读出语气和停顿，读出感情。a. 教师范读，学生评价教师读得怎么样？和自己的朗读有什么区别？b. 学生模仿教师读。c. 教师指导读，重点指导学生读出语气，读出停顿，读出味道来。在读的指导中，运用各种读的形式，如范读、师生接替读、分角色读、表演读、做动作读、相互对读等等。在读中相机弄懂"无边无际"一词的意思。

④指导学生感悟内容，说说自己读懂了什么，或明白了什么道理，或受到了什么启发。学生自由说，教师只点拨学生的思维，不给学生现成的结论，并允许学生有自己的体验和理解。

⑤表演故事。注意让学生表演出青蛙跳出井口之后的情形。

⑥指导学生写生字。

6. 教学实施

（1）实施教学。在该校二（1）班和二（2）班（学生的基本情况一致），用 A、B 两种教法教学。

（2）组织该校全体语文教师及其所辖学区内的语文教师观摩两种不同的教学。

（3）组织教师讨论，开展教学反思。

（4）撰写行动研究报告。

效果与讨论：

教学结束以后，由学校领导牵头组织教师集中，由教研室教研员引领教师对效果进行分析，展开讨论。

1. 效果分析

两种教学行动所产生的教学效果对比。如下表：

表 10.1

教学 A	教学 B
课堂气氛严肃、较沉闷。	课堂气氛和谐、生动、较活泼。
学生的课堂负担重，尤其是心理负担。	学生课堂负担轻，较为愉悦的。
读书面不宽，读书量不大，参与朗读的人不多，兴趣不高。	与左相反。

教学 A	教学 B
教师提问为主，学生很少提问，思维不活跃，想象不丰富。	教师不提关于内容理解方面的问题，学生质疑问难，思维活跃，想象丰富。
侧重理解内容，学生语感没有得到训练。	重在指导学生朗读，在读中培养了语感。
学生只是机械地记住了课文寓意。	学生在感悟课文寓意的同时，与文本对话，发表了许多新鲜的见解。
知识与能力、过程与方法、情感态度与价值观"三维"目标整合性不强，学生的收获与发展不均衡。	与左相反，学生人人有收获，个个有提高。

2. 讨论

（1）教师的发言

唐美枝老师（执教者）：我非常庆幸自己成为这次行动研究的执教人。教了两节课，让我感觉像是经历了两个不同的世界。第一类课堂死板、枯燥，第二类课堂生动、活泼，二者形成了十分鲜明的对比。我在教第一类课时，真有一种教不下去的感觉，我看到孩子们学得很累，我与他们一起经历了痛苦的煎熬。在第二类课堂上，我转变自己的角色，努力使自己成为学生的好朋友，尽量不给学生什么条条框框，让他们自己读自己想，自主探究。看着孩子们通红的小脸和愉快的神情，我真高兴，我与他们享受到了学习的快乐和幸福。今天这次教学以后，我会认真去思考新课程标准所提出的新的教学理念，认真进行实践和探索，进一步提高自己的教学水平。

袁志博老师：两种教学的对比，让我们真切地看到了什么是教师角色的转变。在第二种教学中，唐老师真正成了学生的合作者、诱导者和服务者，老师和学生是完全平等的。特别是在指导学生朗读课文时，老师和学生的主动性与创造性都发挥出来了。看来在教学中，我们的架子一定要放下来了。

李文君老师：以前我教《坐井观天》这一课时，总是像第一种教法那样，把寓意讲深讲透，总怕学生不理解。今天两种教学一对比，给我的启发实在是太大了。我也理解了课程标准所说的"阅读是与文本对话的过程，在阅读中要尊重学生自己的体验"。

…………

（2）教研员的评述

同是一篇课文，同是一个老师，为什么两种教学行动会产生截然不同的教学效果？我们不妨将两种教学活动过程进行一下比较。如下表：

表 10. 2

教学 A	教学 B
以"教"为中心设计教学，教学设计是程式化的、固定的。	以"学"为中心设计教学，教学设计是灵活的、变化的。
理解内容为主，教师的教主要侧重于"理解""分析"层面上。	引导读书为主，教师的教主要侧重于"感悟""积累"层面上。
学生的学主要是接受式的、静坐式的，没有自主权，主体地位不突出。	学生的学主要是参与式的、探究式的，享有自主权，主体地位突出。
强迫学生接受教参所规定的寓意。	不给统一答案，允许学生有自己新的见解和独特体验。

从对比中我们可以看出：

①"教学 A"所代表的是传统的讲读教学方法。从教学设计来看，是从课文的开头讲到结尾，没有对教材进行创新处理，是在教教材而不是用教材教；从教学活动形式来看，是以教师讲为主，学生静坐接受；从教学内容上看，教师注重内容的理解分析，强迫学生接受教参规定的内容；从教学关系来看，师生是"授—受"的关系，学生完全没有学习的自主权，更谈不上发挥主体作用。在这样的教学活动中，学生的学习兴趣受到压抑，心理负担沉重，机械地按"师嘱"学习，学习的效率不高。"教学 B"打破了传统的"逐段串讲、烦琐分析"的教学条框，尊重了学生的主体地位，充分发挥了教师和学生的主动性和创造性。教师根据学生学习语言的规律，以及学生的阅读过程，设计教学并及时调整教学。在这样的教学活动中，学生主动参与阅读，参与语文的实践活动，各种语文能力得到了明显的发展，较好地实现了"三维"目标。

②对于低年级阅读教学来说，传统的讲读教学明显偏重于内容的理解与分析，低年级阅读教学"高年级化"的现象十分严重，这无疑加重了学生的学习负担，不符合儿童学习语言的规律。低年级阅读教学应该以朗读为主，注重感悟和积累。在"教学 A"中，由于教师把主要的精力集中在课文内容的分析、讲解上，无形之中"挤"掉了学生的时间，学生的读书是不够充分的。而"教学 B"中，教师以读为主，让学生充分地读，先是读顺，接着读熟，然后是读懂，最后读出味，学生在读中感悟了内容，也积累了语言。此外，对课文内容的理解应该允许学生有自己的看法和见解，这样更利于培养学生的创新精神和创新能力。这也是新的语文课程标准所极力倡导的一个重要的阅读教学理念。

反思与总结：

本次低年级的阅读教学行动研究，使教师们清楚地看到了传统教学的弊端，转变了教学观念，深刻地领悟到了新课程标准的改革精神，为低年级的阅读课堂教学实践指明了方向。

构建以行动研究为载体的校本培训模式，我们要注意以下的问题：

第一，以行动研究为载体的校本培训模式中的问题确定。以行动研究为主体的校本培训模式不仅仅为解决某一个教学情境中的问题，而是以解决问题为凭借，将教学与研究、培训与发展紧密地融为一体，其真正的价值追求在于促进教师的专业化发展。因此，在进行问题的选择时，着眼点要高、远，而入手点则小、实，即着眼于教师与学校的大发展，从教学情境中的现实问题入手，力求解决最实际的问题。

第二，以行动研究为载体的校本培训模式中的主体参与。在行动研究中，教师是主体。从参与的方面来讲，行动研究可以是有许多教师参与的群体研究行动，也可以是教师个人所主持的研究行动，还可以是群体与个人合作。无论是群体参与还是个体研究，都必须保证研究过程的完整性。如果是教师的个人研究行为，学校还有必要将其研究行为转化为集体的行为，以达到以一带十、促整体发展的目的。

第三，以行动研究为载体的校本培训模式中的专家引领。在校本培训研究中，一个分歧较大的地方就是要不要专家指导的问题。我们认为，校本培训虽然是以学校为基地，注重的是学校自训，但是离不开理论的引领。目前具有理论引领能力的学校毕竟不是太多，更多的学校还必须依赖于教育理论专家的指导，专家参与的校本培训可以获得较高的培训质量。因此，在进行校本培训研究的过程中，必须切实加强大专院校教育理论专家、本地教研室教学研究人员与学校的联系与融合，使专家、教研员和学校领导教师都成为校本培训的主体。

第四，以行动研究为载体的校本培训模式中的管理问题。一是要建立比较科学的评价体系，评价体系的建构不仅关注学生的发展，更要关注教师在研究过程中的表现，把对教师的评价作为重点，同时注重对活动效果的总体评价；二是学校要健全校本培训的行动研究组织，落实领导，积极寻求专家指导或合作伙伴，建立完善的管理机制，特别要加强研究活动规划的制订与落实；三是注意对研究资料的整理，以形成系列研究报告，清晰地反映教师专业发展的过程和成长足迹，为学校课题研究的深入开展积累宝贵的经验。

三、专题研究

学记语文是一种教学思想。实施学记语文，就是要把学记语文思想渗透到语文教学的方方面面，从而提高语文教学效率，促进学生生命质量提升。为此，我们围绕学记语文这个大主题，把其中的自变量转化成一个一个的专题进行研究、探讨。

我们知道，教育实验的过程就是实验者准确地把握并操纵自变量，从而引起实验对象变化的过程。但是，要想准确地操纵自变量，那就必须对自变量有一个准确的解释，真正拿出一个可以借鉴的"范式"标准。但实际的"范式"标准是很难确定的，它不像某方法或某一教学模式的实验，可以拿出一个"四步结构"或"五个阶段"的固定模子来。即便对自变量有一个准确的解释，在实践中教师们操作起来又会是大相径庭。为了使学记语文中的每一个自变量得到有效研究，我们采取了专题研究的方法，把自变量转化成一个一个的专题，持续地进行研究。几年来，我们研究的专题有 30 多个（见上节陈述）。

围绕着这些专题，开展研究活动。如我们曾以"学记语文的备、教改革"为专题，开展了一次专题研究的活动。下面是这次专题研究活动的总结和课例研究报告：

解放思想　大胆探索

——仙桃市"学记语文"青研中心成立暨课堂备、教专题研讨会活动总结

执笔：仙桃市"学记语文"青研中心秘书长、毛嘴小学副校长　汪新彗

2010 年 4 月 15 日至 16 日，仙桃市"学记语文"青研中心成立暨课堂备、教专题研讨会，经过精心筹备，认真组织，在位于美丽的仙桃西南重镇的陈场一小召开。两天的研讨会中，来自全市的小学语文骨干教师、教学校长齐聚陈场，共同探讨"学记语文"课堂备、教模式的改革与实践，学术气氛浓厚，研讨效果明显。

本次会议的内容之一，是成立"学记语文"青研中心；内容之二，是通过行动研究，更深刻地认识到传统语文教学与"学记语文"的不同之处，进一步探索阅读教学中"学记语文"的教学模式和方法；内容之三，是探索"学记语文"理念下的集体备课模式，规范全市集体备课的内容和要求；内容之四，是由"学记语文"的倡导者、市教科院小语室向爱平老师作《"学记语文"的研究与实践》报告，进一步帮助与会教师理解"学记语文"的深刻内涵。

综观本次"学记语文"备、教专题研讨会，有以下值得称道之处：

一是会风扎实。在本次研讨活动中，我们秉承小学语文研讨会的一贯会风，通过分组互动备课、比较教学课堂观摩、现场讨论交流，扎实开展教学研究与争鸣，澄清了第一次研讨会中的一些模糊认识，有利于"学记语文"更深入的探索。

二是内容丰富。本次研讨会，既有"行动研究之同课异构"，又有主题报

351

告；既有一线教师的现场参与备课、教学观摩、课后讨论交流，又有教研员及学术指导委员会的有效引领和理性解答，使与会教师既获得了操作层面的启迪，又得到了理性层面的提升。

三是参与面广。本次会议的互动备课、分组研讨，为每一位教师的参与提供了平台。在现场互动备课与教学观摩后的分组讨论中，大家积极参与，讨论热烈，大家尽情地交流在备课中如何突破以往"为教而教"的模式用"学记语文"的教学思想来进行备课，如何在课堂中引导学生主动学习，相互探讨课堂备、教中存在的问题与困惑。通过亲身参与和广泛研讨，切实地提高了本次研讨会的实效性。

本次"学记语文"研讨会有如下成果和收获：

一、成立了富有活力的"学记语文"青研中心，为"学记语文"的探索提供了力量和组织保障。

在本次会议上，仙桃市"学记语文"青研中心组织机构正式成立。"学记语文"青研中心主任由仙桃市教科院小学语文教研员向爱平老师担任，副主任由大新路小学教学副校长蔡长青、仙桃小学副校长袁志博担任，特邀省教研室段宗平老师、李作芳老师、市特级教师冯蕾等10位知名教师为"青研中心"的学术指导顾问。另外，大会现场推选出各校优秀教师为青研中心成员。仙桃市"学记语文"青研中心将成为推动"学记语文"课堂改革的一支重要力量，为今后进一步广泛开展"学记语文"活动，更好地发挥带头作用。

二、开展行动研究，比较不同的教学方法，深入思考"学记语文"备、教策略。

本次行动研究分三个步骤来进行：互动备课、比较展示教学课例、讨论与交流。首先，把与会教师根据自身情况或兴趣分为低、中、高三个年段，每个年段分成两个小组分别进行互动备课。一组努力体现"学记语文"倡导的"用教材教，以学生为主体，顺学而导"的教学观，另一组则体现传统教学模式。然后，低段由陈场一小邹丽老师和陈场二小万芳老师分别用不同的方式执教《刘胡兰》，中段由沔洲小学胡荣老师和陈场二小左春梅老师分别执教四年级课文《生命　生命》，高段由龙华山小学李艳老师和陈场一小彭娟老师分别执教《临死前的严监生》，最后低、中、高段分别开展讨论与交流。由于教师们都亲身参与了备、教过程，所以通过两种教学的比较，老师们可以很清晰地看到传统语文与"学记语文"的不同：

1. 在师生关系、教学关系的认识上有所不同。

"学记语文"在课堂教学中呈现的师生关系不是以教师为主宰，而是以学生为主体；在教学关系上，不是以教师的"教"为重点，而是以学生的"学"为重点。在教学中，老师首先指导学生读题，然后问学生读题后有什么疑问，当学生提出了"生命是什么？""为什么用两个生命来作题目？"等非常有价值的问题后，老师引导学生抓住自己所提出的问题读文、小组讨论、交流，最后由学生自己总结出：生命是那一声声沉稳而又有力的心跳，生命是飞蛾求生的欲望，生命是香瓜子的不屈向上、茁壮成长……整个课堂充分体现了学生自主学习、合作学习、自主探究的主体地位。教师在课堂上不是以教代学，先教后学，而是依据学生的学习状况灵活诱导。而在传统的课堂教学中，很明显地看到教师以教代学的痕迹，整个教学过程以教师的讲解和引导为主。

2. 对教学目标的认识和对教材价值的认识有所不同。

以中年段的课例《生命 生命》为例，《生命 生命》这篇课文的思想价值在于：通过读这篇课文，引发学生的思考，究竟怎样的生命才是有价值的生命？究竟怎样生活才是有价值的？我们应该如何看待生命？其教育价值在于：用《生命 生命》这一篇课文如何对学生实施影响？如何让学生对生命有自己的理解？其语言训练价值在于：积累语言，背诵课文，从课文的构段方式上获得运用语言的能力。

两节课都体现了文章的思想价值和教育价值，"问题导学模式"课堂尤其如此。但是在语言训练方面，传统式的课堂则更加深入一些。如理解句子"只要我的手指稍一用力……"时，老师让大家思考是否可以去掉"稍"字，从而体会生命的脆弱。这样的语言训练在"问题导学模式"课堂中则体现不够充分。

而"学记语文"应该是融合两种课堂，做到"工具性"与"人文性"并重，注重积累与运用并重，强调语文素养的培养。

3. 在教学效果的追求上有所不同。

"学记语文"在教学效果的追求上，关注的是人的发展，既关注学生的成长，也关注教师的发展；而传统课堂关注的是文本，是对于一篇课文的理解、感悟程度。

通过比较课例，我们看到了传统语文课堂教学的弊端，更坚定了"学记语文"备、教改革的信念，明确了"学记语文"课堂改革的方向就是要紧紧围绕"以学为重、为学而教、以学定教、随学而导、记用相行、教学相长"的核心思想来进行教学，继承《学记》宝贵的教育思想，弘扬《学记》进步的教育经验，改革当下陈旧的教学方式，努力促进语文教学的高效发展。

三、探讨"学记语文"理念下的集体备课模式，规范了集体备课的内容、环节与要求。

"学记语文"倡导：让备课成为"为学而教"的最好准备。会议由陈场一小、陈场二小两所学校现场展示了两种不同模式的集体备课，为全市的小学语文集体备课做了很好的示范。

陈场二小中年段集体备课《鱼游到了纸上》，采用的是"教学方案建构模式"。这种集体备课模式的目标是：建构个性化的教与学的方案。其过程为：中心发言人提出要求→自由查找思考预设→集中交流讨论思考（包括备课拟达成的目标、教材解读、目标的制订与呈现方式、学生预习设计、教学思路的异构、教学方式与手段设计、板书设计、教案设计）→自由设计个性化的教案→互动展开教学实践。

陈场一小高年段集体备课《将相和》，采用的是"解决问题模式"，其目标是：发现问题、分析问题、解决问题。过程是：由中心发言人提出问题→自由分析、思考问题→集体讨论、交流→尝试解决问题→反思问题解决程度。

另外还有"行动研究模式"，这一集体备课模式目标是解决某一方面的问题。过程：中心发言人提问题→自由查找思考预设→集中交流、讨论→比较设计教学方案→互动展开教学实践→针对教学展开反思→撰写完善行动报告。

四、听报告，进一步深刻领会"学记语文"的思想内涵。

向爱平老师关于《"学记语文"的研究与实践》的报告精彩而又深刻。他在报告中点明了目前语文课堂教学效率低下的原因，阐述了《学记》对教学的重要指导价值，提出了《学记》的教学原则和教学方法，明确了"学记语文"的研究方向和目标，从而提炼出"学记语文"的核心思想——"以学为重、为学而教、以学定教、随学而导、记用相行、教学相长"，并对"学记语文"应该怎样实践操作做了指导。

向老师强调，在教学实践中，我们要解放思想、克服畏难心理、加强学习、大胆探索。"学记语文"就是要让学生"主"起来，把教材用得更"活"些，让目标成为学习的"航标灯"，让问题成为教学的指引，让预习成为课堂学习的"先遣队"，让学习过程成为全语文实践过程，让备课成为"为学而教"的最好准备。向老师的报告让与会者深切地感受到他作为一名语文教研员对于语文教学研究的激情，对于语文课堂教学改革的责任，对于青年教师的关怀。

本次研讨活动是继第一次"学记语文"研究后所做的又一次探索和思考，今后这样的研究还会不断深入，期望有志于"学记语文"研究的教师们加入到我们的队伍中来。

《临死前的严监生》"同课异构"专题研究报告

问题与设想：

小学语文新课程改革以来，小学语文课堂教学的面貌有了一定的改变，但有些课堂变得活而不实，繁而无效，最终课堂教学效率不能提高。其"病根"就是老师"为教而教"，学生"遵教而学"，学生的主体地位没有得到真正突出，学生在课堂上总是"主"不起来，学习的主动性和创造性没能得到充分发挥，学生的语文能力素养不能得到真正提高。要改变目前这种现状，我们提出了探索"以学生学习活动为主体"的改革思路——即"学记语文"的思想，并展开相关研究活动。

这次高段的"学记语文"的教学实践，是想通过对《临死前的严监生》同课异构教学的观摩与研讨分析，让教师能在实实在在的教学过程中，领悟"学记语文"的教学思想及教学策略模式，并感受将其转化为具体的教学行为的效果，以澄清教师在思想上、认识上对"学记语文"的模糊性、错误性认识，切实提高教师为学而教、以学定教的语文教学能力，力争提高我们的小学语文教学的实效性。

设计与实施：

1. 活动主体

仙桃市"学记语文"青研中心成员。

2. 专业引领人

仙桃教科院小学语文教研员向爱平老师。

3. 执教者

仙桃市新生街小学李艳老师。

仙桃市陈场一小彭娟老师。

4. 课例：《临死前的严监生》

这个片段记叙了严监生临终前因灯盏点了两茎灯草，伸着两根指头不断气，直到赵氏挑掉了一茎才一命呜呼的故事，刻画了爱财胜过生命的守财奴的形象。如何引导学生感悟文中严监生的形象、习得语文能力是这一课教学重难点。

5. 教学设计

采用分组集体备课的方式设计教学

（1）教学设计A（李艳）

教学目标：正确、流利地朗读课文。感受严监生鲜活的人物形象。

教学重难点：理解课文内容，学习作者抓住人物的动作、语言、肖像、心理活动等描写人物的方法。

教学准备：课件。

教学过程（听课简记）：

①课前交流，师生一起了解《儒林外史》及作者。（课件出示作者简介）

②板书课题，齐读课题，理解题意。

③自由读课文，要求读准字音。

④检查读书。有针对性地检查平时读书机会相对较少的学生，随时正音。

如监（jiàn）、眷（juàn）、茎（jīng）。

⑤课文中写了哪些人？文章主要写了谁？这个人给你留下了什么印象？交流对人物的初步感受。

⑥再读课文，找一找严监生临死的样子和动作，感受人物。

⑦分别找找文中写大侄子、二侄子的语言的句子，从中你体会到严监生的内心是怎样想的。

⑧自读后面写赵氏等的语句，你找出了哪些关键词来体会？严监生又会怎样想？

⑨你想对严监生说什么？

⑩引导认识写法，指导学生进行课外阅读。

（2）教学设计B（彭娟）

教学目标：正确、流利地朗读课文。感受严监生鲜活的人物形象，学习作者抓住人物的动作、语言、肖像、心理活动等描写人物的方法。

教学重点难点：自主阅读，学习通过人物动作、语言、肖像、心理活动等感悟人物形象、描写人物。

教学准备：课件。

教学过程：

A. 名著导入

①同学们，我们都知道中国古典文学在世界文学史上有着举足轻重的地位。其中有一部小说《儒林外史》更是古典文学创作的一朵奇葩。今天，我们要一起来学习的，是这部作品中塑造得最成功、最典型的一个人物——严监生。

（板书课题：_____ ，严监生，给"监"正音。）

②学习课文，首先得有目标。请大家把课本翻到这一单元的单元提示。我们一起来看一看，单元提示提出了哪些指导性的意见？

（学会感受作家笔下鲜活的人物形象，体会作家描写人物的方法，并在习作中学习运用。）

③那么同学们学习这篇课文想达到什么目标呢？

（学生发表观点。教师指导性总结。）

④板书：读懂课文、了解人物、学习写法。

B. 读懂课文

①首先，请同学用自己喜欢的方式读一读课文，要求：把句子读通顺，读完后能用一句话说说严监生给你的第一印象。有疑难的字音可以查找资料或者询问老师。

（学生读课文、师巡视指导）

②请一位同学读课文。其他同学听一听读得怎么样，思考一下老师刚才提出的问题。

正音：挑、茎。

C. 了解人物

①学生发表观点：我对严监生的第一印象。

②为了让同学们对严监生的了解更全面，老师课前给大家搜集了一句《儒林外史》中的原文。（请一位同学读。）

"他家有十多万银子。钱过百斗，米烂陈仓，僮仆成群，牛马成行。良田万亩，铺面二十多间，经营典当，每天收入少有几百两银子。"

③听了这段话，我想请同学再来说一说此时你对严监生的看法。

（预设：富人、小气。）

④这么有钱的人，他的小气到底能到什么程度呢？请同学们独立读课文，看一看严监生给你印象最深刻的是什么。（提示：注意动作。）

（预设：两根手指头）

⑤找出课文中所有写到"两根指头"的句子，画下来。你是怎么从这四句话中体会到严监生"小气"这一性格的？

⑥师请4位同学串读这四句话，读出新的发现。（一次比一次着急，焦急的程度不断加剧。）

他为什么越来越焦急？（两根灯草）

（你们看，灯草越来越短，灯油越用越多，严监生心里那个急呀！）

⑦再次串读这段话。还能从哪里感受到严监生的"极端吝啬"？

（4人读，全班读）（将第一次"总不得咽气"与最后一次"登时没了气"串起来读，体会这种首尾照应的效果。）

⑧请大家注意，这个时候的严监生，处在一种什么样的情况下？

（临死前。）

补充课题，齐读。（临死前的严监生）

⑨通过这一特定的环境，更能显示出人物的什么性格？

⑩为了更形象地感知，我们一起来看这个插图。说说你看到了什么？你又有什么体会？

（骨瘦如柴、粗布衣被、用具破损）（小气到了极点）

D. 学习写法

①同学们对严监生的形象感受得是越来越深刻了，我们不得不佩服作者，寥寥数笔，就把一个视财如命的形象鲜活地展现在我们眼前，真是妙极。我们有的同学平时的作文也写人、也写事，为什么不生动呢？作者是怎样把这个人物写得这么活灵活现的？我们一起来看一看作者的写作手法。

357

（板书：动作描写，神态描写。）

②原来奥妙就在这里。下面，请同学们拿起手中的笔，选择一个熟悉的人物，如老师、父母、同学，通过一个小故事，运用我们今天学到的两种方法来展现出人物鲜活的形象。

（读读几位同学的创作。）

E. 课堂小结

同学们，今天我们通过一节课的学习，认识了吴敬梓笔下的严监生，感受到了他的"舍命不舍财"，还掌握了两种描写人物的方法：动作描写、神态描写，咱们的收获真大啊！

在中国古典文学名著中，还有很多鲜活的形象、语言的瑰宝等待我们去发掘，希望同学们课下能读一读这些名著。

教学效果与讨论：

教学结束后，"学记语文"青研中心成员由向爱平老师引领，和全体听课教师一起对教学效果进行了分析，并展开了讨论。

1. 教学效果分析

两种教学过程所产生的教学效果可用以下表格进行对比：

表 10.3

教学 A	教学 B
课堂气氛较沉闷、较规矩。	课堂气氛活跃、生动，关系和谐。
学生按部就班，绕着老师转。	学生主动性强、自主阅读感悟。
以教师提问为主线，思维不活跃，学生主体性不明显。	教师只是学生学习的引路人、协助者，学生有较多质疑。
侧重内容理解、问题的结果、技能的熟悉，学生语感、思维、表达训练太少。	侧重指导朗读，培养学生的感悟、语感、思维、表达，重在学习的过程与方法。
读书量与面有限，兴趣不高。	读的量与面较大，形式多样，积极性高。
学生多是在知识与理解上有一定记忆性的所得，对于语文学习方法、人文情感的发展太少且不一。	三维目标能得到整合性的达成，学生都能有所发展与提高，且较为均衡。

2. 自由讨论

杨老师：通过两节课对比，让我们真切地看到了什么是教师角色转变，什么是以学定教，用教材教。在第二节课中，老师真正成了学生的合作者、服务者乃至伙伴，师生关系完全是平等的。特别是在师生合作读中，师生的主动性都发挥出来了。

李艳老师（执教者）：在以往的教学中，我都是习惯用两课时处理《临死前的严监生》这篇课文，也曾经尝试用一课时来完成这一教学任务，向四十分钟要质量。但是在教的过程中，瞻前顾后，总怕教漏了知识点，最后都觉得时间不够用而作罢。今天想来，还是落入了传统教学的俗套，而彭娟老师在处理《临死前的严监生》这篇课文的时候，由于是用"学记语文"的教学方法执教，很多问题都迎刃而解，显得简单多了。可见"学记语文"为我们指明了语文教学的新方向，把我们引进了语文教学的新天地，给了我们全新的视野。

彭娟老师（执教者）：按照我的设计，这堂语文课将秉承"学记语文"的教学理念，达到较好的教学效果。但是理想中的课堂与现实的课堂还是有差距的。那些在脑子里预设好的问题以及答案，在真实与学生接触、深入后全体瓦解、崩溃。那时才发现自己缺少的不是预见性，而是纵观全局，将文本、学情、课堂调控运筹于胸间的能力。

一是对文本解读不透，以成人的眼光析文本。在预设中，我把严监生吝啬的主要表现归结为三点：1. 诸亲六眷的猜测；2. 四次猜测后的表现；3. "总不得咽气"和"登时没了气"的反差。然而在课后与听课老师交流时，他们告诉我，在孩子眼中最能看出严监生吝啬的是赵氏的话和当时严监生的表现。（赵氏慌忙揩揩眼泪，走近上前道："爷，别人都说的不相干，只有我能知道你的意思！……你是为那灯盏里点的是两茎灯草，不放心，恐费了油。我如今挑掉一茎就是了。"说罢，忙走去挑掉一茎。众人看严监生时，点一点头，把手垂下，登时就没了气。）静下心一想，我归纳的这些，都是自己对文本进行分析、整理后得出的看法。要学生在读完一次课文后，就急急忙忙地让他们将语言文字在大脑中转变为更深的理解，难度确实太大，也难怪当时课堂上学生为了迎合我的心思，欲言又止，举棋不定，不然就是东拉西扯，断章取义，课堂里所激起的只是"微波"和"涟漪"而已。

二是对学生的回答缺乏有效引导，使课堂横生枝节。"学记语文"强调"为学而教、以学定教"，课堂要以学生为主体，而教师要转变角色，要成为课堂的引导者、组织者、合作者。既然这样，那么我们在课堂中就要适时而导，才能提高问题的有效性。然而我在课堂上忽略了这一点。如在回答"课文讲了一个什么故事？"时，第一个学生答："讲了临死前的严监生。"没有答到点子上，我的评价是："你直接用课题来做了回答，没有针对性，不具体。"结果这样一个模糊的评价导致接下来的学生有些不知所措，弄不清老师提问的意思，不敢发表自己的观点，课堂上一下子出现了冷场的僵局。

三是拓展环节给学生的框架太大，造成学生难以下笔。拓展环节，我给学生提出的问题是：用今天学习的两种方法来写一个人。在学生中就出现了这样的现象，一是不知从何下笔，二是走上过去写人的老路，开始了对人物外貌的描写。只有极少数同学运用"动作、语言描写"进行创作。如果在这个环节中，我用这样的方法来引导，可能效果就会大相径庭。

蔡长青老师：两种教学思路优劣分明，我想感谢这两位教师大胆的教学实践，是她们的演绎才让我们对学记语文的目标与思想有了真切的感受。第二节课中，从课堂教学结构看"为学而教、以学定教"的思想与教学行为是有目共睹了，而要真正做到这一点，我想对老师处理教学的第三环节说一下想法。对于感悟人物形象可以这么做（第三环节的④—⑨），把主动权交给学生，引导学生自主读书，培养语感。首先呈现文中片段，自己阅读感悟：你能体会到什么？怎样体会到的（抓重点词）？接着，联系前后四句指导朗读，又能体会到什么？为什么？最后，将首尾联系着读（即硬是断不了气和登时断了气）还能体会到什么？这样层层深入，既读懂作者怎么在写，又能感受人物形象、培养语感，还能让学生在情感、态度、价值观上得到提升。

另外，对教学中能力迁移即习得写作方法，我觉得可能是因为时间仓促，教师设计欠考虑，可改为：写一个人认真地做什么的样子，但文中不允许出现"认真"二字。这样要求明确，从读学写，与所学内容结合更紧密。

…………

市教科院向爱平老师评述：教学 A 所代表的是传统的讲读式教学模式。教师对教材的理解没有什么偏离，但从教学设计来看，以教为中心，过程程式化，以理解分析为主，教师教学方法主要是灌输式，学生主要是被动接受式，缺乏兴趣，主体地位不突出，因此学习效率不高。而教学 B 突破了传统的逐段串讲、烦琐分析，教学开始首先明确目标与重点，教学设计是灵活的、变化的，以引导自主读书为主，侧重感悟与积累，教师的教是启发式、点拨式的，学生的学是参与式、探究式的，主体地位突出。这是明确的重过程、重方法、重情感态度价值观的、统一的教学。

3. 教学研讨结论与启示

一种教学行为的转变，首先一定是教学思想与观念的变革。本次教学研讨，的确让我们广大教师更深刻地认识到了"学记语文"确立的核心思想："为学而教，随学而动，记用相行，师生相长"。这种思想以及其在实践中与理论相结合的操作策略与模式，都强烈地撞击着我们的大脑。

这次研讨还让我们明确了以下几点："学记语文"在教材使用方面，积极倡导"用教材教"而不是"教教材"。"学记语文"在教学方法方面，积极提倡在课堂上让学生提出问题、分析问题、解决问题。"学记语文"在课文内容和形式方面，追求内容和形式的统一，提倡走"语言—内容—语言"的路子。"学记语文"在传统与创新上，提倡继承和发扬传统语文教学中的精髓，坚持

"整体—部分—整体"的原则。"学记语文"在"为学而教、以学定教"的入手点上，要引导学生关注单元导读或课后的思考练习题，提倡从单元导读、课后思考练习入手，不是在教学中或者教学后解决课后思考练习，而是用课后思考练习来指导学生阅读，让学生学会阅读。

  "乘风破浪会有时，直挂云帆济沧海。"我市小学语文改革吹响了新的号角，只要我们不懈努力，我们相信"学记语文"一定会引领我们走进语文教学的春天！

参 考 文 献

1. 沈怡文. 学习方法论[M]. 武汉：湖北教育出版社，1999.

2. 郑国明. 新世纪语文课程改革研究[M]. 北京：北京师范大学出版社，2003.

3. 教育部基础教育课程教材专家工作委员会编. 义务教育语文课程标准（2011版）解读[M]. 北京：高等教育出版社，2012.

4. 肖川. 教育的视界[M]. 长沙：岳麓书社，2002.

5. 叶圣陶. 叶圣陶教育文集第3卷[M]. 北京：人民教育出版社，1994.

6. 全国小学语文教学研究会秘书处编. 语文课程改革与实践[M]. 北京：人民教育出版社，2005.

7. 费蔚. 小学口语交际教学理论与示例[M]. 北京：人民教育出版社，2009.

8. 罗楚春等. 生命教育的研究与实践[M]. 武汉：武汉出版社，2007.

9. 崔峦. 求是·崇实·鼎新——崔峦小学语文教育文集[M]. 北京：人民教育出版社，2005.

后　记

1984 年的春天，我由一个小裁缝变身为一名乡村小学的语文教师。此后，我先后经历了民办教师、代课教师、公办教师的身份转变，经历了由普通语文教师到语文专职教研员再到人民教育出版社、语文出版社新课程实验教材培训专家的角色变化。从 20 岁到 48 岁，我已不再年轻。我从一个什么都不懂的普通教师，成长为一个有思想、有行动、有成果、有影响的小学语文教研员。这里，我首先要感谢我的亲人，我的领导，我的师傅，我的同事，我的朋友，我的老师们。

回忆往事，一路走来，欣慰之余略带着几分沉甸，个中滋味一言难尽。

（一）

记得一天晚上，我应邀为某汽车服务公司和某旅行社的员工做职场培训，我讲的主题是《个人发展与团队壮大》。期间，有位员工问我："教研员是做什么的？不就是编资料出考试题的吗！"那位员工的话，引发了我对自己职业的深沉思考：我的职业仅限于此吗？我对员工们说："我的工作任务不只是编资料，不只是出考试题。教育的优先发展，离不开教研；教学改革的开展，离不开教研；教育教学质量的提高，离不开教研。教研是教育改革的有力支撑，教研员是教育教学改革的先行者，在教育教学改革中起着十分重要的指导、参谋、引领和服务作用。可以这么说，教研员是老师的老师，是教师与学生成长的引路人。"

回答了职场员工的问题，我开始更加深入地思考：我应成为一个怎样的教研人？在对自己十余年来的教研生涯进行认真的反思后，我把做一名有文化、有品位的教研人作为了我的追求。

我认为有文化品位的教研人，首先应该有自己的文化涵养。

教研员是研究者和教学者，要思考教育的本质，思考教育的目的，更要积极研究教育教学中的具体问题。教研员也是学习者和实践者，要抓小问题，认真做研究，要能够解决一线老师的具体问题，具体指导老师的课堂教学。有人说："一个教研室的能量取决于成员的文化层次，一个教研员的素养取决于他的文化思想。"教研员的专业发展和主动提升，离不开文化的滋养，而文化的滋养则只能从阅读中来。

我追求庄子的"知行合一"。庄子说过："吾生也有涯，而知也无涯，以有涯随无涯，殆已。""知"宛若一片汪洋，而人的生命又是极其有限的，在有限的生命和时间里，去追求无限的"知"，看起来似乎一点希望也没有。但是，我们会在这种追求中找到一个充实的自我，一个于人、于社会有用的自我。为此，我把阅读作为工作之余的重要内容，时刻不忘记读书。西方哲学家怀特海说过："一定要等到你课本都丢了，笔记都烧了，为了准备考试而记在心中的各种细目全部忘记时，剩下的东西，才是你学到的。"我已经养成一种习惯，建立自己的价值取向，去多学习与思考，再努力把所"获取"的印证于自己的教研生活之中。

我追求"外化而内不化"的教研精神。"外化而内不化"是庄子的生活原则，是一种积极的处世态度。"外化"是外表的言行与别人的同化，也就是在世事的变化中，随顺而变；"内不化"是精神不变，是心灵不变，永远保持内心的宁静。这种境界是一般人很难达到的。教研人不是圣人，也得食人间烟火，也得有朋友，也得有交往，这是"外化"；但教研人有着自己职业的特性，有着自己独特的精神追求，这是"内化"。我从做民办教师开始走到今天，28年的语文人生中，有过浮躁的经历，也有过孤独的岁月。我有朋友，我也曾与朋友豪饮不醉不归，也曾在 KTV 放声，成为"麦霸"；但是我也曾沏清茶一杯，好书伴床，精骛神游，笔耕于夜深人静之时……"恪守宁静，享受孤独"，这是我做教研人所追求的精神境界。

其次，教研人生还告诉我，有文化品位的教研人，应该有自己的生命激情。

一个有激情的人，对生活充满了乐观，充满了憧憬，充满了许多美好的遐想。一个有激情的人，工作就能投入，创意就能不断，诗意就能彰显，个性就能飞扬。

在我的职业生命成长历程中，拥有两个"绰号"："激情燃烧"，文雅；"神经"，则有些粗俗。我的同事刘勋祥先生甚至找出了两个"绰号"间的联系，进行了一种近乎绝版的诠释：所谓"激情燃烧"就是"神经再神经"。我不恼不怒——从自然生命形态的角度来看，我热爱生活，敢爱敢恨，爽直奔放，有时来点"疯劲儿"；从职业生命形态来看，我热爱自己的职业，在职业生命旅途中从不偏执，不故步自封，不因循守旧，不心灰意冷，不麻木冷漠，"而是随时敢于打破已有的均衡，去重新开始新的探索并有勇气去承受可能带来的沮丧"，时常"激情燃烧"于课堂上。友人的诠释将两种生命形态里的"我"合二为一，岂不妙哉？

半个多世纪以来，关于教师人格特征的研究，盖兹达（G. M. Gazda）等人有过精辟的概括，指出"一个好教师应具有的人格品质"包括：有积极向上的人生态度，有很强的责任感，忠诚地投入事业和工作，热情地关心和帮助他人，等等。我引以为鉴，我发现自己还与之相距甚远，但无论是自然生命形态里的我，还是职业生命形态中的我，我所拥有的最大人格财富就是"激情"。

"生命不死，激情不灭！"这是我对自己的生命旅程所吹响的号角。

（二）

教研员要干一些有文化品位的教研事，这话好说，但做起来实在难。

教研工作的经历告诉我，一个教研人不能今天想到什么就做什么，这样的教研人生是琐碎的人生、凌乱的人生。教研人应该有自己的思想，这个思想要成为教研人的目标，为着这个目标甚至穷尽一生的精力。

在当前新课程改革的过程中，西方教育思潮大量涌入，众多的小学语文教师对其盲目追捧，我们的语文教学与研究正在失去特有的民族性。我认为这是一种可怕的遗失。课程改革固然要接受国外先进的教育思想，但同时更要重视本民族教育理论的学习与研究。何况，在今天许多教师看来比较新鲜的教育名词、教育思想，在中国许多"国学"经典中可以找到。《学记》就是其中之一。在认真分析了目前小学语文教学现状之后，我结合《学记》的教育思想，在国内率先提出了"学记语文"的研究。

"学记语文"不是完全照引《学记》的教育思想，而是结合现代教育思想升华而成的一种新的语文教学思想。它不是对语文教学某个方面的修修补补，而是把影响学生语文素养形成与发展的相关因素综合考虑进来，进行整体的改革。从更新教学观念，到改善教学关系，到改革课堂教学方式，到强化语文活动，到优化语文环境，到改革考查办法，到革新语文教研方式，到语文教师的专业成长，等等，力求开创出一个新的小学语文教学局面。

"学记语文"的思想一旦产生，便成为我教研文化建构的航标，我开始了"学记语文"的研究与实践历程。

我首先注意解决好教师的观念问题。毛泽东同志曾一针见血地指出：教改的问题，主要是教员的问题。我们课堂教学改革的目标愿景是明确的，我们课堂教学改革的意志、决心是坚定的，我们课堂教学改革的目标预期也是指日可待的。我们要解决好教师的问题，主要是解决好教师的思想问题。为此，我成立了"学记语文教学研究中心"，并以该组织为基本依托，宣传"学记语文"的教学思想，开展相关活动，探索实践途径；我依托网络，建立专门的"学记语文教学研究"网络平台，开展了以"学记语文"为主题的学习讨论；我还注意提供思想支持，在学校做"学记语文"的专题讲座，并利用一切机会和场合宣讲"学记语文"。现在，我市的全体小学语文教师都知道"学记语文"的基本思想，在教学实践中大胆探索，小学语文教学改革开始出现新的可喜的局面。

其次，我加强了"学记语文"的理论研究。随着实践的深入，我十分重视"学记语文"的理论研究，比如"学记语文"的基本概念、"学记语文"研究的基本假设、"学记语文"的核心理念、"学记语文"的理论基础等等；重视"学记语文"相关因素的研究，比如《学记》教育思想对语文教学启示的研究、"学记语文"教学关系的研究、"学记语文"课堂教学相关因素的研究、"学记语文"下的语文教学内容的研究、"学记语文"教育评价的研究、"学记语文"教研方式的研究、"学记语文"教师发展的研究、"学记语文"实践经验的研究等等，以丰富和完善"学记语文"的理论体系。

我做的第三件事情是深化"学记语文"的教学改革。课堂教学是"学记语文"的研究与改革重点。在实践中，我围绕"构建有效的'学记语文'课堂教学"这一核心问题，开展了一系列专题研讨活动。从以下两个方面着手进行了研究与改革：一是研究内容关注到了小语教学的各个领域。课堂教学研究的内容从单一的阅读教学研究扩展开来，转向"学记语文"的拼音教学策略探讨、"学记语文"的识字写字教学策略探讨、"学记语文"的口语交际教学策略探讨、"学记语文"的作文教学策略探讨等方面，使"学记语文"的课堂教学改革关注到了小学语文教学的各个领域。二是研究方式注意专题研讨，实现了多元并存。围绕上述研究内容，我组织开展了多种形式的专题研讨活动。我把"'学记语文'青研中心活动""学科基地活动""实验学校专场""青年教师会课""现场专题研讨""网络研修"等方式融为一体，逐步形成了"引路课""研究课""公开课""常态课"多元并存、共同发展的"学记语文"课堂教学研究新格局。

我做的第四件事情是落实"学记语文"的教研指导与服务。一是确定"学记语文"基地学校。我市小学语文学科原有的基地学校是市实验小学。根据"学记语文"的研究发展需要，我在全市又发展确定一批"学记语文"的研究实验基地学校，共22所。二是开展"学记语文"的蹲点教研。我以基地学校为主要阵地，在双向选择的基础上，采取"跟学校，跟教师，跟课堂"的办法，开展了"学记语文"的蹲点研究。在"学记语文"研究中，沔州小学探索出了"问题导学"模式，其创始人是胡荣老师。为了让这一模式在理论和实践上加以完善，我蹲在沔州小学四个星期，在沔州小学举行了专题活动，胡荣老师在研究中也逐渐成长起来。三是注意合作交流。我组织基地学校研究小组与其他学校进行交流研讨，以开阔眼界，寻找共同发展的新路。四是搭建多方平台，以"仙桃教科研网"、《仙桃教育》以及市外其他传媒为平台，展开"学记语文"的教研服务。

我做的第五件事情是做好"学记语文"研究与实践的带头人和践行者。为了让"学记语文"为我市小学语文教学带来深刻的变革，我除了做好带头人外，还积极充当实践者。研究理论，开办讲座，听课，调研，上课，反思，总结……

在"学记语文"的研究与实践之路上，我在行走中做，在做中行走，一步一个脚印。于是，"学记语文"的教学思想逐步成熟起来，"学记语文"的实践体系逐渐丰富起来。

（三）

于是，就有了《学记语文——新课程背景下语文教学的新视界》这一部专著。

能写作本书，我要感谢我的研究团队！我不是一个孤立的"行者"，我的身后有着一个强有力的、充满青春活力、充满智慧的团队，那就是我们的"学记语文"青年研究中心和全市的全体小学语文教师，是他们与我一道在践行"学记语文"之路，留下了无数让我回味不尽的美丽风景。

能写作本书，我还要感谢"学记语文"基地学校的校长们！各位校长们怀着对教育改革的满腔热情，对"学记语文"的研究给予了全力的支持，提供了一切便利条件，让我们的"学记语文"的教改实践有了阵地，有了土壤。他们和我们一起播种，耕耘，洒下了辛勤的汗水，才有了"学记语文"这朵艳丽的鲜花，让"学记语文"结出了累累的硕果。

能写作本书，我更要感谢仙桃市教育局的领导和仙桃市教育科学研究院的领导、同事们！仙桃市教育局局长彭中才先生、副局长徐红兵女士、副局长舒方旭先生，仙桃市教科院院长颜文豪先生等，高度重视"学记语文"的研究，在百忙之中深入课堂，与我们一起听课，评课，参与反思和总结。"学记语文"的研究与实践能有今天的收获，离不开各位领导的关怀、帮助和激励。

我们的"学记语文"研究，还得到了湖北省教研室段宗平先生和李作芳女士的有力指导。二位专家多次深入我们的课堂，给我们提出了许多宝贵的意见和建议。段宗平先生还欣然为本书作序。在此，特别致以深深的谢意！

本书能得以出版，我还要感谢语文出版社的专家们！卜兆凤老师多次予以热情的指导，郑伟忠主任亲自审阅书稿，光明编辑悉心参与了本书的修改和定

后记

稿，何建树先生、刘伟先生、吴成勋先生为本书的出版付出了许多辛勤的劳动。在此，也一并敬表谢忱！

本书能得以出版，我还得感谢我的家人和朋友们！我的家人无微不至地照顾着我的生活，我的朋友们给了我热情的鼓励、关怀和支持，抽出宝贵的时间校对文稿……

在"学记语文"的路上，我一路走来，许许多多难忘的人，难忘的事，历历在目。感谢我的同行者们，有你们与我同行，我怎能不感到幸福！有你们，我相信"学记语文"教研之路会走得更好！

向爱平

2012 年 8 月 7 日于进贤楼